Die Worringers

Helga Grebing

Die Worringers

Bildungsbürgerlichkeit als Lebenssinn – Wilhelm und Marta Worringer (1881–1965)

(c) 2004 Parthas Verlag GmbH, Stresemannstraße 30, 10963 Berlin; 1. Auflage Oktober 2004; Lektorat: Klaus Wettig; Gestaltung und Herstellung: Gaston Isoz; Druck: Jütte-Messedruck, Leipzig; Buchbindearbeiten: Kunst- und Verlagsbuchbinderei, Baalsdorf bei Leipzig.

Jede Form der Wiedergabe oder Vervielfältigung erfordert die schriftliche Zustimmung des Verlags. Die Abbildungen dürfen im Zusammenhang mit Rezensionen abgedruckt werden.

ISBN 3-936324-23-9

7	Vorwort
9	Vorbemerkung für den Leser
10	Prolog: Die Hochzeit am 11. Mai 1907
13	1. Kapitel: Woher? Wohin? 1881–1907
23	2. Kapitel: Die ersten sieben Jahre der »Ehe zwischen einem Holzschnitt und einem Aquarell« 1907–1914
37	3. Kapitel: Das Rheinland hat die Rheinländer wieder – Bonn am Rhein 1914–1918/19
53	4. Kapitel: Bonner Krisenjahre 1920–1923
85	5. Kapitel: Friedliche Jahre am heimatlichen Rhein 1924–1928
103	6. Kapitel: Doch keine bloße »Zufallsheimat« – Königsberg 1928–1932
131	7. Kapitel: Im eigenen Land im Exil 1933–1939
165	8. Kapitel: Krieg und lange, lange kein Frieden 1939–1944
199	9. Kapitel: »Zwischenzeit«: Berlin-Frohnau August 1944–August 1946
223	10. Kapitel: »...sehr bald eine fast geliebte neue Heimat« – Halle 1946–1950
245	11. Kapitel: Fast eine zweite verlorene Generation – Lucinde Worringer in München 1945–1954
263	12. Kapitel: München 1950–1959 – nichts als Erinnerung?
284	Epilog: »Komm mit« – die letzten Lebensjahre 1960–1965
293	Schlußwort der Autorin
301	Quellen- und Literaturverzeichnis
310	Glossar
312	Personenverzeichnis
317	Verzeichnis der Abbildungen

Vorwort

Dieses Buch ist die virtuelle Fortsetzung der Lebens- und Arbeitsgemeinschaft, die Lucinde Sternberg, die jüngste Tochter der Worringers, und mich über mehr als drei Jahrzehnte bis zu ihrem Tode am 26. Juli 1998 verbunden hat. Hatte sich zunächst unsere gemeinsame Arbeit darauf konzentriert, Leben und Werk von Fritz Sternberg in die Überlieferung des demokratischen Sozialismus einzubringen, so begann uns seit Ende der 80er Jahre die verloren geglaubte Welt der Worringers mehr und mehr zu fesseln. Wir eroberten uns, von Bochum ausgehend, wo ich seit 1988 an der Ruhr-Universität lehrte, die rheinisch-westfälische Kulturlandschaft; wir freuten uns über das aufkommende Interesse an den Glanzzeiten der rheinischen Moderne, an jener eigentümlichen bildungsbürgerlichen Lebenswelt, an der auch die Worringers teilhatten; ich neugierig, sie mit zunehmenden Wiedererkennungseffekten.

Das erste Ergebnis unseres Einlassens auf die rheinische Moderne war das *Ja-Wort* von Lucinde Sternberg zur werkkompetenten Aufbewahrung des künstlerischen Nachlasses ihrer Mutter im August Macke Haus Bonn. Kurz vor ihrem Tod gab Lucinde Sternberg mit ihrem Vortrag über ihre Eltern und deren kulturelles Umfeld vor Studenten und Dozenten der Hochschule für Bildende Künste in Braunschweig indirekt das Startzeichen für die Ausgabe von Wilhelm Worringers Schriften, die im Frühjahr 2004 erschienen sind. Inzwischen hatte sie auch nichts mehr dagegen, daß ich mich mit dem Leben ihrer Eltern systematisch befaßte. Wie hätte es auch anders sein können, da sie doch ihr *Lebensgeschichtliches Interview* mit der Feststellung begonnen hatte, das Vernünftigste, was sie in ihrem Leben getan habe, sei gewesen, *sich diese Eltern auszusuchen.*

Die Absicht, eine Doppelbiographie zu schreiben, rieb sich an der Einsicht, nur über spärliche Reste der Überlieferung beider Leben zu verfügen. Aber Recherchen mit und in aller Welt förderten Erstaunliches zutage, und die Absicht erhielt realistische Konturen. Lücken sind geblieben; aber Lücken enthält jede Biographie-Geschichte; es kommt darauf an, bzw. es ist die Kunst der Biographen, sie nicht verzweifelt füllen zu wollen, und sei es durch Spekulationen und Mutmaßungen, sondern das Vorgefundene trotz der Lücken zu einem plausiblen Ganzen zu gestalten.

Nach dem Tod von Lucinde Sternberg haben Freunde und Bekannte über Jahre in liebenswürdiger Weise ertragen, daß ich bei Gesprächen mindestens mit jedem zweiten Satz *Worringerisches* vortrug oder erfragte. Diese Zeit ist nun vorbei, und sicher werden sie so manches wiedererkennen, was wir *traktierten*. Viel Geduld hatten auch die vielen Professionellen mit mir, die mir mit beeindruckender Hilfsbereitschaft bei der Spurensuche geholfen haben. Dank, großer Dank an alle!

Das Manuskript wurde überwiegend in München geschrieben; der fast dreijährige Aufenthalt 2001–2003 in dieser Stadt war wichtig, weil ich wieder in den Münchener Teil der Welt der Worringers (und der Sternbergs) eintauchen und vor allem mit Gerda von Lipski und Hanna Koenigs-Philipp Gespräche führen konnte, die uns des öfteren von München nach Königsberg führten. Zwei Reisen nach Kaliningrad (die erste mit Lucinde Sternberg) und drei nach Nidden auf der Kurischen Nehrung (das erste Mal mit Lucinde Sternberg) haben es mir ermöglicht, noch etwas von dem Duft dieser ganz anderen Welt zu genießen. Und dreimal habe ich Halle besucht (auch hier wieder zuerst mit Lucinde Sternberg), um zu spüren, wovon ich schreiben wollte.

Es bleibt mir nun nur noch, allen, die dieses Buch in die Hand nehmen werden, eine anregende Lesereise zu wünschen.

Göttingen, im Juni 2004

Vorbemerkung für den Leser

Die Autorin hat auf Fußnoten oder/und Anmerkungen als eigenständigen Textteil verzichtet, um die Lesbarkeit des Buches nicht zu belasten.

Der Leser erhält jedoch am Ende eines jeden Kapitels Informationen über die Herkunft und den Standort der Quellen, über die verwendete Literatur und über die Lebensdaten der Personen, die herausgehoben genannt wurden, ferner ergänzende und erklärende Hinweise. Außerdem findet er ergänzende Erklärungen in einem *Glossar*.

Das ausführliche *Quellen- und Literaturverzeichnis* ist so eingerichtet, daß die angegebenen Fundstellen am jeweiligen Ende der Kapitel zu erkennen sind.

Im Personenregister wird die Seite, auf der auf die jeweilige Person am ausführlichsten eingegangen wird, *kursiv* gesetzt.

Die Autorin benutzt die *alte* Rechtschreibung. In den Zitaten wurden die originale Schreibweise und Zeichensetzung, ebenso die Sperrungen und Unterstreichungen beibehalten.

Den Leser wird insbesondere die unterschiedliche Schreibweise des ß und auch anderer Abweichungen vom Duden überraschen, auch diese Abweichungen finden sich in den Originalen.

Kursiv gesetzt wurden die Zitate, Buch-, Zeitungs- und Zeitschriftentitel sowie Hervorhebungen durch die Autorin. Die zitierten Gedichte wurden normal gesetzt.

Prolog: Die Hochzeit am 11. Mai 1907

Köln am Rhein, Pfingstsamstag, 11. Mai 1907. Im *Restaurant im Zoo*, Riehler Strasse 173, wird nach der standesamtlichen Trauung tags zuvor Hochzeit gefeiert. Wer heiratet? Der Sohn der Gastronomin Bertha Worringer, Dr. phil. Wilhelm Worringer, und Marta Schmitz, die jüngste Tochter des Geheimen Justizrates Philipp Emil Schmitz, ein hoch angesehener Rechtsanwalt und als Stadtverordneter Mitglied der Liberalen Fraktion.

Außer den vier Genannten sind als Gäste dabei: Die Mutter der Braut und deren ältere Schwestern Else und Emma mit Mann und jeweils zwei Kindern; dazu die Brüder des Bräutigams Peter Paul, Gustav und Adolf sowie seine Schwester Emmy, die auch eine Freundin der Braut ist. Als anwesende Freunde und Freundinnen sind vorstellbar: Emma Adenauer geb. Weyer, eine enge Schulfreundin der Braut, die seit 1904 mit Konrad Adenauer verheiratet ist, die Kunstschülerin Olga Oppenheimer, die später den jüngsten Bruder des Bräutigams heiraten wird, sowie Dr. med. Alfred Forell, Freund des Bräutigams seit den ersten Schultagen, und Agnes Oster, Kunstschülerin und Freundin der Braut, die zwei Jahre später ebenfalls heiraten werden.

Strahlendes Frühlingswetter und der erste Spargel des Jahres aus der weithin gelobten Küche des fast als *vornehm* geltenden Restaurants verschönern den Tag. Von Musik wissen wir nichts, aber Löwengebrüll, der Chor der kreischenden Affen und die Trompeten-Soli der Elefanten werden aus dem Zoo zu hören gewesen sein. Lebende Bilder, an denen die Braut bei der Hochzeit von Konrad und Emma Adenauer noch mitgewirkt hatte, wurden nicht gezeigt – dazu waren die Kunstdamen nun doch schon zu emanzipiert! Aber vielleicht hatten sie ja das Festzimmer mit fröhlichen Girlanden aus der Eigenproduktion geschmückt.

Bereits am 14. Mai finden wir die Vermählten in der Künstlerkolonie Dachau, wo wahrscheinlich, betrachtet man die Liste der dort ebenfalls Angemeldeten, noch einmal gefeiert wird. Anfang Juli bricht das Ehepaar für ein halbes Jahr nach Italien auf. Die Mitgift des Herrn Justizrates wird es möglich gemacht haben. Bereits am 9. Juli meldet der junge Ehemann seinem guten Bekannten Heinrich Mann, daß man sich nunmehr in Viareggio aufhalte und »*meine Frau*« sich seinen Grüßen anschließe.

Im Dezember 1907 kehrt das Ehepaar nach München zurück und eröffnet seinen ersten Hausstand in der Georgenstrasse 99/0; sie ist gerade schwanger geworden; er bringt aus Italien seinen *Lukas Cranach* mit.

Anmerkungen zum Prolog

- Ob und wo eventuell eine kirchliche Trauung stattgefunden hat, ist nicht belegbar. Lucinde Sternberg-Worringer spricht in ihrem *Lebensgeschichtlichen Interview* von »*katholischer Trauung*«. Das Paar war unterschiedlicher Konfession, und der Bräutigam zumindest bekennender Agnostiker; auch die Kinder wurden zunächst nicht getauft. Trauzeugen bei der Ziviltrauung am 10.5.1907 vor dem Standesamt Cöln II waren laut Heiratsurkunde Nr. 288 Dr. iur. Otto Hilgers, der Ehemann der Schwester der Braut, Emma, wohnhaft Münstermaifeld, und Peter Paul Worringer, der älteste Bruder des Bräutigams, Verlagsbuchhändler, wohnhaft in Neuwied. In der *Kölnischen Zeitung* Nr. 500 vom 11.5.1907 erschien eine kleine Anzeige mit dem Text: »*Dr. phil. W. Worringer Marta Worringer geb. Schmitz Vermählte. Köln 11. Mai 1907.*«
- In Dachau waren Anfang Mai 1907 polizeilich gemeldet: Agnes Oster, Olga Oppenheimer, Emmy Worringer sowie mit dem Anmeldedatum vom 15.5.1907 das Ehepaar Marta und Wilhelm Worringer. Die drei ledigen Damen wohnten in der Künstlervilla Roegels; das Ehepaar in der Gaststätte Hörhammerbräu.
- Die Meldebögen und Hinweise auf Aufenthalte befinden sich in der Stadtarchiven Köln, München, Dachau; der Brief an Heinrich Mann im Heinrich-Mann-Archiv.

1. Kapitel

Woher? Wohin? 1881–1907

Kennengelernt hatten sich Marta Schmitz und Wilhelm Worringer Ende Januar 1905 in München, als er und sein Freund Alfred Forell sich »*auf familiäres Geheiß*« von der Akademiestrasse 15 zur Maximilianstrasse 5 »*aufgemacht*« hatten, »*um zwei frisch in München angekommenen Kölner Malweibern (Agnes Oster hieß die eine, Marta Schmitz die andere) einen konventionell gemeinten höflichen Begrüßungsbesuch zu machen. Mit dem Vorbehalt: oh Gott, wenn das schon vorbei wäre.*« So erinnerte sich Wilhelm Worringer 54 Jahre später. Und Marta Worringer konnte sich noch Jahrzehnte später darüber amüsieren, daß die feingemachten, mit Chapeau claque ausgestatteten jungen Herren zwei junge Frauen in Reformkleidern (ohne Korsett) begrüßen mußten. Mit diesem Besuch war jedoch gar nichts vorbei; im Gegenteil: als die jungen Frauen in die Kaulbachstrasse 62a Parterre umzogen, kam man sich nicht nur örtlich, sondern auch sonst näher, und das *Parterre* fand fortan lebenslang beziehungsreiche Erwähnung und einen sagenhaften Anstrich. Das erotischexotische Klima der Kaulbachstrasse, wo gegenüber Nr. 63 Franziska Gräfin Reventlow wohnte und manche andere interessante Künstlerfigur (die dies erst werden sollte oder bereits war) die Straße bevölkerte, mag das Überschreiten von Konventionen erleichtert haben.

Wie dem auch gewesen sein mag: Vor Weihnachten 1905 gingen sie zu einer »*weihnachtlichen Vorfeier ... zu Vieren zusammen für eine Woche nach Garmisch*«. Und nicht lange darauf stellten sich Marta und Wilhelm, nunmehr beide 25 Jahre alt, der vermutlich gar nicht mehr staunenden Umwelt als Verlobte vor. An seinem Geburtstag am 13. Januar 1906 schenkte »*Ma*« ihrem »*Will*«, wie sie sich nun gegenseitig lebenslang nannten, einen in rotes Leder gebundenen Band von Goethes Romanen, und darin enthalten war als Ex Libris-Zeichen eingeklebt das erste uns bekannte Werkstückchen von Marta Worringer. Was Will, der sich zeitlebens immer drei Tage lang freute, älter als die Ma zu sein, dieser am 16. Januar geschenkt hat, wissen wir leider nicht, vielleicht einige Malutensilien, vielleicht ebenfalls ein Buch, aus dem er ihr vorlas, was er ebenfalls lebenslang gerne tat, wie sie umgekehrt auch.

Für W.W., wie wir ihn fortan nennen wollen, bedeutete das Jahr 1905 zweifellos einen Umbruch: Hatte er bisher nicht sehr zielbewußt studiert, eher daran gedacht, sich irgendwann irgendwo als *freier Schriftsteller* wieder zu finden, so entschloß er sich jetzt zur Promotion, die ihm Artur Weese, der gerade von München nach Bern berufen worden war, vorschlug: »*Ich ging schon deshalb auf diesen Vorschlag bereitwillig ein, weil ich damals in München meine Frau kennengelernt hatte und der Gedanke an eine baldige Heirat mich geneigter gemacht hatte für das Einlenken in normale bürgerliche Entwicklungsbahnen«*, so schrieb er 1944 rückblickend an seinen Verleger Reinhard Piper. Nicht nur das: Er wußte nun auch, wohin seine geistige Reise gehen sollte. Es war im Frühjahr 1905 *»ein einsamer Vormittag im menschenleeren Pariser Trocadero..., an dem mir vor den Abgüssen der französischen Kathedralplastik auf einmal und zwar mit offenbarungshafter Plötzlichkeit und Beglückung die Grundeinsichten aufgingen, die dann alles Weitere nach sich zogen«.*

Was in M.W., so fortan genannt, zwischen 1905 und 1907 vorging, wissen wir leider nicht. Daß sie ein nicht geringes künstlerisches Talent hatte, wußte sie wohl, ließen sie ihre Lehrer wissen und nun gewiß auch ihr Verlobter. Aber sie überschätzte sich nicht, blieb zeitlebens, viele Techniken der Bildenden Künste gut beherrschend, sich selbst gegenüber skeptisch. Daß sie sich erst unter dem Namen Worringer öffentlich machte, erlaubt den Schluß, daß sich beide *gefunden* hatten, auch dazu, sich gegenseitig zu jeweiligem produktiven Tun zu motivieren. Dennoch möchte man sich fragen: Warum gerade diese beiden: Will und Ma, warum die Ma und nicht Agnes Oster, die zur *Muse* erheblich mehr Talent hatte, lieblich, liebenswürdig, sorglos, ansehnlich, wie sie war. Warum die ernsthafte, gar nicht so lebenslustige, prinzipienfeste, etwas spröde, frauenemanzipatorisch gesonnene, katholisch-gläubige, wenngleich höchst aparte Marta Schmitz, warum wählte er, der schwärmerische, geistig sprühende, unter Genie-Verdacht stehende junge Gelehrte gerade sie?

Es war Liebe... und noch vieles dazu, wovon nun zu berichten sein wird.

Will und Ma kamen, wenn schon nicht aus verschiedenen Welten, so doch aus recht unterschiedlichen Milieus des rheinischen Bürgertums. Mart(h)a Maria Emilie erblickte am Sonntag, dem 16. Januar 1881, morgens um 6.00 Uhr in Köln als dritte Tochter des Geheimen Justizrates und Rechtsanwalts Philipp Emil Schmitz und seiner Ehefrau Else geborene Esser das Licht der Welt. Emil Schmitz wurde am 13. September 1844 in Tholey (Saarland) geboren; sein Vater Anton bekleidete hier das Amt des Gerichtsvollziehers; seine Familie war vermutlich aus dem Trierer Raum zugewandert. Wie und wo Emil Schmitz sein Studium absolvierte und sein Assessorexamen ablegte, wahrscheinlich 1867, ist unbekannt. Ebenfalls wahrscheinlich ist, daß er um 1872 nach Köln kam und hier seine Frau Else geb. Esser kennengelernt hat, von der wir nur wissen, daß sie 1847 geboren wurde; aus welcher Familie sie stammte, ist nur ungenau überliefert, die erste Tochter wurde 1875 geboren.

In Köln begann Emil Schmitz seine Gründerzeit-Karriere: Er wurde Anwalt am Oberlandesgericht Köln, Justitiar des Kölnisch-Wasser-Unternehmens Johann Marina Farina und galt als hervorragender Jurist, *»der sich als praktischer Anwalt und als Wissenschaftler eines ausgezeichneten Rufes erfreute«*. Stets *»in der ersten Reihe«* der bedeutenden Anwälte stehend, war er *»auf dem Gebiete des Handelsrechts, namentlich des Firmenrechts, des Musterrechts und der Bekämpfung des unlauteren Wettbewerbs ein Bahnbrecher für die spätere Gesetzgebung«*, wie ihm der *Kölner Stadt-Anzeiger* 1917 und 1919 bescheinigte.

Von 1898 bis 1910 gehörte er dem Stadtverordneten-Kollegium an und war als Mitglied der Liberalen Fraktion zuständig für Finanzen und Steuern, für die Handelshochschule und die Köln-Düsseldorfer Eisenbahn; er war außerdem Mitglied der sogenannten Verfassungskommission, in der er sich 1909 für die Ernennung von Konrad Adenauer zum 1. Beigeordneten der Stadt Köln mit der Begründung aussprach, er kenne diesen seit Jahren näher (Adenauer hatte wohl einen Teil seiner Referendarausbildung in der Schmitzschen Kanzlei absolviert) und halte ihn für besonders befähigt; er sei *»tolerant«* und nicht *»von der schlimmsten Sorte der Ultramontanen«*, wie die Fraktionsprotokolle verzeichnen. In seiner Fraktion wurde Schmitz gerühmt wegen *»reichen Wissens und seltener Beredsamkeit«*.

Kurz nach der Geburt der Tochter Marta bezog die Familie Schmitz ein repräsentatives dreistöckiges, von den Architekten Voss und Müller entworfenes Haus am Gereonsdriesch 11a, später 15. 1903 kam noch ein großes Haus, Holtersbühl genannt, in Kreuzberg an der Ahr als Jagd- und Feriensitz für die Familie hinzu. Im Gereonsdriesch verlebte Marta ihre Kinder- und Jugendzeit, und zu ihren schönsten Erinnerungen gehörte es später, wie sie auf dem Grundstück nach Tonscherben aus der Römerzeit grub. Der Vater, der es sich leisten konnte, auch die *Sozialistischen Monatshefte* zu abonnieren und zu lesen, achtete auf eine gute Ausbildung für seine jüngste Tochter, die er nach dem Tod seines Sohnes Eugen im Alter von 13 Jahren an Diphterie offenbar mit manchen Hoffnungen belegte. Dem üblichen Lyzeum folgte ein zweijähriger Aufenthalt in einem Pensionat in Belgien, in dem auf eine gute neusprachliche Ausbildung Wert gelegt wurde. Französisch und Englisch und wohl auch Italienisch sprach M.W. recht gut, jedenfalls besser als ihr Mann.

1899 begann M.W. ihre künstlerische Ausbildung mit Privatunterricht bei Wilhelm Spatz in Düsseldorf. Über Motive und Veranlassung

Marta Schmitz
als Schulmädchen um 1890

zu diesem Schritt ist leider nichts bekannt, auch nichts darüber, warum dann 1905 der Aufbruch nach München erfolgte, wo sie sich bei Angelo Jank und in der Debschitz-Schule sowie an der *Damenakademie* weiterbildete. So lassen sich nur sehr allgemeine Aussagen treffen: Künstlerische Betätigung wurde für Frauen, obwohl ihnen der Zugang zu den Akademien noch weitgehend versperrt war, ein weiterer Ausdruck selbstbestimmten Wirkens – wie beispielsweise die Biographien von Käthe Kollwitz, Gabriele Münter und Maria Marc zeigen. Und München machte zu Beginn des 20. Jahrhunderts Berlin den Rang als Kunstmetropole erfolgreich streitig: *München leuchtete* damals auf dem Pfad in die Moderne.

Emil Schmitz' ältere Töchter heirateten früh, mit 22 bzw. 21 Jahren, Juristen, die sich als Rechtsanwälte in Köln niederließen; ausgerechnet die Jüngste, der er besonders zugeneigt war, lief ihm aus dem Ruder: sie war bereits 24 Jahre alt, als sie ihren Studenten kennenlernte, der freier Schriftsteller werden wollte, und beide wollten heiraten. Also mußte dieser wenigstens erst einmal sein Studium abschließen, und als dann beide mit 26 Jahren heiraten konnten, erhielt die Braut zwar eine ansehnliche Mitgift, aber sicherheitshalber bestand der erfahrene Jurist und besorgte Vater auf der damals gerade erst modern gewordenen Gütertrennung zwischen Ehegatten.

Als angesehen und wohlhabend konnten die Schmitz gelten, und die namhaften unter den Kölner Familien kannten einander: Neven-DuMont, vom Rath, von Schnitzler und eben Schmitz. Anders stand es mit den Worringers. Zu Beginn des 19. Jahrhunderts finden wir sie in Kettwig (heute ein Stadtteil von Essen): der Kleidermacher Johann Wilhelm W. starb mit 33 Jahren wie zwei von seinen fünf Kindern an Lungentuberkulose, der Krankheit der ganz armen Leute. Sein Sohn Friedrich Wilhelm W. wurde Schreiner und lebte ebenfalls in Kettwig. Sein 1843 geborener Sohn wiederum, Peter Gustav W., wurde Gastwirt, und offenbar ein aufstrebender. 1874 heiratete er die 1852 in Köln geborene Bertha Michaele Cilles; die Hochzeit fand in Köln-Deutz statt. Bertha und Gustav W. lebten zunächst in Dortmund, dann ab 1877/78 in Aachen, wo am 13. Januar 1881 Robert Wilhelm geboren wurde. Im September 1884 übernahm das Ehepaar, das inzwischen fünf Kinder hatte, die Restauration im Kölner Zoo; fünf Jahre später starb Gustav W. Offensichtlich galt seine nunmehr 37 Jahre alte Witwe als so tüchtig und das Unternehmen als so solide, daß der Pachtvertrag der Zoologischen Garten AG mit der Witwe, damals noch ganz ungewöhnlich, weitergeführt wurde.

Das Wohnhaus
der Familie Schmitz in Köln,
Gereonsdriesch 15

Von den fünf Kindern, für die Bertha W. nun allein zu sorgen hatte, besuchte nur der zweitjüngste Wilhelm das Gymnasium; die Söhne Gustav und vor allem Adolf unterstützten die Mutter bei der Führung des Restaurants; der älteste Sohn wurde Verlagsbuchhändler in Neuwied; Emmy, die einzige Tochter, mauserte sich von der Kunstschülerin zur Kunsthändlerin und Organisatorin der Kunst der Klassischen Moderne in Köln. Doch zu dieser Zeit hatte das Restaurant bereits einen guten Namen und Ruf. Es wurde zu einem geradezu vornehmen Ort, und das Haus von Bertha Worringer, die Elisabeth Erdmann-Macke als »*kleine, lebhafte, temperamentvolle und energische, für alles interessierte alte Dame*« beschrieben hat, wurde »*wohl das gastfreundlichste, das man sich denken konnte, es war Treff- und Mittelpunkt für alles, was mit Kunst zu tun hatte im Rheinland, und die Gastfreundschaft wurde in einer wunderbar großzügigen, niemanden bedrückenden Weise ausgeübt und jedem Besucher zuteil, daß man sich dort gleich zu Hause fühlte*«. Auf ihre Weise hatte Bertha Worringer eine ungewöhnliche emanzipatorische Leistung vollbracht. Deshalb verwundert es nicht, daß sich Schwiegermutter Bertha und Schwiegertochter Marta zeitlebens gut verstanden haben. Die Selbstverwirklichung von Frauen begann früh und facettenreich.

Wilhelm Furtwängler, 1886 geboren und somit mit den Worringers generationsgleich, hat einmal auf den »*gebildeten bürgerlichen Menschen Ende des 19. Jahrhunderts, der in eine gewisse materielle Sicherstellung hineingeboren wird und die Welt als eine Bildungsaufgabe ansieht*«, hingewiesen und sich selbst damit gemeint. Für W.W. traf dieses Muster kaum zu – er war ja in dieser materiell sichergestellten bürgerlichen Bildungswelt ein Aufsteiger in der ersten Generation, der sich, von niemandem und nichts bis zum 20. Lebensjahr gefördert, durchsetzen mußte, während Furtwängler eine Überprotektion erleben durfte oder mußte (schon dank seiner von dem Genie des Sohnes tief überzeugten Mutter). Wie W.W. das geworden ist, was er war, als er das 25. Lebensjahr erreichte, wissen wir nicht. Ein wenig materiell gesichert mag er durch seine wirtschaftlich erfolgreiche Mutter schon gewesen sein; auch Schwester Emmy hat ihn wohl, durch den Gleichklang der Interessen bedingt, helfen können, das zu erreichen, was sie selbst als Frau nicht erreichen zu können glaubte. W.W. war *alt* und *neu* zugleich, alt in seinem konsequenten bürgerlichen Bildungsstreben und neu in der vom Konventionellen abweichenden Form der intellektuellen Durchdringung der als Bildungsaufgabe gedachten Welt.

M.W., die dann zwar nicht lebenslang seine Muse wurde, der aber die Aufgabe einer Supervisorin zufiel, kam schon eher aus der materiell gesicherten bildungsbürgerlichen Welt. Aber auch ihr Vater war ein Aufsteiger gewesen, aber eben eine Generation früher. Auch er hatte, wie man weiß, wissenschaftliche Interessen. Seine jüngste Tochter Marta hätte wohl auch wie ihre Schwestern das Los der konventionellen Ehefrau (und Mutter) oder unverheirateten Tante getroffen, wäre ihr nicht W.W. begegnet. Deshalb hatte es eine innere Logik, daß sie als Künstlerin erst unter dem Namen Worringer bekannt wurde. W.W. wurde und blieb ihr motivierender Kritiker, im geistigen Sinne ihr Mäzen. Vor allem aber – und auch hier *neu* bzw. modern: er akzeptierte das, was sie als Künstlerin tat, als *ihre* Arbeit, wie andererseits sie dies von sich und von ihm erwartete und hierin war sie ebenfalls *neu* bzw. modern.

Anmerkungen zum 1. Kapitel

- Wilhelm Worringer, Aufzeichnungen 1959 über das erste Zusammentreffen mit Marta Schmitz und Agnes Oster in: NL W. u. M. Worringer. Über den Aufenthalt in München 1905–1907 vgl. Grebing, München leuchtete, in: Katalog M. Worringer/ August Macke Haus Bonn sowie Meldebögen/Stadtarchiv München.
- Über die Bedeutung des Jahres 1905 für W. Worringer vgl. Piper, Briefwechsel (Gedruckte Quellen), S. 458–461, Zitat S. 459; ferner Vorwort zur Neuausgabe von *Abstraktion und Einfühlung* 1948, jetzt in Worringer, Schriften (2004), S. 51–54
- Über Marta Worringers künstlerische Entwicklung s. den Katalog M. Worringer/ August Macke Haus Bonn.
- Die Informationen über Emil Schmitz stammen aus den Archiven der Gemeinde Tholey und der Stadt Köln, aus der Kölnischen Zeitung und aus dem Kölner Stadt-anzeiger. Aus Anlaß seines Todes am 28.2.1919 widmeten die Rechtsanwälte beim Oberlandesgericht Köln, die Mitglieder des Oberlandesgerichts und der Oberstaatsanwaltschaft dem »*Senior der Rechtsanwälte beim Oberlandesgericht*« eine Anzeige, die seine Bedeutung und sein Ansehen zum Ausdruck brachte: »*In ihm verliert die Rechtsanwaltschaft des Oberlandesgerichts einen Mann von ungewöhnlich hoher und vielseitiger Begabung, von glänzendem juristischen Scharfsinn und selten lebendiger Beredsamkeit, die rechtsuchende Öffentlichkeit, insbesondere weite Kreise des Handels und der Industrie, einen vielgesuchten und hochgeschätzten Berater. In der hohen Auffassung seines Berufs vorbildlich, hat er sich in den fast 47 Jahren, die er der Rechtsanwaltschaft angehörte, seinen Kollegen stets als hilfsbereiter Freund und Berater erwiesen.*« Die Bemerkung über Adenauer vgl. Fraktionssitzungen der Liberalen 1908–1917, Sitzung am 8.6.1909. Historisches Archiv der Stadt Köln 1068 K I. Ultramontan (ultra montes/jenseits der Berge) bedeutete seinerzeit u.a. papstfreundlich, reichsfeindlich.
- Über den Gereonsdriesch vgl. den Katalog M. Worringer/August Macke Haus Bonn; über Haus Holtersbühl vgl. die Mitteilungen der Eheleute Rolf u. Erika Bengs am 16.10.2002, die heutigen Besitzer des Anwesens.

- Else Schmitz geb. Esser wurde 1847 geboren und verstarb am 1.5.1929.
- Frauen waren an staatlichen Kunstakademien (mit Ausnahme von Kassel, Frankfurt, Weimar und Stuttgart) noch nicht zugelassen. Sie mußten entweder privaten Einzelunterricht nehmen oder, und dies zunehmend, ihre Studien an privaten Kunstinstituten betreiben; in München waren dies die *Damenakademie* (gegründet 1884) und das Lehr- und Versuchsatelier für angewandte und freie Kunst (1902). Auch in der Künstlerkolonie Dachau, damals eine der größten ländlichen Künstlerkolonien, gab es für Frauen die Möglichkeit zum Studium. Künstlerinnen, oftmals despektierlich als *Malweiber* bezeichnet, hatten es besonders schwer, anerkannt zu werden, da noch um 1900 die Meinung verbreitet war, daß sie sich aufgrund ihrer biologischen Eigenschaften nicht zu einer eigenständigen Vertretung künstlerischen Schaffens entwickeln könnten.
- Else Court geb. Schmitz wurde am 8.5.1875 in Köln geboren, heiratete im Juli 1897 den Kölner Rechtsanwalt Eugen Court und starb am 9.3.1930.
- Emma Hilgers geb. Schmitz wurde am 13.5.1879 in Köln geboren, heiratete im Juni 1900 Dr. iur. Otto Hilgers und starb am 14.4.1910 in Münstermaifeld.
- Auskünfte über die frühe Geschichte der Familie Worringer konnte der Arbeitskreis Kettwiger Geschichte der Volkshochschule Essen geben.
- Peter Paul Worringer (1876–1950) war Verlagsbuchhändler in Neuwied und heiratete 1908 Josefine Elisabeth von Frankenberg.
- Gustav Worringer (1877–1931)
- Emmy Worringer (1878–1961), Kunstschülerin wie M.W., gründete 1911 mit Olga Oppenheimer den *Gereonsclub*, organisierte Ausstellungen und betätigte sich als Kunsthändlerin, später arbeitete sie als Graphologin; sie lebte mit ihrer Mutter zusammen und betreute ihre Neffen Robert und Ulrich. Adolf Worringer (1882–1960) war seit 1913 mit Olga Oppenheimer verheiratet und hatte zwei Söhne, Robert und Ulrich. Gastronom in Köln und Düsseldorf. 1936 Scheidung. Nach 1945 führender Vertreter des nordrhein-westfälischen Gaststättengewerbes.
- Olga Worringer geb. Oppenheimer (1886–1941) nahm zwischen 1909 und 1913 an bedeutenden regionalen und überregionalen Ausstellungen teil. 1913 heiratete sie Adolf Worringer, 1916 beendete sie ihre künstlerische Tätigkeit, 1918 wurde sie wegen einer unheilbaren psychischen Erkrankung in die Heilanstalt Waldbreitenbach bei Neuwied eingewiesen. 1941 Tod im KZ Lublin.
- S. den Beitrag von Hildegard Reinhardt in: Rheinische Expressionistinnen und dies. in: Köln der Frauen. Über Emmy Worringer und Olga Oppenheimer vgl. auch die Kataloge Der Gereonsclub; Rheinische Expressionistinnen.
- Artur Weese, 1868 in Warschau geboren, studierte u.a. bei August Schmarsow in Breslau, 1993 Promotion in München, 1897 Habilitation ebendort, 1905 Ruf nach Bern, 1906 hier Ordinarius, 1934 verstorben.

2. Kapitel

Die ersten sieben Jahre der »Ehe zwischen einem Holzschnitt und einem Aquarell« 1907–1914

Da hatten also, wie W.W. des öfteren mit der ihm eigenen Ironie verlauten ließ, *»ein Holzschnitt und ein Aquarell«* geheiratet. Und er setzte hinzu: *»Das Aquarell bin ich.«* Wie es in einer solchen Ehe zuging, davon wird noch oft zu reden sein, wenn beide in ihrer jeweiligen Eigensinnigkeit plastischer vorgestellt worden sind.

Die ersten überlieferten schriftlichen Äußerungen von W.W. stammen aus dem Jahre 1898 – zeitüblich jünglingshaft empfindsam. Daß er zu den emphatischen Anhängern des damals in Deutschland verbreiteten Nietzsche-Kults gehört hat, verwundert nicht – später konnte er sich noch lebhaft selbstironisch daran erinnern, wie Forell und er im Jahre 1900, als *ihr Gott* gestorben war, auf die geplante kleine Ferienreise verzichteten und stattdessen das Geld für einen Kranz verwendeten, den sie nach Weimar schickten. Im März 1901 legte W.W. im Humanistischen Marzellen-Gymnasium in Köln das Abitur ab; ein Jahr war er sitzen geblieben. Die Noten waren überwiegend gut; nur in Mathematik hatte der angehende Geisteswissenschaftler typischerweise ein *»nicht genügend«* auf dem Reifezeugnis stehen. Das Studium in Freiburg, München, Berlin und wieder München erfolgte ziemlich unsystematisch und war gekennzeichnet durch ein personenbezogenes Interesse an bestimmten Hochschullehrern; bis 1903 hatte die Literaturwissenschaft den Vorrang vor der Kunstgeschichte und der allgemeinen Geschichte.

Obwohl W.W. die Kunsthistoriker Riegl, Furtwängler, Lipps, Weese, Wölfflin gehört und gelesen und sich mit Artur Schopenhauer, Wilhelm Dilthey, Georg Simmel, Wilhelm Wundt und Karl Lamprecht – alles Autoren, die damals *modern* waren – beschäftigt hatte, war es keine Anmaßung, wenn er mehrfach betonte, *»autodidaktisch zu seiner Entwicklung gekommen«* zu sein. Ein fünfmonatiger Studienaufenthalt in Italien, vor allem in Florenz, im Jahre 1903 festigte seine Absicht, sich mit Priorität der Kunstgeschichte zu widmen; der Dichter Paul Ernst, dem er in Italien begegnet war, bestärkte ihn darin. Im gleichen Jahr muß er Heinrich Mann kennengelernt haben; dieser – wie sein Bruder erpicht auf authentisches Erleben als Vorlage für die eigene literarische Arbeit – fand wohl Gefallen an dem jungen Denker und forderte ihn auf, sich – heute würde man sagen – zu outen. Das tat denn dieser auch in einem 15 seitigen Brief, datiert *»Berlin N.W., Rathenowerstr. 71 I r, 13. Mai 1903«* und unterschrieben mit *»Willy Worringer«*. Dieser Brief erscheint einem als das Manifest eines entgrenzten Subjektivismus.

»Je mehr also ein Mensch die Entwicklungsmöglichkeiten, die in ihn hineingelegt sind, zur Entfaltung kommen läßt, je mehr er den Menschen in sich zur Entwicklung kommen läßt, um so mehr nutzt er der Gesamtheit, während der Kurzsichtige das Gegenteil glaubt. Höchster Egoismus ist hier höchster Altruismus. (...) Für mich ist das Leben nicht mehr ein Schwanken zwischen Schmerz und Lust. Der Trennungsstrich zwischen diesen beiden Begriffen ist für mich ebenso willkürlich und illusorisch wie der Nullpunkt auf dem Thermometer. Leben heißt für mich nur stark und tief empfinden, ob Leid oder Lust – ist gleichgültig. (...) Ich suche mein Ich zur vollkommenen Ausbildung zu bringen, um mich zum empfindlichsten, zum denkbar verfeinertsten Resonanzboden für das Leben zu machen. (...) Könnt so das Leben nicht wirklich lebenswert sein? Immer auf dem offenen Meere sein, immer ohne Küsten vorwärts: immer Neuland in sich zu entdecken und nie wissen, was der kommende Tag aus einem macht! Nie das Schicksal corrigieren oder forcieren wollen! Immer nur auf den dunklen, instinktsicheren Drang in uns vertrauen und ohne Hast sich selbst abwarten! Sollte das nicht Glück sein? Was liegt nicht in dem einen schönen Wort: sich selbst abwarten!«

Der *Bekenner* bricht unvermittelt ab und liest seinen Text nach zwei Wochen mit dem Ergebnis: »*Lieber Herr Mann, erlassen Sie es mir, weiter über mich Colleg zu lesen. Das, was ich da auf den dutzend Seiten geschrieben habe, kommt mir heute so unbeholfen, naiv und kindisch vor, dass es mir als eine geradezu wahnsinnige Anmassung erscheint, dem Autor der Herzogin von Assy mit derlei Gestammel zu kommen...*« Deshalb gehört es sich für den Nachbetrachter nicht, Schlüsse aus dem »*Gestammel*« über W.W. zu ziehen; aber übersehen läßt sich auch nicht, daß einiges davon ihn das ganze Leben lang begleitet hat: das »*sich selbst abwarten*«.

Gekrönt wurde das Jahr 1903 mit einem in der Zeitschrift *Freistatt* (Nr. 28, S. 548) veröffentlichten Gedicht, *Vision* überschrieben. In der folgenden Zeit machte W.W. seine Schwabinger Bekanntschaften: die mit Paul Stern, Franz Dülberg, Karl Schloss, Oskar A.H. Schmitz sind nachweisbar, und über die Bekanntschaft mit Friedrich Gundolf, der 1903 in München promovierte, »*antichambrierte*« er, wie er sich später einmal ausdrückte, im »*Vorhof*« des Wolfskehl/George-Kreises. Es hätte verwundert, wenn es nicht so gewesen wäre: München besaß damals die leuchtenden Pfade für die vielen Wege in das 20. Jahrhundert. Ein Produkt der Teilnahme an der Münchener intellektuellen Gesellschaft war der Beitrag über Frank Wedekind im *Münchner Almanach*, den Schloss herausgab und der 1905 erschien.

1907–1914

Das Entscheidungsjahr 1905 zwang W.W. zum Weiterstudium in Bern; hier legte er im Juni 1906 die notwendigen Examen ab, schrieb seine Dissertation *Abstraktion und Einfühlung* zu Ende, und am 11. Januar 1907 war es dann so weit: Die Dissertation und die mündliche Leistung in den drei Fächern Kunstgeschichte, Neuhochdeutsch und allgemeine Geschichte wurde mit der höchsten Note *Summa cum laude* bewertet und W.W. von der Philosophischen Fakultät der Universität zum Dr. phil. promoviert. Und W.W.s ältester Bruder Paul, der einen Verlag und eine Druckerei in Neuwied besaß, machte es möglich, daß die Dissertation umgehend im Druck vorliegen konnte. W.W. verschickte einige Exemplare nicht nur an Freunde und Bekannte, sondern auch an einige ihm wichtige Persönlichkeiten aus der Wissenschaft, darunter Georg Simmel, der zur gleichen Stunde wie W.W. den Saal des Trocadero besucht hatte. Simmel bedankte sich außerordentlich anerkennend, und ein anderer Empfänger, Paul Ernst, schrieb in dem Irrtum, es handele sich um ein verlegtes Buch, eine ausführliche anerkennende Rezension. Diese las der junge Verleger Reinhard Piper, der seinen eben für eine Lukas-Cranach-Biographie unter Vertrag genommenen ebenso jungen Autor verwundert fragte, wo denn das Buch erschienen sei. Piper übernahm die noch vorhandenen Dissertationsdrucke, und nun begann der Siegeszug von W.W.s »*genialem Jugendstück*« von Auflage zu Auflage bis in die Gegenwart.

Schrieb W.W. mit diesem seinem ersten Werk die Programmschrift des Expressionismus? Wurde er zum (heimlichen) *Kirchenvater* einer neuen Weltbewegung, der Theoretiker, der aller Praxis voranschritt? Da fragte August Macke den Freund Franz Marc im Juli 1911: »*Franz, kennst Du eigentlich das Buch von Worringer ›Abstraktion und Einfühlung‹. Ich las es und fand es teilweise recht fein. Sehr viele Dinge für uns.*« Marc gab die Botschaft im Februar 1912 an Wassily Kandinsky weiter: »*Ich lese eben Worringers ›Abstraktion und Einfühlung‹, ein feiner Kopf, den wir sehr brauchen können. Ein fabelhaft geschultes Denken, straff und kühl, sehr kühl sogar.*« Einen Monat später veröffentlichte er im *Pan* unter der Überschrift *Die konstitutiven Ideen der neuen Malerei* einen Beitrag, in dem er Worringers Buch als eines bezeichnete, »*das heute die allgemeinste Beachtung verdient und in welchem von einem streng historischen Geist ein Gedankengang niedergeschrieben wurde, der den ängstlichen Gegnern der modernen Bewegung einige Beunruhigung verursachen dürfte.*« Die Herren kannten sich seit spätestens 1911 über den Kölner *Gereonsclub* auch persönlich, und der immer galante W.W. vergaß nicht, als er einmal an Kandinsky schrieb, die »*Empfehlung an Frl. Münter*«

auszusprechen. Und diese erinnerte sich noch 1951: »*Wir kennen uns ja schon seit den Anfängen der nachimpressionistischen Kunstentwicklung, für die Sie den geistigen Boden mit bereitet haben. Von Ihrem Buch ›Abstraktion und Einfühlung‹, das seinerzeit eine so lebendige Wirkung gehabt hat, habe ich noch das alte Exemplar aus jenen frühen Jahren…*«

W.W. seinerseits blieb gegenüber dieser Zuweisung einer historischen Leistung von Anfang an zurückhaltend. Zu Kandinskys Schrift *Über das Geistige in der Kunst* (1911) bemerkte er in einem Brief an diesen im Januar 1912 mit ironischer Distanz: »*Denn ich glaube an der Basis des obersten Dreiecks zu sitzen, dessen Spitze Sie bilden und drum kann ich nicht nur die problematischen ›Worte‹ verstehen, die Sie schreiben, sondern auch den ›Klang‹, auf den es ankommt. Dieser Klang trifft mich psychisch in voller Stärke und unruhiger denn je wälze ich mich nun auf meiner Dreiecksbasis umher. Das ist kurz formuliert meine Stellung zu Ihrem Buch: ich stehe nicht auf demselben Punkte wie Sie, aber ich befinde mich im selben Dreieck wie Sie.*«

Später hat W.W. die Urheberschaft am Expressionismus energisch in Zweifel gezogen. In einem Brief an seinen alten Freund Sigfried Giedion 1950 noch aus Halle brachte er den Vorgang, so wie er es sah, auf den Punkt: Wer ihn als »*eigentlichen Kirchenvater*« betrachte, versündige sich »*an dem unaufteilbaren Geheimnis der Gleichzeitigkeit. Die Antennen waren hier wie da angespannt! Wünschelrutengänger waren wir alle. Und ob die Hand einen Pinsel oder eine Schreibfeder hielt: auf einmal zuckte es! Ein medialer Vorgang! Aber irgendwie habe ich damals so wenig begriffen, was ich schrieb wie es damals meine gleichjungen Leser begriffen haben. Die eigentliche Realisation des Selbstgeschriebenen wuchs erst langsam nach…und das Gleiche gilt für die Resonanz.*«

Als 1958 der Soziologe Arnold Gehlen W.W. schrieb, es erscheine ihm schwer glaubhaft, daß *Abstraktion und Einfühlung* »*keinen direkten Einfluß*« auf die Künstler wie Kandinsky und andere gehabt haben könne, beschied dieser ihn strikt: »*Ich selbst als Nächstbeteiligter habe aus all diesen Diskussionen den Eindruck gewonnen*«, daß »*die Prioritätsfrage*« »*im historischen Sinne unentscheidbar ist. Jedenfalls liegt die Antwort zwischen einer Vielzahl von Sowohl – Alsanders.*«

Falsche Bescheidenheit war es nicht, die W.W. so reagieren ließ; er war es ja schließlich, der seit 1915, wenn auch zunächst sehr vorsichtig, das Ende der Entwicklungsfähigkeit des Expressionismus einläutete, nachdem Macke und Marc gefallen waren. Also machte das Buch vielleicht seine Karriere als ein Kultbuch, das alle zitierten, aber nur wenige gelesen hatten? Wenn es so einfach wäre… Der junge Worringer der Zeit vor 1914 stand mitten im lebendigsten Kunstleben jener Jahre, für das er durch seine Arbeiten gegen eine sinkende Epoche des klassischen Formalismus entscheidende Klärungen anbot. So stellte er dem impressionistischen »*Kunst kommt von Können*« die These vom Kunstwollen entgegen: nicht die Form war das Bestimmende, sondern Inhalt und Ausdruck ebenso. Mit dieser Orientierung stellte sich W.W. wahrlich nicht als traditionalistischer Kunsthistoriker dar – die Zunft strafte ihn dafür nachhaltig ab. Seine (Welt-)Kunstgeschichte mutierte zur Geistesgeschichte. Insofern hätte er sich durchaus als einer der Sprecher einer neuen Epoche verstehen lassen können.

Jedenfalls sollte *Abstraktion und Einfühlung* »*eine der bedeutendsten kunsttheoretischen Schriften des neuen Jahrhunderts werden. Sie lieferte die ästhetische und psychologische Begründung der gerade im Entstehen begriffenen neuen Sichtweise der modernen Kunst. Gleichzeitig zeigte sie, wie sich zwei psychologische Begriffe auf eindrucksvolle Weise zueinander in Bezug setzen ließen.*« So urteilte Rudolf Arnheim 1980, obwohl oder gerade weil er, wie vor ihm oder nach ihm oder zeitgleich andere auch gezeigt haben, klar macht, daß W.W. die Entgegensetzung seiner beiden zentralen Begriffe Abstraktion und Einfühlung, bzw. abstrahierende nordische Gotik und griechischer Organizismus nicht konsequent durchhalten kann, Kunst als beides ineinander verwoben erscheint, als Wollen und Können. Es ist eben zweierlei, einen Text wie den von *Abstraktion und Einfühlung* in seinem historischen Kontext zu interpretieren oder ihn enthistorisiert exegetisch zu behandeln. Für Arnheim jedenfalls liegt der historische Wert der Schrift darin, daß W.W. »*die nichtrealistische Kunst zur positiven Schöpfung des menschlichen Geistes erklärt hat, die eine gesetzmäßige anschauliche Ordnung erzeugen will und kann*«.

Im Jahr 1908, »*in meinem ersten Ehejahr*«, wie er betonte, schrieb W.W. seine Gedanken weiter aus – daraus entstanden die *Formprobleme der Gotik*, seine spätere Habilitationsschrift. Er übernahm im Sommer 1908 die Münchener Redaktion der Biermannschen *Monatshefte für Kunstwissenschaft* und veröffentlichte hier und in anderen Zeitschriften (*Die neue Rundschau, Zeitschrift für Ästhetik und allgemeine Kunstwissenschaft, Berner Rundschau*) Aufsätze, Rezensionen, Theaterkritiken, Ausstellungberichte in seinen Fachgebieten Kunstgeschichte, allgemeine Geschichte und Philosophie. Als Beruf gab er nunmehr an: Privatgelehrter und freier Schriftsteller.

Die Etablierung des Hausstandes Georgenstrasse 99/0 lag, wie später noch mehrmals, in M.W.s Händen; die Aufgabe war arbeitsintensiv, aber

Vor dem zukünftigen Atelierhaus von Cuno Amiet, um 1911 auf der Oschwand bei Bern. V.l.n.r.: Samuel Singer, (verdeckte Person: Anna Amiet), Wilhelm Worringer, Frau Trog (?), Marta Worringer, Hans Trog.

dank guter Mitgift erfolgreich. Die Verwaltung der finanziellen Ressourcen lag in ihren Händen, wie später meistens auch. Nicht, daß sie dies alles besonders gerne gemacht hätte, sie konnte es einfach besser als ihr Mann, der wohl schon damals Züge eines lebenslänglichen »*Lebensdilettanten*«, wie sie ihn später einmal apostrophierte, aufwies. Vier Zimmer und Küche mußten eingerichtet werden: das Herrenzimmer in heller Eiche, das Eßzimmer in dunklem Mahagoni, das Schlafzimmer in hellem Mahagoni, das Wohnzimmer im Biedermeierstil (hier stand auch der Schreibtisch der Hausfrau), die damals übliche Kücheneinrichtung und wohl auch eine Kammer für ein Mädchen. Die Anschaffungskosten für das Mobilar betrugen mindestens 10.500 Goldmark – zum Vergleich: der durchschnittliche Jahresverdienst von Arbeitnehmern in Industrie, Handel und Verkehr betrug 1905 900 Mark!

Die Lage der Wohnung an der Schwabinger Peripherie war günstig, weil fußläufig zur Universität, zum Café Heck im Hofgarten, wo die Dichter, Denker und Zeitungsschreiber ihren Stammtisch hatten und zum Café Stephanie bzw. Größenwahn Amalienstrasse 14, Ecke Theresienstrasse, wo die Bildenden Künstler *zu Hause* waren; zur *Damenakademie* in der Barerstrasse, wo M.W. sich 1908 noch eingeschrieben hatte, war es schon etwas weiter. Aber im Vordergrund stand ja für M.W. die Bewährungsprobe für das neue dreifache Leben in einem: als Ehefrau, Hausfrau, werdende Mutter – am 14. September 1908 wurde die erste Tochter geboren und erhielt den Namen Brigitte – nach Stifter. Und Ma bekam nun einen zweiten Namen: Mu.

Mitte 1909 mußten die Zelte in München wieder abgebrochen werden und der erste vieler weiterer Umzüge stattfinden. Mobilität schrieb die neue Generation des geistigen Deutschland durchaus groß. Ab 6. Juli 1909 wohnte die Familie Worringer nach kurzem Aufenthalt in Köln in Bern, Thunstrasse 105 A. Das kam so: Am 29. Mai 1909 reichte W.W. die *Formprobleme der Gotik* bei der Philosophischen Fakultät der Universität Bern als Habilitationsschrift ein, obwohl Artur Weese ihm eigentlich nicht zugeraten hatte, wohl weil er fürchtete, daß Bern auf die Dauer einem Gelehrten vom Range seines Schülers nicht die geeignete Plattform bieten würde: »*Was wollen Sie hier?*« Am 19. Juli fanden die Probevorlesung und das Colloquium über *Kunstwissenschaftliche Programmfragen* statt. W.W. wird hier ausgeführt haben, was in den *Formproblemen* so lautet:

»*Indem wir die Kunstgeschichte nicht mehr als eine bloße Geschichte des künstlerischen Könnens, sondern als eine Geschichte des künstlerischen Wollens auffassen, gewinnt sie an allgemeiner weltgeschichtlicher Bedeu-*

Marta Worringer, 31 Jahre, mit den Töchtern Brigitte (4) und Renate (1)

tung. Ja, ihr Gegenstand wird dadurch in eine so hohe Betrachtungssphäre gerückt, dass er den Anschluss gewinnt an jenes grösste Kapitel der Menschheitsgeschichte, das die Entwicklung der religiösen und philosophischen Menschheitsbildungen zum Inhalt hat und das uns die eigentliche Psychologie der Menschheit offenbart.«

Die Empfehlung der Fakultät lautete einstimmig, W.W. die venia legendi für das Fach Kunstgeschichte zu gewähren. Nun begann W.W.s Lehrtätigkeit und dies gleich in gut besetzten Hörsälen über Themen der abendländischen Kunst von der Klassischen Antike bis zum 19. Jahrhundert. Dies war wohl das, was W.W. gesucht hatte und brauchte: die kontinuierliche Resonanz eines aufnahmefähigen und aufnahmewilligen Publikums. 1911 erschienen die *Formprobleme*, selbstverständlich wieder bei Piper. W.W. unterstützte die Gründung des *Gereonsclubs*, den seine Schwester Emmy und Olga Oppenheimer, seine spätere Schwägerin, als privates Ausstellungs-, Verkaufs- und Diskussionsforum im Kölner Gereonshaus erfolgreich betrieben. Die erste offizielle Eröffnungsausstellung fand am 20. Januar 1911 statt, und W.W. bestritt wenig später den ersten Autoren-Vortragsabend; er lernte Macke, Marc und Kandinsky und die Intentionen des *Blauen Reiters* kennen und beteiligte sich mit ihnen an der Initiative *Im Kampf um die Kunst. Die Antwort auf den ›Protest deutscher Künstler‹*. Gleichzeitig arbeitete er an einem neuen Buch: *Die altdeutsche Buchillustration* (erschien 1912).

»Wir sitzen still auf dem Lande und warten:«, schrieb er am 8. August 1911 an Heinrich Mann aus Haus Holtersbühl in Kreuzberg, *»ich auf die Vollendung meines Buches über die gotische* (sic) *Buchillustration, meine Frau auf ein zweites Baby. Von Mitte September sind wir in Cöln stationiert (Gereonsdriesch 15).«* Am 1. Oktober 1911 wurde hier die zweite Tochter geboren und erhielt den Namen Renate, diesmal nach Storm. Nimmt man noch hinzu, daß M.W. eine Arbeit im berühmten Pariser Herbstsalon ausstellen konnte, dann darf man davon sprechen, daß das Jahr 1911 für die Familie Worringer sehr erfolgreich zu Ende ging.

1912 entstanden erste Hoffnungen auf Berufungen, so nach Zürich, wo W.W. zu seinem Erstaunen seinen Lehrer Weese als Konkurrenten vorfand, der dann allerdings auch nicht berufen wurde. Aber das Verhältnis zwischen beiden war fortan gestört, so daß W.W. sich Umhabilitationsgedanken (Heidelberg, Dresden) zu machen begann. Alles endete enttäuschend – zum ersten Mal und wie noch oft!

»Sie dürfen überhaupt nicht glauben«, versicherte er Samuel Singer, der ihm fast ein väterlicher Freund geworden war, in einem Brief vom 21. August 1912, *»dass ich über mein wissenschaftliches Soll und Haben*

nicht ganz genau Bescheid weiss und dass es nicht mein ernsthafter Wille ist, das noch reichlich fehlende Soll einzubringen. (...) Mein Zögern, Specialstudien an einer Entwicklungsstelle zu treiben, hängt damit zusammen, dass ich die Entwicklung als Ganzes noch nicht klar genug sehe und um den Überblick über das Ganze noch kämpfen muss. Gewiss hatte ich mich darauf eingerichtet, länger unbestimmte Zeit Privatdozent zu sein (...) Nur deprimiert hat mich die Züricher Sache auch wegen der schlechten Zukunftsperspektive, die sie gibt. Ich muss mir doch sagen: wenn ich hier bei so vielen nur guten Fürsprechern vor einem gleichaltrigen Berliner Privatdozenten zurückgestellt werde, was soll dann in Zukunft werden!« 1913 hatte sich der Himmel wieder etwas aufgeklärt, und im Oktober konnte er Singer nach einem erfolgreichen Auftritt auf einem Kongreß in Köln mitteilen, daß er den Eindruck habe, er gehöre zu den vier jungen Kunsthistorikern, die »*am dransten*« sind. Aber auch M.W. war *dran* geblieben; jedenfalls ist nun von der Vervollkommung der Künstlerin M.W. zu berichten, die zugleich Ehefrau und Hausfrau ist und zwei Kinder hat. Dazu ein Rückblick: Von der ersten Phase ihrer künstlerischen Ausbildung in Düsseldorf, wo ihr Lehrer Wilhelm Spatz hieß, wissen wir wenig, eigentlich gar nichts. Nicht sehr viel mehr über den Münchener Aufenthalt seit Ende Januar 1905: Besuch der *Damenakademie,* d.h. der Kunstschule des Münchener Künstlerinnenvereins, wo Angelo Jank mit Vergnügen lehrte, vor allem aber der Debschitz-Schule, d.h. des Lehr- und Versuchsateliers für freie und angewandte Kunst, wo M.W. vielseitige Fähigkeiten vermittelt bekam: Seidenstickerei, Holzschnitzerei, Malerei, Druckgraphik, Zeichnen, Buchillustration. Abstecher in die Dachauer Künstlerkolonie, bekannt durch Aufenthalte von Franz Marc, Ernst Ludwig Kirchner, Oskar Schlemmer, rundeten das Bild ab. Wo und wie M.W. zu ihrem uns aus den 20er Jahren bekannten Stil fand – wir wissen es nicht.

Bei Cuno Amiet, der sie seit 1910 *betreute,* kann sie ihn ebenfalls nicht gefunden haben, betrachtet man dessen Werk. Bereits 1910, also kaum in Bern eingetroffen, konnte sie sich zum ersten Mal überhaupt an der Weihnachtsausstellung der Berner Sektion der Gesellschaft Schweizer Maler, Bildhauer und Architekten im Berner Kunstmuseum mit einem Stilleben in Öl, drei Holzschnittakten und einer Groteske beteiligen und öffentliche Aufmerksamkeit finden. Das internationale Debut im Pariser Herbstsalon im Jahre 1911 blieb ebenfalls nicht ohne Resonanz: »*Frau Marta Worringer tritt zum ersten Male im Herbstsalon mit einer grotesken Komposition auf, die von der begabten Künstlerin leider nur einen fragmentarischen Eindruck gibt. Es steht jedoch zu hoffen, Frau Worrin-*

ger demnächst in einer größeren Sonderausstellung kennenzulernen.« So schrieb Otto Grauthoff im *Cicerone* 1911.

1912 gehörte M.W. zu den Mitgliedern des *Gereonsclub* und zugleich der *Kölner Sezession*, auf deren Ausstellung sie 1912 neben F.M. Jansen, August Macke, Carlo Mense und Olga Oppenheimer ebenfalls vertreten war. Künstlerisch tätig zu sein, war für sie Beruf geworden und blieb es. »*Meine Arbeit*« – so nannte sie das, was sie tat, und nie hörte sie auf zu lernen. W.W. bewunderte dies sogar ein wenig; denn als die Familie sich 1913/14 einige Monate in Berlin aufhielt, berichtete er Samuel Singer von den gesellschaftlichen Erlebnissen des Ehepaars und meinte dann, dieser wolle gewiß von wichtigeren Dingen wissen, »*vor allem der Arbeit*«: »*Da fange ich am besten bei meiner Frau an. Die sitzt Morgen für Morgen von 9–1 in einer Malschule, ist selig, wieder im Schulzwang zu sein, fällt wieder ganz zurück in den ihr vor vielen Jahren so vertrauten Zustand und schaut hernach, wenn sie aus der Schule herauskommt, die Kinder, die sie abholen, ganz verstört und verlegen an und muß sich erst mit einem seelischen Rippenstoß darüber klar werden, dass sie Gattin und Mutter ist.*«

Es dauerte nicht einmal zwei Jahre und die Worringers empfanden sich in Bern zu Hause. Beim Umzug Mitte 1911 in eine größere Wohnung im Höheweg 18 war sie es wieder, die alles schafft und macht – er denkt. Seit 1910 gehörte das Ehepaar zum Bekanntenkreis von Cuno Amiet, den sie mehrfach in seinem Atelier auf der Oschwand besuchten, den sie aber auch mit seiner Frau in Bern zu Gast hatten. Auch kam Amiet zum *Korrigieren* der Arbeiten von M.W. nach Bern. Der Freundes- und Bekanntenkreis wuchs; neben Amiet war es vor allem Samuel Singer, mit dem die Worringers vertraut wurden; auch zu den Kunstsammlern Oscar Miller und Richard Kisling hatten sie gute Kontakte, zu Artur Weese nach wie vor und gelegentlich auch zu Hermann Hesse.

Die Ferien verbrachte die Familie im Sommersitz von Emil Schmitz in Kreuzberg; Abstecher nach Köln waren dann selbstverständlich; im April 1912 erlaubte sich das Ehepaar eine Reise nach Paris; für M.W. war es die erste dorthin. Das wirft die Frage auf, wovon die Familie des Privatdozenten denn eigentlich gelebt hat. Präzise Unterlagen dazu gibt es nicht, aber einige Hinweise lassen sich geben: Als Privatdozent erhielt W.W. keine Dienstbezüge oder ähnliches, wohl aber Kolleggelder – bei gut besetzten Hörsälen, die er hatte, war dies nicht unbeträchtlich. Bereits in Bern reiste er zu Vorträgen, die selbstverständlich honoriert werden mußten – aber er war auch als Vortragender beliebt. Dazu gab es die Honorare für seine Bücher: Für den *Lukas Cranach* erhielt er laut

Vertrag vom 9. April 1907 mit dem Piper Verlag 500 Mark; zur ersten Auflage von *Abstraktion und Einfühlung* mußte er sogar laut Vertrag vom 12. September 1908 50 Mark »*Kostenbeitrag*« zahlen. Erst für den Neudruck von 1909 mit einer Auflage von 400 Exemplaren erhielt er von jedem verkauften Exemplar 50 Pfennig (also insgesamt 200 Mark). Hinzu kamen die Zuwendungen in klingender Münze vom Justizrat Schmitz und materialisiert von der Gastronomin Bertha Worringer. Üppig ließ es sich mit all dem nicht leben; aber stilvoll.

Wie sehr die beiden Rheinländer in Bern heimisch geworden waren, zeigte sich, als sie das Wintersemester 1913/14 in Berlin, wohnhaft Ludwigkirchstrasse 7, verbrachten. W.W. hatte Urlaub beantragt und bekommen für eine größere wissenschaftliche Arbeit »*im Ausland*« – die Arbeitsmöglichkeiten in Bern scheinen für ihn vergleichsweise beschränkt gewesen zu sein. In Berlin dachten sie alsbald mit einer »*Art Heimweh*« an die Berner Freunde, wie sie Samuel Singer wissen ließen; sie kamen sich bei den vielen gesellschaftlichen Treffen »*so schwerfällig vor, so unfähig, in die wechselnden Tonarten einzustimmen, und die Leute werden hinter unserem Rücken darüber nachdenken, ob wir so provinzial dumm oder so hochmütig sind. Ich weiss es selbst nicht genau und bin misstrauisch, wenn ich hernach unsere Blödheit zum Hochmut stilisieren möchte.*« Besonders W.W. litt unter diesem Zustand, zumal er auch mit seiner Arbeit nicht so gut vorankam, wie noch öfter in seinem Gelehrtenleben. Aus seiner Sicht hatte es Frau Ma mit ihrem Glück in der Malschule besser als er: »*So somnanbuhlt sie dahin und ist so glücklich dabei, dass sie Berlins nüchterne Ödheit ... vergißt.*«

Paul Fechter hat später bestätigt, daß der junge Gelehrte mit seiner »*reizenden jungen Frau*« als eine Art Berühmtheit in der angestrengt bildungsbeflissenen Berliner Gesellschaft am Kurfürstendamm, in Dahlem und im Grunewald regelrecht *herumgereicht und besichtigt* wurde. Allenfalls am Berliner Theater fanden die Worringers Gefallen, ansonsten wurden sie während ihres Berliner Aufenthaltes »*nie das Gefühl nur Zaungäste zu sein*« los. Und noch etwas störte und irritierte sie: »*Am unerfreulichsten sind die peripherischen Reize, die von der deutschen inneren Politik ausgehen*«, es herrsche da »*eine Krisenstimmung, die über den Tageszank weit hinaus geht und die mir ein schweres historisches Gewicht zu haben scheint*«, schrieb W.W. am 24. Januar 1914 an Samuel Singer.

Endgültig Berlin-müde verließen sie die Hauptstadt am 11. April 1914 in Richtung Bern und wußten doch schon, daß ihres Bleibens dort nicht mehr lange sein würde.

Anmerkungen zum 2. Kapitel

- Über München 1905–1907 vgl. Grebing, *München leuchtete*, in: Katalog M. Worringer/August Macke Haus Bonn, S. 37–43. München und nicht Berlin hatte die Impulse, die von Paris, dem Geburtsort der klassischen Moderne, ausgingen, aufgenommen, und Schwabing, ein kleines Dorf, das erst 1890 in die Stadt eingemeindet worden war, entwickelte sich zum Anziehungspunkt für Künstler aller Richtungen und Sparten: Der Blaue Reiter um Wassily Kandinsky und Franz Marc, der aus der Neuen Münchner Künstlervereinigung hervorging, wäre zu nennen; der Kreis um die genannten Schriftsteller, die überwiegend der Bohème jüdischer Herkunft angehörten; vor allem aber die Freundesrunde der *Schwabinger Kosmiker* um die Dichter Karl Wolfskehl und Stefan George; zu diesem Kreis gehörten u.a. der nachmals bekannte Heidelberger Germanist Friedrich Gundolf, der *Dichter-Philosoph* Ludwig Klages und die Gräfin Franziska Reventlow. Vgl. Ross, Bohemiens.
- Heinrich Manns dreiteiliger Roman *Die Göttinnen oder die Drei Romane der Herzogin von Assy* erschien im Nov/Dez 1902 (eingedruckt 1903).
- *Freistatt*. Kritische Wochenzeitschrift für Politik, Literatur und Kunst. Erschien 1902–1904 in München und wurde herausgegeben von Alexander von Bernus, einem Kommilitonen von W.W. Die Zeitschrift gehörte zu jenen Zeitschriften, die sich als Sprecher der modernen Strömungen in der Kunst verstanden.
- Zur Entstehungs- und Rezeptionsgeschichte von *Abstraktion und Einfühlung* vgl. S. K. Lang, Worringers Abstraktion und Einfühlung sowie Öhlschläger, Abstraktion; Arnheim, S. 75, 88. – Der Brief von Worringer an Kandinsky in: Münter-Eichner-Stiftung; der Briefwechsel zwischen Macke und Marc vgl. hrsg. Walter Macke (1964), der Briefwechsel zwischen Marc und Kandinsky s. Der Blaue Reiter. Das Zitat aus *Formprobleme* S. 10 bzw. Worringer, Schriften S. 168
- Wilhelm Spatz (1862–1926) lehrte an der Düsseldorfer Kunstakademie; er galt als modernster Düsseldorfer Historienmaler.
- Angelo Jank (1868–1940) lehrte seit 1907 an der Münchner Akademie der Künste; davor hatte er bereits an der Münchener Damenakademie eine Klasse und unterrichtete u.a. Käthe Schmidt, spätere Kollwitz, und Gabriele Münter. Er malte impressionistische Bilder, vor allem Jagd-Szenen.
- Wilhelm von Debschitz, 1871 in Görlitz geboren, hatte 1902 das *Lehr- und Versuchsatelier* in München gemeinsam mit Hermann Obrist gegründet. Die Debschitz-Schule nahm zum ersten Mal in einer Kunstgewerbeschule künstlerischen Unterricht in das Lehrporgramm auf.
- Cuno Amiet (1868–1961) hatte in München und Paris studiert, war beeinflußt von den Pont-Aven-Malern, zu denen u.a. Gauguin gehörte, und von Ferdinand Hodler.
- Samuel Singer, Altgermanist, Komparatist und Volkskundler, geboren 1860 in Wien, jüdischer Herkunft, gestorben 1948 in Bern, wo er von 1891 bis 1930 an der Universität lehrte, zunächst als Privatdozent, dann als unbesoldeter Professor und erst ab 1910 als besoldeter ordentlicher Professor. Seine Lehr- und Forschungsschwerpunkte waren Deutsche Sprache und Literatur des Mittelalters, höfischer Roman sowie Sprichworte, Schweizer Witze, Sprüche und Schwänke.

3. Kapitel

Das Rheinland hat die Rheinländer wieder – Bonn am Rhein 1914–1918/19

Am 25. März 1914 schrieb W.W. wieder einmal an den in Rom weilenden Samuel Singer. Singer, so war sein Wunsch, sollte ja nicht vergessen, »*meine vielgeliebte Pietá Rondanini im Hofe des gleichnamigen Palazzo auf dem Corso aufzu suchen*«. Vor allem wollte er Singer mitteilen, daß inzwischen manches vor sich gegangen sei, »*das uns bewegt hat*«:

»*Ich hatte in Cöln einen Vortrag, zu dem Clemen von Bonn eigens herübergekommen war. Bei der Nachsitzung hielt er in grossen Tönen eine Rede auf mich, worin u.a. immer wieder der Passus vorkam ›warum sitzt dieser Mann in Bern?‹ Er lud mich für den nächsten Tag nach Bonn zum Mittagessen ein und da nahm dann das Gespräch den erwünschten Lauf, dass er sich prinzipiell mit einer Umhabilitierung meinerseits nach Bonn einverstanden erklärte.*«

Paul Clemen (1866–1947) war der Ordinarius für Kunstgeschichte an der Universität Bonn und gerade ihr Rektor; weit über die Grenzen des Rheinlandes hinaus war er bekannt als Provinzialkonservator – der Rhein war für ihn, den gebürtigen Sachsen, wie er es selbst sah, zum Schicksal geworden. Er galt als politisch einflußreich, soll ein großer Freund des Kaisers Wilhelm II. gewesen sein, der ihn als Berater in allen Kunstdingen heranzog, und er hatte einen glänzenden Ruf als Organisator. Dieser Clemen wollte den jungen Mann aus Bern haben.

»*Vor einigen Tagen*« so setzte W.W. seinen Brief an Singer fort, »*erhielt ich dann auch weiteren Bescheid, dass er mit den anderen Herren der Fakultät... gesprochen habe und dass von der Fakultät keine Schwierigkeiten zu erwarten seien. Ich sollte also mein Gesuch einsenden. Das Einzige, was anscheinend noch Schwierigkeiten macht, sind auch hier gewisse Spezialisierungswünsche in Rücksicht auf die Lehrtätigkeit der anderen Bonner Herren. Aber ich glaube, diese Schwierigkeiten werden zu überwinden sein. Da Bonn, das für die nächsten zwei Jahre noch 100 000 M. aus Privatstiftungen für sein Kunstgeschichtliches Seminar aufwenden kann, das bestassortierte kunstgesch. Seminar Deutschlands besitzen wird, würde ich dieser Umhabilitierung natürlich mit grosser Freude entgegensehen, so leid es mir andererseits thäte, den liebgewordenen Berner Boden mit seinen guten Freunden zu verlassen.*«

Über dem Ganzen stand ein guter Stern; denn am 11. Mai 1914 – es war der 7. Hochzeitstag der Worringers – reichte Clemen den Antrag W.W.s auf Umhabilitierung an die Philosophische Fakultät der Rheinischen Friedrich-Wilhelms-Universität weiter mit der Begründung:

»Herr Dr. Worringer ist trotz seiner Jugend in der kunstgeschichtlichen Welt kein Unbekannter. Seine beiden Erstlingsarbeiten haben, ähnlich wie die Erstlingsarbeiten von Wölfflin, ein ungewöhnliches Interesse hervorgerufen und in weiten Kreisen Aufsehen erregt, wofür auch schon die hohe Zahl der Auflagen spricht. Diese beiden Abhandlungen ›Abstraktion und Einfühlung‹ und ›Formprobleme der Gotik‹ bewegen sich auf einem Grenzgebiete der Kunstwissenschaft und suchen mit einer bemerkenswerten Feinheit des künstlerischen Blickes eine Reihe von Grundelementen aus dem Gebiete des Ursprungs des künstlerischen Schaffens und unserer Reaktion klarzulegen. Gegen seine Auffassung der Gotik wird vielerlei einzuwenden sein, zumal die Vertreter des konstruktiven Gedankens werden sich hier nicht ganz befriedigt fühlen. Die von Worringer gegebene Definition des eigentlichen Formwillens der Gotik enthält aber so viel Wertvolles und bringt eine Fülle von Anregungen, dass ein jeder, der sich mit der mittelalterlichen Kunst beschäftigt, zu dieser Arbeit Stellung nehmen muss.«

Clemen ging dann noch auf die weiteren vorliegenden Arbeiten von W.W., *Lukas Cranach* und *Altdeutsche Buchillustration*, ein und erklärte sodann, daß auch diese beiden Arbeiten *»sehr viel feine und originelle Gedanken, viele gut künstlerische Charakteristiken in einer sehr gewählten Sprache«* enthielten. Worringer sei *»ein sehr guter Redner, der mit grosser dialektischer Schärfe und Gewandtheit seine Thesen auszuführen versteht«*. Im weiteren wies Clemen auf die philosophische Schulung und breite Literaturkenntnis von W.W. hin und bezeichnete dessen zukünftige Aufgaben im Lehrbetrieb: Architekturgeschichte, deutsche und niederländische Malerei sowie allgemeine kunstpsychologische und kunsttheoretische Fragestellungen. *»Bei der erschreckenden Unklarheit, die hier heute in den jungen Köpfen herrscht, ist der ständige Austausch mit einem streng methodischen und dazu sehr originellen Denker doch von grossem Nutzen.«*

Ende Juni wurde die Umhabilation ohne Wiederholung formaler Leistungen vollzogen und W.W. in den Lehrkörper der Bonner Universität übernommen. Nach dem Abschied von Bern meldete sich die Familie Worringer bereits am 1. Juli 1914 in Bonn an; man wohnte zunächst in einem Provisorium; aber Ende September zog man in die neue Wohnung in der Schumannstrasse 286, und schon hieß es *»in dem friedlichen stillen Bonn schon ganz eingelebt«*.

Da war bereits Krieg, und den Worringers kam es so vor, daß es sich bei ihrem Umzug an den Rhein um mehr als einen Abschied von Bern gehandelt hatte, nämlich *»um das Zugrundegehen einer Zeitrechnung* und den Beginn einer neuen«. Im Dezember war die Stimmung bei den Worringers noch relativ friedlich, so daß W.W. Singer berichtete,

»Ich persönlich widme meine Kräfte, soweit der Krieg sie mir läßt, ganz der Arbeit und geniere mich sogar oft, dass ich, wenige hundert Kilometer von dem Menschenmorden entfernt, mich so in meine kleine Arbeitswelt einspinnen kann. (...) Dann merke ich doch auch wie viel anspruchsvoller das hiesige Studentenmaterial ist, schon aus dem einfachen Grunde, weil es eben so gute und bequeme Arbeitsmöglichkeiten hat und darum von den Dozenten viel mehr verlangen kann als in Bern. (...) Wie weit die Studenten bei mir warm geworden sind, vermag ich noch garnicht zu beurteilen. Immerhin kann ich in den Übungen, an denen 20 Hörer teilnehmen (im Colleg sind 30) eine ernste fachwissenschaftliche Mitarbeit konstatieren, wie ich sie bisher nicht kannte. Das verdoppelt natürlich mein Bemühen, diesen Ansprüchen gerecht zu werden. Dass mich bei diesem Bemühen hier und da der Unzulänglichkeitsraptus fasst, soll Ihnen auch nicht verschwiegen werden.«

In die Bonner Gelehrtengesellschaft hatten sich die Worringers unter den anormalen Umständen des Kriegsbeginns noch nicht einbringen können, hatten allerdings »einstweilen auch wenig Sehnsucht danach«. »Den Kindern geht's gut. Der Has (d.i. Brigitte) ist fleißig am Lesen und Schreiben und benimmt sich dabei vorläufig ganz geschickt. Renate (resp. Granate wie sie von ihren neuen Freundinnen genannt wird) entwickelt allmählig eine Derbheit und Frechheit, als wenn es ihr höchster Ehrgeiz wäre, sich recht als Hunnen- und Barbarensprößling zu benehmen. Frau Ma schließlich läßt kein gutes Haar an Bonn und pflegt mit aller Treue und Innigkeit den Altar ihrer Berner Erinnerungen. Dabei leidet die Unglückliche sehr daran, dass ihr Atelier nicht mehr nach Terpentin und Farbe riecht, sondern nach den Ausdünstungen zweier dort einquartierter ausgewachsener Rekruten. Da hält die beste Vaterlandsliebe nicht stand.«

Es dauerte nicht mehr lange und »die neue Zeitrechnung« erreichte die Worringers auch ganz persönlich. M.W.s tiefe seelische Betroffenheit über den Krieg drückte sich in einem Gedicht aus, das am 31. Januar 1915 im Sonntagsblatt der Berner Zeitung *Der Bund* unter der Überschrift *Tod in Flandern* veröffentlicht wurde.

Es fällt der erste Schnee....
Wie werden sich die Kinder freuen....
Er fällt so dicht, So seltsam matt zu Boden,
Und das, was eben grau, wird weiß,
Was laut und lärmend war, wird leis....

Er deckt die Hände mir, die Füße zu –
In mir ist Ruh!
Ich fühle nicht die Kugeln, die mich trafen,
Es schweigt das Weh
Und ich kann schlafen – schlafen....

Ob und in welcher Weise M.W. in den Kriegsjahren künstlerisch zu arbeiten vermochte – darüber gibt es keine Quellen. Die letzte Ausstellung, an der sie sich vor dem Krieg beteiligt hatte, fand 1912 statt, die nächste im März/April 1918. An Cuno Amiet schrieb sie im März 1916 einen Brief, der viel über ihre Stimmungslage aussagte: »*Ob wohl noch mal so schöne Zeiten kommen werden, dass wir einen sonnigen Nachmittag auf der Oschwand verleben können! um erst in Ihrem Atelier schöne Dinge zu sehen und nachher über schöne Dinge reden zu können. Sie glauben ja gar nicht, wie man sich jetzt – gerade jetzt – nach so etwas sehnt. Ich bin von allem Bangen und Warten ganz müde und mutlos geworden! Ich hoffe Sie sind gesund und schaffen für All' die mit, die es nicht mehr können.*«

Inzwischen war W.W. fast ein Jahr Soldat; er hatte sich nach einem Semester Lehre in Bonn zum 1. April 1915 freiwillig zum Kriegsdienst gemeldet; »*ich wäre doch bald drangekommen*«, schrieb er seinem Verleger Reinhard Piper; »*eine gewisse Freude über die neue Lebenserfahrung*« wollte er nicht leugnen, »*vorausgesetzt, daß es eine ›Lebens‹erfahrung bleibt*«. Gemessen an der ungebremsten Kriegsbegeisterung vieler deutscher Intellektueller und Künstler hatte sich W.W. nach Kriegsausbruch relativ gemäßigt gezeigt. Gegenüber Amiet entrüstete er sich über Ferdinand Hodler, der den hysterischen, aber nicht unberechtigten Protest gegen die »*Deutsche Barbarei*« mitunterschrieben hatte und damit nach W.W.s Ansicht seinen deutschen Freunden in den Rücken gefallen war. Das *Zeit-Echo* veröffentlichte einen etwas merkwürdig anmutenden Artikel von W.W., in dem er der deutschen Männlichkeit die weibliche »*Hysterie unserer Feinde*« gegenüberstellte. Aber seine Äußerungen zur von deutschen Truppen zerschossenen Kathedrale von Reims, dem Symbol der nationalen Einigung Frankreichs, fielen dann doch recht maßvoll aus, d.h. »*in alter Bewunderung*« für »*das formale Genie der französischen Rasse, wie es uns so glänzend in eben jener Kathedrale entgegentritt*«.

W.W. rückte als Kanonier in das 2. Rekruten-Departement Feldartillerie-Regiment 44 in Trier ein; später gehörte er zur 8. Ersatzdivision, Feldartillerie-Regiment 92, Stab der II. Abteilung, wurde also Schreibstubenmensch, brachte es zum Unteroffizier und zur Auszeichnung mit dem Eisernen Kreuz II. Klasse; seine Einheit stand in Ost- und Nordfrankreich. Zunächst schien das neue Leben des armen Kanonier W.W. noch ganz lustig gewesen zu sein, wie eine Karte der beiden Worringers an Singer aus Trier vom 24. Mai 1915 zeigt: »*Am besten vom Militär gefallen mir bisher die Sams- und Sonntage, an denen mich Frau Ma besucht. Gell, das verstehen Sie.*« So W.W., und M.W. fügte hinzu: »*Sie sollten sich die Ada Handschrift und den Kanonier Worringer hier mal ansehen kommen. Das eine ist so lohnend wie das andere.*«

Je mehr es Ernst wurde, desto weniger kam W.W. mit dem neuen Leben bzw. der neuen Zeitrechnung zurecht. Nach drei Wochen Lazarett in Bonn wegen einer »*kleinen Darmoperation*« mußte er im Juni 1915 nach Trier zurückkehren: »*hoffentlich lernen dann meine Nerven endlich, sich an das militärische Leben zu gewöhnen. Bisher haperte es damit ziemlich und es gab böse Depressionszeiten*«. Im Oktober 1915 stand er bereits an der Westfront und machte sich seinen Vers auf das, was er erlebte. Er ließ den alten Freund Singer wissen:

»*Dass ich innerlich allerhand Wandlungen durchgemacht habe, und zwar in bezug auf den Krieg, will ich Ihnen nicht verschweigen. Nun weiss ich wohl ein Ziel, nämlich dafür zu kämpfen, dass dieser Krieg der letzte ist, aber was ich noch nicht weiss, das sind die Wege zu diesem Ziel. Es werden einem ja in der internationalen Diskussion genug Wege dazu gezeigt, aber mit keinem dieser Wege kann ich mich noch recht befreunden, weil sie alle durch die demokratische Ideologie führen. Schließlich wird es doch nichts anderes für mich geben, so schwant mir, als mit dieser Ideologie zu paktieren.*«

An seinen Verleger Piper schrieb er Anfang 1916: »*Je länger der Krieg dauert, umso weniger komme ich mit ihm zurecht. Unsere Generation steht gleichsam vor der Frage: mitmachen oder sich zurückziehen. Und zwischen diesem Entweder-Oder brennt ein Fegefeuer, in dem ich voller Pein herumhüpfe.*« Und »*von der Front*« wandte er sich an Amiet:

»*Was sagen Sie dazu, dass nun nach Macke und Weisgerber auch Marc gefallen ist? Sind es nicht gerade die Besten und Wertvollsten, die sich das Verhängnis ausgesucht hat? Jedenfalls waren es die gesundesten, und es war ein wertvolles Argument für uns, die wir die neue Bewegung liebten und verteidigten, auf diese drei Gesunden hinweisen zu können, deren ganzes Wesen den sonst bei andern vielleicht naheliegenden Verdacht des Snobistischen, Unnatürlichen, Unwahren, Genotzüchteten ausschloss. Bei diesen Drein wusste man, ihnen war das neue Schicksal nicht Mode und Willkür. Darum packt es so (vom Persönlichen ganz abgesehen), an diese drei Gräber denken zu müssen.*«

Unteroffizier Wilhelm Worringer
im Ersten Weltkrieg

Das Jahr 1918 wurde auch für die Worringers ein bedeutsames Jahr: Am Karfreitag, dem 29. März 1918, wurde die dritte Tochter in Bonn im Johanniter-Krankenhaus geboren und sollte Lucinde genannt werden. Deshalb lautete auch das Telegramm an W.W. an die Westfront: »*Sie genas von einem Kinde, genannt Lucinde*« (so jedenfalls will es ein Familien-On-dit). Emmy Worringer meldete die neue Erdenbürgerin beim Standesamt an; aber der dumme preußische Beamte wollte den angeblich ausländischen Namen nicht akzeptieren; erst als der zweite Name Friederike genannt wurde, war er bereit, beide Namen ins Geburtsregister einzutragen, bestand allerdings darauf, daß die französische Schreibweise von Lucinde mit c durch die Verwendung des z eingedeutscht wurde. Lucinde, die der Vater bald als »*Revolucinde*« apostrophierte, hat immer das z verleugnet und ihren Namen so geschrieben wie Friedrich Schlegel, Karl Marx (von ihm gibt es eine Ballade *Lucinde*) und Johann Baptist von Schweitzer (der hinterließ einen dreibändigen Roman *Lucinde oder Kapital und Arbeit*) es taten. Die kleine Revolucinde, ein Urlaubskind, war zwar zart und klein, gedieh jedoch zufriedenstellend und erwies sich alsbald, wie noch zu berichten sein wird, als sehr schlau.

W.W. konnte sich davon im August 1918 überzeugen, als er von der Westfront über Bonn nach Dorpat zur dortigen Felduniversität abkommandiert wurde. Dorpat empfand er als einen Glücksfall: »*Die Dorpater Monate waren sehr schön. Ein Idyll in der Nähe des Vesuvs. Die deutsche Wissenschaft machte wirklich gute Figur da und die Wirkung auch in den andersrassigen Kreisen war unmittelbar sichtbar. Aber was nützt es, wenn man mit der einen Hand Culturpolitik betreibt und mit der anderen Requisitionspolitik. Und eines Tages war die Katastrophe da und ein fluchtartiger Wegzug war das triste Ende vom Lied. Das enge Casinozusammenleben von über dreißig deutschen Collegen (alle von der Front) war recht anregend und psychologisch aufschlussreich. Für die Naturgeschichte des deutschen Professors gab es interessante Funde.*« So schrieb W.W. am 10. Januar 1919 an seinen Berner Freund Samuel Singer.

Als W.W. Ende Dezember 1918 nach Bonn zurückkehrte, fand er sich zum apl. Professor ernannt vor und versuchte nun, sich wieder ins zivile Leben einzubringen. Das beschrieb er dem Freund so: »*Ich hatte mich während des Krieges schon so gemausert, dass ich die endlichen Ereignisse dann nur als die Ergebnisse einer allerdings unerhört schmerzenden Logik betrachtete sowohl in außerpolitischer wie in innerpolitischer Hinsicht. Soweit ich mich öffentlich für die Wahlen bethätige, geschieht es in einem linksgewandten sozialistischen Sinne. Dass die Einstellung meiner Frau auch ganz nach dieser Richtung hingeht, wissen Sie ja.*«

**Emil Schmitz,
der Vater von Marta Worringer**

Noch von Dorpat aus hatte sich W.W. dem u.a. von Bruno Taut initiierten *Arbeitsrat für Kunst* angeschlossen und dessen erste Flugschrift Weihnachten 1918 mitunterzeichnet. Zur Eröffnung der Berliner Sezession im Frühjahr 1918 unter der Ehrenpräsidentschaft von Max Liebermann schrieb er unter der Überschrift *Qualität und Gesinnung* ein Geleitwort, in dem es hieß: »*Unsere Zeit will ihr Gesicht. In allen Mienen zuckt es von Möglichkeiten. Und auch in Grimassen sprüht Zukunft. Pfeile der Sehnsucht nach dem anderen Ufer. Wir wissen es gut: keine neue Menschheit steht hinter der neuen Kunst. Wohl aber eine neue Menschlichkeit.*«

Auch M.W. hatte wieder mit der Arbeit begonnen; sie hatte von März bis Mai 1918 an der XV. Sonderausstellung Handtextilarbeiten der Kestner-Gesellschaft Hannover teilgenommen. W.W. ließ Singer wissen: »*Meine Frau stickt wundervolle Dinge und ich bin dran, mich nach den 4 langen Jahren der Verblödung geistig wieder etwas aufzubügeln. Wobei ich mich sehr hart thue. Solche Jahre der Pause machen einen nicht nur kritischer gegen sich (da hatte ich eine grosse Steigerung garnicht so arg nötig mehr) sondern gegen das Problem der Wissenschaftlichkeit überhaupt. Die Kinder entwickeln sich nett, auch die kleine Revolucinde.*«

Das Jahr 1919 brachte M.W. erst einmal große Trauer: am 28. Februar starb ihr Vater, mit dem sie sich eng verbunden fühlte, im Gegensatz zu ihrer spröden düsteren Mutter, zu der sie kaum eine Beziehung hatte. Die Mutter wohnte weiter im Gereonsdriesch, so daß das von ihrem Vater erbaute Haus, an dem M.W. sehr hing, erst einmal der Familie erhalten blieb. Haus Holtersbühl in Kreuzberg allerdings wurde geräumt, vermietet und später verkauft. Für W.W. dagegen ließ sich das neue Jahr vielversprechend an; man erzählte sich in der gelehrten Gesellschaft, W.W. würde wohl zu denen gehören, die einen Lehrstuhl an der neuen Universität Köln erhalten würden. Das war bekanntlich nicht der Fall, und immer wieder wurde in der Worringer-Familie Konrad Adenauer, der Oberbürgermeister, dafür verantwortlich gemacht: dieser habe den ungläubigen asphaltliteratenhaften kleinen großen Worringer nicht haben wollen. Auch wenn das so nicht stimmen sollte, wahr hätte es sein können. Es ist vielleicht ein bißchen gewagt, aber es fällt einem nicht zufällig ein, was Peter Gay in seinem Buch *Freud, Juden und andere Deutsche* über W.W. schreibt: »*Worringers Thesen erteilten der expressionistischen und der abstrakten Kunst den unanfechtbaren akademischen Segen; sie waren ein entschiedener Affront gegen die Art von Kunst, die Wilhelm II. für heilsam hielt. Wäre Worringer Jude gewesen, hätte man ihn der Zersetzung der abendländisch-christlichen Kunsttradition bezichtigt. Doch er war es nicht.*«

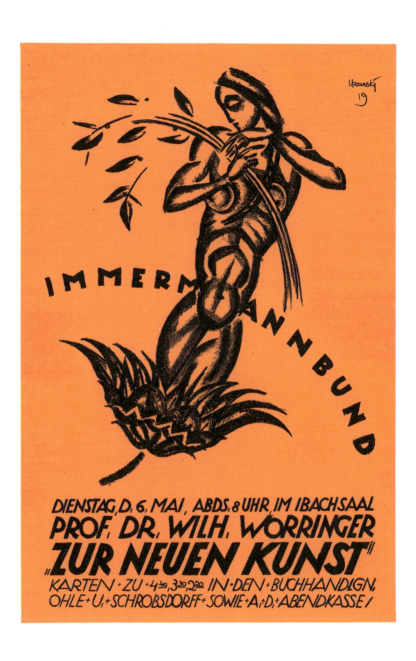

Plakatwerbung für eine der zahlreichen Vortragsveranstaltungen von Wilhelm Worringer, 1919

W.W. hielt gleich im Jahr 1919 viele und vielbeachtete Vorträge; den Auftakt bildete im März ein Vortrag im Kölner Kunstverein über *Kritische Gedanken zur neuen Kunst*, in dem er zum ersten Mal öffentlich seine Kritik an der Entwicklungsfähigkeit des Expressionismus äußerte: »*Das muß den Leuten immer wieder gesagt werden, die in ihrer Revolutionspsychose auch die Kunst revolutionieren wollen. Sie laufen längst offene Türen ein. Nein, die Kunst hat ihre Revolution nicht nur längst hinter sich, sondern sie liquidiert schon längst ihre Revolutionserfahrungen.*«

Das Jahr 1919 führte ihn »*als Wanderprediger*« nach Madrid, Wien, Prag, Breslau, schließlich Anfang Januar 1920 nach Hamburg und Bremen. Aber auch M.W. arbeitete sichtlich erfolgreich: im Oktober 1919 beteiligte sie sich an der Ausstellung *Frauen* in der Galerie Alfred Flechtheim in Düsseldorf mit beachtlichem Verkaufserfolg; für den Hyperion-Verlag illustrierte sie Heinrich von Kleists *Marquise von O.*. Auch an Gerhart Hauptmanns *Emanuel Quint* und Heinrich Manns *Madame Legros* probierte sie ihre Illustrationskunst; später, 1925, erschien die von ihr illustrierte *Die Sanfte* von Dostojewski.

Im Oktober 1918 zog die fünfköpfige Familie samt Hausmädchen in die Argelanderstrasse 18: ein schmales, aber dreistöckiges Haus mit Souterrain und Dachgeschoß. Im Souterrain befanden sich die Küche, die Waschküche, ein Vorratsraum, aus der Waschküche gelangte man über mehrere Stufen nach oben in den Garten; im Hochparterre war der Hauseingang, rechts ein relativ breiter Flur mit Treppe nach oben, links befanden sich zwei große Zimmer, zur Straße das Wohnzimmer, nach hinten das Eßzimmer, über eine Terrasse gelangte man ebenfalls in den Garten. Auf dem halben Stockwerk lag das Klo. Im I. Stock gab es zwei Zimmer zur Straße: W.W.s Arbeitszimmer und Bibliothek sowie das Arbeitszimmer von M.W.; nach hinten lag das Elternschlafzimmer mit Waschtisch. Im zweiten Stock hatten Renate und Lucinde nach hinten ihr Zimmer, nach vorne Brigitte das ihre, außerdem gab es auf diesem Stock ein Badezimmer mit großer Wanne. Im Dachgeschoß befanden sich das Mädchenzimmer, der Trockenspeicher und Ablagemöglichkeiten. Außer den sechs Menschen lebten ein Hund und eine Katze im Haus.

Ende Dezember 1919 konnte M.W. in der auch ihr eigenen verbalen Ausdruckskraft Samuel Singer das Bild einer fast heilen Familie malen: »*(...) Wir haben gerade köstliche Weihnachtstage hinter uns und reich beladene Geschenktische blieben davon zurück. Auf meinem Tisch stand ein köstlicher Aquarellkopf von Nauen (kennen Sie seine Sachen?) und außer neuen Kleidern u. Blusen (was Sie ja nicht interessiert) lagen viele Bücher* drauf: Keyerling's Reisetagebuch eines Philosophen, Ricarda Huch's Sinn der Hl. Schrift, Marie Luise Enckendorff's (Frau Simmel) Über das Religiöse und schließlich zur Erholung Thomas Mann's Herr und Hund. Mein Mann kriegte 2 Bände Scheler und eine köstliche Radierung von Paul Seehaus, der ein lieber Freund von uns war und kürzlich starb. Die Kinder waren selig mit ihrem Puppenkram; Lucinde, die äußerlich gänzlich vorbeigeraten ist (sie schielt zur Zeit und hat krumme Beine und ist überhaupt ein Scheusal, aber wie die meisten Scheusale intelligent) torkelte wie ein betrunkener Kreisel zwischen all den Herrlichkeiten umher. Der Has ist lang und dünn und frisch und gerade und anständig wie ein Knabe. Renate ist interessanter und begabter, aber vieldeutig, verwunschen und lasterhaft. Außerdem faul wie die Sünde. Sie malt sehr nett und ist reich an Einfällen. Ich bin gespannt, was draus wird. Beim Has glaubt man schon alles zu wissen. Ihre Möglichkeiten sind überschaubar. Renaten's Möglichkeiten sind reicher und weiter, aber auch beängstigender. Die Schlaueste ist das kleine Scheusal, aber da ich weiß, daß ihr Interesse für Kinder erst dann einsetzt, wenn solche stubenrein sind, muß ich von ihr noch schweigen. – Mein Mann ist viel gereist. Als Wanderprediger. (...) Seine Bücher haben so viele neue Auflagen (die Formprobleme 7 in diesem Jahr), daß wir wie die Fürsten leben könnten, wenn's vernünftige Lebensbedingungen gäbe. So langts gerade, sich durchzuschlagen. Dabei verdiene doch auch ich ein Heidengeld. In Düsseldorf verkaufte ich auf einer Ausstellung in [der] Zeit von 14 Tagen für 2000 Mark. Gell, da staunen Sie? (...) Bleiben Sie gesund und seien Sie manchmal – oder meinetwegen auch immer – recht vergnügt. Und denken Sie auch hier und da mit einigem Wohlwollen an Ihre Marta Worringer.«

Auch der Kreis der nahen und fernen Bekannten und Freunde zeichnete sich nach 1919 konturenreicher ab: Da war die Familie des Ordinarius Paul Clemen, seine Frau Lilli und drei Kinder, Wolfgang, Petra und Barbara, die im Alter von Brigitte und Renate waren, so dass manche Kinderferien gemeinsam verbracht wurden. Sodann der Jurist und zeitweise Rektor der Bonner Universität Ernst Landsberg und seine Familie, der Zahnmediziner Alfred Kantorowicz, der, Linkssozialist und Jude, 1933 mehrere Monate im KZ eingesperrt wurde und dann mit seiner Familie in die Türkei emigrierte, der Buchhändler und Verleger Fritz (Friedrich) Cohn und seine Frau Hedwig, eine geborene Bouvier. Mit dem aus dem Elsaß stammenden Romanisten Ernst Robert Curtius verband beide Worringers eine enge, auch persönlich gefärbte Freundschaft, die, obwohl Curtius bald von Bonn wegberufen wurde, bis zu dessen Tod 1956 Bestand hatte und seine junge Frau Ilse, die er 1930 heiratete, mit einschloß. Bekanntschaft zumindest bestand auch mit dem Orientalisten und Begründer der deutschen Islamwissenschaft Carl Heinrich Becker, der nach 1921 als aktiver Politiker die Hochschulreform in Preußen vorantrieb. Ebenfalls kein Unbekannter im Hause Worringer war Romano Guardini, der katholische Religionsphilosoph italienischer Herkunft, der in der katholischen Jugendbewegung der 20er Jahre eine besondere Rolle spielte, allerdings sehr bald von Bonn nach Berlin berufen wurde. Mitte der 20er Jahre kamen hinzu die Germanisten Paul Hankamer und Edda Hankamer-Tille; auch diese freundschaftliche Bindung, besonders die von Paul Hankamer und M.W., hatte die folgenden Lebensjahrzehnte festen Bestand.

Zu diesem Bonner gelehrten Soziotop, bestehend aus Juden, Katholiken, Protestanten und Freigeistern, kam noch ein äußerer Kreis hinzu: der Kölner Romanist Leo Spitzer, der 1933 erst in die Türkei und dann in die USA emigrierte; mit ihm stand W.W. in einem engen intellektuellen Austausch, wie es Spitzer dann auch in seinen berühmten *Stilstudien* (1928) dokumentierte; in Köln/Brühl lebte Max Ernst, der dadaistische und surrealistische Künstler, der ebenfalls zu den Bekannten der Worringers gehörte. In Düsseldorf lebte und arbeitete die von beiden Worringers hochverehrte Schauspielerin und Prinzipalin des Düsseldorfer Schaupielhauses, dessen Leitung sie sich mit ihrem Mann Gustav Lindemann teilte: Louise Dumont. Über diese für die beiden Worringers lebensentscheidende Freundschaft wird im nächsten Kapitel noch zu berichten sein. Durch sie kamen die Worringers mit Martin Buber und seiner Frau Paula Winkler in Kontakt; auch hier riß die Verbindung über die Jahrzehnte hinweg bis zum Tod 1965 nicht ab. Bekanntschaften gab es auch in Düsseldorfer Theater- und Künstlerkreisen, z.B. mit dem Malerehepaar Schneider-Didam. Der Kreis der externen Freunde wurde durch drei Persönlichkeiten in besonders enger und lebhafter Weise geprägt: durch den Kulturphilosophen und Literaturwissenschaftler Erich von Kahler und den Architektur- und Kunsthistoriker Sigfried Giedion und seine Frau, der Kunst- und Literaturkritikerin Carola Giedion-Welcker, die die Worringers wohl bereits in der Zeit des *Gereonsclub* in Köln kennengelernt hatten, während die Bekanntschaft mit Kahler und Giedion erst Anfang der 20er Jahre zustande kam.

Sicher sind dies noch längst nicht alle, die zu nennen wären als zum Umkreis der Worringers gehörend. Indessen fällt auf, daß W.W. zu den engeren Kollegen seiner Fakultät, mit Ausnahme von Clemen, anscheinend keinen sehr engen Kontakt hatte – er war eben in Stil, Auftreten, Lehrweise ein recht seltenes Exemplar für eine klassische deutsche Universität – eben ein bißchen Aquarell. Deshalb sei, um das Bild von Bonn etwas anekdotisch abzurunden aus dem Buch von H. v. Wedderkop zitiert: *Was nicht im ›Baedeker‹ steht*:

»Da ist die Koblenzer Straße. Es ist eine Straße, die sich kilometerlang am Rhein entlang zieht. An der Rheinseite gibt es meist nur große luxuriöse Villen mit Riesengärten. Hier wohnen die wirklich feinen Leute. (...) Dann wohnt da ebenfalls der Geheimrat Clemen... Er hat sich um die Kunst des Rheinlandes speziell als Konservator große Verdienste erworben, hat eine enorme Menge von Publikationen darüber herausgebracht und hat sozusagen an der Wiege der meisten unserer bedeutenden Kunsthistoriker Pate gestanden. Revolutionär ist er ganz gewiß nicht. Diese Rolle überläßt er einem äußerst anregenden Kollegen, dem Professor Wilhelm Worringer, der sozusagen der Abendlandsuntergangsspengler von Bonn ist. D.h. wie Spengler die Zukunft voraussagt, sagt Worringer die Vergangenheit nachträglich, er liebt es nämlich, die Menschen vergangener Kunstepochen und diese Epochen selber zu rekonstruieren. Nicht aber etwa von rückwärts her, d.h. mit den Gefühlen eines modernen Menschen, sondern aus der Zeit von damals heraus; so hat er u.a. den ›gotischen‹, und so hat er den ›ägyptischen‹ Menschen rekonstruiert und die entsprechenden Kunstepochen. Solche Versuche sind alle zwar manchmal ein bißchen kühn, aber auf alle Fälle recht interessant und anregend. – Bonn ist eine wunderbare Stadt zum Dösen.«

Anmerkungen zum 3. Kapitel

- Die meisten der in diesem Kapitel zitierten Briefe der Worringers stammen aus dem NL Samuel Singer; ferner: Piper, Briefwechsel; NL Cuno Amiet. Weitere Zitate: Fakultätsakte Wilhelm Worringer, Universität Bonn.
- Der heutige Standort der Pietá Rondanini, des letzten Werkes von Michelangelo, befindet sich heute im Castello Sforza in Mailand.
- Das Gedicht von M. Worringer ist vollständig als Faksimile gedruckt im Katalog M. Worringer/August Macke Haus Bonn.
- Adahandschrift = das Prachtevangeliar aus der Hofschule Karls des Großen um 800 in der Trierer Stadtbibliothek.
- Zitat aus Kritische Gedanken, Worringer, Schriften, S. 888
- Paul Clemen, geb. 1866 in Sommerfeld bei Leipzig, hatte eine Ausbildung als Maler, wurde 1893 erster Provinzial-Konservator des Rheinlands und lehrte ab 1902 in Bonn, er starb 1947 in Bad Endorf/Obb. Lilli Clemen geb. von Wätjen wurde 1884 in Düsseldorf geboren, verstorben 1966 in Bad Endorf.
- Ernst Robert Curtius, geb. 1886 in Thann/Elsaß, gestorben 1956 in Rom. Seine akademische Karriere begann 1913 mit der Habilitation in Bonn, 1920-1924 war er

Ordninarius für Romanische Philologie in Marburg, 1924–1929 in Heidelberg, dann Bonn. Ilse Curtius geb. Gsottschneider, geboren 1907 in Wien, Heirat 1930, verstorben 2003 in Bonn.

- Sigfried Giedion, geboren 1888 als Schweizer Bürger in Prag, zuerst Abschluß als Maschinenbauingenieur, dann Studium der Kunstgeschichte u.a. bei Wölfflin. Promotion 1922 über *Spätbarocker und romantischer Klassizismus.* Seit 1923 in Zürich als Schriftsteller und freier Kunstkritiker lebend, 1938 in die USA u.a. Harvard und Yale; 1947 Rückkehr in die Schweiz, Professor an der Eidgen. Technische Hochschule Zürich. Gestorben 1968. Sein in Deutschland bekanntestes Hauptwerk: *Die Herrschaft der Mechanisierung* (1948), deutsche Ausgabe Frankfurt a. M. 1982. Carola Giedion-Welcker (1893–1977) studierte bei Heinrich Wölfflin und Paul Clemen, bei dem sie 1921/22 promovierte; als Kunst- und Literaturwissenschaftlerin bekannt und erfolgreich; gilt als die Entdeckerin von James Joyce und war persönlich bekannt u.a. mit Hans Arp, Max Ernst, Paul Klee, Kurt Schwitters. Vgl. C.G.-W., Schriften 1926–1971. Stationen zu einem Zeitbild. Köln 1971.

- Paul Hankamer, geboren 1891 in Wesel am Niederrhein. Habilitation über den Mystiker Jakob Böhme, später Barock-Forschungen; Umhabilitation nach Köln und 1932 Ruf nach Königsberg, 1936 zwangsentpflichtet. 1945 an den Folgen eines bewaffneten Überfalls verstorben. Edda Hankamer-Tille, geboren 1895 in Glasgow, 1925 Habilitation im Fach Deutsche Philologie in Köln, 1928 Heirat mit P. Hankamer, 1939 Emigration mit den Söhnen Ernst Wolfram und Peter in die USA, zuletzt Professorin an der State University von Tennessee, gestorben 1982 in Las Vegas/USA. Vgl. Kunigk, Hankamer.

- Erich von Kahler, geb. 1885 in Prag, gestorben 1970 in Princeton/USA; sein Vater war ein bekannter Großgrundbesitzer und Großindustrieller. K. hatte bereits während des Studiums Kontakte zum Max-Weber-Kreis und über die Freundschaft mit Friedrich Gundolf zum Stefan-George-Kreis, lebte seit 1912 als Privatgelehrter in Wolfratshausen bei München. 1933 Flucht mit seiner Frau Josefine geb. Sobottka in die USA; eng befreundet mit Thomas Mann und Hermann Broch. Vgl. Gerhard Lauer, Die verspätete Revolution: Erich von Kahler. Wissenschaftsgeschichte zwischen konservativer Revolution und Exil. Berlin 1994.

- Zu Alfred Kantorowicz vgl. Neumark, Zuflucht

- Ernst Landsberg (1860–1927). In Bonn promoviert und habilitiert, 1899 wurde er persönlicher Ordinarius; er vertrat die Fächer Römisches Recht und Strafrecht; 1914/15 der einzige jüdische Rektor, den die Universität Bonn je hatte. Berühmt wurde er durch seine *Geschichte der deutschen Rechtswissenschaft.* Seine Frau Anna nahm sich wenige Jahre nach der Machtergreifung das Leben. Sein Sohn Paul Ludwig, 1933 in Bonn Privatdozent (Philosophie), wurde in die Emigration nach Frankreich gezwungen und geriet dort als Angehöriger der Resistance in deutsche Gefangenschaft. Er kam 1944 im KZ Sachsenhausen ums Leben.

- Alice Dora Schneider-Didam geb. Grunwald, geboren 1882 in Düsseldorf. 1906 Heirat mit dem Maler Wilhelm Schneider-Didam (1869–1923). Sie war eine Malstudienfreundin von M.W., aber auch mit Louise Dumont bekannt. Verzog 1939 nach Berlin. Nach Kriegsende bestanden noch Kontakte zur Familie Worringer.

4. Kapitel

Bonner Krisenjahre 1920–1923

Blickt man auf die Jahre 1920 bis 1923, so drängt sich zunächst der Eindruck auf, man sähe statt der *heilen Familie* ein Trümmerfeld; bei näherem Hinsehen bieten sich jedoch Differenzierungsmöglichkeiten an: dem Beinahe-Ende der Ehe nach 13 Jahren erfolgte ein neuer Anfang der alten; beide gingen aus den Turbulenzen mit einem neuen kreativen Schub hervor; die Kinder gediehen, augenscheinlich unversehrt; vor allem aber: es entstand die große tiefe anhaltende Freundschaft zwischen Louise Dumont und Marta Worringer – freilich blieb auch diese Freundschaft nicht ohne eine Dissonanz, was aber bei ihrer Intensität nicht verwundert.

W.W., der sich ja nach seiner vierjährigen Verblödung durch das Militärleben wieder geistig aufbügeln wollte, mußte offensichtlich zu lange »*sich selbst abwarten*«. Es kam nichts oder nicht genug oder nicht schnell genug – ein Phänomen, das bei Intellektuellen und Künstlern in und nach Krisenzeiten nichts Ungewöhnliches ist. Er, der sich zeitlebens emphatisch als Rheinländer apostrophierte, verkörperte aber keineswegs das, was die Leute so unter rheinischer Fröhlichkeit und Sorglosigkeit verstehen. Er konnte sich zwar zu Zeiten in einer »*beinahe unheimlichen Stimmung von Ich-Besessenheit, von Selbstvergottung*« befinden, »*dieses Proklamieren seines Übermenschentums, dieses Fordern von Ausnahmegesetzen für sich – all das konnte ganz plötzlich umkippen*«, urteilte M.W. auf dem Höhepunkt der Krise im August 1921 und fragte: »*Was dann?*« Dann versank auch er in tiefe, von Selbstzweifeln getragene Melancholie, für die in diesen Jahren auch äußerer Anlaß genug bestand, bedenkt man, welche Berufungsniederlagen er einstecken mußte: Wien, Karlsruhe, Gießen, Marburg, Köln, Rostock. Er sah sich noch oder wieder im hohen Alter als ein Mann ohne Mitte. Von diesen melancholischen Abstürzen konnte er sich jedoch im Unterschied zu seiner Frau oft überraschend schnell wieder in ein Hoch bringen lassen: Er suchte und fand jeweils einen *Kick*, er wurde dann von einem beinahe hysterischen Überschwang beseelt. Es konnte eine Reise sein, ein Kunstwerk, eine Theateraufführung; meistens aber war es eine Frau. Und diese Frau war jetzt, 1920, ausgerechnet die Frau seines großen Mentors Paul Clemen, Lilli, Mutter von drei Kindern, 15 Jahre jünger als ihr Mann, drei Jahre jünger als beide Worringers.

Wir wissen nicht, ob sie der erste *Fall* war, da es darüber keine Hinweise gibt. Wir wissen auch nicht, welchen Grad der Intimität die Beziehung zu Lilli Clemen hatte; aber wir wissen, daß M.W. sich im Laufe des weiteren gemeinsamen Lebens mit W.W. noch mit mehreren solcher *Fälle* konfrontiert fand. Diesmal wußte es zwar nicht ganz Bonn, aber mit Sicherheit die Familie Landsberg und in Düsseldorf Louise Dumont, und auch in Köln Max Ernst, wie wir seinem Gedicht *Worringer, profetor DaDaistikus* entnehmen können:

6 Uhr v. der profet vernimmt in der Ohrmuschel den furor dadaisticus der neuen tiefschlürfenden Gemeinschaft. Hihi
… … … …
10.14 v. lichtbild der unendlichen hodelie der gotischen lilli im irischen ornat
minni.
… … … …

Frauen, junge und jüngere, kaum ältere, oft verheiratete oder geschiedene oder blutjunge flogen ihm zu, und er zog sie in seinen Bann. Immer einfühlsam, besorgt, beratend und zugleich sich sonnend im Glanze der ihm entgegengebrachten Zuneigung und Bewunderung fand er seine, das *sich selbst abwarten* verkürzende Musen. Er verstand so gut die sich selbst unverstanden fühlenden, am Rande zur neurotischen Hysterie wandelnden Frauen. Das machte einen guten Teil seiner Anziehungskraft aus – er war ja mitnichten ein Adonis: klein (einen halben Kopf kleiner als M.W.), zu Zeiten ziemlich dicklich, früh schütteres blondblasses Haar, sich ständig an seiner Pfeife festhaltend. Aber: er hatte eine unerreicht warme, fast gütig wirkende liebevolle Stimme mit einem wunderschönen rheinischen Timbre.

Und oft kam es dann so, wie es kommen mußte: die von ihm Abhängigen machten ihn auch umgekehrt abhängig: »*Ja, Pankratius ist wieder ganz hergestellt*«, schrieb M.W. an Louise Dumont Ende Mai 1921. »*Nur meine ich, er wäre seitdem den Bonner Einflüssen willenloser denn je preisgegeben. Ich sehe ganz traurig zu, wie es ihn immerzu dort hinreißt.*«

Muse war M.W. nicht, wollte, konnte sie nicht sein. Jedenfalls jetzt nicht mehr so, wie sie es 1905/06 gewesen sein mag. Sie konnte sich, ihm und anderen nichts vormachen. Wieviel Musen auch immer bereits an ihr vorbeigezogen sein mochten (oder war es die erste?) – sie reagierte verletzt, scharf urteilend, konsequenzmacherisch, fast panisch und komplex. Alles kam hoch: die Erinnerung an eine minimalisierte Kindheit: »*Aufgewachsen in diesem düstern Haus, in dem jede Freude ein Unrecht war, Kind einer entsetzlichen Strindberg-Ehe und doch mit allen Fasern an diesen Menschen hängend, auch dann nicht weniger, als ich einsah, daß ihr ganzes Leben eine Sinnlosigkeit war. Dann mein Vater, den ich abgöttisch liebte, dem ich es aber nie habe zeigen oder sagen können, vielleicht standen wir uns zu nah, kannten uns zu gut und konnten uns darum nicht in die Augen sehen; vielleicht ein Erbteil meiner... Mutter: alle Gefühle in sich zu vergraben, bis sie vereisen. (...) Meine Mutter lebt noch in diesem unseligen Haus am Driesch; ich habe keine anderen Gefühle wie Mitleid für sie; ich kann ihr wohl nicht den falschen Spiegel verzeihen, in dem sie uns unseren Vater zeigte.«*

Dann das Schicksal ihrer Schwestern: »*die eine bildhübsch, zart, beinah erdrückt von ihrer rotbraunen Haarfülle*«, verheiratet mit einem Mann, der nichts von ihren Kompliziertheiten und ihrer Schwermütigkeit ahnte, in einem kleinen Nest lebend: »*Sie starb mal ganz plötzlich mit 30 Jahren.*« »*Die andere Schwester ist besessen von allen Driesch-Geistern, an einen unmöglichen Mann verheiratet, irrt sie das halbe Jahr umher; zeitweise ist sie in Klöstern, von einer ungesunden fanatischen Frömmigkeit gepackt, zeitweise muß man sie mit allen Mitteln vor Selbstmord schützen.*«

Diese »*Driesch-Geister*« zerrten auch an ihr, und sie wußte, wieviel Blut W.W. bereits ihre »*Erziehung zum Glück*« gekostet hatte »*und wie oft er schon verzweifelte, wenn die Geister meiner Jugend mich wieder packten*«. Es war ein schwerer Kampf, den er kämpfte, wie M.W. zugab. Und sie lebte immer in der Angst, »*wieviel ich wohl von diesen Driesch-Geistern hier ins Haus gebracht habe; erschrecke, wenn die Kinder sagen, andere Mütter sind fröhlicher; erschrecke, wenn ich sehe, daß Pankratius unter meiner Kassandra-Schwere leidet, und empfinde es doch immer als die schwerste, grausamste Forderung für mich, ›leicht‹ und ›fröhlich‹ zu sein.*« W.W. hatte es mit ihr nicht leicht; aber auch sie nicht mit ihm, und so belastete es sie sehr, daß ihr Vater ihr nie diesen Mann verziehen hatte: »*Durch Jahre hindurch sprach er es mir gegenüber nicht aus; eines Abends kam es dazu; da sagte er mir: Du wirst an diesem Mann, der nur sein eigenes Leben lebt, der keine ›praktische Liebe‹ kennt, zu Grunde gehen*«. An diesem Abend hatte sie in einer Weise wie nie zuvor ihren Mann verteidigt; vier Tage später wird ihr der Tod ihres Vaters gemeldet.

So ganz Unrecht hatte der Vater nicht, und W.W. erzog seine Frau nicht nur zum Glück, sondern sparte auch nicht mit Zumutungen: Sylvester 1920 fand sie sich am Bett ihrer Nebenbuhlerin sitzend, die gerade einen Selbstmordversuch hinter sich hatte, stundenlang täglich verbrachte er bei Frau C. und erwartete schließlich als Preis für die Aufgabe seiner »*intimen Beziehungen*« zu dieser von seiner Frau, daß sie sich zukünftig anders, nämlich freundschaftlich gegenüber Frau C. verhalten möchte. Es gab oft heftigen, meist von ihm ausgelösten Streit, der sie regelmäßig klein machte und von dem er im Nachhinein bereit war zuzugeben, daß er wüßte, er bringe sie noch ins Irrenhaus. Die älteren Kinder verstanden diese Auseinandersetzungen nicht, da in ihren Augen die Mutter nicht allein streng und der Vater auch nicht allein lieb war.

Kleinere Fluchtversuche probierten beide: Sie befand sich mit den Kindern oft in Nideggen in der Eifel in dem Haus ihrer Schwiegermutter, reiste mit ihrem *kleinen,* aber damals noch reichen Schwager Adolf nach München, Salzburg, Wien. Ihn zog es immer nach München, wo das »*Österchen*«, Agnes Forell, eine geborene Oster, ihn leicht und fröhlich machte und die er umsorgen konnte, wenn Freund Alfred Forell gleichfalls wiederholt seinen Lieben nachging. Für die Vierzigjährige M.W. zum großen, lebensentscheidenden Fluchtpunkt wurde jedoch die tiefe Freundschaft mit der fast Sechzigjährigen Louise Dumont. Es war von Seiten M.W.s eine fast maßlos liebende Verehrung, die sich ausdrückte in einem wortgewaltigen intensiven Briefeschreiben; in den frühen Zeiten dieser Freundschaft schickte M.W. mehrmals in der Woche nach Düsseldorf mehrseitige undatierte, nur durch den Wochentag gekennzeichnete Briefe.

Diese Freundschaft gab M.W. die Kraft, diesen unguten und unschönen Szenen ihrer Ehe ein vorläufiges Ende zu setzen. Am 22. August 1921 berichtete sie Louise Dumont aus Nideggen, wo sie sich mit den Kindern aufgehalten hatte, während W.W. mit den Forells am Chiemsee Urlaub gemacht hatte, über ihr Zusammentreffen mit ihm:

»*Pankratius* (d.i.W.W.) *ist heute abgereist. Es war ein schweres Wiedersehen – er selbst nannte die Tage ›Großkampftage‹; ich blieb darin ganz klein, ganz geschlagen, willens- und kraftlos zurück. Nur erfahrungsgemäß weiß ich, daß ich nach einiger Zeit mein Gleichgewicht wiederfinden werde – mein Gefühl kann es sich einstweilen nicht vorstellen. Die wundervoll großzügigen Umstände seiner Reise – das herrliche Stück Welt dort, vor allem die ganz kritiklose Bewunderung, die er bei seinen Freunden dort findet – hatten ihn physisch und psychisch so gestärkt, so gefestigt, daß man diese Ansammlung von Kraft nur hätte bewundern können, wenn sie nicht gegen einen gerichtet gewesen wäre. Nein, dieses ›gegen‹ ist falsch, klingt zu scharf (oh, ich möchte so gerne nichts Falsches, nichts Übertriebenes sagen) es ist nur so: aus diesem kraftvollen Gefestigtsein heraus verlangt er von mir, unbedingtes Jasagen zu jeder seiner Lebensäußerungen, bedingungsloses Gutheißen! und verbietet jegliches Abwerten, jedes Moralisieren. Es war ein Antoben gegen Grenzen (Konventionali-*

täten), oft eingebildete Grenzen. Bei Gott ich möchte ihm nie mehr Grenze sein! Kann ich es – solange ich seine Frau bin – ganz vermeiden? Er müßte heute eine ganz andere Frau haben, als ich es bin. Eine, die ganz Frau wäre, ganz Selbstaufgabe, ganz kritiklose Anbetung, ganz willenloser Aufnahmeapparat. All das bin ich nicht, für ihn nicht, das weißt Du? So sieht er es und ich muß ihm wohl recht geben. –

Sieh, Louise, ich habe ja bis vor kurzem geglaubt, ein anderes Maß von Liebe, eine andere Art Liebe als die, die ich für Will empfand, gäbe meine Natur gar nicht her. Ich mußte älter, reifer werden, ehe mir dieses Gnadengeschenk zufiel. Vielleicht kommt bei den meisten Frauen um die Vierzig herum dieser Durchbruch. Daß nun aber nicht Will – sondern Du, Du allein ›Objekt‹ dieser Liebe wurdest – das war mir in den 14 Tagen Einsamkeit hier oben in fast erschreckender Weise deutlich geworden. (…) Will weiß nun in etwa, wie es in mir aussieht. Er weiß es wohl, aber er glaubt es nicht ganz. Einmal sagte er mit aller Sicherheit, ihm sei nicht bange, von ihm komme keiner los; dann: er sei ja selbst schuld, weil – als ich reif wurde – er nicht zur Stelle war. Immer aber sagt er: Gott sei Dank, daß es sich um solch wundervollen Menschen handelt. (…)«

Zwei Tage später schrieb sie einen zweiten Brief an Louise Dumont in der falschen Annahme, W.W. sei nun auch mit Agnes Oster »zum Letzten« gegangen; eine Überreaktion einer sich seit zwei Jahren quälenden Frau, wie sie tagsdrauf geniert zugeben mußte. Sie berichtete davon, daß sie W.W. geschrieben habe,

»daß ich nicht mehr kann, daß ich nicht mehr will, daß ich ihn lange, lange nicht mehr sehen will. Ich habe von ihm gefordert, diesen Wunsch zu respektieren. Ich schlug ihm vor, für das kommende Semester Urlaub zu nehmen und das Buch in München zu schreiben. Bis er dorthin geht bleibe ich hier in Nideggen. Will er nicht nach München, bleibe ich den ganzen Winter hier; es wäre mir hart der Kinder wegen. Verstehst Du, daß ich das muß. Dienstag Abend war er von München weggefahren, Mittwoch Mittag in Bonn sofort zu Frau C. für einige Stunden, abends hier in Nideggen bei mir – – – – Louise, das kann ich nicht mehr. Er sagte mir in den Tagen, als er mich so quälte, ich weiß, ich bringe Dich ins Irrenhaus; aber es ist ja auch etwas von mir ruiniert zu werden (sic) – – – Früher – er hat es so oft gesagt – gab ich das zu, widerstandslos ohne allen Selbsterhaltungstrieb. Ich habe wieder Selbsterhaltungstrieb; ich will nicht ruiniert werden. Daß Gott mich Dir auf den Weg sandte zeigt mir, daß er nicht will, daß ich zu Grunde gehe. Ach, Dein Brief Louise! schließlich habe ich ja doch noch nicht gewußt, daß Du so zu mir standest … mir so helfen willst. Was wäre ich jetzt ohne Dich. (…)«

Die Töchter Renate, Lucinde und
Brigitte Anfang der zwanziger Jahre
im Garten der Argelanderstraße

Louise Dumont hatte ihrer »*leidenden geliebten Dimah-Schwester*« auf ihren ersten Brief geantwortet:

»*Nein, nichts möchte ich anders in Dir… mein Gebet ist für Dich nur die nötige Kraft um sieghaft aus dem Kampfe hervor zu gehen. (…) Was ich Dir sein darf, betrachte ich wie Gnade und es verwirrt mich nicht, dass Du meinen Wert so übertreibst – ich habe ungeheure Kämpfe hinter mir und weiß auch um die heiße schwere Wende ›um die Vierzig‹ – aber alles ist Übergang in helleres Land in höhere Liebesformen – die Lehrzeit ist schwer. (…) Wir Frauen müssen den Weg voran, Du Dimah gehörst mit zur Vorhut. Littest Du weniger wärs kein Durchbruch, sondern ein Bleiben auf behaglicherer Flur – Nimm das Kreuz willig auf Dich, zu dem Du gereift, ich bin immer an Deiner Seite. (…) Innigst umarmt Dich Deine Louise.*«

Die Freundschaft hatte im Februar 1921 begonnen. W.W. kannte die Arbeit von Louise Dumont seit 1908, als diese bei ihm angefragt hatte, ob er einen Beitrag für die *Masken*, ihrer Programm-Zeitschrift, schreiben könne. Auch gibt es noch eine Korrespondenz aus den Jahren 1918/19, in denen von möglichen Treffen in Bonn oder in Urdenbach, dem Landsitz von Dumont und ihrem Mann Gustav Lindemann außerhalb Düsseldorfs, die Rede war. Dazu scheint es nicht gekommen zu sein; warum 1921 ein Anlaß dazu bestand, ist unbekannt. Der erste Brief von M.W. an Louise Dumont trägt das Datum vom 28. Februar 1921, nachdem M.W. von der Erkrankung Gustav Lindemanns gehört hatte:

»*Verehrte liebe Frau, (…) Waren denn Ihre Augen noch nicht zerlitten genug, als ich Sie neulich sah! zerlitten trotz dieser verführerischen Vorfrühjahrssonne, die mir meine Düsseldorfer Tage als etwas Traumhaftes in die Erinnerung heftete. Ich kam ganz alltagsentrückt, beinahe alltagsfeindlich heim und bin immer noch ängstlich bedacht, mir die Melodie dieser Tage zu bewahren. Darf ich Ihnen eigentlich einmal Dank dafür sagen, daß mich die Stunden mit Ihnen so reich machten?*«

Louise Dumont antwortete am 4. März fast postwendend:

»*Liebste Frau, Sie haben mir in diesen schweren Tagen so unendlich viel Gutes getan – Ihre Teilnahme geht in das Herz des Herzens. (…) Sie sprechen von ›Frühlingstagen‹ hier, wie schön, daß Sie sie so empfanden; so gern hätte ich Ihnen eine Freude gemacht…Wie gerne hätte ich Ihrer Feuerseele einen feineren Klang aus der jetzt trübseligen Melodie unserer Arbeit vermittelt. Lassen Sie mich hoffen: ein andermal (…)*«

Nun waren die Schleusen für die Frau geöffnet, die Halt, Zuneigung und Anerkennung brauchte, die sie augenscheinlich bei ihrem Mann nicht in dem Maße finden konnte, wie sie ihrer bedürftig war, und nun gefunden hatte:

»... lassen Sie mich das eine sagen: mit einem Vertrauen, das keine Grenzen kennt, gebe ich mich in Ihre Hand und fühle mich wohl geborgen!« (18. März 1921)

Beim Treffen am Palmsonntag in Urdenbach sei sie gehemmt gewesen. Wodurch? *»Weil ich betroffen war von Ihrer Schönheit, betroffen ebenso von dieser groß geschriebenen Menschlichkeit und angezogen von einer Macht, die kein rationales Deuten erlaubt, vor Ihnen liege.«* (22. März 1921)

»Sie wissen ja, daß seitdem was jenem Traum – ich träumte, daß wir uns gerne hätten und erwachte mit einem unerhörten Glücksgefühl – folgte, ich mich Ihnen verfallen fühlte – Auch das will ich einmal sagen, daß ich Gott danke, daß Sie eine Frau sind...« (14. April 1921)

»Denken Sie doch manchmal daran, daß Sie einem Menschen, der ganz am Boden lag, der wirklich alles Selbstgefühl eingebüßt hatte, einfach durch Ihr Sein wieder lebenswillig, lebensfreudig machten.« (1. Mai 1921)

Nachdem ihr bei einem Besuch in Urdenbach Pfingsten 1921 Louise Dumont das *Du* angeboten hatte und sie nun von dieser »*Dimah*« genannt und W.W. als »*Meister Pankratius*« (einer der Eisheiligen) oder »*Meister*« angesprochen wurde:

»Beglückst Du mich nicht durch Dein Da-Sein! – es genüge mir kein Wort, ich weiß es ja selbst nicht, wie ich die mir spürbare Zauberkraft Deines Wesens deuten soll. Warum auch? Du bist mir das Wunder – und sollst mir das einmalige Wunder meines Lebens bleiben.« (Juni 1921)

»Sieh Liebste, von d i e s e m Leben, das Du schufst, ging auch mein Strahlen aus, das Du neulich an mir sahst. Täusche Dich nicht über die Quelle: nichts anderes strahlte aus mir, als was D u in mich hineingelegt hast. Kann ich noch einmal ganz unglücklich werden, solange ich mich Dir so verbunden fühle?« (September 1921)

»Weißt Du eigentlich, daß die seltsamste Folge dieser Verschmelzung, dieses Traumlebens das ich mit Dir führe, ein (bisher) immer noch wachsendes Schaffensfieber bei mir ist! Die Dinge fallen mir wie von selbst zu; ich brauch sie garnicht zu suchen. Ich arbeitete in den letzten 9 Monaten mehr wie sonst in Jahren. Als ob mir in diesem Traumleben – das mich gegen viele Wirklichkeiten abblendet – der Weg zu meinem Schaffenszentrum erst freigelegt worden sei.« (Allerseelen 1921)

Für die Graphik-Ausstellung in Hagen ab Januar 1922 hatte M.W. die Bilder aufgehängt, alles aus den letzten neun Monaten: *»Alles für Dich, vor allem: durch Dich entstanden.«* Pankratius sagte: *»... seltsam, nun haben sie endlich das bekommen, was bisher noch fehlte: nun stehen sie irgendwie jenseits der Kritik.«* (vor Weihnachten 1921)

Was nun fand die großartige Ibsen-Darstellerin, die große unübertroffene Neuberin des 20. Jahrhunderts, die Lehrmeisterin von Gustaf Gründgens und Heinz Hilpert an der gerade 40 Jahre alt gewordenen Künstlerin, Ehefrau und Mutter von drei Kindern so anziehend? Genau das: diese feuerselige Vielfältigkeit, diese Fähigkeit, vorwegnehmend Traurigkeit, aber auch Freude zu verstehen und anhaltend Trost zu geben und natürlich auch ihr anziehendes Erscheinungsbild und nicht zuletzt diese dunkelbraun leuchtenden »*Märchenaugen*« (die sie an die Tochter Lucinde weitergab). Junge Weiblichkeit in diesem Sinne – d.h. dem Ringen nach Selbstbestimmung – hatte die Dumont schon immer angezogen. Sie fand in Dimah eine Frau, die die Begabung hatte, ein Zentrum zu sein, einen inneren Kreis zu bilden, um den sich weitere Kreise formen konnten. Immer wieder betonte Louise Dumont die starke Kraft der Frauen, wie es ihr auch stetig sehr darauf ankam, diesen »*heiligen Kreis*« der Familie Worringer mit »*hellem Licht überstrahlt*« zu sehen. Dieses Verständnis von menschlicher Möglichkeit brauchte sie, um ihre eigenen Existenzkrisen – Theater, Ehe, nachlassende Kraft ihrer schauspielerischen und dramaturgischen Möglichkeiten – beherrschbar zu halten. So kann man ihre Briefe an Dimah verstehen, die ihr schwer genug fallen mußten zwischen Regiearbeit, Bühnenauftritten, Kranksein, Sorge um die Weiterexistenz des Schauspielhauses. Aber diese Briefe waren für sie innerlich notwendig; denn Dimah war ihr »*der von Gott gesandte Cherub des Trostes in schwersten Lebensstunden*«.

»*Liebste Frau, Gott hat mir in diese bittere Zeit einen schönen Trost geschickt – ich danke Ihnen! Sie geben mir – nicht umgekehrt (...). Wie gerne möchte ich Ihnen recht was Gutes, Schönes geben – aber Ihr Leben dünkt mich so reich, so voll – und wenn Sie leiden ist's doch die Dissonanz zwischen dem großen Schauen und Wollen und der irdischen Beschränkung aller Mittel.*« (2. April 1921)

»*Wie reich! Wie glücklich Du bist! wie froh bin ich, Deine Welt zu kennen. Teil daran nehmen zu dürfen. In den letzten Tagen kam ich oft zu Dir – in allerlei Not und immer fand ich Trost.*« (23. Juni 1921 nach einem Besuch bei den Worringers)

»*Dimah, Du hast mir das Tröstlichste gesagt – ich fühle, sehe – wie Dein Feuer zu Licht wird, das in weitem Kreise erhellt, durfte ich – begreifen kann ich's nicht – als Medium ein Wenig dazu beitragen, fühle ich mich unaussprechlich gesegnet. Sieh das ist augenblicklich meine ganz grosse und neue Freude – also habe ich Freude – und Hoffnung – denn ich sehe so viel Herrliches aufblühen um Dich – durch Dich und ich darf Teil daran haben!*« (11. August 1921)

Und zum Ende des Jahres 1921: »*ja du meine geliebte Dimah das Weihnachtslicht verbindet uns schon lange. Weihnachtsgrüße in Deinen Heiligen Kreis und Herzensdank für das große herrliche Geschenk, das Du mir mit Deinen Worten machts mein Leben wird nicht ausreichen diesen Dank abzustatten.*« – »*Ja Du mein Geliebtes auch ich komme mit Dank zu Dir zu unserem Gott für die Bereicherung des Lebens in diesem unsäglich schweren Jahr (...) Ja, Du, der Frauendom der Liebe wächst mächtig.*«

Der Briefwechsel bestand nicht nur aus der gegenseitigen Versicherung, welche Bedeutung ihre Freundschaft für die jeweils andere hatte. Sich sehen, miteinander sprechen – das war angesichts der Belastungen von Louise Dumont, aber auch später wegen der großen Entfernungen zwischen beiden Frauen gemessen an ihren Bedürfnissen selten; so schrieben sie sich eben Briefe – M.W. mehr, die Dumont weniger. Oder sie trafen sich auf Louise Dumonts Reisen am Zug beim Umsteigen, im Zug, um ein Stückchen gemeinsame Fahrtstrecke z.B. von Bonn nach Düsseldorf zu haben, oder auf einem Rheindampfer von Koblenz nach Köln. Es ging in den Briefen auch um Theateraufführungen in Bonn und Düsseldorf, um Planungen bei der Regiearbeit, um Bühnenauftritte von Louise Dumont und anderen Schauspielern; diskutiert wurde über Bücher, die man gegenseitig las, geschrieben über die finanziellen Schwierigkeiten des Düsseldorfer Schauspielhauses und den vernichtenden Brand von Hafental am Feldberg, der Ferienresidenz von Dumont-Lindemann, genauso wie über die wilden und lustigen, zum Putzigmachen geeigneten Kinder, denen M.W. Kleider nähen mußte und Louise Dumont Schmückendes schenkte, und über die brauchbaren und unbrauchbaren Dienstmädchen. –

Einen Tag, nachdem W.W. die Forderung seiner Frau nach Trennung auf Zeit erhalten hatte, war er bereits so früh bei ihr, daß sie noch schlief, als er ankam: »*Er kam mit seinem traurigsten Bajazzogesicht. (...) Wir haben stundenlang sehr, sehr ernst miteinander geredet. Ich soll ihn bei Gott jetzt nicht verlassen. Wenn mir noch etwas an ihm läge, ihn jetzt nicht allein lassen.*« W.W. sagte zu, seine intimen Beziehungen zu Frau C. abbrechen zu wollen, nicht aber die gesellschaftlichen, »*damit ihr nicht alles genommen sei*«. M.W. sagte nicht *ja* und auch nicht *nein*, fühlte sich wehrlos und bereits wieder Schuldgefühlen ausgesetzt: »*Schuld einfach wegen der Intensität meines Gefühls zu Dir und vor allem – weil ich in keinem Winkel meiner Seele wünsche, das dies anders sei.*«

Schließlich bat sie Louise Dumont, mit W.W. zu sprechen, was dann auch in der ersten Hälfte des Monats September 1921 geschah. Was die beiden miteinander besprochen, worüber sie gesprochen haben, kann man sich denken. Das Ergebnis war, daß Dimah der »*Mutter aller Dinge*«, wie W.W. Louise Dumont nun nannte, bestätigte, »*daß zwischen Pankratius und mir – dank Deiner – wieder Steine weggeräumt sind*«; aber sie fuhr fort:

»*aber was Du nicht ganz weißt – wissen kannst – ist, wie die Bonner Luft – ihre Nähe – ihn gleich wieder beunruhigt, herunterreißt. Ich war wieder sehr in Sorge um ihn. Sein Gesicht zeigte wieder nichts als Unruhe; er selbst war scheu, unduldsam, bedrängt von Kleinigkeiten. Ich fühlte wieder, wie sie an ihm zerrte. Eine Aussprache heute Morgen hat ihn wieder freier gemacht. Ich konnte nichts anderes tun, als die Zerrbilder, die sie in ihrer Hysterie ihm wieder eingegraben hatte, (mit seiner Hilfe) ein wenig zu mildern. Er war nachher dankbar wie ein Kind; aber ich weiß wohl: eine Stunde bei ihr und sie hat wieder neuen Krankheitsstoff eingeimpft. Jetzt gerade versucht er wieder zu arbeiten – auch das war wieder ganz dahin. Einen Vortrag, den er dieser Tage hielt, sprach er wie hinter Schleiern; als ob er selbst nicht dabei wäre. Die ganze Stunde saß ich mit eingekrampften Händen, immer versuchend ihm dem Vorhang wegzureißen der ihn von den Hörenden trennte – umsonst. (...) Ach Louise, er ist schon ein Sorgenkind; und ich bin leider längst nicht edel genug immer Pflegerin zu sein. Ihm gegenüber bring ich ja manches fertig; aber was er für sie von mir verlangt, kann ich nicht hergeben... (...)*«

Es ist sicher nicht häufig, daß eine Frau, die ihren Mann an einer anderen Frau, die ihr diesen Mann wegnimmt, deren dämonisch-hysterische Kraft sie fürchten muß, leiden sieht und ihn zu trösten versucht. Jahrzehnte später altersweise geworden verband M.W. mit Frau C. ein ganz passables fast freundschaftliches Verhältnis. Eine entspannte, fast harmonische Stimmung kam im Hause Worringer erst in der Vorweihnachtszeit auf, als M.W. wie immer das Weihnachtsfest zu einem Gesamtkunstwerk zu gestalten begann. In den Briefen an Louise Dumont spiegelt sich dies auf vielfältige Weise wider:

»*Hier fliegen schon tausend Geheimnisse durchs Haus. Mein Atelier ist nur noch Werkstatt für Kinderspielzeug: ich schreinere und streiche an und rosa Puppenbäuche und Beine liegen herum. Daraus muß noch eine wundervolle Puppe für Lucinde werden; und tausend kleine Dinge plane ich noch. Doch ist mir nicht ganz klar, wie das alles zum Weihnachtsabend fertig sein soll. Und gestern kam der Niklas – das war ich selbst – und zwar so echt, daß selbst Pankratius sagte, ein wenig Angst habe auch er gehabt.*«

»*Du hättest kommen sollen. In den Kindern steckt schon soviel Weihnachtszauber; Lucinde hätte Dich mit Legenden überschüttet, Dir Wunder-*

dinge vom Niklas-Fest erzählt. Als ich die glühenden Kinderaugen sah, schämte ich mich, daß es mich soviel Mühe gekostet hatte, mich auf das Fest einzustellen.«

»Mit hungrigen Augen stehe ich an Fenstern und giere nach den tausend schönen Dingen, die es noch für die Kinder gäbe. Aber Pankratius hat mir jeglichen Kredit gesperrt und zankt schon über meinen Leichtsinn; wir haben momentan die Rollen ein wenig vertauscht. Aber das Puppenhaus für Lucinde ist wahrhaft lustig; es leuchtet in allen Farben, neun Fensterlein sind mit Mullgardinen besteckt, auf den Fensterbrettern stehen bunte Blumentöpfe, auf dem Dach ein Storch und aus dem Fenster weht die schwarz-rot-goldene Fahne. Und alles riecht herrlich nach Lack und Leim.«

»Um mich herum liegen immer noch nackte Puppenleiber – ich darf nicht länger mit Dir reden – den ganzen Tag hab ich gebacken. Die Arme sind lahm von Teigrollen. Pankratius ist in Köln, da kann ich noch bis spät in die Nacht hinein nähen. Und immer an Dich denken, und Glück und Kraft und Friede bei Dir finden!«

Und dann Weihnachten selbst: »*Hier wars feierlich und freudig am Weihnachtsabend (Pankratius sagt, so schön wie seit langem nicht.)*«

Louise Dumont hatte bereits im November die ausgeglichenere Stimmung wahrgenommen:

»*Dimah, Liebe, immer nahe helfende Schwester, fühlst Du nicht meine Gedanken meinen Dank – meine Freude an dem leuchtenden Geist in Eurem Hause?? sieh ich bin verschüttet unter Arbeit. (...) Grüsse den Meister – wie herrlich, dass er im Vollbesitz all seiner leuchtenden Kräfte ist ... hoffentlich halten Eure guten Engel alle Störungen fern. (...) Dank Dank für den köstlichen Hölderlin ... Es war meine Erquickung in meinen Pausen in der Passion in der Stille der Garderobe – nur da habe ich noch manchmal stille Minuten wenn ich nicht auf der Bühne bin. Ich umarme Dich mit vieler tiefer Liebe Schwester. Deine L.*«

Und dann am 25. Dezember 1921 – Dimah hatte ihr eine Stickerei geschenkt – beinahe ein Hymnus: »*Welche Schönheit Dimah giessest Du auf mich aus – Du hast mich erschüttert und das Wunder vollbracht: mich wieder einmal Weihnacht als Fest der Freude und der in der Gabe sichtbaren Liebe empfinden zu lassen; ich stand wie in einem Kreis eingeschlossen durch dieses fünffache Liebeszeichen, das Eure Hände mir darreichten und nichts, aber auch gar nichts Dunkles fand einen Durchschlupf in diesen Kreis. (...) und so ist Weih-Nacht bei uns gewesen und ich bin überzeugt Du Dimah hast sie vom Himmel für mich herabgeholt. Das muß ich Dir heute sagen. Sei gegrüßt Haus des heiligen Pankratius ich bin mit al-*

lem Dank immer immer Dir verbunden; ich küsse Dich Dimah und Eure heiligen Drei. Deine Louise.«

Ja, das Gleichgewicht zwischen Dimah und Pankratius war wieder hergestellt; es drückte sich bei beiden in neuer Schaffenskraft aus: M.W. beteiligte sich 1922 erfolgreich an zwei Aussstellungen (Januar/Februar Graphik-Ausstellung des Folkwang-Museums in Hagen (später Essen) und Mai bis Juli 1. Internationale Kunstausstellung in Düsseldorf). W.W. begann nach dem Ende seiner Auseinandersetzung mit der modernen Kunst sich den 1923 erscheinenden Büchern (*Urs Graf* und *Kölner Bibel* sowie den *Anfängen der Tafelmalerei*, die 1924 erschienen) zu widmen – nach 10jähriger Pause, wie M.W. feststellte: »*Ich war ganz selig, als ich es sah.*«, ließ sie ihre Freundin bereits im September 1921 wissen. Und wieder begann die gewohnte Gegenseitigkeit, an der Arbeit der Arbeit des jeweils anderen teilzuhaben und teilzunehmen.

W.W.s Auseinandersetzung mit dem Expressionismus bedarf noch einiger klärender Worte, nicht nur, weil W.W. bis zum heutigen Tag meist nur als Wegbereiter des Expressionismus wahrgenommen wird, sondern auch deshalb, weil diese Auseinandersetzung nicht weniges über ihn selbst aussagt. Erinnern wir uns der zurückhaltenden generalisierenden Zustimmung W.W.s zu den Auffassungen von Wassily Kandinsky: »*...ich stehe nicht auf demselben Punkte wie Sie, aber ich befinde mich im selben Dreieck wie Sie.*« Bereits 1915 begann W.W. sich um Parallelen zu bemühen: Expressionismus sei ein entwicklungsgeschichtlicher Vorgang, der sich bereits einmal in der Gotik abgespielt hatte: »*die Steigerung des Ausdrucksgehaltes einer übernommenen künstlerischen Form*«. Nach 1918 lag ihm der Vergleich mit dem Barock näher: Barock – das sei die Aufpeitschung der Sinne gewesen und der Expressionismus sei das Aufpeitschen des Ichs; es handele sich letzlich um zwei Wege zum letztlich unerreichbaren Ziel. Während der Barock lautes Rufen gewesen sei, müsse der Expressionismus schreien. Der Schrei aber lösche den allzu persönlichen Stimmklang aus: Der Mensch schreit; es ist ein Dauerschreien, ein Erstarren im Schrei.

Diese Charakterisierung bildete die Basis für die Kritik W.W.s am »*Kunstgetue*«, am »*Atelier-Expressionismus*«, an der »*Als ob-Revolte*«; er distanzierte sich von den »*Manieristen*«, vom »*Lärm ohne Transmissionsriemen*«, vom »*Produzieren von expressionistischen Sofastücken*« – wenn man will von der kleinbildungsbürgerlichen Vereinnahmung eines entwicklungsgeschichtlichen Vorgangs. Aus diesem Blickwinkel konnte er 1921 von der Krise und dem Ende des Expressionismus sprechen, von dem tragischen Zwischenspiel, das wir Expressionismus nennen. Sol-

Ganzseitige Farb-Illustration zu
Heinrich von Kleists »Marquise von O.«,
Hyperion-Verlag München, 1920

che Zuspitzungen wären als Absage an den Expressionismus sicherlich mißverstanden; denn das Entwicklungsgeschichtlich-Aufregende des Expressionismus sah W.W. darin, daß dieser der erste vor keiner Konsequenz zurückschreckende Versuch gewesen sei, innerhalb der engeren europäischen nach-mittelalterlichen Kunst das Experiment einer völligen Vergeistigung des Ausdrucks durchzuführen. Genau dies war für ihn der springende Punkt: »*... wenn Expressionismus Vorstoß in neue Erkenntniswelten, Erweiterung unserer gewohnten Darstellungsfunktionen ist, dann ist er wahrlich legitimer zu Hause in den Bildern unseres Geistes als in denen unserer Wände.*« Diesen wahren Expressionismus könne man nicht malen, wohl aber denk-sinnlich schreibend zum Ausdruck bringen – Gundolf, Bertram, Scheler, Spengler vor allem waren seine Zeugen. Er hätte sich selbst in diese Reihe stellen können, wie man aus dem Brief schließen könnte, den er im April 1922 an Sigfried Giedion schrieb: »*Gewiß, ich bin noch in jedem Satz, in jeder Synthese (von der ich nicht lassen kann) Expressionist wider Willen und schlechtem Gewissen.*«

An den konkreten Lebensumständen der nun wieder befriedeten Familie Worringer hatte sich kaum etwas geändert. W.W. nahm seit 1920 einen honorierten Lehrauftrag über *Entwicklungsgeschichtliche Systematik, besonders des Mittelalters*, wahr, der ihm jährlich 2000 Mark zuzüglich Kolleggelder einbrachte. Im August 1921, nunmehr 40 Jahre alt, wurde er zum außerordentlichen (a.o.) Professor ernannt, was ihm außer der Ehre nichts einbrachte. So blieb ihm nichts anderes übrig, als weiter als »*Wanderprediger*« tätig zu sein: in Berlin, Hannover, Frankfurt a. M. und ganz Thüringen. Kam noch hinzu, daß ihn eine Beurlaubung für das Sommersemester 1922 für die Buchmanuskripte um die Kolleggelder brachte.

So mußte auch M.W. zur Finanzierung der Lebensverhältnisse der Familie – die Mädchen Brigitte, Renate und Lucinde waren jetzt 13, 10 und 3 Jahre alt – beitragen, z.B. durch den Verkauf von Stickereien in die Schweiz, die ihr im April 1922 2000 Mark einbrachten. Wahrscheinlich hätte sie noch mehr verkauft, hätte sie nicht wieder die alte Teilung zwischen Pflicht und Leidenschaft eingeholt, d.h. sie kam viel weniger zu ihrer Arbeit, als sie es wollte, »*da Haus und Kinder mich sehr brauchen, es muß geräumt, gestrichen und geschneidert werden*«. Nach der Verheiratung der langjährigen Haushaltshilfe Franziska heuerte sie ein Mädchen an, das Pfingsten 1921 mit einem männlichen Kumpanen fast das ganze Haus ausräumte und die Kinder hungern ließ, just als die Eltern mit Louise Dumont in Urdenbach ein für alle unvergeßliches Pfingstfest feierten. Mit Bravour und polizeilicher Hilfe konnte M.W. das Diebesgut zurückholen. Die beiden 16jährigen, in Haushaltsführung noch unbedarften Mädchen, die folgten, blieben nur wenige Monate; sie erwiesen sich doch nicht als ausbildungsfähig. Danach folgten noch weitere Experimente: ältere gebildete Frau, junges unausgebildetes Mädchen, aber aus besserem Hause, eine Schwangere, deren Säugling später in Lucindes Wiege schlafen durfte. Erst Ende 1922 hatte sie wieder festes Personal: ein Mädchen, für die Küche und das Haus zuständig – M.W. kochte selten selber, hatte aber durch ihre Ausbildung in Belgien theoretisch sehr präzise Kochkenntnisse erworben und konnte sich auf genaue Angaben beschränken; hinzu kamen eine Waschfrau und manchmal noch eine Putzhilfe. All das mußte die Hausfrau organisieren können.

Genaue Angaben über die Kosten der Haushaltsführung können mangels Unterlagen nicht gemacht werden: Das Dienstmädchen z.B. bekam bei freier Kost und Logis 40 Mark monatlich. Die Teuerungsrate stieg unerbittlich; vom Januar 1921 auf Januar 1922 um 73,7 %! Gerechnet werden mußte also im Hause Worringer sehr genau, und wie zu hören war, wechselte sich das Ehepaar in der Kassenaufsicht ab, wenngleich M.W. ihrem »*Lebensdilettanten*« meist die Last der finanziellen Ressourenverwaltung abnahm. Als im Februar 1922 der fast schon sicher erscheinende Ruf nach Rostock ausblieb, schrieb M.W. an ihre schwesterliche Freundin ahnungsvoll: »*Denk Dir, es hat mich doch irgendwie getroffen. Es ist eben wieder eine Ablehnung und jede weitere Ablehnung verschlechtert die Aussichten und es muß doch ein Ausweg gefunden werden. Ich weiß oft nicht recht mehr weiter. Ihn drückt die praktische Frage ja gar nicht. Ich aber bin manchmal dieses ewige Lavieren-müssen und Bitten-müssen und kein Ende davon sehen so müde...*«

Die Rostocker Absage war in der Tat eine Art Menetekel: die Universität wollte ihn haben; aber das Mecklenburgische Kultusministerium nicht und richtete, wie M.W. Louise Dumont berichtete, eine private Anfrage nach Bonn: Nicht wahr, Worringer ist Kommunist, ein unverträglicher Charakter und – Jude? W.W. mußte also sein eher ungeliebtes Wanderprediger-Dasein fortsetzen. Die seelische Krise des Jahres 1921 erwies sich unter solchen Umständen als noch nicht überwunden, im Gegenteil: W.W. fand im Januar 1922, daß das Opfer, das er seiner Frau gebracht zu haben glaubte, Sünde an seiner Persönlichkeit und seiner Vitalität gewesen sei; er blicke jetzt mit Ironie »*auf sein zerstörtes Leben*«, wie Dimah Louise Dumont berichtete: »*Nicht ein Zurücksehnen nach jenem konkreten Fall sprach aus ihm; nein, mit Trauer sagte er, daß auch eben dieses Gefühl ihm zerstört worden (sei); was er da noch aufbrächte sei nur ein Plagiat an Erinnerungen. Aber Sehnsucht nach neuen Gefühlsmöglichkeiten, Sehnsucht nach neuer Unruhe, neuen Spannungen; ach einmal wieder durch die Straßen gehen können zitternd vor Begehrlichkeit! (...) Ja Louise, so sieht es aus mit ihm! manchmal hätte ich sagen mögen Du armer Mann; aber ich durfte es nicht; er hätte es als Hochmut ausgelegt. Aber denken mußte ich es immerzu (ganz zerlitten ist sein Gesicht wieder). Durch was muß er noch alles hindurch, ehe er die Ruhe – von der er heute sagt, daß er sie haßt – findet. Seit dieser Aussprache macht er ja einen befreiteren Eindruck als in all den letzten Wochen; obwohl er sagt, er bereue tief, daß er gesprochen habe, weil's ihm natürlich auch leid tut mir so weh getan zu haben. Mich hat das alles ganz verwirrt und ganz trübe gemacht – ja vor allem ganz verwirrt. Was kann ich tun um ihm nicht mehr diese ›quälende Instanz zu sein, an der er sich zerreibt‹, wenn er selbst sagt und wenn ich im Grabe läge, die Auseinandersetzung mit mir würde nicht nachlassen.«*

Ja, eine Instanz war sie, blieb sie, mußte sie ihm (und anderen) erscheinen, weil sich hierin ihre eigene Identitätssuche ausdrückte. Dies zeigt anschaulich der Disput über *Adolphe* (von Benjamin Constant aus dem Jahre 1816). M.W. schickte dieses Lieblingsbuch ihres Mannes an Louise Dumont, das dieser ihr versprochen hatte, mit dem Kommentar: »*Das ganze Buch ist ja ein Hymnus auf die Metaphysik des ›sich-treiben-Lassens‹, von der er mir so viel spricht und gegen die ich mich so wehre.*« Sie ist glücklich, als ihre Freundin das Buch genauso und nicht anders sieht: »*Es war der Adolphe schon Anlaß mancher kummervollen Stunde zwischen Will und mir. Alles in mir sträubt sich gegen dieses Buch, das er unsäglich liebt. Ich gab es schließlich auf, dagegen zu sprechen; wurde auch immer von seiner Dialektik geschlagen und gab es schließlich beinah auf, die Gedanken über dieses Buch zu Ende zu denken. Nun schreibst Du mir das wundervolle Wort ›Seelenkrankheit aus Egoismus‹ ...*«

War W.W. von dieser Krankheit auch heimgesucht? Mußte er deshalb immer wieder – wie sein Schwiegervater befand – *sein eigenes Leben leben*? Diese *Erklärung* wäre zu einfach. Hoch gefährdet, was Lebensmut und Annahme des vom Leben Geforderten, das er ja immer abwarten wollte, wie er sich selbst immer abzuwarten trachtete, anging, brauchte er oft übertriebenen Antrieb zum Weiterleben und Weiterdenken und geriet zumal in diesen Jahren der äußeren Erfolglosigkeit allzu schwungvoll auf die andere Seite des Pendelschlags – wahrlich kein Mann der langweiligen Mitte!

Auch diesmal dauerte es nicht lange, und er war »*geistig produktiv, lebendig und darum in seliger Stimmung:*« »*ich bin glücklich über diesen*

Stadtpark,
Seidengarn auf Seide, um 1920

Umschwung«. Und wenig später erfolgte eine weitere Bestätigung des Umschwungs: »*Pankratius ist weiterhin frisch, arbeitsfreudig und voller geistiger Hellsichtigkeit. All das entladet (sic) sich in seinen Kollegs: Es sind ja viele Hörer dort und doch tut es mir immer leid, wieviel Wertvolles in die Luft gestreut wird, was festeren Niederschlag finden müßte. Es sind doch nur ganz Wenige dort die begreifen, worum es sich handelt. Es ist jetzt wirklich garnicht mehr Kunstgeschichte (im bisherigen Begriff) sondern ganz Wesensschau.«*

Seine Kollegs waren, so fand M.W. und wird es noch oft wiederholen, das ihm »*Eigentliche*«. Und was war das ihr Eigentliche? Sie stellte hohe Anforderungen an sich selbst, überforderte sich, versuchte, alles gleichzeitig zu machen: den lebensdilettantischen Mann stützen, Kinderlärm und Kinderfragen geduldig ertragen, den Haushalt führen, Einmachen, Kleider nähen »*für uns alle*«, Kunstgewerbe fabrizieren und verkaufen, auf geistiger Höhe bleiben, was hieß: Meister Eckhart lesen; Guardinis Kolleg über Mystik hören; Gundolfs Vortrag über Goethe; die Briefe »*einer wundervollen – beneidenswerten Frau*« (Rosa Luxemburg) mit Erschütterung lesen; vergeblich versuchen, die »*geistigen Seiltänzer-Kunststücke*« des Philosophen Max Scheler (»*Ich selbst bringe es ja nicht fertig mit ihm zusammen im Zimmer zu sein – lieber mit dem leibhaftigen Teufel.*«) zu verstehen; mit und ohne W.W. im Theater in Düsseldorf sein, sich vom Werfelschen *Spiegelmensch* beeindrucken lassen und von Franz Werfel selbst dazu; W.W.s Kollegs vorweg (jedenfalls teilweise) zu hören und dann noch einmal öffentlich, so z.B. das Schlußkolleg des Wintersemesters 1921/22 über Michelangelo und Raffael – hier hatte sie zunächst einer These W.W.s zugestimmt, dann sich aber korrigiert: »*denn M.A.'s Tragik schwang ins Unendliche hinein und R's Harmonie war nur im Endlichen erreicht. Vielleicht hatte ich Pankratius' leise Unsicherheit (als er selbst die Werke vor Augen sah) durchgefühlt, denn ich brauchte nachher nur anzurühren und wir waren gleich einer Meinung.*« Anteil nahm sie auch am Schreiben von W.W., das ihm nach zehn Jahren Pause so schwer fiel, es ging um die *Anfänge der Tafelmalerei*: »*Ein Urteil über das Buch habe ich gar nicht; ich kenne seltsamerweise diesmal nur ganz wenig davon; das Wenige aber ist mir, wenn ich es lese, als ob ich es schon immer gekannt hätte (so geht's mir immer bei seinen Arbeiten) wie soll ich da urteilen können!*« Ja, dann war da noch das Aussuchen und Aufhängen der eigenen Werke für die jeweiligen Ausstellungen – immer ein schmerzhafter Trennungsakt, und auch Ablehnung von Lithographien, die ihr selbst besonders lieb waren, wie z.B. für eine Ausstellung in Wiesbaden, hatte sie zu verkraften...

Ein für ihr weiteres Leben bedeutsames Ereignis wurde das Kennenlernen von Martin Buber, mit dem Louise Dumont seit Gustav Landauers Ermordung eng befreundet war, im Februar 1922: »*Mein Vorstellungsvermögen langt nicht, mir auszudenken, daß man mehr wie einmal so dastehen und solches sagen kann wie am Freitag dort. Es war kein ›Vortrag‹ (...) Er selbst nannte es ›Anfang einer Lehre‹. Ich möchte sie weiter hören diese Lehre – bis zu ihrem Ende. Weißt Du, erst sah man wie durch Ritzen hindurch ein Licht – nachher ganze Wände weggeschoben, daß man oft erschrocken die Augen schließen mußte. Ich saß wie fasziniert da; ich sah diesen Kopf zum ersten Mal; kennst Du das entrückte Lächeln, das um seinen Mund spielt? Hast Du es auch schon erlebt, wenn dieses Gesicht ganz große Fläche wird und der Moment kommt, wo ein Strahlenkranz über diesem Prophetenkopf steht? Ach warum bist nicht mit dort gewesen!*«, fragte sie ihre Freundin und fuhr fort: »*Doch lieber noch wie Dich hätte ich Pankratius da gehabt; deshalb lieber, weil ihm dies mehr not tut wie Dir, die Du selbst schon ›angekommen‹ bist. Irgendeine wundervolle Gewißheit, die beglückte, nahm man mit heim.*«

Manchmal sah sie sich am Ende ihrer Kräfte angelangt als einen müden Ackergaul, und Warnzeichen fehlten nicht – im Januar 1922 war es nicht übliche Grippe, die sie erwischte, sondern ein perfekter Zusammenbruch wegen »*Unterernährung*« – auch das noch! So sehr sie die Liebe zu Louise Dumont stabilisierte – sie mußte immer wieder ihr Gleichgewicht finden und das dauerte oft länger, viel länger als bei W.W. Aber die Ausgangsfrage ist noch nicht beantwortet: Was war das ihr Eigentliche? Es war ihre »*eigentliche Arbeit*«. Es ärgerte sie richtig, daß sie kleines Kunstgewerbe so gut machen konnte, das sich dann auch noch so leicht verkaufen ließ: »*Ach und dann bin ich ja überhaupt ein anderer Mensch, wenn ich zu meiner eigentlichen Arbeit komme; so, als ob es mir Lebensnotwendigkeit wäre, dieses Ventil zeitweise öffnen zu können. Aber wie sehr auch alle Arbeit drängt: ich finde doch immer wieder den Augenblick, wo ich mich mit ein paar ruhigen Atemzügen zu Dir hinträume. Dann versinkt auf einmal der Alltag, dann lockert sich alle Schwere und ein Moment seligster Freude kommt über mich*«. Oder vor Pfingsten 1922: »*Ich wollte schon seit paar Tagen schreiben – aber wie die ruhige Stunde finden (auch jetzt geschieht's zwischen tausend anderen Dingen) Haushalt, Haushalt! Die Waschfrau kam nicht; es mußte ohne sie gewaschen werden, auch keine Hilfe zum Putzen – dazu Einmachen – etc. etc. – dazu wie ein Fieber die Sehnsucht an meine Arbeit zu kommen. Erwischte ich hier und da eine Stunde dazu, war ich wieder Mensch. Warum hat man auch diesen Stachel im Fleisch sitzen – nein Gott sei Dank, daß man ihn hat. –*«

Zunehmend als belastend erwies sich der räumliche Abschied von Louise Dumont, die mit der Spielzeit 1921/22 Ende Juni das Düsseldorfer Schauspielhaus schloß und mit ihrem Mann ihren Wohnsitz ins Haus *Sonnenholz* in Stephanskirchen bei Rosenheim verlegte: »*Ach, den Kopf an Dich lehnen und ruhen können – ihn, mich ganz in Deine Hände geben können – Ich werde immer mehr von Dir getrennt sein, das fühle ich und das fürchte ich. Wirst Du mich lehren, es zu ertragen?*« Und dann zitiert sie den Dichter Platen: »*Wenn Du mich liebst, so will ich gern ertragen, Dir fern zu sein ...*« Und noch einmal: »*... und endlich: wie dachte Dein Herz an mich? Laß es Geduld mit mir haben – sei mir weiterhin Leitstern und Beschützerin...*« Sie blieb es, wie der weitere Briefwechsel zeigt, und richtete ihr Auge weiter auf Dimah und Pankratius.

Deren Ehe war nicht mehr gefährdet; nur zunächst etwas langweiliger geworden. Sie lebten so »*nebeneinander*«, und das war dann auch wieder nicht recht: »*Wir sind gegenseitig voll der zartesten Rücksichtnahme, wie man vielleicht nur ist, wenn man nicht ineinander verwoben ist.*« Doch scheint der Familienbetrieb langsam das Verwobensein wiederhergestellt zu haben. Beide hatten wohl auch durch die die Existenz ihrer Ehe bedrohende Krise verstehen gelernt, dass jeder von ihnen längst ein starkes Stück des anderen geworden war. Am 9. Mai 1922 kam es dann zur »*Massentaufe*«, wie W.W. sich ausdrückte, der drei Töchter. Warum erst jetzt? Wahrscheinlich, weil die Kölner Großmutter es gerne mochte und Brigitte, die Älteste, ebenfalls. Die Taufe fand in Köln in privatem Rahmen statt, ohne Weihrauch und durch einen jüngeren protestantischen Pfarrer. Es gibt zwei Berichte über dieses Ereignis.

Am 10. Mai 1922 schrieb W.W. an seinen Freund Ernst Robert Curtius nach Marburg: »*Mein lieber Curtius. Ein fürchterliches Geständnis brennt mir auf der Seele. Hören Sie mich an und machen Sie gute Miene zum bösen Spiel. Wissen Sie, was Sie seit gestern sind? Christlicher Pate meiner zweiten Tochter Renate!!!! Nun ist es heraus! Und das kam so. Gestern war endlich die längstgeplante Massentaufe, für die ich inzwischen einen netten frischen jungen Pfarrer in Köln gefunden hatte, der volles Verständnis für die Situation hatte und seine Sache sehr taktvoll machte. An die Paten hatten wir natürlich nicht zeitig gedacht und so wurde teils erst auf der Fahrt in der Rheinuferbahn beratschlagt, welche würdigen uns menschlich und nicht verwandschaftlich nahestehenden Paten wir den Kindern geben sollten. Und da kamen wir halt auch auf Sie. Zeit vorher anzufragen hatten wir ja nicht mehr. Und es ist ja wirklich nur eine Gebärde, in der kein Gran Verpflichtung für Sie liegen soll. Besonders die grässliche Ideenverbindung mit Patengeschenk wird streng abgelehnt. Silberne Löffel z.B. werden post-*

wendend zurückgesandt. Auch moralische Patenverpflichtung liegt nicht in unserer Absicht. Also lassen Sie sich nicht durch die unerwartete Botschaft belasten, fühlen Sie nur die freundschaftliche Geste zu Ihnen heraus. Ihre Mitpatin bei Renate ist Frau Forell, von der schon ein Telegramm mit der Bitte kam, etwas katholisches Taufwasser beizumischen. Und das ist doch wohl in Ihrem Sinne. Schade, dass Sie bei der Taufe nicht dabei waren. Sie ging in einem Betsaal unter Ausschluss der Öffentlichkeit vor sich und war von einer ganz unerwarteten inneren Feierlichkeit. So kann die Taufe an Säuglingen nicht sein. Köstlich war die verschiedene Haltung der Kinder beim Taufakt. Der Has durchaus protestantisch-innerlich, ein Bild ernster gemessener Frömmigkeit von einer so stilreinen Haltung, das ich innerlich nach einem Maler schrie; Renate dagegen etwas übertrieben katholisch-zerknirscht, ganz büssende Magdalena und Lucinde endlich auf den Armen der Mutter so angstvoll verkrampft und mit so weiten grossen Furchtaugen, als ob sie etwas Panisches über sich fühlte. Nachher beim Taufkuchen verwischten sich allerdings diese Verschiedenheiten. Ja, lieber Curtius, ich hoffe, Sie nehmen mir den Überfall mit dieser Botschaft nicht übel. Ich wiederhole noch einmal: Ihre einzige Patenverpflichtung besteht darin, bei Ihrem demnächstigen Aufenthalt in Bonn einen Abend sich an unserem runden Tisch einzufinden und mit uns die berühmte letzte Flasche Wein auf das Wohl Ihres Patenkindes zu leeren.

Dixi et salvari animem meam. Herzlichst Ihr W. Worringer.«

Einen Tag später, am 11. Mai, ihrem 15. Hochzeitstag, schrieb Dimah u.a. an Louise Dumont: »*Man hat also Deinen Namen als Lucindens Patin ins Kirchenbuch eingetragen, und ich danke Dir, daß wir's durften. Du weißt wie es mich freut, wie stolz es mich macht. Und doch zögerte ich, Dich zu fragen; es fiel ja auch gleich das Wort ›Verantwortung‹; nein Liebe, keine Belastung darf es sein, daß Dein Name und ein wenig von all Deiner Liebe über ihr schwebt – das ist, was ich wünschte. Kurz vor der Taufe sagte Renate: wir beide sind neidisch auf Lucinde; warum? na wegen der Patin natürlich! Nun wollte ich nur Du hättest Brigittens Kopfneigen gesehen, als man sie taufte – ich werde das Bild nicht vergessen. Ganz mordsmiserabel aber benahm sich Dein Patenkind. Kaum betraten wir die Kirche, erklärte sie energisch: ich will nicht in die Kirche; ich will nicht getauft werden. Überreden-wollen – Versprechungen (...) nichts half; ich nahm sie auf den Arm; sie klammerte sich fest um meinen Hals; biß die Zähne in die Unterlippe und schien von einer namenlosen Angst gepackt. Während der ganzen Handlung blieb sie so – den Blick starr auf den Pfarrer gerichtet. Ich trug sie so die Altarstufen herauf – sie flehte: die Mamma soll auch getauft werden! es war ganz klar: die Magie der Stunde löste nur panischen Schrecken bei ihr aus. Sie hatte schon mal einen ähnlichen Zustand, als Pankratius sie mal mit ins Münster nahm.«* Lucindes zweiter Pate war übrigens Sigfried Giedion; Brigittes Paten konnten nicht festgestellt werden.

Ja, dann war da noch die hübsche Geschichte von der Teilnahme von M.W. zu Pfingsten an einer Tagung der *Entschiedenen Schulreform* in Mainz, wo sie Martin Buber wieder treffen und sprechen konnte. Beinahe hätte es nicht geklappt, weil auch das Mädchen Urlaub haben wollte und bekam: »*Also die Familie unversorgt, weil die Hausfrau auf dem ›Kongreß für Lebensgestaltung‹ ist; schon grotesk, wie? Aber Pankratius freut es so, diese Pointe erzählen zu können, daß er schon deshalb nicht wollte, daß ich die Reise aufgab – wie ich natürlich vorschlug.*« Natürlich wurde ein Kind, Renate, krank »*und Pankratius verbrachte seine Pfingsttage am Krankenbett! Zur Erholung ist er seit gestern mit Brigitte auf dem Rad in die Eifel.*«

Ende August wurden die Kinder in Nideggen in der Obhut von Großmutter und Tante Emmy, die nicht Tante heißen wollte und sich deshalb Temmy nennen ließ, in Nideggen gelassen und Dimah und Pankratius fuhren erst einmal ein paar Tage in den Chiemgau auf die Fraueninsel, wo sie beim Metzger Neumair logierten, dann machte sich für ein Wochenende Dimah allein und zum ersten Mal nach Stephanskirchen auf. Anschließend gab es noch ein paar gemeinsame Tage am Chiemsee und danach kam München: Morgens noch im See, abends im *Urfaust* mit Gerda Müller, am nächsten Abend die *Zauberflöte*, ein Treffen mit den Freunden Giedion, ein Besuch in der Pinakothek, wo sie »*nur bei ganz wenigem ein(hakte); ich fühlte, wie anspruchsvoll ich war… Nur die Frauenkirche hielt stand. (…) Die Nachtheimfahrt im Korridor III. Klasse war ernüchternd… Hier (in Nideggen) fielen mir die Kinder mit Jubel um den Hals…*«

Spätestens um den Nikolaustag herum herrschte dann im Hause Worringer bereits »*viel Weihnachtsspuk. Ich hab mich dagegen gewehrt wie nie. Aber wo drei Kinder im Hause sind, ist das stärker wie man selbst. Und als ich einmal anfing mit der Arbeit, kamen mir tausend Ideen und nun weiß ich gar nicht, wie ich fertig werden soll.*« Dazu bekam W.W. die Korrekturfahnen seines Buches und las vor: »*all meine Angst um dies Buch ist verschwunden; ich war überwältigt*«. Und als sie nicht den richtigen Schwung bekam, um »*Lucinden's Bilderbuch*« fertig zu machen, war es W.W., der sich »*entzückt*« davon fand, und sie konnte es vollenden. Als dann Weihnachten kam, hatte sie zuviel geschafft, mehr als ihre Nerven und Körperkräfte ertragen konnten:

»Nein, Louise, die Kinder haben nichts davon gespürt; sie waren ganz beseligt; Lucinde drehte sich nachher nur noch wie betrunken im Kreise und sank schließlich, in jedem Arm eine Puppe, todmüde ins Bett.« Die Kinder hatten »köstliche Kleider« von der Dumont geschenkt bekommen; sie waren alle drei sehr stolz darauf, »am stolzesten natürlich Lucinde«, die es gleich am ersten Feiertag zum Besuch der Großmutter in Köln anzog. *»Mein Knix-Knax-Knügelchen-Buch hatte auch Erfolg; erst erklärte Lucinde, das sieht man gleich, daß das die Engelchen gemalt haben: aber bei einem Bild wurde sie stutzig und sagte: nein Mamma, das haben nicht die Engelchen gemalt, solche Kindern* (sic) *kannst nur Du malen«*, berichtete die stolze Mutter ihrer Freundin.

Die Kunst, Wirklichkeit ganz momentan ins Traumhafte zu verwandeln, beherrschte sie; aber der harten Realität des Alltags wich sie auch nicht etwa aus. Als W.W. im Herbst 1922 wieder einmal den Schrei ausstieß: *»Was tun? Ich weiß nicht mehr weiter! Wir werden buchstäblich hungern!«* antwortete sie: *»...ich zerbreche mir den Kopf, wie ich Geld verdienen könnte – bin zu ziemlich vielem bereit.«* In Bonn verkaufte sie Kunstgewerbe, in Düsseldorf Stickereien und sonstiges Kunstgewerbe, in die Schweiz sogar Lithographien und bekam dafür dank des Umrechnungskurses von Schweizer Franken in Mark einmal umgerechnet 14.000 Mark und für den Auftrag zu einem Kalender 100 sfr. Und fühlte sich und die Familie wieder einmal gerettet. Mehr noch: Selbstironisierend sah sie sich als Kapitalistin und schenkte Pankratius ein Fahrrad: *»er machte uns alle doch seit Monaten toll mit seinen Wünschen; heute macht er uns toll mit seiner Kinderfreude.«*

Aber auch W.W. versuchte das Seine: der Piper Verlag wollte von den *Formproblemen* gleich fünf Auflagen auf einmal machen; käme es dazu, so hoffte M.W., dann waren die Worringers *»für ein weiteres Jahr gerettet«*. Nach wie vor absolvierte er seine Vortragsreisen, so nach Thüringen – Weimar und Erfurt, wo ihn eine Einreisesperre ins besetzte Rheinland festhielt, – und nach kurzem Aufenthalt in Bonn weiter nach Aachen:

»Er war so glücklich uns nach seinem Ausgesperrtsein gesund wiederzusehen. Wie ein Kind freute er sich. Aber über das Ergebnis dieser unglücklichen Reise machten wir dann beide ein langes Gesicht. Von den paar Tausend Mark mit denen wir so gerechnet hatten, war nichts zu sehen! + – 0 kam er hier an, dieser Lebensdilettant; er wußte selbst nicht recht, wo es geblieben war; hatte immerzu in teuren Hotels gewohnt und sich vor allen Dingen in den letzten Tagen in Erfurt furchtbar gelangweilt; und wenn Männer sich langweilen wirds immer kostspielig. Ich wußte nicht recht, ob ich lachen oder weinen sollte – ich kam mir in etwa vor wie eine Arbeiter-

frau der der Mann am Samstag den Lohn nicht ausliefert! Du hättest seine traurigen Augen sehen sollen, als er seine Brieftasche durchsuchte! – Ach, unsere Situation wird immer grotesker! ...«

Die beginnende Inflation machte ihr Bemühen, die finanzielle Situation in den Griff zu bekommen, zum Kampf gegen Windmühlenflügel. *»Es sei denn daß Pankratius sich auch entschlösse Geld zu verdienen. Da er aber gerade wieder zu einem Angebot (Redaktion einer Zeitschrift) nein sagte ... habe ich wenig Hoffnung. Verstehst Du* (fragte sie die Freundin), *daß mich sein Quietismus (bei allem Verstehen) oft rasend macht?«* Man wird es von ihr noch öfter hören – sie kannte noch nicht *Acedia*, das alte der Melancholie verwandte und im Barock wiederentdeckte Laster der Trägheit des Herzens, der Untätigkeit, unter dem gerade kreative Leute leiden.

Die Silvester-Party 1922 fand mit vielen Menschen bei den Cohns statt. Für M.W. waren solche *events* immer eine halbe Strapaze; den nach der Heimkehr von solchen Anlässen neugierig fragenden Kindern, wie es gewesen sei, erklärte sie ständig *»wie eben so was ist«*, was zu einem geflügelten Wort in der Familie wurde. Aber sie wollte nicht schon wieder nein sagen und W.W. alleine gehen lassen. Dieser hatte ihr oft genug ihre Menschenscheuheit und ihr Ausschließlichkeitsbedürfnis vorgeworfen. Er dagegen fand solche Geselligkeit, wo er u.U. auch nicht viel sagte, aber beteiligt zuzuhören wußte, immer an- und aufregend. So zog er oft nach Köln, *»weekend feiern«*, wie M.W. sich ausdrückte. Was tat er dort – kaum anzunehmen, daß er sich im Zoo bei seiner Familie aufhielt. Da gab es wohl Wissenschafts- und Kunstkumpane, mit denen es sich trefflich vielleicht zechen, gewiß aber ernsthaft parlieren ließ; die Namen Leo Spitzer, Max Ernst und vor allem Max Scheler standen dafür. Seelisch unbelastet feiern nannte W.W. das. M.W. war's zufrieden; sie hatte, wenn er fort war, ihre Chancen für ihre Besinnlichkeit, zu ihrer Art von *»Denksinnlichkeit«*, um einen Begriff von W.W. zu benutzen. Immer wieder einfühlsame Anziehung aus der Distanz – das war wohl das Geheimnis dieser Partnerschaft, die 1923 ihre nächste Probe zu bestehen hatte: M.W. war von April bis Oktober 1923 krank, mehr oder weniger fest bettlägerig.

Louise Dumont, selbst durch Krankheiten belastet, ahnte es; Anfang Januar 1923 bemerkte sie: *»Die Liebes-Flamme der Tatliebe treibt Dein Mühlwerk unaufhörlich.«* Oder redete sie Ende Januar 1923 an: *»Ja, meine liebe immer kämpfende, immer zuviel leistende und noch mehr wollende arme, glückliche, reiche Dimah«*. Zu Ostern – sie hatte Brigittes Konfirmation im März geschafft, wollte sie sogar mit Pankratius nach

München reisen, mit der Aussicht, Louise Dumont wieder im *Sonnenholz* besuchen zu können, dann aber doch die Reise absagt, weil sie für die kleineren Kinder keine Betreuung fand, die Zähne zusammengebissen, um dem Mann nicht zu zeigen, wie schlecht es ihr ging – er wäre sonst nicht gefahren, und um die älteste, nun bald 15 Jahre alte Tochter auf die erste eigene Reise schicken zu können – auch die wäre nicht gefahren, wenn sie um den Zustand der Mutter gewußt hätte.

Am Ostersonntag schaffte sie es nicht mehr; diagnostiziert wurde ein Zwölffingerdarmgeschwür (und später noch dazu ein Querdickdarmgeschwür); vier Wochen schonendes Liegen waren angesagt. Mit der Illustration der *Sanften* war sie nicht fertig geworden; das Erscheinen des Knix-Knax-Knügelchen-Bilderbuches rückte in weite Ferne, nachdem dank der Inflation Druckkosten in Höhe von 15 Millionen errechnet wurden. Aber irgendwie hatte der Zusammenbruch auch eine friedliche Seite: »*Pankratius pflegt mich rührend; er ist fast den ganzen Tag im Zimmer; da das übrige Haus doch aussähe wie ein von den Franzosen stillgelegter Bahnhof.*« An Aufstehen ist nicht zu denken, warum auch: »*Und Pankratius findet's ja auch herrlich, daß ich so ruhig daliege und nicht immerzu weglaufe.*« Die ersten Versuche aufzustehen, endeten mit einem erneuten Zusammenbruch: »*Pankratius ist aus, den warmen Mai-Abend zu feiern. Der arme Kerl! wie ungemütlich er es nun schon so lange hat! Und dann die Angst in der Samstag-Nacht! Da hat er sicher gedacht, nun sei alles vorbei; ich glaube, er war weißer als ich und heute hat er noch Kopfweh vom Schreck.*«

Inzwischen hatte aber auch die Zeitgeschichte die Worringers eingeholt: am 11. Januar 1923 waren die Franzosen und die Belgier ins Ruhrgebiet einmarschiert und der passive Widerstand begann. Mehr als bisher gelangte M.W. in ihren Briefen an Louise Dumont zu deutlichen politischen Aussagen. Sie war beeindruckt von der Macht der Waffenlosigkeit, hatte gesehen, wie Arbeiter mit bloßen Händen eine mit Bewaffneten besetzte Lokomotive stoppten, begleitet von dem vieltausendstimmigen Gesang der Menschen. Sie hoffte, daß der Militarismus dadurch wenigstens ein wenig lächerlich gemacht würde und sah einen neuen Weg des Widerstandes betreten. Sie verwies auf die Franzosen, die die Marokkaner mit den aufgesetzten Bajonetten heranzögen und sich selbst im Hintergrund hielten. Sie war besorgt darüber, daß der Tenor des passiven Widerstandes auf dem »*leider sind wir ohne Waffen*« läge und bemerkte, dass sich der Gesang »*nahe am Hereinrutschen in den Kriegsgesang 1914*« befand. Sie kritisierte die argumentative Schwäche der rheinischen Pazifisten und klagte die Vergewaltigung der öffentlichen Meinung an: nur die beiden Bonner Zeitungen dürften erscheinen, gedruckt unter Bajonett-Aufsicht. Pankratius wäre ganz freud- und hoffnungslos. »*Du weißt*«, schrieb sie an Louise Dumont, »*wie ihm das Schicksal Deutschlands am Herzen liegt.*«

Pfingsten fuhr die leidlich wiedergesundete M.W. mit ihrer Schwägerin Emmy nach München, während W.W. und die Kinder in Bonn blieben. Forell wollte sie untersuchen, und dann erwartete sie sich einige schöne Tage im *Sonnenholz*. Kaum in München angekommen, kam ein Rückfall; aus dem *Sonnenholz* reiste sie nach ein paar Tagen wieder ab, weil sie sich als nicht willkommen fühlte, was sie dem Verhalten Lindemanns entnehmen zu können glaubte. Dazu gab es einige Differenzen über den passiven Widerstand an der Ruhr und seine Bedeutung für das Rheinland. Zurückgekehrt nach Bonn schrieb sie der Freundin einen Brief, in dem sie das besorgte Bedauern darüber andeutete, daß deren Wort im eigenen Haus nicht mehr das gelte, was ihm zustünde. Sie gab aber auch zu, durch unvernünftig hohe Mengen von Opiumtropfen gegen die Schmerzen in ihrem Auftreten überspannt und übermütig gewesen zu sein; also würde man sagen können: ein verändertes Persönlichkeitsbild abgegeben zu haben.

Louise Dumont reagierte scharf, sprach von »*zerbrochenem Vertrauen*« – leider ist ihr Brief nicht erhalten; erhalten ist indessen der Brief, den Pankratius an die »*Mutter aller Dinge*« am 20. Juni 1923 schrieb (zwei eng beschriebene lange Seiten) und unter das Motto stellte: »*der Ausbruch des Aetna*«: »*(...) War es so schmählich, was sie verbrach? Wenn, dann ist es jedenfalls im Zustand der Unschuld geschehen und ich stelle mich mit dem ganzen Schild meines ehelichen Verteidigungsbedürfnisses vor diese Unschuld. (...) Sicherlich wird die Ma ihre Thorheit bereuen, aber mehr als eine Thorheit und Unbedachtsamkeit hat sie nicht zu bereuen. Dafür legt Pankratius die Hand ins Feuer. Von wegen weil er sie und ihre Gefühle kennt.*«

Ja, er kannte sie, mehr noch: er war, wie sie Louise Dumont nun wissen ließ, »*der eine Mensch, der mich wirklich kennt.*« – Louise Dumont lenkte ein, verzieh – auch dieser Brief fehlt, und die beiden Frauen begegneten sich wieder in Freundschaft und gegenseitiger Achtung. Allerdings: Dimahs Briefe waren von nun an eine Spur verhaltener, zurückhaltender, faktenbezogener..., so will es dem aufmerksamen Leser erscheinen... Was die am »*Ausbruch des Aetna*« Beteiligten nicht wußten, was vermutlich die Sensibilität von Louise Dumont gesteigert hat, war die Krise in ihrer eigenen Ehe, wie wir aus Briefen von ihr an Martin Buber wissen, die im August dazu führte, daß sie sich innerlich und äußerlich von Lindemann, wie sie sich ausdrückte, »*lossagte*«. Offensichtlich probierte dieser, zehn Jahre jünger als seine Frau, nicht zum ersten Mal den Aufstand, kam aber von ihr als Künstlerin nicht los, wenngleich auf ihren persönlichen Beziehungen von nun an ein Schatten lag.

Anfang Juli 1923 ging M.W. für einige Wochen in das Sanatorium Dr. Schorlemmer nach Bad Godesberg, wohin man unter den damaligen Besatzungsbedingungen nur zu Fuß hingelangte. Sie hatte insofern ein wenig Glück im Unglück, als eine junge Freundin, um die sie sich 1921 intensiv gekümmert hatte, ihr geholfen hatte, sich von ihrem Mann zu trennen und sich mit ihrem kleinen Sohn auf eigene Füße zu stellen, nun nach Bonn in die Argelanderstrasse kommen konnte und für Pankratius, die Worringer-Töchter und ihren vierjährigen Sohn, den alle »*das Männlein*« nannten, so gut sie konnte, sorgte. Auch gab M.W. die Ruhe viel Raum zum Denken und Sinnen, wie sie es mochte.

»*Noch liege ich den ganzen Tag im Liegestuhl. Nur alle paar Tage, wenn Pankratius kommt, wage ich den kurzen Gang bis zum Rhein; wir sind dann meist bezaubert von dem paradiesischen Stück Welt, das vor uns liegt. ... Manchmal kommen auch die Kinder mich besuchen. Sie strahlen wenn sie mich sehen; mir aber ist ganz weh ums Herz, wenn ich sie wieder fortgehen lassen muß, zumal Lucinde beim Abschied immer bittere Tränen weint. –* «

Im August gelang es ihr, dem Scheine nach wieder einigermaßen gesund, W.W. und die Tochter Renate auf den Weg an den Chiemsee zu bringen und mit den beiden anderen nach Nideggen zu fahren. Hier gab es wieder einen Rückfall; aber es war wohl der letzte, denn Mitte September konnte sie Louise Dumont berichten: »*Mir geht's immerzu, wenn auch langsam immer besser; ich freue mich, daß ich nun wenigstens den Altweibersommer genießen kann.*« Eine Zeitlang blieb sie mit W.W. in Nideggen allein: »*Es wurde auch noch ganz schön; wir hatten noch nie so viel Zeit um zusammen zu denken und zu reden.*« Schließlich gab es noch einen Erholungsaufenthalt auf der Insel Wangerooge: »*oft liege ich stundenlang ganz vorn am Wasser im Liegestuhl und stiere aufs Meer und auf den unendlich großen Himmel – dann kann man glücklich sein. Aber natürlich schreie ich dann nach Pankratius und den Kindern; wie würde ich denen diese Insel gönnen!*«

Die Krankheit hatte die ohnehin knappe Kasse im Hause Worringer noch knapper gemacht, zumal M.W. ja auch als Mitverdienerin ausfiel. Was passierte: W.W. versetzte, was nicht niet- und nagelfest war: Bücher, Bilder, Porzellan, wie und wo ist leider nicht bekannt; die Kölner Worringers sprangen ein. Natürlich reichte alles in Anbetracht der Inflation nicht hin und nicht her, wie überhaupt in Bonn und anderswo beobachtbar die krasse Armut in den einst wohlhabenden Mittelstand einzog: bei Pensionisten, Rentner, alten Damen – und nicht beamteten Universitätslehrern! Diesmal riß selbst W.W.s Quietismus die Hutschnur. Am 17. Oktober 1923 schrieb er dem aus den frühen Bonner Tagen bekannten Carl Heinrich Becker, nunmehr Staatssekretär im preußischen Kultusministerum einen dreieinhalbseitenlangen engbeschriebenen handschriftlichen Brief. Er kündigte ihm ein über die Universität laufendes Gesuch um einen laufenden Zuschuß zu seinen bisherigen knappen akademischen Bezügen an; in diesem Gesuch würde er auch die Gründe darlegen, warum seine Situation über die prekäre Lage der Extraordinarien hinaus besonders schwierig sei: »*In erster Linie spielt da die langwierige und kostenverschlingende Krankheit meiner Frau eine Rolle.*«

W.W. teilte dem Staatssekretär mit, daß er zu erwägen beginne, ob er weiter akademischer Lehrer bleiben könne oder sein Heil »*in einem Beruf suchen soll, durch den ich zwar ausscheide aus der wirkungslebendigen Reihe der geistigen Kräfte Deutschlands*«, aber durch den er sich und seiner Familie einen menschenwürdigeren Unterhalt sichern könne. Konkreter wurde W.W. nicht, und vielleicht gab es auch noch gar nichts Konkreteres zu sagen. Wesentlich war die Begründung, warum er sich inhaltlich gesehen am einzig richtigen Orte tätig sah: »*Gerade bei Ihnen glaube ich genug Würdigung für die Imponderabilien voraussetzen zu können, die in dem Vorhandensein geistiger Produktivkräfte meiner Art für die akademische Jugend und damit für den inneren unsichtbaren Neuaufbau Deutschlands liegen, dass ich sicher bin, dass die Möglichkeit eines solchen Ausscheidens meiner Person aus dem aktuellen deutschen Geistesleben Sie nicht gleichgültig läßt. Auch weiß ich, dass Sie gerade im Rheinland eine Personenpolitik betreiben möchten, die das Ethos und den Charakter der betreffenden Persönlichkeiten als einen ganz besonders wichtigen Faktor in die Rechnung stellt und auch in der dieser Beziehung glaube ich nicht, dass die Regierung sich den Luxus erlauben darf, einen gebürtigen Rheinländer meiner Art und von meinem moralischen Wirkungsradius von der Liste ihrer lebendigen Mitarbeiter leichtfertig ausstreichen zu lassen. Nur für diese lebendige Mitarbeit ist nun einmal die Universität für mich die gegebene Plattform.*« W.W. sprach dann die Hoffnung aus, daß es doch eine Möglichkeit geben müsse, auch ihn »*in den akademischen Organismus Deutschlands würdig einzuordnen*«; er wäre – wie seine demnächst erscheinenden Bücher beweisen würden – kein Verächter der historischen Tatsachenwissenschaft, bliebe aber bei seiner synthetischen Grundhaltung, »*weil ich mir allerdings eine Wissenschaft ohne philosophisches Ingredienz nicht vorstellen kann.«* Der Staatssekretär versah diesen Brief am 25. Oktober mit der Bemerkung »*Bitte helfen. Ich finde den Brief ausgezeichnet«.* Am 26. November erhielt W.W. die Nachricht, daß ihm ab 1. November »*für die Dauer von zwei Jahren ein Stipendium in Höhe von 40% des Anfangsgehalts der Besoldungsgruppe 7 und des dazu gehörenden Ortszuschlages und der sonstigen Beihilfen«* bewilligt worden sei. Voraussetzung dafür sei, daß er hauptamtlich an der Universität tätig sei und in jedem Semester mindestens drei Stunden Vorlesungen halte. In Reichsmark umgesetzt betrug das genannte »*Anfangsgehalt«* 1924 170 Reichsmark pro Monat; das Stipendium wurde jeweils bis 1928 verlängert. Zusammen mit dem Lehrauftrag von jährlich 2000,- Mark ergab dies gesicherte Einkünfte von 345 Reichsmark (ein schwaches Drittel der Ordinarienbezüge oder soviel wie ein Postsekretär) im Monat zuzüglich Kolleggelder.

Wirklich nicht die Welt! Mehr hätte W.W. gefreut, wenn er hätte lesen können, was der Staatssekretär Becker im Juli einem Rostocker Professor schrieb: »*Unter den noch nicht versorgten Kunsthistorikern halte ich Herrn Worringer für einen der begabtesten und originellsten Köpfe. Wenn er bisher noch keinen Ruf erhalten hat, so lag das in der Tat daran, daß seine Forschungsrichtung sich nicht in die üblichen Schemen einordnen ließ. Das aber spricht meiner Meinung nach gerade für Herrn Worringer... An der wissenschaftlichen Gediegenheit Worringer's wird überdies niemand mit Recht zweifeln können. (...) Wir werden in Preußen Herrn Worringer nach Möglichkeit bei einer der nächsten Vakanzen berücksichtigen.«*

Das konnte erst vier Jahre später geschehen, fast kurz vor Toresschluß, nach zähem Kampf zwischen dem Minister, der Becker inzwischen war, und der Professorenschaft der Philosophischen Fakultät der Universität Königsberg.

Anmerkungen zum 4. Kapitel

- Die Zitate in diesem Kapitel stammen, sofern nichts anderes angegeben ist, aus dem Briefwechsel zwischen Marta Worringer und Louise Dumont zwischen 1921 und 1932. Er gehört unter der Nr. 17451 zum Bestand des Theatermuseums der Landeshauptstadt Düsseldorf, Dumont-Lindemann-Archiv. Der Bestand enthält 223 Briefe, 5 Karten, 3 Briefkarten von M.W.; außerdem befinden sich dort 86 Briefe von Louise Dumont an M.W., die bereits transkribiert sind. Auf wessen Veranlassung die Briefe von L.D., die ja im Besitz von Marta Worringer gewesen sein müssen, transkribiert wurden und wann, ist nicht mehr rekonstruierbar. Die Originale sind sicher in Königsberg verloren gegangen. Von W.W. sind unter verschiedenen Nummern 36 Briefe und Karten an Louise Dumont zwischen 1908 und 1931 registriert. Siehe Findbuch des Archivs 1997, das 645 Seiten umfaßt. Die Briefe von M.W. waren in der Mehrzahl undatiert und sind, da sie völlig durcheinandergeworfen aufgefunden wurden, über die Jahre nach den Wochentagen, durch die die Briefe gekennzeichnet waren, geordnet worden. Der Autorin ist es inzwischen gelungen, die Briefe bis auf wenige Ausnahmen nach Jahr und Monat, manchmal sogar auf den Tag genau zu datieren. Ihre Briefe unterzeichnete M.W. seit Pfingsten 1921 mit Dimah bzw. sie wurde von L.D. auch so angeredet. Dimah bedeutet nach den Recherchen der Autorin im Bengali-Indisch *verehrungswürdige Mutter*. W.W. wurde Pankratius genannt nach einem der Eisheiligen und der 14 Nothelfer. Leider gibt es über Louise Dumont noch keine umfassende Biographie; s. deshalb Wolf Liese, Louise Dumont. Auch ist das große, hoch interessante Archiv, mit seinem enormen Briefbestand ein wahrer kulturgeschichtlicher Schatz, noch nicht einmal im Ansatz ausgewertet. Louise Dumont wurde am 22.2.1862 in Köln geboren und starb am 16.5.1932 in Düsseldorf. Seit 1896 stand sie auf vielen bekannten europäischen Bühnen als Schauspielerin. 1905 gründete sie mit ihrem Mann Gustav Lindemann (1872–1960) das Düsseldorfer Schauspielhaus.

- Das vollständige Gedicht von Max Ernst *Worringer, profetor DaDaistikus* ist u.a. abgedruckt in: Karl Riha (Hrsg.), dada Gedichte. Berlin 1982.
- Die Schwester, die mit 30 Jahren starb, war Emma, die andere Else.
- Benjamin Constant, Adolphe (1816). Reclam-Ausgabe Stuttgart 1988.
- Zur kritischen Auseinandersetzung mit dem Expressionismus: 1915 (25.12.) veröffentlichte W.W. einen Beitrag in der Frankfurter Zeitung unter dem Titel *Künstlerische Zukunftsfragen*; 1918 äußerte er sich kritisch in einem Brief an Carl Georg Heise, dem Direktor der Hamburger Kunsthalle, über Conrad Felixmüller; 1919 erschienen die *Kritischen Gedanken* und 1921 die *Künstlerischen Zeitfragen*. Näheres s. Gedruckte Quellen.
- Der jüdische Religions- und Sozialphilosoph Martin Buber, geb. 8.2.1878 in Wien, gest. 13.6.1965 in Jerusalem, las seit 1919 am Jüdischen Lehrhaus in Frankfurt a. M. und seit 1924 an der dortigen Universität, wo er 1930 eine Honorarprofessur erhielt, 1933 entlassen, seit 1938 Professor für Sozialphilosophie an der Hebräischen Universität in Jerusalem. Während der Zwanziger Jahre stand Buber mit Vertretern verschiedener Gruppen des religiösen Sozialismus in enger Verbindung. 1928 bildete er in seinem Wohnort Heppenheim den Mittelpunkt einer viel beachteten Tagung der Religiösen Sozialisten. Vgl. Maurice S. Friedman, Begegnung auf dem schmalen Grat. Martin Buber – ein Leben. Münster 1999.
- Ferner wurden benutzt Personalakte W.W. im Universitätsarchiv Bonn; NL C.H. Becker im Geheimen Staatsarchiv.

5. Kapitel

Friedliche Jahre am heimatlichen Rhein 1924–1928

Friedliche Jahre – das soll nicht heißen: ohne Spannung, ereignislos, schon gar nicht harmonisch, aber alle Höhen und Tiefen der Befindlichkeiten wurden gewissermaßen eingebettet in die Landschaft des Rheintals, aufgehoben in dem großen Strom, und die Worringers fühlten: hier war ihre Heimat, hier waren sie bei sich zu Hause. Und da konnte dann schon mal im späten Frühjahr von »*Rivierastimmung bei Godesberg am Rhein*« die Rede sein. Eigentlich war ja nichts, besonders nicht »*die Existenzfrage*« gelöst, aber ein beruhigtes Lebensgefühl stabilisierte sie im gleichen Atemzug mit der Republik, für die die Jahre 1924–1928 die wenigen Jahre der langsamen Gewöhnung an eine fragile Stabilität bedeuteten.

Dabei, nimmt man nur die Jahre 1924 und 1925, reisten die Worringers wie eh und je immer wieder in die Ferne: W.W. nach Semesterende 1923/24 vier Wochen nach Holland, zu Ostern 1924 nach Sizilien; M.W. im Februar 1924 ins Engadin, wo die Tochter Renate eine Bronchien-Tbc auskurieren mußte, zu Ostern mit der Schwiegermutter nach Baden-Baden, wo sie es so herrlich fand: »*dann wird man ganz leicht und auf einmal kann man fliegen*« und wo sie fast ins Schwärmen geriet über »*ein capuanisches Leben*«; zu Pfingsten fanden sich beide in Unkel am Rhein ein, wo der *Geistige Beirat* für das Schaupielhaus Düsseldorf gegründet wurde, dem neben W.W. Martin Buber und Albert Schaeffer angehörten. Und dann kam der Höhepunkt: im August fuhr die ganze Familie Worringer, also auch die drei Töchter (die sonst schon einmal schnell samt Vettern in Nideggen *abgegeben* wurden) für satte drei Wochen nach Stephanskirchen am Simssee ins *Sonnenholz*, dem Landsitz von Dumont und Lindemann; einige Tage war auch die »*Mutter aller Dinge*« noch anwesend, während Lindemann in Düsseldorf bereits die neue Spielzeit vorbereitete; anscheinend kam er mit Kindern nicht so gut zurecht, viel besser mit seinen Kühen. Die Worringers führten ein Ferienleben »*wie die Lilien auf dem Felde*«, schwammen im Simssee, ruderten über den See, und W.W. angelte sogar, sie machten »*herrliche Spaziergänge*«, versuchten den Wendelstein zu erklimmen, was daran scheiterte, daß W.W. sich nicht als »*Höhenmensch*«, wie seine vier Frauen spotteten, bewähren konnte, sie genossen Gänseleberpastete und Wein, W.W. rauchte seine Zigarre und spielte auf dem Flügel...

1925 ging das Genießen weiter: zur Karnevalszeit weilte M.W. zwei Wochen bei der Jugendfreundin Toni Flechtheim und deren Mann Julius Flechtheim, Justitiar der IG-Farben und Professor für Handelsrecht an der Berliner Universität, einfach um sich von der häuslichen Enge zu erholen und in das Großstadtleben einzutauchen, W.W. entdeckte inzwischen den Karneval und es hieß, daß er jede Nacht »*durchmachte*«. Den August 1925 verbrachten die Worringers mit den Forells, mit Emmy Worringer und einer Köchin Ferien in Marina di Massa. Florenz, Pisa, Lucca und Carrara im Programm eingeschlossen. Kleine Reisen von ihm nach München oder Köln und von ihr nach Nideggen lassen sich gar nicht exakt registrieren. Natürlich kosteten solche Reisen Geld, das die Worringers ja eigentlich nicht hatten. Sie hatten es nicht, aber sie hatten Mäzene: den Holland-Aufenthalt bezahlte ein Verehrer der Werke von W.W., in Stephanskirchen waren sie Gäste von Louise Dumont, die Berlin-Reise spendierte die Jugendfreundin, Baden-Baden die Schwiegermutter, die nicht alleine reisen wollte, Marina di Massa ging zu großen Teilen auf das Konto Forells.

Die finanzielle Lage war und blieb eine Katastrophe: Sie mußten Schulden machen, sie konnten einer Einladung nach Düsseldorf ins Schauspielhaus bzw. zu Louise Dumont nicht folgen: »*Wir waren (und wir sind) ganz ohne Geld. Aber heute ist Pankratius nach Velbert!! zu einem Vortrag und wird morgen mit 150 Mark zurückkommen und wir werden uns ein paar Tage lang reich vorkommen. Überhaupt später in der Biographie wird es sich ganz nett ausnehmen. Aber jetzt in der nüchternen Wirklichkeit kostet es (zum mindesten) manchmal Nerven.*« Daß die Klagen über die dauernde quälende finanzielle Abhängigkeit nicht abrissen, ja als katastrophal empfunden wurden, hatte einen sehr realen Hintergrund.

Die fast schon als sicher betrachtete Berufung nach Greifswald – natürlich gegen die Widerstände der Fakultät durch den Minister – war gescheitert. In einem Brief an den Minister Becker vom 8. Mai 1925 erklärte W.W., daß er darüber nachdenken müsse, ob er diesem aussichtslosen Beruf als Extraordinarius noch weiter alle Arbeitskräfte widmen könne, obwohl er seine Lehrtätigkeit als seinen »*inneren Beruf*« empfinde. Aber es war nicht nur das materielle Argument, das ihn zu solchen Überlegungen führte, er verwies den Minister auch auf »*das Mißverhältnis, das zwischen meiner Geltung im geistigen Deutschland (und vielfach auch im Ausland, wo man meine Bücher übersetzt) und meiner akademischen Stellung herrscht*«. M.W. berichtete Louise Dumont Anfang Juli, daß der Minister »*noch vor vierzehn Tagen, als er hier war, (uns) sagen ließ, daß das Ministerium diesmal fest bleiben würde. Das Ministerium war Pankratius' einzige Chance (die Fakultäten werden ihn nie mögen), wenn dieser so wenig vermag, was dann?*«

Da half es wenig, daß die »*Mutter aller Dinge*« Dimah den »*Vorteil der Armut*« nahelegen wollte: »*sie allein macht frei und sollte glücklich machen, wenn man Hilfe in erreichbarer Nähe hat. Lass Dir das von einer armen Seele sagen, die alle Schrecken der Armut kennt ohne alle und jede Hilfe!*« Die beiden Worringers beeindruckte dies nicht sehr; sie saßen vielmehr »*mit sehr dummen Gesichtern*« rum und glaubten nur noch an ihre »*eigenen dunklen Zukunftsbilder*«. Die gab es bereits 1922, als Rostock scheiterte:

»*Ganz können wir Beide uns jetzt doch nicht frei von sorgenden Gedanken machen. Daß es so nicht mehr lange weitergeht, wird uns täglich klarer; aber einen Ausweg sehen wir nicht. Es gibt wohl keinen. Manchmal, wenn ich ein wenig abgemüht bin, denke ich: hat es noch Zweck dieses gewaltsame Anstemmen gegen unsere Verproletarisierung, der doch nicht zu entgehen ist! Sollte man nicht einfach nachgeben und ruhig ins Rutschen kommen!*«

Auch den Kindern blieb die Lage nicht verborgen, wie M.W. im November 1925 zu berichten wußte: »*Lucinde erzählt mir zu meinem Schrekken, daß das Christkind in diesem Jahr so viel wie nie bringen wird, weil es doch weiß, daß die Mutter kein Geld hat, um irgendetwas zu kaufen!*« Beide Worringers haben unter diesen finanziell so bedrückenden Verhältnissen dennoch viel gearbeitet. Er, wie eh und je als gefragter Vortragender, aber auch als Autor seines neuen Buches *Anfänge der Tafelmalerei*, über das sie bemerken konnte: »*Natürlich ist es wieder ein echter Worringer geworden; aber die Instrumente, mit denen er die Geschehnisse bloßlegt, sind jetzt überscharf und fein geworden.*« Sie selber begann nach der Krankheit mit dem neuen Jahr 1924 wieder an zu arbeiten und beendete die Illustration von Dostojewskis *Die Sanfte* unter den warnenden Worten ihrer Freundin: »*nicht übertreiben. Glücklich sein, in die Sonne sehen, mit den Kindern lachen*«. Sie aber wußte es anders:

»*Die Stunden, die ich mir zur Arbeit stehle, sind meine glücklichsten und seltsamerweise sogar meine wahren Erholungsstunden. Ich weiß um den Egoismus des künstlerischen Schaffens, weiß um den Selbst-Genuß. Aber es scheint, daß ich auf beides noch nicht verzichten kann.*« Und selbst dann, wenn sie wieder einmal die *Driesch-Geister* überfielen und eine gewisse »*Lebensscheuheit*« auf ihr lastete, wünschte sie nichts sehnlicher als zu arbeiten: »*es sollte mir noch einmal etwas aus den Händen wachsen – die einzige Möglichkeit ruhig und befriedigt zu sein. Es ist nicht leer da innen; aber es findet nicht den Weg in die Hände.*« Solche im Allgemeinen bei Künstlern nicht ungewöhnlichen Hemmnisse, wie sie bei M.W. 1925 bestanden, hatten bei ihr nie eine längere Wirkung, und

**Ferien 1925 in Marina di Massa
Oben rechts im Bild
Marta und Wilhelm Worringer**

gerade 1925 konnte sie stolz auf sehr einfühlsam lobende Kritiken ihrer Arbeit verweisen:

»*Das Eigenartigste und Stärkste in der Liniensprache gibt Marta Worringer. Diese Frauenköpfe, Frauen, die sich begegnen, Frauen am Fenster, Frauen, die am Leben leiden, sind von faszinierender Tiefe und Kraft. Nur ein Typus in mannigfachster Variation. Aber eine Abwandlung des Themas, die durch ihre Wiederholung nur um so stärker wirkt.*« – »*Auch sie* (d.i. M.W.) *lebt und leidet unter dem Druck dieser inneren Gesichte, auch sie sucht Erlösung durch das Werk; nur daß ihr Ausdrucksmittel nicht Farbe, sondern Feder und Tusche ist, und...ihre Welt im gewissen Sinne eine transzendentale Welt ist. (...) Diese Augen, diese Hände, dieser sensitive nervöse Strich, dieser immer wiederkehrende Ausdruck der Gesichte, bald in banger Frage, dumpfer Erschlaffung, bald voll erkenntnistiefen Grauens – all das wird unter dieser Frauenhand zu einem erschütternden und doch durchaus reifen Kunstbekenntnis.*«

Louise Dumont, dies alles lesend, erlaubte sich die treffende Bemerkung: »*Aber Liebes wie kannst Du ›transzendente Kunst‹ und ›Verdienen‹ in Einklang bringen wollen.*« Nun, manchmal konnte sie dies durchaus, so wenn sie 1926 für 400,- Mark Zeichnungen verkaufen konnte – gemessen an W.W.s Vortragshonoraren nicht schlecht!

Bereits 1923 schien es, als habe sich die Ehe stabilisiert, und W.W. sah es wohl so. Seiner Frau, die aus Berlin zurückkehrte und die er strahlend aus Köln abholte, erzählte er im Februar 1925, er habe zum ersten Mal Karneval entdeckt: »*erzählte mir selig in wie viele Frauen er sich verliebt hat und wie viele in ihn! Er ist gelöst und beschwingt und möchte alles umarmen!! Das Leben kann nicht leicht genug genommen werden. Jetzt muß ich wohl geduldig und duldsam sein; ob ich's kann...*« Denn sie sah die Sache anders und prinzipieller: »*... weiß er schon gar nicht mehr an welchem Abgrund unsere Ehe stand und daß ich noch gar nicht weiß, ob... Soll man Männer beneiden, daß sie wenn sie wollen ein so kurzes Gedächtnis haben?*« Vielleicht war sie nicht duldsamer geworden, aber etwas gelassener. Als er ein Jahr davor das Pendel nach der anderen Seite hatte schwingen lassen und auch sie wieder zu attackieren begonnen hatte, war sie schnellstens nach Baden-Baden ausgerückt. Er, in Sizilien reisend, schickte entgegen der Abmachung Brief auf Brief und Telegramm auf Telegramm, er sammle Nervenkraft für den Fall »*daß ich nochmal zurückkomme*«.

Die Haushaltsführung lag weitgehend in M.W.s Händen, immer an der Grenze zur Überforderung versuchte sie die Balance zwischen Ehe, Haus und Hof, Kinder und ihrer Arbeit als Künstlerin zu halten. Das ging nicht immer, was ihre Gesundheit anging, und es gab manche Rückfälle in die 1923er Krankheit, wenn auch längst nicht so dramatisch, aber Neues kam hinzu wie 1925 eine Uterusausschabung. Aber auch W.W. zeigte erste Spuren kommender Krankheiten an Augen und Nase. Die älteste Tochter Brigitte, 1925 nunmehr 17 Jahre alt, half der Mutter viel, im Haushalt und auch bei der Sorge um die jüngeren Schwestern. Renate, 14 Jahre, zeigte sich exzentrisch, vielfältig begabt, viel bewundert, und die kleine Lucinde war eben gerade in die Schule gekommen, schlau war sie geblieben, konnte messerscharf kindlich-rationale Schlüsse ziehen, aber auch sich wie betrunken freuen über Geschenke, stolz darauf sein, von den Erwachsenen, voran von ihrer Patentante Louise Dumont, in ihren Angelegenheiten Ernst genommen zu werden. Daß sich die Eltern einmal über ihre Erziehungsmethoden gestritten hätten, davon ist nichts bekannt bzw. immer war nur von *wir* die Rede, wenn überhaupt davon die Rede war.

Die Eltern Worringer hatten ihren Kindern eine ganze Menge zu bieten, nur Geld nicht; der Vater konnte Radfahren, Skifahren, Bootfahren, Angeln, Tennisspielen, Klavierspielen, Schwimmen. Und die Mutter Klavierspielen, Tennisspielen, Fotografieren, Schwimmen, Malen. Aber sie boten ihren Kindern auch Krach und Verdruß. Und diese blieben wohl doch nicht unberührt davon. Im Oktober 1933, also Jahre später, erkundigte sich Brigitte bei der jüngsten Schwester, die nun allein mit den Eltern lebte, »*ob dich die elternkräche ebenso erschüttern, wie uns früher oder ob du dadurch, dass du es seit jahren nicht mehr anders kennst, eine gewisse festigkeit dagegen bekommen hast*«. Die Anwort von Lucinde kennen wir nicht; aber sie hat stets darauf beharrt, daß das Vernünftigste, was sie in ihrem Leben hatte tun können, gewesen sei, sich diese Eltern auszusuchen. Aber wer hat auch schon Eltern, die einem Kind erlauben, unter dem Tisch mit aufgestellten Ohren zu sitzen, wenn diese sich mit Martin Buber unterhalten! Oder eine Mutter, die jedes Weihnachten als ein Gesamtkunstwerk für die ganze Familie zu gestalten vermochte. Oder einen Vater, der sich weigerte, gegenüber dem Lehrer das Kranksein seiner Tochter zu »*entschuldigen*«, sondern es nur bestätigte. Oder eine Mutter, die einem wiederholt darauf hinwies, daß man nie den Völkermord an den Armeniern vergessen dürfe ... (Lucinde hat später mit der vom Vater gelernten Ironie überliefert, daß sie immer *Arme* statt *Armenier* verstanden habe und dies folglich der Anstoß dazu gewesen sei, Sozialistin zu werden.)

Die ganze Familie, vor allem aber M.W., erschütterte der Tod des »*Männlein*«, dieses zauberhaften Kindes der jungen Freundin Agathe, der sie geholfen hatte, ihre geistige und materielle Selbständigkeit gegenüber ihrem aggresiven Mann zu finden. Agathe ernährte sich und den Sohn als Weberin und gab auch Webunterricht in der Nähe von Bad Hersfeld. Während sie fort war, war der wohl Fünfjährige allein aufs Eis gegangen und ertrunken. In dem Brief, in dem M.W. Louise Dumont von dem Unglück berichtete, kommentiert sie es für sich: »*Als ich das Unglück in Berlin erfuhr, wußte ich wieder – mit fast beruhigender Klarheit – welche Farbe mir vom Schicksal für meinen Lebensweg bestimmt ist.*« –

Wenn auch der Briefwechsel zwischen den beiden Frauen entschieden karger wurde und sich auch objektivierte, blieb die Bindung unangefochten; M.W. stellte mehr als einmal fest, sie wisse »*immer mehr, welche tiefe Bedeutsamkeit diese Begegnung (›in unserem ersten Frühjahr‹, d.h. 1921) für mein Leben hatte und für immer hat*«. Und Louise Dumont replizierte bei anderer Gelegenheit: »*Das ist das Köstliche bei Euch, wenn man gerade mit einer echt tiefen Sorge ins Argelanderhaus denkt, dann kommt, und zwar in herrlicher Regelmäßigkeit von dort – ein Jubelschrei mit einer unerwarteten Freude und einem Reiseprojekt. Also schwöre ich Dir Liebe ich hänge nun endgültig alles Sorgen für Euch an einen festen Nagel und rechne mit Eurem Schutzengel – Ihr seid in guter Hut.*«

Auch in den Jahren 1926 bis 1928 setzte die Familie Worringer ihre Reisetätigkeit entschieden fort. Dabei ging es darum, ob man nicht auch mit dem Sinn des Reisens den Sinn des Lebens entdecken könne, obwohl beide Worringers – weit entfernt vom 18. Jahrhundert – mit Goethes Worten ihre Antwort fanden. Da schrieb W.W. an seine Frau: »*Reisen lerne ich wohl auf dieser Reise; ob ich leben lerne, weiß ich nicht. Die Menschen, die es zu verstehen scheinen, sind in Art und Wesen zu sehr von mir verschieden, als daß ich auf dieses Talent sollte Anspruch machen können.*« Und sie antwortete: »*Ach ja die Menschen! oder kann man sie nur Leute nennen, diese fertige Konfektionsware des lieben Herrgotts, die jetzt die Hotels füllen...*« 1926 fuhr W.W. gleich mit Schluß des Wintersemesters wie üblich nach München. Aber dann kam die Sensation des Jahres 1926: ein worringerbegeisterter Amerikaner schickte W.W. 1.200 Mark »*mit der einzigen Verpflichtung diese zu verreisen! – nun fahren wir einstweilen mal nach Ostern zehn Tage nach Paris*«. Brigitte mußte nach Nideggen gehen, um die beiden kleinen Vettern, deren *Fräulein* krank geworden war, zu hüten; die beiden *kleinen* Töchter wurden in Köln bei der Großmutter Worringer abgegeben, und Will und Ma entdeckten nach 14 Jahren Paris wieder. Anfang August meldete W.W. der

**Marta Worringer
Mitte der zwanziger Jahre**

Dumont: mit »*Weib und ältestem Kind*« in Jesolei – »*Die Ma kam herrlich erholt wieder.*« Noch im August reiste W.W. zu einem Vortrag nach London – »*Er hätte mich so gerne mitgenommen (schon wegen der Sprache), aber die Familie empörte sich gegen unseren Leichtsinn. Jetzt fährt er allein, verstimmt, unlustig und beleidigt; vor allem knurrend gegen seine nie endende Abhängigkeit.*« Die im Oktober und November folgenden Inlands-Vorträge, die der Aufbesserung der Kasse dienten, waren demgegenüber reine Routine. 1927 gab es Pfingstferien im Elsaß und u.a. wurden selbstredend Colmar und der Isenheimer Altar besucht. Highlight des Jahres wurde jedoch der dreiwöchige Aufenthalt in dem belgischen Nordseebad Coxyde. Dimah berichtete der »*Mutter aller Dinge*« darüber am 15. August 1927:

»*Es geht uns gut hier Liebe – das Meer hat uns nicht enttäuscht. Zwar möchten wir gerne mehr Sonne haben; aber man wird sich wohl überhaupt daran gewöhnen müssen, in diesem Leben mit weniger Sonne auszukommen. Sonst ist aber alles denkbar günstig hier; wir haben für uns Zwölf* (also die gleiche Zusammensetzung wie für Marina di Massa: Worringers, Forells, Emmy Worringer) *ein nettes Haus in den Dünen hier, haben die Nidegger Köchin mitgebracht, führen selbst Wirtschaft und haben gestern voll Stolz ausgerechnet, daß wir mit Wohnung und Verpflegung und allem und allem 3,25 Mark pro Kopf am Tag ausgeben. Das Schönste aber ist, daß wir so ganz für uns leben können; wir haben an ganz einsamer Stelle am Strand unsere Badehütte stehen; da leben wir, liegen in Liegestühlen, lesen, arbeiten ein bisschen, träumen und stieren ins Meer und baden mit Kind und Kegel. Und wer von uns mal besonders schlemmen will, badet mal zu irgendeiner Stunde ganz allein und der hat dann das herrliche Glücksgefühl das Meer für sich allein zu besitzen. Nach dem Baden laufen wir meist um wieder warm zu werden in die ganz einsamen Dünen. Die sind himmlisch schön hier; nur hier und da packt einen der Schreck: auf einmal taucht ein grausiger Rest Stacheldraht auf oder eine zerschossene Betonplatte oder der Rest eines Unterstandes. Ein scheußliches Erinnern kommt dann; man schämt sich, daß man nun hier ist, um diesen selben Boden zu genießen und sich drauf zu freuen...*«

1928 war W.W. fast den ganzen März auf Vortragsreise: Hamburg, München, Wien, Prag und dem folgte um Ostern eine ausgedehnte Reise durch Südfrankreich. Wer hat das alles bezahlt, fragt man; wir hörten es: Verehrer W.W.s, Freunde, Sponsoren, die zu den Vorträgen einluden, ein wenig die Worringers selber. Reisen gehörte eben zum bildungsbürgerlichen Lebensstil. Professoren hatten auch anständig zu wohnen; ob sie auch ausreichend zu essen hatten, ging niemanden etwas an. Leider

Wilhelm Worringer
Mitte der zwanziger Jahre

fand sich im Quellenmaterial für die Bonner Zeit nirgends ein Hinweis auf den Küchenzettel im Hause Worringer. Nur die Kinder erinnerten sich später: wenig Fleisch und von dem wenigen bekam der Vater am meisten, und Lucinde wurde in die Rheinauen geschickt, Löwenzahn und wilden Feldsalat zu pflücken – wenn's denn wahr war.

Hin und wieder prallten Will und Ma in der nun schon gewohnten Weise lautstark aufeinander, so Anfang 1926, als er sich wieder einmal »*dämonisch-irrational*« gerierte und sie sein »*Zerstörenwollen*« »*hemmungslos*« fand: »*Manchmal denke ich, daß ich es überdauerte, zeigt meine mir unsympathische Zähigkeit*«. Wie an ihr gewohnt, fragte sie sofort nach ihrer Schuld an seinem Zustand: »*daß ich nicht genug liebte, um all dem mit Duldung und Liebe zu begegnen*«, und wieder einmal »*verwirrt*« wartete sie ab, »*was mir an Liebe wieder nachwächst*«. Vermutlich mußte sie gar nicht lange warten: fröhlich zogen beide nach Ostern nach Paris. Nicht unbedingt fröhlich, aber typisch für die Ehe der Worringers war dagegen der Kampf um Worringers *Ägyptische Kunst*. W.W. mußte Ende Oktober die Korrekturen lesen; er hatte seit Ende 1925 eine Metamorphose absolvieren müssen: zu seinem eigenen Erstaunen kam er, je tiefer er griff, zu »*ganz negativen Schlüssen*«. Was ihm früher, so bemerkte M.W., »*Tiefsinn schien, sieht auf einmal so flach aus*«.

Nun erschien ihm das »*Ägyptertum*« als ein Kunstprodukt; er fand, daß Ägypten keine Kultur hatte: »*Aber es hat eine Zivilisation.*« Der Vergleich mit der neueren amerikanischen Architektur drängte sich ihm auf: deren »*Formkraft ist Phantasielosigkeit. Dafür hat sie die höchste Form der sachlichen Rationalität. Sachliche Rationalität ist unzweifelhaft auch eine der eindrucksvollsten Seiten der ägyptischen Architektur.*« Und er schloß daraus, wieder im Vergleich zu Amerika: »*Es ist nur einem naturfernen Kunstvolk möglich, so schnell und sicher diese sachliche Unbedingtheit des architektonischen Stiles zu finden.*« Die Zielrichtung solcher Thesen galt der Auseinandersetzung mit Spenglers »*Vertiefsinnlichung der ägyptischen Architekturidee*« und dessen »*Romantisierung des ägyptischen Amerikanismus*«, gegen die W.W. Front machte. Aus heutiger Sicht sind solche Thesen höchst anregend; damals muß es etwas Ungeheuerliches gewesen sein, so zu argumentieren wie W.W., der sich in seinem Nachwort fast entschuldigte, so frech und frei gewesen zu sein. Das erklärt auch den Diskurs mit seiner Frau:

»*Ich habe mit ihm um das Buch gerungen; er wollte es vernichten, und nun beim Korrekturenlesen will er mir immerzu beweisen, wie recht er hatte, als er das gewollt. Ich aber glaube irgendwie an das Buch; man mag viel dagegen sagen können; sicher; aber es scheint mir ein so ganz echter*

Worringer zu sein, eine Sache aus einem Guß, zu der man entweder ganz entschieden ja oder ganz entschieden nein sagt. Also nichts für akademische Köpfe.«

Soll man sagen, daß ohne M.W. das Buch, das W.W. auf den Weg zur Weltkunst brachte, nicht erschienen wäre? Jedenfalls meinte M.W. im Frühjahr 1927 feststellen zu können, daß ihrem Mann innerlich »*ein Gleichgewicht (zuwachse), eine Abgeklärtheit, die mich staunen und bewundern läßt«.* Wie wir wissen begann er damals an *Griechentum und Gotik* zu arbeiten und bereitete für das Wintersemester 1927/28 ein neues Kolleg vor: »*Im übrigen hat er – ohne dazu aufgefordert zu sein – den ihm zu engen Rahmen der europäischen Kunstbetrachtung gesprengt und wird im Winter über Weltkunst lesen. ›Ein weites Gebiet‹ würde Fontane sagen. Aber ich sehe mit Staunen und Freude wie er sich mit aller Intensität in seine Arbeit stürzt; also immer noch nicht durch die dünne Resonanz mutlos geworden ist.«*

Auch M.W. arbeitete in den Jahren 1925, 1926 und 1927 viel. Es ging ihr körperlich gut, und die Beteiligung an drei Ausstellungen, zwei in Bonn, eine in Köln, machte sie frei: »*Ich habe diesen Sommer«*, meldete sie im Sommer 1927 Louise Dumont, »*sehr, sehr viel gearbeitet – mit sehr viel weniger Scheu vor den Wirklichkeiten wie früher.«* Sie war überdies in der Bonner Ortsgruppe des Staatsbürgerinnenverbandes engagiert; sie genoß zum ersten Mal 1927 den Karneval, genoß »*wirklich den Reiz, nicht ich selbst zu sein. Mich irgendwie mit irgendetwas verwechselt zu haben. Dieses (kleine) Glücksgefühl hat die paar Stunden gut ausgehalten.«* Zwar sei nach dem Abschminken alles spurlos vergessen gewesen. »*Nur blieb ich noch ein paar Tage lang ein wenig beschwingter als sonst.«* Vor Weihnachten 1926 hatte W.W. wohl zum ersten Mal versucht, Weihnachten, das alles, was mit dem Fest verbunden war, »*als für uns unwahr über Bord zu werfen. Theoretisch gebe ich ihm recht; aber in der Praxis bin ich naiv genug, auf jeden grünen Tannenzweig mit Weihnachtsstimmung zu reagieren.«* Und da sie gerade gut bei Kasse war, entwarf sie für Brigitte einen Schreibtisch, den ein Schreiner anfertigte, auch Renate bekam ein Möbelstück und Lucinde Puppen, Puppen. Die wurde früh ganz weihnachtsselig, womit sie ihre Eltern ansteckte, und die Mutter fragte: »*Sind eigentlich Lampenfieber und Leibschmerzen dasselbe?«*

Weihnachten 1927 fiel spartanisch aus, und das hatte einen Grund, der weit hinaus reichte über die übliche knappe Kasse. Die Worringers waren im Oktober umgezogen; die Argelanderstrasse war längst zu eng geworden; so mußten die beiden Kampfhähnchen Renate und Lucinde, die eine 16, die andere 9 Jahre alt, immer noch ein Zimmer miteinander teilen bzw. irgendwann erbarmte sich Brigitte und nahm die kleine Schwester zu sich ins Zimmer.

Man mietete in der Friedrich-Wilhelm-Strasse 8a (heute 12) ein von dem bekannten Architekten Ferdinand Kramer gerade gebautes freistehendes Haus wohl zu moderaten Preisen. Es war das Traumhaus – wie geschaffen für die Worringers; keine Bleibe davor und danach erreichte auch nur annähernd diesen Status. Begeistert schrieb Dimah an Louise Dumont: »*Wir denken täglich von neuem: es ist eine Unverschämtheit von uns so zu wohnen! Aber wir genießen es mit aller Dankbarkeit Luft, Licht, Helligkeit, Sonne! Von jedem Fenster aus sehen wir in ein herrliches Stück Landschaft. So war der Umzug – Du kennst so was! – trotz mancher Schwierigkeiten schnell verschmerzt. Ganz fertig sind wir mit dem Einrichten noch nicht; wohl aber fertig genug, um es gerne zu zeigen. Also bitte nutzt das herrliche Wetter aus und kommt. Hoffentlich habt Ihr irgendein Auto, das Euch herfährt. Sonst steigt man von der Rheinuferbahn in die Godesberger Bahn und fährt bis zur Haltestelle Dottendorferstrasse; von dort eine Minute bis zu unserem Haus. Die Nummer ist noch nicht drauf, auch noch kein Schild; aber man sieht dem Haus von weitem an, daß wir drin wohnen.*«

Und so sah das Traumhaus innen aus: Parterre, zur Straße, nach Norden, befanden sich Diele, Garderobe und Küche, zum Garten, also nach Süden, lagen zwei durch eine Schiebetür verbundene Zimmer, W.W.s Arbeitszimmer sowie Eß- und Wohnzimmer. Im I. Stock befand sich zur Straße eine große Wohndiele mit Sofa und Leselampe, seitlich das Badezimmer, zur anderen Seite das Dienstmädchenzimmer. Zum Garten gab es drei Zimmer: ein größeres Elternschlafzimmer, in der Mitte Lucindes Zimmer und anschließend Brigittes Zimmer. Im Dachgeschoß hatte Renate ihr Zimmer zur Straße und M.W. zum Garten ihr Atelier. Es gab Zentralheizung und wiederum Platz für Hund und Katze. Über den schönen großen Garten freuten sich alle.

Der Umzug war schon deshalb längst fällig gewesen, weil aus den Kindern langsam Leute wurden oder bereits geworden waren, d.h. junge eigenständige Menschen. Brigitte hatte im März 1927 ihr Abitur »*glänzend bestanden*«: »*Ihre Mathematik war eine Glanzleistung; ein Kind von uns! wir können nur staunen*«, kommentierte die Mutter. Zum Sommersemester begann Brigitte mit Eifer und Begeisterung ihr Studium der Medizin in Bonn. Sie war vernünftig, überlegt, hilfsbereit und verständnisvoll wie schon in jüngeren Jahren geblieben und für die Mutter mehr und mehr eine verläßliche Freundin, die sogar wie im Sommer 1927 das Dienstmädchen ersetzte: »*Sie hat in den Wochen Gemüse und Fleisch mit*

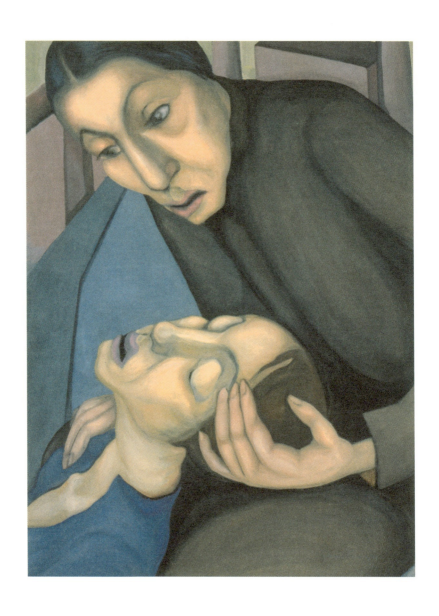

Mutter,
Tempera, 1926

derselben Freude und dem selben Eifer bearbeitet wie im Semester ihre Leichen im Präpariersaal«. Vielleicht war sie zu früh ernst geworden, weil die Mutter sie so ernst nahm? Lucinde hat nie vergessen, daß weder ihre Mutter noch ihr Vater sie bei der Einschulung begleitet hatten, sondern Brigitte, der geliebte Has.

Renate wurde im Frühjahr 1927 konfirmiert. Sie galt als das Gegenteil von Brigitte, und die Erziehung beider gab der Mutter manche Probleme auf: »*Ja, Renate wird uns noch viel Sorge machen. Wie ausruhend, daß daneben eine Brigitte ist*«, fand die Mutter. Aber Renate, das labile Kind, schien viele Begabungen zu haben, die der Mutter (und sicher auch dem Vater) nun wieder gefielen, sie konnte mit Farben und farbigen Papieren umgehen, wie sie es bei der Mutter sah, seltsame Gedichte und Märchen schreiben, was sie dem Vater abguckte. Aber sie war und blieb auch entsetzlich eifersüchtig auf den Nachkömmling Lucinde, die ihr zielstrebig viele Vorteile, die sie bisher als Jüngste besessen hatte, weggenommen hatte. Davon blieb zeitlebens etwas, wenn auch zu bemerken ist, daß die Schwestern, wenn irgendetwas bei der einen oder der anderen oder im Hinblick auf die alternden Eltern sehr ernst wurde, selbstverständlich solidarisch zusammenhielten.

Ja, und Lucinde?! Daß man aus ihrer Kindheit so relativ viel erfahren kann, liegt daran, daß Dimah der Patentante einfach mehr berichtete bzw. Lucinde darauf bestand, daß dieser berichtet wurde, z.B. daß sie einen Schulranzen bekommen hatte, und daß Lucinde von ihr erwartete, auch gebührend wahrgenommen zu werden; so berichtete W.W. der Dumont im März 1925: »*Luzinde (sic!) schreit dem Briefträger jedesmal entgegen, ob die Dumont ihr endlich geantwortet habe.*« Aber Lucinde muß wohl auch in ihrer Mischung aus Altklugheit und Kindlichkeit hinreißend gewesen sein, nicht nur für die Eltern. Eine Fabrikantengattin in Bonn holte die Fünfjährige eine Zeitlang regelmäßig zum Spazierenfahren im Auto ab; das gefiel Lucinde so gut, daß sie die Eltern fragte, warum diese sich nicht ein Auto statt ihrer angeschafft hätten.

So sind denn wohl auch die fast hymnischen Beschreibungen der »*Revolucinde*« durch die Mutter in den Briefen an Louise Dumont zu verstehen: 1925 aus Marina di Massa: »*Diese Respektlosigkeit mit der Lucinde auf das Meer losgeht! Die Selbstverständlichkeit, mit der sie von allem Besitz ergreift!*« – März 1927: »*Nur Lucinde scheint keine Frühjahrsmüdigkeit zu spüren. Die erste Sonne ist für sie das Signal sich höchstens noch für die Mahlzeiten zu Hause einzufinden; die übrige Zeit verbringt sie mit unzählbaren Gespielen auf der Straße Seilchen-schwingend und Reifen-schlagend.*« – 1927 aus Coxyde: »*Die Kinder genießen die Freiheit.*

Lucinde geht ganz aus (der) Form und weiß sich vor Übermut nicht zu lassen. Kraft und Überschuß konzentrieren sich bei ihr im Kopf – der Ausdruck wird fast überlebensgroß – der Körper ist leider immer noch seltsam zart.« Ja, Lucinde war noch ein Kind, das den Eltern nichts als Freude brachte, das sie, wie sie meinten, viel zu sehr verwöhnten.

Das Jahr 1928 wurde, was niemand ahnen konnte oder sich zu ahnen getraute, zum Jahr der großen Abschiede. Am 4. Juli schickte Dimah die folgende Karte an Louise Dumont: *»Du sollst schnell wissen, daß der Würfel gefallen ist und Pankratius zum 1. Oktober den Ruf nach Königsberg bekommen hat. Für ihn freut es mich – trotz allem und allem. Ich selbst versuche mich in einen Zustand zu bringen, wo ich weder denken noch fühlen kann. Euch beiden alles Gute und Schöne für die Schweiz und für die Ferien. Von Herzen Deine Dimah.«*

Als Louise Dumont vor Weihnachten 1927 bemerkte: *»Das Wasser wird tiefer zwischen uns.«* schrie Dimah auf: *»Das darf nicht sein! Du darfst mir nicht ferner rücken. Ich, nur ich würde zuviel verlieren.«* Aber sie gab auch zu, daß so etwas wie *»Erlebnisgemeinschaft«* im Vergleich zu früheren Jahren in der letzten Zeit nur noch eingeschränkt bestanden hatte. Jetzt, im Juli 1928 hatte sie das unvermeidbare Gefühl, daß ein Lebensabschnitt zu Ende ging und ein neuer folgte und deshalb wünschte sie sich: *»Einmal möchte ich Dich doch vor diesem Lebensabschnitt noch ruhig sprechen können.«*

Abschied zu nehmen war auch vom Rhein, vom Rheintal im glitzernden Nebel, von den Wanderungen mit den Kindern durch das Siebengebirge, und im Juni bis August 1928 fanden sie, die Rheinlandschaft *»sei noch nie so schön gewesen wie in diesem Jahr«*. Nach dem ersten Besuch in Königsberg nach einer Fahrtzeit von 21 Stunden saßen im August Will und Ma lustlos, schlapp und genußunfähig allein in Bonn herum – Brigitte war in England, wohin sie W.W.s Übersetzer Herbert Read eingeladen hatte, die beiden Kleinen waren im Harz auf dem Gut von Lilli Clemens Verwandten: *»Alles liegt wie tot vor uns und wir können es nicht von uns aus beleben. Sicher ist das viele Abschiednehmen schuld daran. Jetzt glaube ich gar nicht mehr recht an Wiedersehen. Kommt man nach Jahren zurück, so findet man die Menschen verändert, weil man selbst verändert ist. Oder ist es nicht so?«*

Die rheinische Zeit galt beiden Worringers als die lebhafteste, ja vielleicht als *die* produktivste Zeit ihres Lebens – trotz aller Belastungen. W.W. entfaltete sich thematisch bis zu einem Entwurf seiner *Weltkunst* und überschritt damit die Grenzen Europas. Als Hochschullehrer gelang es ihm, alle Register seiner eigenen Kunst zu ziehen: große, die akademische Welt anziehende Kollegs abhalten, zu interessanten, publikumswirksamen Vorträgen überall in Deutschland reisen, intellektuelle Kleinkunst-Stücke schreiben, größere Essays sich abringend. Er gewann festen Boden in der Kulturlandschaft der Rheinprovinz, und er streckte seine Fühler in die europäische Welt aus, gewann im Europa-zentrierten Sinne *Weltgeltung*: Paris, London, Madrid, Prag, Wien standen auf der Liste seiner Vortrags- und Bildungsreisen.

M.W. verwurzelte künstlerisch im rheinischen Milieu von Mainz bis nach Düsseldorf und Hagen; sie probierte alle Spielarten ihres künstlerischen Vermögens aus: Zeichnungen unterschiedlichster Art, Lithographien, Stickereien, Aquarelle, Porträts (nur noch nicht große Ölbilder, die kamen erst in Königsberg hinzu), vielfältiges kunstgewerbliches Schnitzwerk, und: sie verkaufte nicht schlecht. Daß sie quantitativ nicht mehr schaffen konnte, lag nicht an einer mangelnden Motivierung, sondern an ihren Aufgaben als Ehefrau und Mutter. Es waren Belastungen, die sie oft überforderten und Krankheiten zur Folge hatten. Aber sie wuchs auch in dieser Zeit zu einer eigenständigen Ehemann-unabhängigen Persönlichkeit heran. Darauf weisen auch die in der rheinischen Zeit sich häufenden ihrer Kunst spezifischen Frauenbildnisse hin.

Bei beiden erfolgten in dieser Zeit politisch-kulturelle Festlegungen, die sie – parteipolitisch unspezifisch – ins Lager der linken Intellektuellen der Weimarer Republik Ankerplätze finden ließen.

Anmerkungen zum 5. Kapitel

- Der *Geistige Beirat*, so erinnerte sich W.W. 1960 in einem Brief an Kurt Sippel, habe nicht ein festes institutionelles Gefüge gehabt, auch keinen klar umrissenen offiziellen Charakter getragen. Seine Beteiligung sei auf der persönlichen Freundschaft mit Louise Dumont und Gustav Lindemann gegründet gewesen. »*Jedenfalls gilt das für meine Einschätzung meiner Rolle in diesem Spiel.*«
- Antonie (Toni) Flechtheim geb. Trimborn, geboren 1880 in Köln, emigrierte mit ihrem Mann Julius F. (geboren 1876) im April 1939 in die Schweiz, und zwar nach Zürich. Hier starb ihr Mann im November 1940. Sie lebte seit 1946 in einer Psychiatrischen Klinik und starb im März 1954. (Auskunft Stadtarchiv Zürich)
- Von M.W. sind zwei Buchillustrationen überliefert: Heinrich von Kleist, Die Marquise von O… Mit Zeichnungen von Marta Worringer. München (Hyperionverlag) 1920; Fjodor M. Dostojewski, Die Sanfte. Phantastische Erzählung. Köln (Marcan Verlag) 1925. Neuauflage Berlin 1990.
- Über M.W.s Kunst vgl. *Bonner Zeitung*, Juni 1925: *Generalanzeiger Bonn*, Juli 1925. Weitere Hinweise auf öffentliche Resonanz vgl. Nachlaß W. u. M. Worringer sowie Katalog M. Worringer/August Macke Haus Bonn.

6. Kapitel

Doch keine bloße »Zufallsheimat« – Königsberg 1928–1932

Der plötzliche Zug der Worringers von Bonn nach Königsberg hatte unter den Umständen der rheinischen Geborgenheit etwas Dramatisches, fast Tragisches, und das Kind Lucinde reagierte darauf mit Tränen auf ihre Art: es empörte sich darüber, daß der Vater, ein *außerordentlicher* Professor, zu einem nur *ordentlichen* herabgestuft worden war und nun auch noch samt Familie in die Nähe Sibiriens verschickt wurde. Von *Sibirien* wird wohl die Mutter gesprochen haben, ähnlich reagierend wie der von den Worringers allerdings nicht geschätzte Kölner Oberbürgermeister Konrad Adenauer, der bekanntlich immer, wenn er als Vorsitzender des Preußischen Staatsrates nach Berlin fuhr, sich in Sibirien wähnte, sobald er die Elbe überfahren hatte.

War das Rheinland die Sommerzeit ihres Lebens (wie einst München der Frühling) gewesen, so konnte Königsberg nur noch den Herbst des Lebens bringen – beide wurden am Ende des ersten Königsberger Semesters von W.W. 48 Jahre alt. Zwar lebten sie im Rheinland *nur* 14 Jahre (davon waren vier Jahre Krieg) und in Königsberg 16 Jahre (davon fünf Jahre Krieg). Aber das Rheinland war heimischer Boden gewesen, auf dem sie aufgewachsen waren; sie mußten, als sie 1914 nach Bonn kamen, nicht in einer Fremde leben lernen, wie dies nun in der neuen *»Zufallsheimat«*, wie M.W. sich ausdrückte, – in allem ein Gegensatz zum Rheinland – zu geschehen hatte.

Den Ruf an die Universität Königsberg hätte W.W., wenn es nach deren Philosophischer Fakultät gegangen wäre, *natürlich*, so kann man schon sagen, auch nicht bekommen. Ende September 1927 war der Inhaber des kunsthistorischen Lehrstuhls, Berthold Haendcke, entpflichtet worden. Für eine Berufung von W.W. machten sich im Vorfeld der Überlegungen über eine Neubesetzung des Lehrstuhls Paul Clemen und der Marburger Ordinarius Richard Hamann stark. Hamann führte in einem Brief an den preußischen Kultusminister aus, daß es in Königsberg nicht so sehr darauf ankäme, *»kunstwissenschaftliche Fachleute heranzubilden… als vielmehr einen kulturellen Mittelpunkt zu schaffen, der auch die baltischen Länder und das Deutschtum in Polen mit versorgen müßte. Dafür ist die Kunstgeschichte besonders geeignet und unter den in Frage kommenden Personen scheint mir Worringer am hervorragendsten alle Qualitäten dafür zu besitzen.«* Hamann räumte ein, daß auch er die fachwissenschaftlichen Bedenken der Fakultäten teile; diese Bedenken gingen aber *»an der anregenden Kraft Worringers und seiner geistigen Kapazität vollständig vorbei. Ich bin überzeugt, daß diese sich in Königs-*

berg in der von mir angedeuteten kulturfördernden Weise voll bewähren werden.«

Am 16. Januar 1928 schlug die Philosophische Fakultät der Albertus-Universität Königsberg für die Nachfolge Haendcke vor: 1. den ordentlichen Professor an der Universität Hamburg Dr. Erwin Panofsky, 2. den a.o. Professor an der Universität Jena Dr. Wilhelm Köhler, 3. den a.o. Professor an der Technischen Hochschule in Wien Dr. ing. et phil. Dagobert Frey. Das Schreiben trug die Unterschrift der Fakultätsmitglieder, u.a. Heinz Heimsoeth, Josef Nadler, Kurt Reidemeister, Hans Rothfels, Hans Heinrich Schaeder, Josef Müller-Blattau. W.W. hatte man also gezielt *vergessen*. Am 4. April 1928 wurde die Fakultät deshalb aufgefordert, sich zu Prof. Dr. Worringer in Bonn zu äußern. Am 15. Juni lehnte die Fakultät W.W. ab; für ihn hatten sich allerdings der Vertreter des Faches Landwirtschaftliche Betriebslehre, Emil Lang, der Literaturwissenschaftler Josef Nadler, der dem deutschen Osten einen besonderen Rang in der europäischen Geistesgeschichte einräumte, Walther Ziesemer, der das Institut für Heimatkunde geschaffen hatte, und der Astronom und Direktor der Sternwarte Erich Przybyllok ausgesprochen. Die Begründung für die Ablehnung läßt sich als typisch charakterisieren: W.W. habe sich »*bedeutende Verdienste als geistreicher Anreger um die moderne Kunstgeschichte*« erworben, sei dann aber in seinen späteren Werken in Gegensatz zu der neueren Entwicklung der Kunstgeschichte geraten. Mit einem argumentativen Schlenker wurde eingeräumt, dass man ja nicht über die Ordinarienreife von W.W. zu entscheiden habe, die man gerade durch diesen Hinweis in Frage stellte. Das Hauptargument für die Ablehnung von W.W. war jedoch der Zweifel an seiner Fähigkeit, die speziellen Bedürfnisse des Faches an der Königsberger Universität erfüllen zu können. »*Sie heißen in diesem Fall: Ausbau des Seminars zu einem modernen kunstgeschichtlichen Forschungsinstitut, Organisation und Zusammenfassung der Forschung in der Provinz und über ihre Grenzen hinaus, insbesondere ein betontes Interesse an der bevorstehenden Landesaufnahme.*« Da war es wieder, das Etikett: Der eher linksorientierte liberale Intellektuelle, ja, der die Grenzen der akademischen Zunft ständig übertretende Literat paßte nicht auf den hohen Lehrstuhl einer ehrwürdigen Universität wie der Königsberger mit ihrem Blick nach geistiger Ostkolonisation. Ist es überinterpretiert, wenn man vermutet, man höre die Rothfelssche Nachtigall trappsen? Der Kurator der Universität, Friedrich Hoffmann, versah den Brief der Fakultät am 20. Juni 1928 mit dem Vermerk: »*Weitergereicht. Die von der herrschenden abweichende Richtung Worringers macht ihn nicht ungeeignet für den hiesigen Lehrstuhl. Auch als starker Anreger würde er hier durchaus am Platz sein. Worauf es aber für eine Reihe von Jahren durchaus ankommen wird, ist das, ob er geeignet und bereit ist, nötigenfalls unter opferbereiter Zurückstellung eigener wissenschaftlicher Arbeit und Publikationstätigkeit – die im letzten Satz des dritten Absatzes dieses Berichts angeführten, seiner harrenden großen und schweren Aufgaben zu erfüllen.«* (Der Satz lautete: »*Ausbau des Seminars zu einem modernen kunstgeschichtlichen Forschungsinstitut, Organisation und Zusammenfassung der Forschung in der Provinz und über ihre Grenzen hinaus, insbesondere ein betontes Interesse an der bevorstehenden Landesaufnahme.*«) Nun ging alles Schlag auf Schlag: Am 4. Juli 1928 erhielt W.W. den Ruf; am 28. Juli wurde die Berufungsvereinbarung getroffen: W.W. erhielt mit dem Beginn seiner Tätigkeit am 1. Oktober 1928 ein Grundgehalt von 9.800 Mark jährlich, Ortszuschlag usw. nach den gesetzlichen Bestimmungen sowie Kolleggeldgarantie. 80 Mark monatlich Besoldungszulage sollte er erhalten, solange die von ihm zu zahlende Miete den für Königsberger Professorenwohnungen üblichen Betrag überstieg. Sollte für die Wohnung eine Abstandssumme nötig sein, würde ihm ein Betrag bis zu 2.000 Mark gewährt werden. Die Erstattung der Umzugskosten sollte nach den für preußische Professoren gültigen Bestimmungen erfolgen. Die Vereinbarung schloß mit dem Satz: »*Die Anträge Prof. Worringers über den Ausbau des Kunsthistorischen Seminars werden mit besonderem Wohlwollen behandelt werden.*«

Am 11. August erfolgte die Ernennung des nichtbeamteten außerordentlichen Professors in der Philosophischen Fakultät der Universität Bonn, Dr. Wilhelm Worringer, »*zum ordentlichen Professor in der Philosophischen Fakultät der Universität Königsberg*«. Bereits am 1. August hatte W.W. seinen Verleger Reinhard Piper über die Berufung nach Königsberg informiert: »*Natürlich trete ich diese Ostfahrt mit etwas gemischten Gefühlen an, aber voller Amor fati. Mal was ande(res)s. Und tut vielleicht gut, die kapuanische Luft Bonns einmal mit einer hyperboräischen zu vertauschen und die Hauptsache ist wohl, daß der Stein mal ins Rollen kommt.*«

Nun also war auch W.W. Ordinarius – einer von den etwa 700 Mandarinen, die es in der Weimarer Republik gab, allerdings in einer Fakultät unter anderen Ordinarien, die ihn nicht wollten, in einer Universität, die sich allzu gerne Ostfahrt-begeistert gerierte, in einer Stadt, in der bald die Nazis lärmten. Einer seiner nächsten Kollegen war der Ordinarius für moderne europäische Geschichte Hans Rothfels, ein Jude, der zum Protestantismus übergetreten war und seit 1926 in Königsberg lehrte; er nahm eine scharf national-konservative Position ein und inaugurier-

Wilhelm, Marta und Brigitte Worringer auf der Terrasse der Königsberger Wohnung in der Probstheidastraße 6, 1932

te eine autoritär-konservativ-revolutionäre Nationalitätenpolitik, deren Teilschnittmengen mit nationalsozialistischen weltanschaulichen Postulaten immer unverkennbarer wurde. Amor fati!

Sofort nach der Ernennung reiste W.W. nach Königsberg. Bereits nach wenigen Tagen kam von ihm ein SOS-Ruf, der M.W. veranlaßte, sich auch ihrerseits nach Königsberg aufzumachen – mehr als 21 Stunden dauerte die Fahrt von Bonn nach Königsberg. Was tat man damals auf einer so langen Fahrt außer lesen, schauen, schlafen und sich langweilen? W.W. machte auf sie einen »*verstörten*« Eindruck, der vor allem daraus resultierte, daß er sich vergeblich um eine Wohnung bemüht hatte und deshalb vorschlug, die Ma sollte mit den Kindern im Wintersemester noch in Bonn bleiben. M.W. entschied sich, wie sie Louise Dumont schrieb, anders: »*Aber wie ich ihn so sah, stand bei mir fest, daß ich mit jedem Provisorium mich zufrieden geben wolle. Das tat ich denn auch und wir werden am 1. Oktober ein Dachgeschoß beziehen, für das wir dasselbe zahlen wie hier für unser köstliches Häuschen. Im ersten élan sind solche Entschlüsse leicht zu fassen; sie nachher mit Anstand durchzuhalten ist schwieriger. So grault mir jetzt schon vor dem Gedanken, bald ganz ohne Garten ohne Balkon zu sein. Und daß man in diesem K'berg nicht nur von außen her, sondern auch innerlich – atmosphärisch – so friert, das ist das Betrübliche. Es wird eine ganz harte Probezeit für uns werden. Aber was hilft es! Schicksal! man wird da hindurch müssen. Pank(ratius) selbst hat ja sein Arbeitsfeld dort, hat auch in nächster Nähe ein paar wertvolle Menschen, die mit ihm arbeiten werden. Das wird ihm manches erleichtern. Aber im übrigen paßt er so wenig in diese dürftige Luft wie nur einer. Und auch für die Kinder tut es mir leid...*«

Am 1. November 1928 schrieb M.W. den ersten Brief aus Königsberg, Probstheidastrasse 6/IV an Louise Dumont: »*Es ist ein Unding Menschen unseres Alters aus ihrem Erdboden zu reißen und ihnen irgendeine Zufallsheimat zu geben. Da ist es gar nicht möglich dieser Heimat gegenüber gerecht zu sein. Hinzu kommt noch, daß dieses Königsberg wirklich wenig einschmeichelnde Eigenschaften hat.*« Sie ließ die Freundin wissen, daß die Wohnung »*nun doch ganz nett geworden*« sei – »*Immerhin eine behagliche Rettungsinsel vor der kalten amusischen Stadt da unten. (Wenn ich nur den Garten und das große Stück Landschaft das da drüben uns gehörte nicht so vermißte!) Nein, die Stadt ist mir noch ganz fremd und unheimlich. Ich kann nur staunen über dieses arge Anderssein. Das ist nicht mehr Deutschland, aber auch nicht Rußland. Zwar oft meine ich, in Rußland zu sein. Gestalten und Dinge sieht man hier täglich in den Straßen, die ich bisher nur vom russischen Film her kannte. Sind nicht auch die vielen Betrunkenen, über die keiner mehr staunt, russisch? Die Verwahrlosung der Häuser, dieses Pflaster (!), dieser Schlamm in den Straßen! – und daß gleich neben diesem Schmutz diese schlemmerhaften Konditoreien mit den ausgesuchtesten, raffiniertesten Süßigkeiten sind! Aber wie gesagt: ich gehe durch alles wie ein Fremder hindurch und will es gar nicht begreifen, daß das meine Heimat werden muß. (...) Das Rheinland, von hier gesehen, ist Capua. Der Strom hilft einem die Last zu tragen. Die Menschen hier haben herbere Stimmen und herbere Züge. Ich meine immer sie wissen allerhand vom moralischen Gesetz in sich, wenig aber vom Sternenhimmel über sich. Ich aber bin für den Sternenhimmel. – «*

Die rheinischen Naschkatzen hatten also, kaum vier Wochen in Königsberg, das Schwermer Marzipan und die Konditorei Gehlhaar mit ihren Auslagen, den Herzen, Äpfeln, Pfirsichen und Würstchen aus Marzipan und anderen Leckereien entdeckt, und ließen es sich nun schon mal auf der »*Rettungsinsel*« gut gehen; vom Schwermer Marzipan schwärmten sie nun bis ans Lebensende, Mutter und Töchter. Die »*Rettungsinsel*« Probstheidastrassse 6 lag hinter dem Wall in der Nähe des Nordbahnhofs, weit ab von der von der Professorenschaft bevorzugten Wohngegend Hufenallee, Amalienau und Cäcilienallee am Oberteich, wo ein beträchtlicher Teil der Philosophischen Fakultät wohnte, manchmal in einem Haus gleich zwei Ordinarien. Das Haus, das nun die Worringers bezogen, gehörte einem Baumeister, der in Nummer 8 wohnte; es hatte neben dem Souterrain und dem Parterre noch drei Stockwerke (Die Worringers zählten das Parterre als 1. Stock und so befand sich ihre Wohnung ihrer Ansicht nach im 4. Stock). Die W.s hatten das gesamte oberste Stockwerk von ca. 170 qm gemietet. Unter ihnen wohnte ein buntes mittelständisches Gemisch – von unten angefangen: der Bezirksschornsteinfegermeister, ein Obergerichtsvollzieher, ein Rittmeister a. D., Kaufleute, darunter die jüdische Familie Aronson, die ein großes Pelzgeschäft in Königsberg besaß. Zeitweilig lebten im Haus auch noch der Dirigent Hermann Scherchen und seine damalige Frau, die Schauspielerin Gerda Müller.

Die Wohnung der Worringers hatte Zimmer nach Süden und Norden. Nach Süden lagen, durch einen separaten Eingang erreichbar, die Zimmer der älteren Töchter; vom Haupteingang links, d.h. nach Süden, lagen W.W.s Arbeitzimmer, Eßzimmer, Wohnzimmer, alle drei gegeneinander z.B. bei Gesellschaften zu öffnen, vom Eßzimmer gelangte man in eine Art Alkoven, den M.W. ins Dach hinein hatte bauen lassen (also doch ein bißchen Balkon); vom Haupteingang nach rechts, also nach Norden, befanden sich M.W.s Arbeitzimmer, Küche, Mädchenkammer,

1928–1932

Lucindes Zimmer, Toilette, Bad, Elternschlafzimmer. In dieser Wohnung lebten die Worringers während ihrer gesamten Königsberger Zeit.

Im Dezember 1928 hieß es immerhin schon: »*Wir schicken uns langsam besser in unsere Zufallsheimat*«, und auch W.W. meldete kurz vor Weihnachten 1928 seinen Freunden Giedion: »*Wie die Bilanz bis jetzt ist? Im Ganzen gut und besser, als wir gefürchtet hatten.*« Silvester, für Rheinländer eher ein besinnliches Fest, denn bald war ja Karneval, lasen sie beide – *pflichtgetreu* wie sie nun einmal waren – Kant. »*Ein echter erster Königsberger Sylvesterabend*«, und schon erwies sich M.W. bei 17° minus für den östlichen Winter ansprechbar: »*Theoretisch finde ich einen intensiven Winter herrlich und an jedem Morgen bin ich von neuem begeistert wie herrlich diese vereiste und verschneite Welt aussieht. Aussieht – aber sie fühlt sich fürchterlich an.*« Aber im Februar 1929 bei 22° minus war es längst mit der Begeisterung vorbei, als aber 34° minus angezeigt waren, »*da hat uns alle eine jämmerliche Lebensangst ergriffen. Jeder von uns hat mal an dem Punkt gestanden, wo er fühlte: ein Schritt weiter und Leben ist nicht mehr möglich.*«

Mit der Akzeptanz der »*Zufallsheimat*« ging es deshalb noch eine Weile hin und her. Sowohl W.W. wie auch M.W. nutzten jede sich bietende Gelegenheit *to go West*. Er ging im März 1929 auf große Spanienreise; im Herbst allerdings zu Vorträgen nach Riga, Reval und Dorpat; auch peilten beide Rußland als Reiseziel an. M.W. riefen Pflichten ins Rheinland zurück: das absehbare Ende der Mutter, die jahrelang völlig umdüstert dahingelebt hatte, ließ sie Anfang März 1929 nach Köln reisen, und sie konnte sich bei dieser Gelegenheit auch mit Louise Dumont treffen. Der Tod der Mutter am 1. Mai 1929 und anschließend die Auflösung des Gereonsdriesch-Hauses führte sie wieder nach Köln. Ein Jahr später am 9. März 1930 starb ihre älteste Schwester Else nach jahrelangem Leiden an Krebs, und M.W. kam wieder nach Köln. Diesmal schaffte sie es psychisch einfach nicht mehr, in Düsseldorf Halt zu machen. Sie litt unter der 1.100 km weiten Trennung von Louise Dumont und zog bei Beginn des zweiten Jahres in Königsberg den fatalistischen Schluß: »*... anstatt daß mir unser Hiersein selbstverständlicher wird scheint es mir immer sinnloser. Wenn ich auch bereit bin manches Positive hier anzuerkennen – Heimat kann uns das nie werden.*« Es war die gleiche Stimmungslage wie die von W.W., als er im Mai 1929 an seinen alten Berner Freund Samuel Singer schrieb: »*Aber wo hätte unsereiner Heimat? Nirgendwo. An K'berg liegt's nicht.*«

Weihnachten 1929 hörte es sich schon wieder ein wenig anders an: »*Uns geht es nicht schlecht; wir sind nicht mehr so fremd hier wie im vori-*

Nidden - See-Seite
Nidden - Haff-Seite, Fischerhäuser

gen Jahr, aber wir sind auch noch nicht zu Hause. Zu Hause? manchmal habe ich den Verdacht, man war nur in seiner Jugend zu Hause; und nach der sehnt man sich zurück während man meint sich nach dem Rhein zu sehnen«. Aber immerhin war es Weihnachten wieder festlich und froh, und sie hatten »*ein kinder- und baumloses Ehepaar*« zu Gast, »*das sich an Lucindes's Märchenseligkeit und der Mädel Jugendübermut erwärmte*« (es waren wohl die Hopps). Im Juli 1930 war es dann – so will es scheinen – fast geschafft: »*Der Osten hat doch an uns herumgezerrt. Aber er hat doch erreicht, daß wir nun hier zu Hause sind. Zu Hause?? soweit unsereins zu Hause sein kann. Vielleicht auch das nur auf Widerruf.*« So ließ sie Louise Dumont wissen.

Zwar gab immer mal wieder Ausreißer-Touren – so fuhr W.W. im Oktober 1930 via München und Paris an den Rhein und M.W. über den Jahreswechsel 1930/31 für eine Woche nach Berlin zu ihrer Freundin Toni Flechtheim – aber solche Abwechslungen waren bei ihm ja auch vor Königsberg notorisch und bei ihr ebenfalls nicht ganz ungewöhnlich. Aber nun begannen, und das ließ Heimatgefühle entstehen, die Ferien auf der Kurischen Nehrung: 1929 war es noch Schwarzort gewesen, seit Juli 1930 dann für beide Worringers und die Kinder (nur 1934 und 1935 nicht) bis 1944 Nidden. Wo sich ganz in ihrer Nähe Thomas Mann vom Nobel-Preisgeld sein Haus gebaut hatte.

Ja, Nidden: Das hieß fortan »*strahlende Sonnentage mit jener zauberhaften Schönheit, die ich von keinem anderen Landstrich her kenne. Die äußeren Umstände waren denkbar günstig: wir wohnen in einer strohgedeckten hölzernen Fischerhütte, traumhafte Menschen, die vor lauter Arbeit und Kampf um die paar Fische, die ihre einzige Nahrung sind, alles Sorgen aufgegeben haben. Nitschewo – sie sind schon beinah Russen, und darum liebe ich sie.*« So wieder an Louise Dumont.

Nidden blieb ihr *Mekka*; in Nidden verbrachte man nicht nur die Sommerferien, freundete sich mit dem Meer und den Dünen oft bereits zu Ostern und zu Pfingsten an.

Nidden – das bedeutete fortan unvergeßliche Ferien – für alle Worringers, Schwimmen in der Ostsee, Strandleben – die Jungen unter sich, die Alten ebenfalls oder auch gemischt, leichter Dauerlauf im Trainingsanzug die Dorfstrasse entlang, jedenfalls W.W., der nun in der Familie und im Freundeskreis der »*Meister*« hieß, bei den Studenten gar »*Meister Wilhelm*« (nach Goethes Wilhelm Meister).

Nidden – das hieß viele Freunde und Bekannte, Künstlerkollegen von Frau Ma und Professorenkollegen des »*Meister*«, darunter auch Hans Rothfels, die zur gleichen Zeit Ferien machten. Nachmittags trank

**Lucinde Worringer
mit den Brüdern Christoph und
Jakob Jenisch, 1936**

man gemeinsam *Thee*; abends war dann schon mal im Gasthaus von Hermann Blode mit der herrlichen Veranda am Haff, wo alle Maler und zig Bekannte saßen, der Bär los.

Und Nidden – das bedeutete vielleicht schon 1930, sicher 1931 und 1932 gelegentlich der Gang der Worringers zum *Thee* zur Familie Thomas Mann. Man kannte sich – vielleicht bereits aus München. Thomas Mann hatte *Abstraktion und Einfühlung* gelesen und angeblich im *Zauberberg* einiges *verwendet*, so wird immer wieder behauptet, aber W.W.s Leseexemplar mit vielen Anstreichungen gibt darauf keine Hinweise; auch Georg Lukács hat sie ja nicht entdecken können. Das Haus Thomas Manns lag direkt oberhalb des Feriendomizils der Worringers beim Fischer Föge, so daß sich Begegnungen im Ferienalltag fast zwanglos ergeben haben könnten – könnten, denn ein Nidden-Tagebuch von Thomas Mann existiert nicht mehr; Aufzeichnungen der Worringers erst recht nicht; aber in der Familie Worringer wurde viel über die Begegnungen mit dem Dichter gesprochen, wenngleich den Worringers Bruder Heinrich näherstand.

Thee-Stunde bei den Manns. Worüber könnten Frau Thomas Mann und Frau Ma miteinander gesprochen haben? Vielleicht über die ihnen gemeinsame Tatsache, daß sie von Kindern sehr unterschiedlichen Alters umgeben waren. Die beiden jahrgangsgleichen Mädchen Elisabeth und Lucinde hatten die beiden Mütter, nicht gerade originell, zum gemeinsamen Spielen genötigt; Elisabeth zeigte Lucinde ihr Heiligtum – die abgebrochene Spitze eines Taktstockes von Hans Knappertsbusch, was Lucinde überhaupt nicht beeindruckte. Sie warf wohl – bedenkt man ihr späteres intensives Interesse an Klaus Mann – ihre Blicke lieber in die Richtung des Stuhles auf der legendären Veranda, auf dem sich Klaus, lässig seine Zigarette rauchend, niedergelassen hatte (jedenfalls war dieser 1931 in Nidden).

Die ersten Freundschaften und Bekanntschaften wurden seit 1930 geschlossen und blieben zum Teil Lebensfreundschaften; mit dem Architekten Hanns Hopp verband W.W. bald eine »*ganz enge Freundschaft*«; ein weiterer Kreis von Künstlern fand sich um die beiden Worringers ein: Hermann Brachert, Mia Brachert, Fritz Burmann und Frau Annette, Alfred Partikel und Frau Dorothea (Dorle), der Regierungsbaumeister Robert Liebenthal und seine Frau Susanne, eine Photographin; aus dem Kollegenkreis W.W.'s waren und blieben es, wie zu erwarten, nur wenige: der Indologe Helmuth von Glasenapp, die bereits aus der Bonner Zeit bekannten Germanisten Paul Hankamer und Edda Hankamer-Tille, der Archäologe Guido Frhr. Kaschnitz von Weinberg und seine Frau,

Marta und Wilhelm Worringer vor dem Fischerhaus, unterhalb des Thomas-Mann-Hauses, in dem die Familie in den Ferien wohnte, 1930

die Dichterin Marie Luise Kaschnitz, der Germanist Erich Jenisch und seine Frau Martha geb. Wegener, der Mathematiker Kurt Reidemeister; sodann Persönlichkeiten unterschiedlicher Profession aus der Königsberger Gesellschaft: die Musikhistorikerin Lina Jung und ihre Schwester Claire Ritzki, der Intendant des Königsberger Stadttheaters Fritz Jessner und seine Frau Lucie, der Journalist Eberhard Sarter und seine Frau sowie die Modistin Traute Schellwien. Weitere kamen in den Jahren nach 1933 hinzu. Der Artenreichtum der gemeinsamen Vergnügungen und Begegnungen scheint erheblich gewesen zu sein und reichte durchaus bis zum gemeinsamen Kegeln der Ehepaare Hopp, Brachert, Burmann und Worringer.

Zunächst erwies sich W.W. von allen Worringers als der tapferste bei dem Versuch, sich in der Fremde, die die neue Heimat werden sollte, zurechtzufinden. Er hatte viel ungewohnte Arbeit zu leisten: Lehre kannte er, aber nun kamen Fakultätssitzungen, Prüfungen, Institutsleitung, Seminareinrichtung dazu. Zu allem brauchte er viel Zeit und Kraft. Mit seinem »*Hörermaterial*«, das er sehr erfreulich fand, kam er gut zurecht, und so konnte er den Giedions zu Weihnachten 1928 melden: »*Der kunsthistorische Betrieb funktioniert lebhaft.*« Ähnlich äußerte er sich gegenüber Samuel Singer nach Bern: Er sei zufrieden mit dem ersten Königsberger Semester; bemerkenswert fand er das hohe Niveau des Kollegenkreises, so daß in dieser Beziehung kein Heimweh nach Bonn angebracht wäre.

Das Kunsthistorische Institut der Königsberger Albertus-Universität lag, als W.W. es übernahm, links im Erdgeschoß des alten Gerichtsgebäudes am Theaterplatz Nr. 3. Die besondere Förderung der Universität durch die preußische Staatsregierung kam auch dem Institut zu gute, das nach dem Umbau des Gebäudes ins oberste Stockwerk verlegt wurde und nun helle, saubere und geschmackvolle Räume beziehen konnte. W.W. las vom Wintersemester 1928/29 bis zum Wintersemester 1932/33 ausschließlich über Kunst des Mittelalters und der frühen Neuzeit, meist dreistündig dienstags, donnerstags und freitags von 17-18.00 Uhr: Mittelalterliche Kunst des Abendlandes in den Grundzügen ihrer Entwicklung, Mittelalterliche Kunst des Abendlandes, Die Kunst des Matthias Grünewald (für Studierende aller Fakultäten), Plastik und Malerei im Hohen Mittelalter, Frühe italienische Malerei, Ausgewählte Kapitel der indischen und ostasiatischen Kunst, Gotische Plastik, Frühe und späte Gotik in deutscher Malerei und Plastik, Deutsche und Niederländische Malerei des 15. Jahrhunderts, Die Kunst der Frührenaissance in Italien, Ausgewählte Kapitel der europäischen Barockkunst. Zu seinem Amt als

Ordinarius gehörte auch die Mitgliedschaft im Wissenschaftlichen Prüfungsamt für Geschichte der Kunst des Mittelalters und der Neuzeit. Bereits im Dezember 1929 startete er im Institut eine öffentliche Vortragsreihe Bildender Künstler; den Auftakt gab der Reihe Hanns Hopp, der über *Die moderne Architektur als Lebensgestaltung* sprach.

Etwas anderes als Kollegs zu schreiben, daran konnte er kaum denken. Aber immerhin entstand im ersten Königsberger Jahr sein schöner Aufsatz über Käthe Kollwitz, der auch viel über ihn selbst verriet. Er fragte hier, woran es liege, daß ein leiser Schleier der Fremdheit zwischen der Malerin des Proletariats und ihrem Gegenstand bliebe, und er meinte, daß die Künstlerin bei aller Realistik der Erfassung »*zuviel von ihrem Gefühl für das proletarische Elend*« in die Linien hineingelegt habe, mit denen sie es nachzeichne:

»*Im Grunde ist es nicht das Elend und das Proletariat, das sie zeichnet, sondern ihr Gefühl dafür. Diese leise aber eindringliche Sentimentalisierung, die sie ihrer Stoffwahl angedeihen läßt, schmeichelt vielleicht den Betroffenen, aber läßt sie im Instinkt doch Entfernung wittern. Hier ist auch die Grenze der Kunst der Käthe Kollwitz als Zeitdokument. Nicht ein authentisches Dokument der sozialen Zustände selbst ist es, was sie gibt, sondern ein Dokument des Mitgefühls, mit dem das soziale Gewissen des Bürgertums sich selbstanklägerisch der Lebenswelt der Außerbürgerlichen zuwandte. Demnach: proletarische Kunst ist die Kunst der Käthe Kollwitz nur dem Stoff nach, ihrem Ethos nach ist sie beste Bürgerkunst, Kunst des sozial aufgerüttelten Gewissens. So fand sie auch ihre tiefste Resonanz da, wo liberales Bürgertum sich seiner Verpflichtung an jenem Humanitätsbegriff bewußt wurde, der es groß gemacht hat. Wenn hier Grenzen sind: es sind schöne Grenzen, um die wir eigentlich die Käthe Kollwitz lieben.*«

Das ungewohnte große Arbeitspensum führte dazu, daß W.W. ständig überarbeitet war, ständig fürchtete, nicht das leisten zu können, was er leisten müßte, obwohl er bis in die Nächte hinein am Schreibtisch saß:

»Ich finde natürlich«, schrieb seine Frau an Louise Dumont im Juni 1929, »*daß er mehr leistet wie die meisten Andern; aber es kostet ihn zuviel Blut. Er arbeitet atemlos; er fühlt sich immer innerlich gehetzt, schläft schlecht, weil ihn die Angstträume er würde nicht fertig plagen – kurz er ist in einem Zustand völliger nervöser Abspannung. Du weißt ja, wie er zusammensinken kann. Er ist halt immer ein Sorgenkind.*« Bereits ein paar Wochen vorher hatte sie festgestellt: »*So lebensunlustig wie er jetzt ist, sah ich ihn noch nie.*« Und besorgt fragte sie sich: »*Ob auf dieses Leben nochmal eine Reaktion folgen wird?*«

Daß W.W. bereits während des zweiten Königsberger Semesters seiner Frau erklärte: »*meine Ehe mit Königsberg ist geschieden*«, hing auch mit objektiven Faktoren zusammen, die ihn und auch M.W. zunehmend beunruhigten: Königsberg entwickelte sich nach eher bescheiden zu nennenden Anfängen zu einer Hochburg der NSDAP. Im Mai 1929 redeten Hitler und Heß zum ersten Mal in der Königsberger Stadthalle, und am folgenden Tag marschierte die SA zum ersten Mal durch die Stadt. Aber erst vor den Reichstagswahlen am 14. September 1930 erhielt ein massives Aufgebot von Nazi-Größen den von diesen erwünschten Erfolg: Hitler redete in der Halle des von Hanns Hopp erbauten Hauses der Technik vor 10.000 Menschen; Frick, Goebbels und Epp brachten nicht viel weniger auf. Im gleichen Jahr stimmten 60% der immatrikulierten Studenten der Universität für völkische Listen. Nicht erst nach dem 14. September 1930 begannen sich in Königsberg die Geister auch an der Universität politisch zu scheiden: »*Nein, ich könnte schon sagen: wie allein Pankratius eigentlich inmitten dieser Gesellschaft steht. Man wird darüber wegkommen; aber man kommt ja über die ganze politische Situation nicht so leicht hinweg. Ob es anderswo ähnlich ist wie hier? nein, die Dinge liegen hier bestimmt krasser wie im Westen. Nicht auszudenken, daß drüben solches Kriegsgeschrei wie hier ist. Nicht auszudenken, daß man dort seit 1914 so wenig gelernt hat wie hier. Wir sind todtraurig über diese vergiftete Luft...*« So schrieb sie an Louise Dumont.

Andere standen nicht *allein*, im Gegenteil: Als es 1931 am 28. Juni, dem Tag der Unterzeichnung des Versailler Friedensvertrages, zu Demonstrationen der Studenten kam, bei denen die Polizei eingreifen mußte, war es Hans Rothfels, »*der einen sehr großen Anhang besaß*«, der beruhigend auf die Studenten einwirkte. Man wundert sich nicht, daß W.W. im Juni 1930 die vage Möglichkeit eines Rufes nach Jena, die Ernst Ludwig Curtius entdeckt hatte, nicht strikt von sich wies. Immerhin gelang es noch 1932, Paul Hankamer an die Stelle von Josef Nadler, der nach Wien ging, zu berufen, so daß W.W. nicht mehr ganz *allein* stand.

Am 13. Januar bzw. 16. Januar 1931 waren die beiden Worringers 50 Jahre alt geworden und standen damit mitten im sogenannten Herbst des Lebens. Wie von W.W. gewohnt, reflektierte er diese Tatsache grundsätzlich. Er dankte E.R. Curtius für dessen Geburtstagsbrief und ging auf das gemeinsame Lebensgefühl ein: »*Wir sind dabei gewesen!! Jeder in seiner Art. Aber nie ganz ohne den Anderen in sich. Frontsoldaten eines Stückes Geschichte. Gell, und wir wollen uns unsere Achselstücke nicht herunterreissen lassen! Leben Sie wohl, lieber Freund Curtius. Ich grüße Sie mit der Herzlichkeit, die Ihr Brief aufs Neue lebendig gemacht hat.*«

Nimmt man die Textstelle über Käthe Kollwitz hinzu, wo W.W. vom liberalen Bürgertum und dessen Verpflichtung gegenüber dem Humanitätsbegriff sprach, wird deutlich, daß er bereits resigniert das Ende dieser Verpflichtung und ihres politischen Gewichtes nahen sah. Sicherlich hatte diesen resignativen Zug ein subjektiver Faktor verstärkt: W.W., der im Gegensatz zu seiner Frau sich bisher immer relativer Gesundheit hatte erfreuen können, war, eben erst ein Fünfziger, 1931 zum ersten Mal in seinem Leben ernsthaft krank; er litt recht heftig unter Nierensteinen. Alles zusammengenommen veranlaßte M.W. in ihrem letzten Brief am 13. Mai 1932 an Louise Dumont, wenige Tage vor deren Tod am 16. Mai, zu der Feststellung: »*In Pankratius' Seele sieht es immer noch nicht freudiger aus. Dies scheint doch wohl die längste und schwerste Krise seines Lebens zu sein. Er hat zur Zeit jedes Verhältnis zu seiner Arbeit verloren. Ich glaube fest, daß von dem Tage wo er wieder produktiv sein kann, all das andere, was ihn jetzt so quält, wieder von selbst von ihm abfällt. Aber man muß jetzt wirklich alle seine Schutzengel bitten, daß sie ihm beistehen mögen. – Wir feierten vorgestern unsere silberne Hochzeit! (...)*«

Fast im Gegensatz zu W.W. hoffte sich die Künstlerin Marta Worringer in Königsberg »*dem Wesentlichen immer näher zu kommen*«. Kaum in der Fremde, die Heimat werden sollte, angekommen, suchte sie ihre Rettung in der vertrauten *Arbeitsseligkeit*. Bereits kurz vor Weihnachten 1929 ließ W.W. seine Freunde Giedion wissen: »*meine Frau arbeitet jeden Morgen scharf in der Kunstakademie bei Burmann.*« Samuel Singer erfuhr im Mai 1929 von W.W., dass seiner Familie das Einleben schwerer falle als ihm selber: »*was meine Frau angeht, so wäre das noch schlimmer, wenn sie künstlerisch hier nicht so gut zurechtkäme. (K. hat eine Kunstakademie!) Sie hat einen mächtigen Schritt nach vorwärts getan und alle Intensität auf diesen Punkt konzentriert.*« Bereits Ende des Jahres 1929 gehörte sie zu den Mitgestalterinnen einer *Frauentagung* in Königsberg, und zwar arrangierte sie eine Ausstellung ostpreußischer Künstlerinnen in der Kunstakademie: »*Da ich die Kollwitz hatte war mir der Glanzpunkt gesichert*«, kommentierte sie. Sie selbst war noch nicht mit einem Werkstück vertreten; aber ab 1931 (mit Ausnahme 1934) nahm sie an den alle zwei Jahre stattfindenden Ausstellungen des Königsberger Kunstvereins teil (1943 zum letzten Mal), und zwar mit Ölbildern und Zeichnungen.

Ende des Jahres 1929 bestätigte sie die Aussage ihres Mannes in einem Brief an Louise Dumont: »*Auch ich arbeite viel; viel mehr und viel intensiver als ich es jemals konnte.*« Das hatte seinen Preis: »*Von den Menschen hier halte ich mich sehr zurück, obwohl das gar nicht leicht* ist. Aber ich kann in dem Punkt immer weniger schaffen. Immer größer wird mein Bedürfnis nach Ruhe, Einsamkeit und Sammlung. Schön ist es hier und da mal für ein paar Stunden – gerade jetzt im Winter – ans Meer zu fahren; da atmet man Größe und Weite ein und kommt beruhigt zurück.«

Immer wieder konnte man in den nächsten Jahren von ihr hören, daß sie in ihrem Atelier in der Kunstakademie viel gearbeitet hatte; nun waren es »*ganz große Ölbilder*«, von denen wir nur so wenige kennen. Dem Wesentlichen näher zu kommen, bedeutete für sie, seelischen Erlebnissen durch ihre Malerei Ausdruck geben zu können: »*Aber ein Menschenleben reicht doch garnicht aus um bis ans Ende zu kommen. Sollte ich Greisin werden, würde ich mich sicher auch dann noch als Anfangende fühlen.*« Auch im Februar 1932 bestätigte sie noch einmal – diesmal mit einer Liebeserklärung an die »*östliche Luft*«, »*daß ich meiner Arbeit mehr denn je verfallen bin; ich glaube die östliche Luft tut ihr gut und schon darum fühle ich mich zu Hause in ihr.*«

Nicht nur als Künstlerin hoffte sie dem Wesentlichen nähergekommen zu sein, sondern auch als selbständige Frau. Ein Porträt von ihr, das die Dumont kommentiert hatte, irgendetwas darin mache ihr Sorge, sah sich die nun Fünfzigjährige, wie sie Anfang Mai 1931 an ihre Freundin schrieb, noch einmal an »*und suchte nach dem, was Dich erschreckt hat*«:

»*Damit ist ja schon viel gesagt, daß ich es suchen mußte. Etwas hilflos und fragend und mich nicht ganz zurecht findend sehe und sah ich wohl immer aus. Aber schließlich ist mir doch schon ganz zur Gewohnheit geworden, daß ich den jüngeren Gefährtinnen, die sich vorm Älterwerden fürchten erzähle, daß meine Lebenskurve seit dem 40. Lebensjahr ansteige. (Wohl der Zeitpunkt, wo ich Dich kennenlernte!) Ich möchte diese Gewohnheit noch beibehalten. Natürlich kann man das nicht zu jeder Stunde nachprüfen und wahrfinden. Es stimmt ja nur im ganz Großen gesehen. Und da soll es hoffentlich noch länger stimmen. Also keine Sorge meinetwegen...*«

Stets war und blieb sie sich auch im fernen Osten bewußt, was sie Louise Dumont verdankte. In einer wohl für die Öffentlichkeit gedachten Hommage vom Oktober 1930 nannte sie sie »*die Frau, die sich zum Menschen ausweitete – auf Zeiten hinaus Maßstab und Richtung gebend allen schaffenden, allen glaubenden, allen liebenden Frauen*«. Anläßlich ihres 50. Geburtstags schrieb sie an Louise Dumont: »*Denn an dem Tag, an dem man 50 Jahre alt wird blickt man mit besonderer Andacht und Dankbarkeit auf den Menschen, der einem in schwerer Krisenzeit Hilfe*

Zwei Ansichtskarten von Königsberg: Die Universität und das Schauspielhaus

und Freude gewesen ist und der einem für alle kommende Zeit Leitstern und Richtunggebend bleibt.«. Zum 70. Geburtstag von Louise Dumont am 22. Februar 1932 betonte sie in ihrem Brief erneut »*mit wieviel Liebe und dankbarer Erinnerung ich heute an Dich denke…*« Es war der vorletzte Brief an die große Freundin, aber vielleicht der letzte, den diese hatte lesen können: Am 16. Mai 1932 starb Louise Dumont an einer Lungenentzündung – ihr Herz hatte es nicht mehr geschafft. In ihrem vierseitigen Kondolenzbrief an Gustav Lindemann schrieb M.W.: »*Sie wissen Louise hat, seit ich sie lieben lernte, mein Leben irgendwie bestimmt. Auch als sich viel Raum, viel Zeit und viel anderes Leben zwischen uns legte, blieb sie mir richtunggebender höchster Maßstab*«. – Bis an ihr Lebensende bewahrte sie in einer kleinen Ledertasche, die Erinnerungsstücke enthielt, auch den ersten Brief von Louise Dumont auf, den diese ihr am 28. Februar 1921 geschrieben hatte.

In Königsberg verabschiedeten die beiden älteren Worringer-Töchter Brigitte und Renate ihre Kindheit. Brigitte war im September 1928 20 Jahre alt geworden und hatte das erste Semester als Medizinstudentin in Bonn absolviert. Das Wintersemester 1928/29 verbrachte sie in Königsberg – die Familie wollte den erwarteten Kulturschock gemeinsam ertragen. Im Sommersemester 1929 war dann wieder Bonn der Studienort, wo sie das Physikum ablegte; sie war eine sehr gewissenhafte Studentin, genauso arbeitsselig wie ihre Mutter. Warum Brigitte das Medizinstudium gewählt hatte, ist unbekannt; vermuten kann man, daß das Vorbild der neun Jahre älteren Cousine Else Court, die sich viel im Hause Worringer (auch zum Kinderhüten) aufgehalten hat, eine Rolle spielte. Else Court unterhielt eine Praxis in Köln und engagierte sich sozial. Die später von Brigitte angestrebte Spezialisierung in Richtung Kinderpsychiatrie mag etwas zu tun gehabt haben mit einem neuen Trend der damaligen medizinischen Wissenschaft. Vielleicht hatte aber auch die Frau des Intendanten des Schauspielhauses Fritz Jessner, Lucie Jessner, Dr.med. und Dr.phil., die von 1928 bis 1933 als Asistenzärztin an der Psychiatrischen Klink in Königsberg arbeitete, einen Einfluß auf die Entscheidung. Beide Jessners gehörten ja zu Worringers Bekanntenkreis.

Die im Sommersemester 1929 in Bonn verbrachte Studentenexistenz war für Brigitte (und ihre Mutter) eine große Freude: »*Mit ganz geringem Wechsel hat sie sich*«, teilte M.W. Louise Dumont im Mai mit, »*ein köstliches Leben dort geschaffen! Voller Arbeit, voller Freude! Betrunken vor Glück wieder am Rhein zu sein.*« Nach dem Physikum am Ende ihres dritten Semesters famulierte sie einige Wochen bei dem Kinderarzt Prof. Arthur Schloßmann, dem Leiter der Städtischen Krankenanstalten

Düsseldorf, einem Freund von Louise Dumont, die sich für Brigitte eingesetzt hatte. In diesen Düsseldorfer Wochen vertiefte sich auch die bereits bestehende Zuneigung Louise Dumonts zur ältesten Tochter ihrer Dimah, so daß diese später einmal bekannte, die Dumont wisse mehr von Brigitte als deren Eltern.

Diese hatten zum ersten Mal Kummer mit ihrer ältesten, doch so vernünftigen Tochter, die ja seit dem Wintersemester 1929 wieder in Königsberg studierte. Welchen offenbart M.W. in ihrem Brief an Louise Dumont vom 30. Juli 1930 nicht. Es ging darum, daß Brigitte *»plötzlich ganz entschlossen«* ihr eigenes Leben zu leben begann. Dabei grämte sich der Vater mehr als sie, die weise Mutter: *»Ich sehe wie sie schön wird und wie sie sicher wie immer auf ihren gesunden Beinen steht und denke: dann muß es wohl so sein.«* Zum Wintersemester 1930/31 wechselte Brigitte noch einmal den Studienort, ging nach München, wo der Freund ihrer Eltern Alfred Forell eine glänzende, gut gehende Praxis betrieb. Hier wurden die Freizeitvergnügungen – Rudern, Tennisspielen – noch um das Ski fahren und Faschingsfeste erweitert. Aber in München war sie offenbar nicht glücklich, ein erster Liebeskummer hatte sie heimgesucht. Diesmal grämte sich auch die Mutter, die aber vernünftig sein wollte:

»Denn es ist doch klar, daß die jungen Menschen heute von einem Konflikt in den anderen hineinleben. Aufhalten lassen sie sich nicht. Sollen wir trotzdem jede Bewegung mit unserer Angst und Sorge begleiten?« Das Bemühen um verständnisvolle, ein wenig angestrengte Distanz blieb auch weiter das Motto, wenn es um die Töchter ging: *»Die Jugend ist gut in Schuß«*, bemerkte sie in ihrem Brief an Louise Dumont vom 3. Mai 1931 *»Ein paar langweilige Liebesgeschichten verdunkelten vorübergehend den Horizont. Aber natürlich nahmen wir Alten das zu tragisch. Die Jugend hat eine Beweglichkeit des Herzens, die wir nie begreifen werden. Ja, hätten wir die jemals gehabt…. Wir waren und sind aus anderem Stoff.«*

Es war die Zeit, in der Brigitte in der Chirurgie und in der Psychiatrischen Klinik famulierte und in der letzteren mit ihrer Doktorarbeit beginnen wollte. –

Das Sorgenkind der Eltern war und blieb – vorläufig: Renate. In ihrer Persönlichkeitsstruktur schien sie ihrem Vater sehr ähnlich, und sie hatte es wie *mittlere* Kinder häufig nicht leicht mit ihrer Einordnung in die Familie. Mal zählte man sie mit Brigitte zu den beiden *Großen*, mal mit Lucinde zu den beiden *Kleinen*. Besonders Lucinde nahm sie es oft übel, daß diese ihr den sieben Jahre genossenen Status des Nesthäkchens genommen hatte. Als sie in Königsberg ankam, war sie gerade 17 Jahre alt geworden, und der Abschied von Bonn war mit viel Tränen verbunden gewesen. Auch noch zwei Jahre später fand ihre Mutter sie »*zart und psychisch labil*«. Im Oktober 1930 zeichnete sich die Gefahr ab, daß ihr die Zulassung zur Reifeprüfung verweigert werden könnte. »*Sie hatte allerdings ein Jahr gebummelt. Oder vielmehr (in) einem Dämmerzustand gelebt, was sicher psychische Voraussetzungen hatte.*« So ließ die strenge Mutter Louise Dumont Weihnachten 1930 wissen. Renate schaffte im Frühjahr 1931 das Abitur!

Sie studierte nun ebenfalls – Literaturwissenschaften, in Königsberg, wohin bald auch Paul Hankamer berufen wurde. Ihr Studium gestaltete sie nicht wie ihre ältere Schwester: ernst, sachlich und fleißig. »*Renate ist vielmehr darauf bedacht sich ihr Leben bequem und reizvoll zu gestalten und holt sich in der Universität nur die geistigen Leckerbissen. Dies aber mit so viel Instinkt für Geistiges, daß Pankratius sich gleichzeitig an ihr ärgert und freut. Übrigens will sie Dramaturgin werden!*« Sie wollte sogar ihr Studium an den Nagel hängen, um sich ganz der Theaterarbeit widmen zu können. Bei dieser Schwebelage blieb es auch im Jahre 1932, wie der Brief an Louise Dumont vom 20. Februar 1932 zeigt: »*Die Töchter führen ein bewegtes Leben. Manchmal wünsche ich mir das etwas anders. Aber gegen diesen Kraftstrom der Jugend ist man machtlos. Schade – aber doch wohl bezeichnend – daß es der Brigitte soviel schwerer gemacht wird froh zu sein wie Renaten. Sie wird nicht so geliebt und nicht so verwöhnt wie Renate. Dabei steckt in ihr eine ganz andere Liebeskraft. Aber gerade das ist wohl heute unerwünscht. Renate versteht es zu spielen und zu reizen – also liegt man ihr zu Füßen. Zur Zeit ist sie ganz dem Theater verfallen. (...) Mit allem Ernst ist sie bei der Dramaturgie und will sich nicht von uns belehren lassen, daß das kein Beruf sei. Ihr Studium will sie drangeben – trotz unserer Warnungen. Aber natürlich schlimm, daß man so wenig Gründe hat, die für ein Studium sprechen könnten. Zumal Renate wohl ein geistiger aber kein wissenschaftlich interessierter Mensch ist.*«

Renate schaffte es. Im Programm der Spielzeit des Königsberger Schauspielhauses für die Spielzeit 1932/33 war zu lesen: Dramaturgie: Martin Borrmann, Renate Worringer.

Das Kind Lucinde, damals in der Familie bereits Lucas genannt, 10 Jahre alt, litt von den drei Töchtern wohl am meisten unter der *Verbannung nach Sibirien*. »*Schrecklich ist mir*«, schrieb im November 1928 M.W. an Louise Dumont, »*wie die Kinder hier leiden. Lucinde wußte ja selbst nicht was in ihr vorging, aber sie wurde immer stiller und bleicher. Schließlich hat sie ein paar Tage gefiebert und damit – hoffe ich – den Übergang ausgefiebert.*« Hatte sie nicht: die ersten beiden Jahre in Kö-

Louise Dumont, um 1925

nigsberg stoppten eher die Entwicklung dieses munteren, frechen und klugen kleinen Wesens. Man zögert eigentlich nicht, sogar von einem *Stillstand in ihrer Entwicklung* zu sprechen. Zunächst bekam sie erst einmal gleich nach der Ankunft in Königsberg Keuchhusten, und besorgt um ihre Gesundheit fuhr die Mutter mit ihr im Juli 1929 nach Schwarzort auf die Kurische Nehrung.

Weihnachten 1929 war Lucinde nunmehr bald 12 Jahre alt, und ihre Mutter stellte gegenüber Louise Dumont fest: »*Lucinde ist immer noch ganz Kind; die Quintanerin hat sich zu Weihnachten nicht nur eine neue Puppe, sondern auch noch einen neuen Bären gewünscht. Aber ihre Klassengenossinnen sollen es nicht wissen; die wünschen sich doch schon lange Ledertäschchen und Seidenschals. Leider ist sie immer noch recht klein und zart. Ob sie vielleicht doch unter dem rauhen Klima leidet!*« Anfang 1930 wurde dann durch die Beobachtung eines Lehrers (!) der Grund für ihre Entwicklungsverzögerung klar: Sie hatte Bronchien-Tbc wie Jahre vorher ihre Schwester Renate. Die Folge war ein viermonatiger Aufenthalt an der Ostsee in Rauschen, wo sie sich ganz gut zurecht fand und auch von der Mutter allein oder mit dem Vater, den Schwestern und sogar der behandelnden Kinderärztin Friedel Meyer des öfteren besucht wurde. Am 31. Juli 1930 kehrte sie nach Königsberg zurück, »*gekräftigt, ohne Temperaturen, hoffentlich bleibt das so*«, schrieb M.W. an die Dumont und setzte hinzu: »*Ich fahre morgen mit P. 8 Tage auf die Nehrung.*« Und wo blieb Lucinde? Wahrscheinlich wie schon so oft unter der Obhut ihrer Schwester Brigitte, von der wir allerdings hörten, daß sie gerade im Begriff war, ihr eigenes Leben zu leben. Aber soll man M.W. dafür tadeln, weil sie mit ihrem Mann zu verreisen wünschte?

Brigitte hatte ein sehr liebevolles Verständnis für die kleine Schwester, die in ihr fast die zweite Mutter fand. Dies zeigen die Briefe, die sie an die kranke Schwester nach Rauschen schickte, und auch jene, die sie ihr im Wintersemester 1930/31 aus München schrieb. Aber auch die kleine Schwester Lucas zeigte sich recht anhänglich und schrieb so manchen Brief, der nicht oder nicht schnell genug beantwortet wurde, so daß Brigitte einmal sich entschuldigend schrieb (wie ihre Schwester Renate einer Mode der Zeit folgend nur mit kleinen Buchstaben):

»*...du musst wissen, dass ich dich kleinen kerl auch sehr, sehr lieb habe, auch wenn du manchmal etwas lange auf antwort warten musst. (...) und wenn du wieder was zu fragen hast, gell dann tu es, ich freu mich immer darüber. es braucht ja nicht nur politik zu sein, auch wenn du sonst mit deinem kleinen leben nicht zurecht kommst, versuche ob ich dir helfen kann.*«

Als 1930 nach den Sommerferien die Schule wieder begann, war Lucinde noch nicht ganz gesund, und die Mutter nahm sie aus der Schule:

»*... sie kommt eine Klasse zurück; und nun soll sie immerzu an der Luft sein und sich auskurieren. Sie ist völlig in ihre Kindheit zurückgefallen; auf ihrem Wunschzettel (der Brief trägt das Datum 19.XII.30) stehen nur Puppenangelegenheiten. Sie war doch mal Quartanerin! Nun fährt sie mit dem Puppenwagen durch die Straßen und hat alle Schulweisheit verschwitzt. Und das bekommt ihr herrlich. Ich hatte so gefürchtet, man würde sie fort ins Gebirge schicken müssen. Aber zum Glück versucht man ja jetzt diese leichten Tb-Fälle an dem Ort, an dem die Kinder leben müssen, auszuheilen. Hoffentlich gelingt es uns so. –* «

Es gelang, und mit dem neuen Schuljahr Ostern 1931 begann für Lucinde ein neues Leben – mit neuem Schwung und neuen Freundschaften, darunter eine, die bis ans Lebensende hielt: die mit Gerda von Lipski, der sie nach den ersten Annäherungen verkündete: man könne miteinander befreundet sein, aber sie würde die Freundin nie mit »*von*« anreden. Nun fühlten sich auch die Eltern entlastet: »*Um Lucinde, das Kind, braucht man sich zum Glück noch nicht solche Sorgen (wie mit den älteren Töchtern) machen. Wir alten Eltern haben nichts wie Freude an ihr und verwöhnen sie vielleicht ein bischen zu sehr.*«

Anmerkungen zum 6. Kapitel

- Amor fati = Liebe zum Schicksal, d.h. zum notwendigen Unausweichlichen.
- Capua = in der antiken Zeit Hauptstadt Kampaniens, steht für *südlich, reich, sonnig*.
- Hyperboräisch = im Altertum Name eines (mythischen) Volkes im Norden, das jenseits des Boreas, des kalten Nordwindes lebte.
- In einer (historischen) Landesaufnahme wurden zur Zeit Worringers die historischen Stätten und Monumente eines Gebietes (hier Ostpreußen) erfaßt.
- Die Berufungsakten befinden sich im Geheimen Staatsarchiv Preußischer Kulturbesitz wie im Quellenverzeichnis angegeben. Sie enthalten 1. Ein Schreiben von Prof. Dr. Richard Hamann vom 28.11.1927, in dem dieser für Worringer plädiert, 2. die Stellungnahme der Philosophischen Fakultät der Albertus-Universität Königsberg vom 16.1.1928 betr. die Nachfolge Haendcke samt Berufungsvorschlägen, 3. die Aufforderung des Preußischen Ministers für Wissenschaft, Kunst und Volksbildung an die Fakultät vom 4.4.1928, »*sich noch über Wilhelm Worringer zu äußern*«, 4. die Mitteilung der Fakultät vom 11.5.1928, daß dies erst Mitte Juni stattfinden könnte, 5. das Schreiben der Fakultät vom 15.6.1928 mit der Ablehnung Worringers, 6. die Berufungsvereinbarung mit W.W. vom 1.8.1928, 7. die Bestallung von

W.W. vom 11.8.1928. Vgl. auch Albertus-Universität zu Königsberg, Vorlesungsverzeichnisse.
- Über Königsberg: Fritz Gause, Die Geschichte der Stadt Königsberg, Bd. 3; Stefanie Schüler-Springorum, Die jüdische Minderheit; Die Ausstellungskataloge des Königsberger Kunstvereins.
- Über Nidden: Thomas Mann in Nidden = Marbacher Magazin Nr. 89; Thomas Mann, Mein Sommerhaus, in: ders., Über mich selbst; Paul Schulz, Gespräch mit Prof. Wilhelm Worringer.
- Hans Rothfels, 1891 als Sohn jüdischer Eltern in Kassel geboren, trat 1910 zum Protestantismus über. Schwerkriegsbeschädigt durch einen Reitunfall, gehörte er nach 1918 zu den herausragenden Schülern von Friedrich Meinecke, dem Haupt der neo-rankischen Historiographie. Von 1921–1925 im Reichsarchiv tätig, wurde er 1926 nach Königsberg berufen und lehrte dort bis 1934. Erst in der Emigration in England und in den USA korrigierte er seine politische Identität; seit 1951 lehrte er in Tübingen und wurde zu einem der Begründer der modernen deutschen Zeitgeschichtsforschung. Er starb 1978. Vgl. im folgenden weitere Hinweise auf R. sowie Ingo Haar, Historiker im Nationalsozialismus. Deutsche Geschichtswissenschaft und der ›Volkstumskampf‹ im Osten. Göttingen 2000.
- Hanns Hopp (1890–1971), in Lübeck geboren, studierte in Karlsruhe und München Architektur. Nach der Rückkehr aus dem Ersten Weltkrieg wurde er leitender Architekt im Königsberger Messeamt und machte sich 1926 selbständig. Er wurde der bevorzugte Architekt der Königsberger Stadtverwaltung (Deutsche Ostmesse mit dem Haus der Technik, der erste deutsche Zivilflughafen, Mädchengewerbeschule). Nach 1933 erhielt er keine Aufträge mehr, blieb aber in Königsberg, wo er weiter im Bau von Wohnhäusern erfolgreich war. 1944 übersiedelte er nach Dresden, 1946–1949 leitete er die Kunstschule Burg Giebichenstein in Halle. Nach 1950 machte er noch einmal Karriere als einer der führenden Architekten der DDR; er baute u.a. einen Teil der Stalinallee. Vgl. Gabriele Wiesemann, Hanns Hopp 1890–1971. Schwerin 2000; s. auch Wolter, Die Zimmer, dies., Das Herz (W. ist eine Tochter von Hopp).
- Hermann Brachert (1890–1972), in Stuttgart geboren, freischaffender Künstler, 1919–1925 an der Kunstakademie in Königsberg tätig, viele Staatsaufträge. Seit 1933 lebte er in Georgenswalde/Samland. 1946–1955 Direktor der Staatlichen Akademie der Bildenden Künste in Stuttgart. Mia Brachert war Fotografin.
- Fritz Burmann (1892–1945), geboren in Wiedenbrück/Westf., wurde 1926 an die Königsberger Kunstakademie berufen, seit 1936 wirkte er als Professor an der Hochschule für Bildende Künste in Berlin. Sein bevorzugtes Thema war die ostpreußische Nehrungslandschaft. Seine Frau Dr. Annette Burmann starb im Februar 1936 an einer Embolie nach der Geburt ihres Kindes vgl. Kaschnitz, Tagebücher Bd. 1, S. 13.
- Alfred Partikel (1888–1945), geboren in Goldap/Ostpr., Besuch der Königsberger Kunstakademie, 1908 nach München, 1910 nach Weimar, 1912 Berlin. Soldat im Ersten Weltkrieg, befreundet mit Gerhard Marcks. Seit 1921 regelmäßiger Aufenthalt im eigenen Haus im pommerschen Ostseebad Ahrenshoop. 1929 Berufung an

die Königsberger Kunstakademie. Anfang Februar Flucht nach Ahrenshop; seit 20. Oktober 1945 dort vermißt. Galt als meisterhafter Landschaftsmaler. Vgl. Rainer Gerckens, Unter weitem Horizont. Das Leben des Malers Alfred Partikel. Hamburg 2002. Dorothea (Dorle) Partikel geb. Körte (1892–1967), Nichte des Königsberger Oberbürgermeisters, seit 1921 mit A. Partikel verheiratet. Zwei Töchter und ein Sohn, der am Ende des Zweiten Weltkrieges fiel.

- Robert Liebenthal (1884–1961), in Tilsit/Ostpr. geboren, Regierungsbaumeister in Königsberg, schuf 1925–28 den Erweiterungsbau der Universität und 1930 das Staatsarchiv. 1933 entlassen. Susanne Liebenthal geb. Latorf wurde 1906 in Amsterdam geboren, war Fotografin. Angeblich beide, zumindest sie jüdischer Herkunft lebten sie in den Jahren der NS-Diktatur in Königsberg, nach 1945 in Frankfurt a. M. Frau L. starb 2001 in Bad Homburg.
- Helmuth von Glasenapp (1881–1963), seit Mai 1928 Indologe an der Universität Königsberg, seit 1946 in Tübingen. Vgl. ders., Meine Lebensreise. Wiesbaden 1964.
- Lina Jung, Musikhistorikerin und -kritikerin, tätig an der Musikhochschule Königsberg, verheiratet mit dem Bankier Jung, der bereits in den ersten Jahren der NS-Diktatur verschleppt wurde und nie zurückkehrte; die *offizielle* Begründung hieß: *Ein Irrtum.* Lebte mit ihrer Schwester Claire Ritzki zusammen (Vgl. Glasenapp, Lebensreise, S. 156). Nach 1945 in Detmold tätig. Ein Nachlaß ließ sich nicht auffinden.
- Guido Freiherr Kaschnitz von Weinberg (1890–1958), in Wien geboren, Archäologe und Prähistoriker des Mittelmeerraumes, 1932 an die Universität Königsberg berufen, 1937 nach Marburg versetzt, 1940 nach Frankfurt a. M., 1953–1956 Direktor des Deutschen Archäologischen Instituts in Rom. Marie Luise (Freifrau) Kaschnitz (von Weinberg) geb. Freiin von Holzing-Berstett (1901–1974), geboren in Karlsruhe, gestorben in Rom, eine der bekanntesten deutschen Schriftstellerinnen nach 1945, stark autobiographische, christlich-humanistische Werke: Lyrik, Erzählungen, Romane Hörspiele, Essays.
- Fritz Jessner (1889–1946), Dr. iur., Schauspieler, 1925 Direktor des Neuen Schauspielhauses in Königsberg, 1933 von den Nationalsozialisten abgesetzt, nach Berlin, hier tätig für den Jüdischen Kulturbund, 1936 Emigration in die Schweiz, 1940 in die USA. Lucie Jessner geb. Ney (1896–1979), aufgewachsen in Frankfurt a. M., 2. Ehefrau von F. Jesssner, Dr. phil., Dr. med. 1928–1933 Assistenzärztin an der Psychiatrischen Klinik in Königsberg, Mai 1933 Emigration in die Schweiz, 1938 in die USA. Verschiedene Hochschullehrertätigkeiten, zuletzt Georgetown University Washington.
- Erich Jenisch (Doktor, Doktorchen) (1893–1966) seit 1925 Privatdozent, seit 1933 apl. Prof. für Neuere Deutsche Literaturgeschichte und Theaterwissenschaften an der Universität Königsberg. Nach 1945 Hochschullehrer in Würzburg. Verheiratet mit Martha Jenisch geb. Wegener (Maruschka) (1898–1980), beschäftigte sich unter anderem mit Seidenstickerei. Die Söhne Christoph, der 1942 an den Folgen seiner Kriegsverletzungen im Lazarett verstarb, und Jakob waren in den 30er Jahren die Jugendfreunde von Lucinde Worringer in Nidden.

- Dr. Eberhard Sarter war der Feuilletonchef der *Königsberger Allgemeinen Zeitung*, nahm sich beim Einmarsch der Roten Armee in Königsberg das Leben.
- Traute Schellwien war die Witwe eines Königsberger Universitätsprofessors und arbeitete als Schneiderin/Modistin; ihr Sohn fiel im Zweiten Weltkrieg. Hielt sich in Königsberg häufig im Haus Worringer auf. Nach 1945 in Westdeutschland lebend.
- Hermann Scherchen, geboren 1891 als Sohn eines Gastwirts in Berlin, Autodidakt, seit 1912 Dirigent; eng verbunden mit der deutschen Linken komponierte er in der Zwischenkriegszeit Freiheitslieder und Arbeiterchöre. 1928–1931 Gerneralmusikdirektor in Königsberg, von der Universität wurde ihm der Dr. phil. h.c. verliehen. Nach 1933 in der Schweiz, 1950 im Zeichen eines militanten Antikommunismus in Zürich und Winterthur entlassen, verstorben 1963 in Florenz. 1927–1932 verheiratet mit der Schauspielerin Gerda Müller, geb. 1894 in Fornienen/Ostpr., gefeierte Darstellerin am Deutschen Theater in Berlin; in zweiter Ehe verheiratet mit dem (bis 1933) Oberbürgermeister von Königsberg, Dr. Hans Lohmeyer. Während der Nazi-Zeit spielte sie nicht, nach 1945 Lehrerin an der von Max Reinhardt gegründeten Schauspielschule in Berlin, 1951 verstorben.

7. Kapitel

Im eigenen Land im Exil 1933–1939

Der 30. Januar 1933 bedeutete für alle Worringers einen tiefen Einschnitt. Die Katastrophe hatte sich bereits im Laufe des Jahres 1932 angekündigt, als bei den Reichstagswahlen im Juli in Königsberg die NSDAP mit 44,5 % mehr Stimmen erhielt (Reichsdurchschnitt 37,3 %) als SPD (22,3 %) und KPD (20,0 %) zusammen; bei den Reichstagswahlen im November verlor die NSDAP zwar erheblich und kam auf einen Stimmenanteil von 36,2 % (Reichsdurchschnitt 33,%; KPD 22,0 %, SPD 21,5 %). Aber an der Tendenz hin zur *nationalkonservativen Revolution* änderte sich damit nichts, zumal sich die Auswirkungen der Wirtschaftskrise 1932 in Ostpreußen verstärkt hatten und die aggressive Militanz von NSDAP und SA sich noch einmal steigerte. W.W., ein notorischer, an die Sozialdemokratie angrenzender Linksliberaler, und die beiden älteren Töchter, beide Mitglieder linker (marxistischer) Studentengruppen, glaubten sich zu recht nicht ungefährdet.

W.W. erlebte die Machtübergabe an die Nazis bzw. die Ernennung Hitlers zum Reichskanzler im Ausland; er hatte für das Wintersemester 1932/33 eine Gastprofessur an der Deutschen Universität in Prag angenommen. Prag hatte der Verehrer Tomas Masaryks, des Gründers der Tschechoslowakischen Republik, schon des öfteren besucht. M.W. war seit Mitte Januar mit einer Venenentzündung mehr oder weniger ans Bett gefesselt und hatte das Hitler-Deutschland, wie sie in ihrem Tagebuch vermerkte, »*noch nicht gesehen*«. Aber sie hatte bereits viel von ihm gehört: z.B. von der Ermordung des jüdischen Geschäftsführers der Firma Sommerfeld, Neumann, und des kommunistischen Reichstagsabgeordneten Walter Schütz sowie drei weiteren Männern am Tag der sogenannten Machtergreifung. Sie wußte von ersten Eingriffen ins Schauspielhaus: der Intendant Fritz Jessner mußte Königsberg verlassen, 18 Angestellte waren entlassen worden, Renate allerdings konnte einstweilen in der Dramaturgie bleiben. Brigitte, bereits in Berlin tätig, fand, als sie von Königsberg nach Berlin zurückkehrte, ihren jüdischen Chefarzt nicht mehr vor und wurde selbst politisch befragt; Ende März trennte sie sich von ihrem Freund, dem am Königsberger Theater tätigen Schauspieler Claus Clausen, der *umgefallen* war. Lucie Jessner suchte nach Möglichkeiten, in die Schweiz zu emigrieren, was ihr nach einigen Absagen im Mai 1933 dann gelang. M.W. hatte eine schwere Auseinandersetzung mit Fritz Burmann und fragte sich »*fällt alles um?*« Auseinandersetzen mußte sie sich auch mit Paul Hankamer, »*weil ich seine Verurteilung W.s in diesem Moment nicht ertrage*« – offensichtlich hielt Hankamer W.W.s Haltung unberechtigterweise für zu lau. Der Boykott aller jüdischen Geschäfte, Ärzte und Rechtsanwälte am 1./2. April 1933 lastete »*wie ein Alb*« auf ihr, und sie hatte nichts dagegen, daß Lucinde am Boykott-Tag den Aronsons, die unter ihnen wohnten und später dem Holocaust in Australien entkommen konnten, einen Blumenstrauß vorbeibrachte.

Den schwierigsten Part unter den Worringers hatte W.W. Die ersten Freunde wurden zwangsbeurlaubt, so der Jurist Albert Hensel und der ebenfalls jüdische Mathematiker Kurt Reidemeister. Hensel gehörte zu den jüngeren Verehrern von M.W., die sofort, als sie von der Beurlaubung aus der Zeitung erfuhr, mit dem Taxi zu ihm fuhr und »*sehr beeindruckt*« war »*von seiner abgeklärten Haltung*«. Reidemeisters Beurlaubung war allen wie diesem selbst ein Rätsel, hing wohl damit zusammen, daß er zum Wiener Kreis gehört hatte und ein Anhänger des jüdischen Philosophen Ludwig Wittgenstein war und zudem als Sozialdemokrat galt. Als sich die drei Ehepaare am Tag nach der Zwangsbeurlaubung abends trafen, schienen den Worringers beide Reidemeisters »*um 10 Jahre gealtert. Scheußlich! Man ist verlegen und beschämt. Oder ist man vielleicht schon morgen in der gleichen Lage? Man greift mit Zittern nach der Zeitung.*«

Und dann war da ja noch Hans Rothfels. W.W. fand nach seiner Rückkehr aus Prag dessen Stellung erschüttert, wie er seinem Prager Kollegen Victor Ehrenberg am 16. Februar 1933 berichtete: »*...aber ganz unter uns: leise Anzeichen einer Rothfels-Dämmerung. Seine Machtstellung in Fakultät und Senat, ja auch in der Studentenschaft, scheint mir sehr erschüttert. Ihn selbst sprach ich noch nicht.*« Als Ehrenberg W.W. wegen des leicht hämischen Untertones dieser Bemerkung kritisierte, replizierte dieser sofort am 20. Februar:

»*Sie sprechen von einer schlecht versteckten leisen Freude über seinen Fall. Da ich in vielen sachlichen Dingen Gegner von R. bin, mögen solche allzumenschlichen schadenfrohen Gefühle bei der ersten Reaktion mitunterlaufen sein, aber sie werden übertönt von anderen. Ich glaube doch, daß ich mich Ihnen gegenüber immer offen über mein Verhältnis zu R. in seiner ganzen Ambivalenz ausgesprochen habe und dabei zu verstehen gegeben habe, dass ich mich bei allem, was ich gegen ihn einzuwenden habe, ihm irgendwie verbunden fühle. Und das heisst, dass sich jetzt bei mir sehr stark ein mea res agitur-Gefühl regt. Besonders wo ich die Dessous der Motive durchschaue, mit denen jetzt gegen ihn gekämpft wird. Die Sache wird für mich dadurch kompliziert, dass der mir durch gewisse Umstände sehr nahestehende Hankamer (Nadlers Nachfolger – mir aus meiner Bonner*

Zeit sehr liiert) der Hauptrufer im Streit ist. Er, der kämpferisch Rothfels gewachsen ist, hat all die kleinen Geister der Fakultät gegen die wohl immer nur unwillig ertragene Prädominierung Rothfels' und Baethgens und gegen sein ›Nebenregiment‹ in allen Universitätsangelegenheiten mobilisiert. Nur hat (er) dabei weit über's Ziel hinausgeschossen und mich, was schlimmer ist, stutzig über seine Motive gemacht. Ich bin sehr unglücklich über diese ganze Entwicklung. Man merkt, woher der Wind kommt. In den paar Monaten ist das ganze Universitätsleben peinlichst politisiert worden. Dabei mit vieler unklarer Fronten Kreuzung (sic), wie sie ja auch im Großen das Bild verwischt. Auch die von R. verhätschelten Rechts-Studenten werden neuerdings gegen ihn mobilisiert. Wirklich eine tragische Angelegenheit, bei der mein Anstands- und Mitgefühl auf Rothfels' Seite ist. Gestern hatte ich eine zweistündige Aussprache mit ihm.«

Paul Hankamer, zweifellos, wie sich bald zeigen sollte, als bekennender Katholik ein militanter Regimegegner, hatte nicht nur von Worringer, sondern auch von Rothfels unterstützt den Ruf nach Königsberg erhalten. Nach dem 30. Januar 1933 muß er sich auf eine merkwürdige Koalition gegen Rothfels mit dem Philosophen Hans Heyse eingelassen haben; dieser war, u.a. von Hankamer motiviert, im Herbst 1933, rückdatiert auf den 1. Mai 1933, in die NSDAP eingetreten und wurde dann, ähnlich wie der große Heidegger in Freiburg, im November 1933 Rektor der Albertus-Universität. Ein konservatives Kartell, das klüger als die Nazis sein wollte? W.W. war das Ganze, wie wir hörten, ziemlich zuwider. Am 31. März meldete er nach Prag: »*Gestern Abend hatte ich mal wieder eine 3stündige intime Aussprache mit H.R., die bei aller Gegensätzlichkeit der Standpunkte sehr ergiebig und erfreulich war. Etwas wird ihm doch bange vor den Geistern, die er rief. Ist das bei seiner persönlichen Lage ein Wunder? Was in dieser Beziehung wird, sieht noch keiner klar. Ich halte jeden Pessimismus für gerechtfertigt.*«

Noch einmal kam W.W. in seinen Briefen an Ehrenberg auf Rothfels zurück; am 28. April 1933 glaubte er »*betreffs R.*« wieder Hoffnung schöpfen zu können, »*nachdem der erste Fall des Damoklesschwertes ihn verschont hat*«. Es war wie bekannt eine vergebliche Hoffnung. Und W.W. selbst? Er besuchte nicht die Universitätsfeier am 21. März, er nahm am 1. Mai nicht teil an der Feier des *Tages der nationalen Arbeit*, er wäre am liebsten nach Prag zurückgekehrt – für immer. Aber Ehrenberg hielt einen solchen Versuch für aussichtslos; offenbar gab es an der Deutschen Universität bereits eine starke nationale Rechte, für die W.W. überhaupt nicht in Frage kam. Als am 13. April das neue Beamtengesetz erschien, fürchtete auch er um seine Stellung. Da aber sein *Stammbaum* stimmte, schien die Gefahr vorerst vorüber. Er blieb skeptisch und hatte recht damit, wie recht, konnte er nicht ahnen, denn er kannte ja die Einschätzung seiner Person durch den Kurator der Universität Friedrich Hoffmann nicht. Dieser hatte seinem Minister auf Anforderung am 19. Juni 1933 eine Beurteilung der wichtigsten Fachvertreter geliefert, und über W.W. lautete die Bemerkung, die zumindest eine Versetzung möglich erscheinen ließ:

»*Kunstgeschichte. Worringer (nach Fragebogen Arier) in Königsberg nicht recht am Platze. Verdienste unzweifelhaft, hat die hier gänzlich daniederliegende Kunstgeschichte zur Entfaltung gebracht, aber zu sehr Dialektik, Ästhetizist, Asphalt, Persönlichkeit starker völkischer Prägung erwünscht, insbesondere auch zur Pflege der Zusammenhänge mit Provinz und Baltikum.*«

W.W. ließ sich durch nichts täuschen, er sprach von »*Zwangsnationalisierung*«, vom »*Krieg gegen den Liberalismus*« und sein Pessimismus »*fand keine Grenzen*«, wie er Ehrenberg am 6. März mitteilte, »*ich schenke mir jede billige Gnadennarkose der Hoffnung und Vertröstung auf bessere Zeiten. Es ist aus mit der Existenzfähigkeit von unsereinem. Wenigstens mit der öffentlichen. Und die andere, die private, ist bei mir ja immer gefährdet. Ob's für ein Weiterwursteln reicht? Kaltes Abwarten –.*« Drei Monate später hieß es nicht minder deutlich: »*Aber natürlich gibt es in all diesem Hin und Her auch einen festen Pol und er befestigt sich immer mehr in mir: non mea res agitur. (...) Mein privater Mensch kündigt dem historischen Menschen endlich einmal die ermüdende Gefolgschaft. Das Existentielle, was heute alle Welt sucht, ich finde es nur in dem Wissen um meine Bedingtheit. So wird dies Relative nun endlich mein Ruhepol, mein Absolutheitsersatz. Talis finemfex pereo. Auch wohl in absehbarer Zeit akademisch. Jedenfalls bestellen wir für den Winter keine Kohlen vor.*«

Marta Worringer stand der *nationalen Revolution* womöglich noch kritischer und bestimmt aggressiver gegenüber: »*– – – nicht da wo ich krasseste Opposition bin – und das ist in den meisten Punkten – verstört mich diese Revolution – sondern nur in den wenigen Punkten, wo sie sich mit meinem Wollen deckt*«, notierte sie am 18. März 1933 in ihren Aufzeichnungen. Was sie meinte, kann man sich aus einer Bemerkung am 8. Mai 1933 über ein Kolleg des nationalsozialistisch affizierten Philosophen Heyse, das sie hörte, erschließen:

»*Heise's (sic) Kolleg Idee und Existenz (eigentlich die Philosophie des Nationalsozialismus) beeindruckt mich tief. Soll ich mich dem weiter aussetzen? Ich gönne den Nazis diesen Philosophen nicht – warum gab es nichts Entsprechendes auf der anderen Seite? Warum, warum? – Will's*

Kolleg begann ruhig und friedlich; ein Häuflein Williger ist noch da; irgendeine Auslese vielleicht; aber eine Auslese der Gestrigen – so scheint es mir. Wenn Heise sagt: ›heute‹ so meint er wirklich heute; heute im Hitler Deutschland wie es ihm als irreale Forderung vorschwebt; wenn Will ›heute‹ sagt, so meint er ein heute das vor Beginn des Krieges gegen den Liberalismus liegt.«

Sie fürchtete so etwas wie »*Infektionsgefahr*« und meinte damit den »*genial inszenierten 1. Mai*«, den »*Gleichschaltungsgedanken und ähnliches*«, was auch sie nicht unbeeindruckt ließ. Doch, so schrieb sie am 16. Mai, »*so meint man jetzt bei sich und anderen eine leise Ernüchterung zu spüren. Als ob man erkännte, daß das, was so groß aussah doch vielleicht mehr äußerlicher Natur war – als ob am wesentlichen noch fast nichts geleistet sei.*«

Es schien fast so, als könnten sich die Worringers etwas beruhigt zurücklehnen. Das Sommersemester verlief für W.W. gut; er hatte sich, wie er Ehrenberg schrieb, »*in Torschlußpanik*« »*noch einmal in die Arbeit gekniet und gottseidank den produktiven Anschluss wiedergefunden. Wer bei mir hört, der hat jetzt was. Und es hören verhältnismässig viele bei mir. In dieser Beziehung geht also alles verhältnismässig gut. Aber es ist ja nur ein Palliativ für das was innerlich in einem bohrt und was einem bei jedem Schritt zum Bewußtsein bringt, was unwiderruflich geschehen: daß die Geschichte unsereinem das consilium abeundi erteilt hat. Victrix causa diis placuit sed victa Catoni.*«

Am 23. Juli bestätigte er noch einmal, daß das Semester »*was Leistung angeht noch mal prima*« war und setzte hinzu: »*Torschlusspanik. Bedürfnis, sich jetzt erst recht zu beweisen*«. Dem Semesterende folgte noch eine Exkursion mit zwanzig Mann hoch nach Hamburg – Lübeck – Bremen statt der »*inopportun gewordenen Prager Exkursion*«. Zu dieser Zeit war er »*schon paar Wochen totaler Strohwitwer*«; denn M.W. befand sich mit Lucinde, die bereits Schulferien hatte, in Nidden. Aber Anfang September reisten beide nach Stockholm – wieso das? Das Auswärtige Amt schickte ihn zum Internationalen Kongreß des Faches Kunstgeschichte auf die Reise und bezahlte sie auch noch. Und seine Frau, die seit längeren »*Auslandssehnsucht*« hatte, fuhr mit. Während sie nach Königsberg zurückfuhr, gönnte er sich noch zwei Wochen Ferien in München. Damit hatte er dem verflixten Königsberg für ganze sieben Wochen den Rücken gekehrt: »*Kurz, es waren sehr gründliche Ferien und der Weg zurück in den Ernst des Lebens war nach dieser Euphorie nicht leicht zu finden.*«

Die folgenden Wochen bis zum Ende des Jahres verliefen offensichtlich relativ spannungslos. Hatte er im Sommersemester 1933 über *Pro-*

**Schauspielhaus Königsberg;
die Dramaturgie berät über Peer Gynt.
Intendant Dr. Fritz Jessner (links),
Renate Worringer (3. v. links), Claus
Clausen (2. v. rechts)**

bleme der Barockkunst* und über *Die Kunst des frühen Christentums* gelesen, beschäftigten ihn nun im Wintersemester *Rubens und Rembrandt* (Dienstag u. Donnerstag 18–19 Uhr), *Bamberg und Naumburg* (Sonnabend 12–13 Uhr!) und Montag von 20–22 Uhr die Übungen über *Michelangelos Jugendwerke*. Seinen Antrag, nach Wien und Prag zu Vorträgen in der *Urania* fahren zu können, beschied das Ministerium allerdings negativ. Brigitte arbeitete weiter in Berlin, wo sie inzwischen Heinz Wolfgang Litten näher kennen- und lieben gelernt hatte. Renate war nach Köln gezogen, um dort »*angeblich*«, wie der Vater bemerkte, Theaterwissenschaften zu studieren. Lucinde lebte ihr »*kleines Leben*« mit distanzierter Neugier auf das Neue, und in fröhlicher Geselligkeit mit Gleichaltrigen begann sie ihre *Karriere* als *Klassenführerin* (jenseits von HJ und BDM). M.W. hatte noch ihr Atelier in der Kunstakademie und ging wahrscheinlich wie fast jeden Morgen zu ihrer Arbeit.

So versuchten die Worringers das alte Leben, dem neuen sich entziehend, weiter zu leben. Doch W.W. machte sich keine Illusionen. Als ein Jahr später, im Dezember 1934, sein Verleger Piper anfragte, ob er nicht wieder einmal ein Buch schreiben wolle, antwortete er, er habe das »*Gefühl des geistig leeren Raumes, in dem Stimmen wie meine nun hineinsprechen würden*«, und er fuhr fort: »*Man muss versuchen, sich auf dem Geleise seines Lebens einzurichten. Zu einer Rangierbahnhof-Existenz fehlt mir das Talent.*«

Im Mai 1934 teilten die Worringers ihren Verwandten, Freunden und Bekannten mit: »*Froh ihren Beruf erfüllend starb im Alter von 25 Jahren nach kurzer heftiger Krankheit am 15. Mai unser Kind und unsere Schwester Brigitte Worringer, Hilfsärztin am Westend-Krankenhaus in Charlottenburg.*« Die Anteilnahme war groß, auch Thomas Mann kondolierte, wie er in seinem Tagebuch vermerkte. Was war passiert? Brigitte Worringer hatte zum 1. September 1933 ihre Praktikantenstelle gewechselt und war nun am Westend-Krankenhaus tätig, dessen Betrieb sie netter, sauberer und ordentlicher fand. Sie war vornehmlich auf der Kinderstation tätig, wo sie besonders gern arbeitete. Mit den Kindern kam sie »*so herrlich*« aus, manche von ihnen waren direkt zum Verlieben, schrieb sie ihrer Schwester Lucinde. »*das sind meist so 2 oder 3jährige und das tante-doktor-geschrei solltest du mal hören, wenn ich da oben rein komme!*« Nach der Approbation im Januar 1934 wechselte sie ungern die Station und hatte immerhin schon fünf Kinder operiert.

Nachdem erst unklar gewesen war, was nach dem Ende der Praktikantenzeit mit ihr beruflich geschehen würde, kam die frohe Botschaft, daß sie zum 1. April 1934 am Berliner Westend-Krankenhaus als Hilfsärztin mit einem Gehalt von 186,52 Reichsmark zuzüglich Logis und Verpflegung angestellt würde. Am 9. Mai berichtete W.W. seinen Prager Freunden Ehrenberg voller Stolz von Brigittes fester Anstellung »*(heute nicht einfach als Frau)*« und vermerkte, daß sie sich »*als Großkapitalistin vor(käme), die am liebsten ihre Eltern miternähren möchte. Aber immerhin, sie hat nun das Ziel der Klasse erreicht.*« Aus Brigittes Briefen an die Mutter und an die kleine Schwester läßt sich unschwer entnehmen, wieviel ihr diese feste Anstellung bedeutete – die Eltern waren finanziell nicht sehr großzügig, konnten oder wollten es nicht sein und so hatte sie eigentlich seit Beginn des Studiums immer mit Geldsorgen gelebt und mit Mark und Pfennig rechnen müssen, obwohl sie doch nur ein einfaches Leben lebte. Jetzt war sie unabhängig von den Eltern und erstmals selbständig. In ihrem letzten Brief an Lucinde vom 26. April 1934 gab sie etwas von ihrer Stimmung preis:

»*du willst immer, dass ich auch von mir erzähle. da kann ich eigentlich nur sagen, ich führe jetzt ein solches bourgeois-dasein mit geordneter arbeit, festen mahlzeiten und so, dass es gar nicht viel zu erzählen gibt. ich komme mir richtig verspießst vor, erst recht wenn ich die leute so um mich herum betrachte, deren sorgen doch alle viel wichtiger sind, als meine erbärmlichen. ausserdem habe ich so wenig Zeit, über die dinge nachzudenken, dass ich ein wenig in den trott gekommen bin, die dinge so zu nehmen, wie sie sind. ich bin dabei nicht ganz mit mir zufrieden, das muss ich schon zugeben. aber es ist vielleicht im moment die einzige möglichkeit, um mit dem leben fertig zu werden. es ist ja sonst alles so wenig erfreulich. zeitungen lese ich eigentlich garnicht mehr. man ärgert sich ja so schon genug. gutes steht ja doch nicht drin, und das scheussliche hört man ja doch immer irgendwie. mein leben ist im moment darauf eingestellt, meinen beruf zu erfüllen und für die paar menschen, die einem noch geblieben sind, da zu sein. ob das richtig ist, weiss ich nicht. vielleicht müsste ich mich auch mal wieder ein bisschen mehr mit mir beschäftigen, meinem weiterkommen, aber ich habe im moment nicht die energie dazu.*«

Anfang Mai – inzwischen hatte sie die Kinderstation selbständig übernommen – erkrankte Brigitte an Scharlach, angesteckt bei einem ihrer Kinder und als junge Ärztin noch nicht ausreichend immunisiert. Der Krankheitsverlauf war so aggressiv, daß die sie betreuenden Ärzte-Kollegen hilflos waren – Penicillin gab es ja noch nicht. Eltern und Schwestern erlebten ihre Todesstunde mit.

Zu den wenigen, für die Brigitte hatte da sein wollen, zählte Heinz Wolfgang Litten. Nach der Trennung von Claus Clausen hatten beide, die sich von frühen Niddener Tagen her kannten, sich enger miteinander verbunden. Heinz Litten, geboren am 14. Juni 1905 in Halle, war der zweite Sohn von Fritz und Irmgard Litten und der nächstjüngere Bruder von Hans Litten. Er hatte auf väterliches Geheiß Jura studiert und über *Die Änderung des Bühnenwerks durch die Aufführung* promoviert. Fritz Litten war ein rechtskonservativer Staatsrechtler jüdischer Herkunft an der Universität Königsberg; seine Söhne standen links und Heinz, wie der dritte 1909 geborene Sohn Rainer, waren von der Mutter zur Kunstliebe erzogen worden. So wurde Heinz 1929 der Schüler von Leopold Jessner am *Berliner Staatstheater*, assistierte diesem und erhielt im Herbst 1929 seine erste selbständige Aufgabe als Dramaturg und Regisseur und vorübergehend als stellvertretender Intendant an den Städtischen Bühnen in Chemnitz. Er galt als ein bemerkenswertes Talent und trat mit der Inszenierung sozialistischer und pazifistischer Stücke hervor, betreute die Chemnitzer Arbeiterjugend künstlerisch und warnte in Artikeln und Vorträgen vor der faschistischen Gefahr. So zog er sich den Haß der Nazis zu, die ihn im März 1933 entließen und sogar verfolgten. Es gelang ihm, zu seiner Familie in Berlin zurückzukehren und seiner Mutter bei dem intensiven Bemühen, seinen Bruder Hans mit internationaler Hilfe aus dem KZ zu befreien, zur Seite zu stehen.

Brigitte Worringer und Heinz Litten wollten heiraten, und Brigitte teilte jetzt die Sorgen der Familie Litten. Möglicherweise hatten die beiden, wie es ein ondit der Familie will, tatsächlich die Absicht, eines baldigen Tages in die Sowjetunion zu emigrieren; jedenfalls lernte Brigitte wieder Russisch, womit sie bereits in Königsberg begonnen hatte, und Heinz war spätestens seit den Chemnitzer Tagen Mitglied der KPD... Die Eltern Worringer waren ob dieser Verbindung in gewisser Sorge; W.W. scheint gezögert zu haben, sich mit dem möglichen Schwiegersohn bei seinen Aufenthalten in Berlin zu treffen. Aber die Eltern respektierten die Verbindung. Sicher hätte Heinz Litten, schwierig, labil, innerlich zeitlebens ungefestigt, in der jungen Ärztin eine verläßliche Partnerin gefunden. Nach ihrem Tod blieb er bis zu seiner Emigration nach England nach dem Tode des Bruders Hans Litten im April 1938 den Worringers, vor allem M.W. und Lucinde, eng verbunden. Dafür spricht der Brief, den seine Mutter Irmgard Litten am 4. Juni 1934, also drei Wochen nach Brigittes Tod, an die gerade 16jährige Lucinde bzw. den »*lieben Lukas*« schrieb:

»*Es war mir eine große Freude Sie bei mir zu haben, und Arbeit haben Sie gar nicht gemacht, Sie waren ja so nett und fürsorglich! Es war mir vor allem für Heinz lieb, dass Sie bei uns waren, Sie haben doch etwas Ähnlichkeit mit dem Haas* (sic), *und da war es ihm tröstlich Sie um sich zu*

Brigitte Worringer
als junge Ärztin in Berlin, 1932/33

haben. (...) *Heinz schreibt sehr unglücklich, und es scheint sich dort gar nichts zu ergeben; Arbeit wäre natürlich das einzige, was ihm jetzt wenigstens etwas helfen könnte. Ich hoffe immer, dass gerade Sie ein Trost für Ihre arme Mutter sind, eben weil Sie dem Haas etwas ähnlich sind. Schreiben Sie doch bitte auch an Heinz einmal, wenn er erst wieder zurück ist. Er freute sich doch immer so, wenn der Haas ihm Ihre Briefe vorlas! Mit herzlichen Grüssen von Ihrer Irmgard Litten.«*

Seit sie über sich hinaus denken konnte, wollte Brigitte auch jetzt 1933/34 für ihre Eltern da sein, zumal als wieder einmal W.W. einer anderen Frau, diesmal ziemlich ernsthaft *den Hof machte*. Es war Lucie Jessner und es muß bereits 1932 begonnen haben. Als diese im Mai 1933 in die Schweiz emigrierte, scheint W.W. die Vorstellung entwickelt zu haben, ihr vielleicht folgen zu können. M.W. reagierte – wie immer – prompt und verletzt mit Trennungsabsichten, so daß die Tochter ihr im Februar 1934 besorgt schrieb:

»*...ich kann nur immer sagen, dass ich eigentlich gehofft hatte, bei euch wäre alles etwas ruhiger geworden und so was käme gar nicht mehr in frage. und ich möchte auch so gerne, dass das nicht mehr in frage käme. und komme mir so schrecklich ohnmächtig vor, weil ich da garnichts vernünftiges zu sagen weiss. weil ich so weit von euch weg bin, und garnicht mehr weiss, was sich da täglich zwischen euch abspielt. du schreibst ja auch nie etwas darüber. drum darfst du nicht böse sein, wenn ich dachte, es wäre alles nicht mehr so akut. meinen grössten wunsch kennst du, und dass mich alles andere traurig macht weisst du. mehr kann ich da nicht sagen. bitte, bitte, sei vernünftig!*«

Wie fast traumatisch die immer wieder aufflammenden *Kämpfe* der Eltern gegeneinander auf die heranwachsenden Kinder gewirkt haben müssen, zeigt ein Brief vom Oktober 1933, in dem sich Brigitte bei Lucinde erkundigte:

»*da du jetzt das einzige kind im hause bist, und du doch immer sehr feinfühlig warst, möchte ich gerne von dir hören, wie es den eltern geht und wie die stimmung im hause ist. ich mache mir trotz mutters beruhigungen sehr viel sorgen. ich möchte mal wissen, ob dich die elternkräche ebenso erschüttern, wie uns früher oder ob du dadurch, dass du es seit jahren nicht mehr anders kennst, eine gewisse festigkeit dagegen bekommen hast. ich weiss nicht mal, was ich dir wünsche. einerseits besteht ja die gefahr, dass du dadurch den glauben an, sagen wir ruhig, an liebe und ehe verlierst, andererseits, dass du all dem gegenüber zu kalt und zu hochnäsig wirst.*«

Leider kennen wir die Antwort von Lucinde nicht, aber wir wissen, daß sich W.W. nach Brigittes Tod für seine Frau und die Weiterführung der

Lebensgemeinschaft mit ihr entschieden hat; jetzt kam anderes nicht mehr in Frage!

Brigitte brachte ein hohes Einfühlungsvermögen in die psychischen Strukturen ihrer Eltern auf, und versuchte auch die kleine Schwester, die ihr wirklich in vielem ähnlich zu werden schien, behutsam anzuleiten, wie sie mit den Eltern umgehen sollte:

»*wie stehst du denn jetzt mit den eltern?*«, fragte sie am 10.3.1934, »*redest du mit der mutter auch manchmal ein bisschen ernst und erzählst ihr was von dir? es ist nämlich ein sehr schönes gefühl wenn man das kann. und hoffentlich bist du nicht zu hässlich zum vater. er hat's bestimmt nicht leicht und ist sicher ein mensch, mit dem man viel, viel mitleid haben muss und zu dem man sehr gut sein muss, daran musst du immer denken. ich weiss ja selbst ganz genau, dass einem das oft sehr schwer fallen kann, und dass man leicht mal unduldsam und dann frech gegen ihn wird, aber man muss dann möglichst bald versuchen, das wieder gut zu machen gell. und ob du auch ein bissel nett für die mutter sorgst. dass sie sich mit dem magen etwas schont, dass sie gut isst, hier und da mal ein bisschen sahne für den kaffee kriegt oder sonst was. sieh mal zu, dass du da mal was machen kannst. denn ich habe nach dem, was sie mir schreibt, doch den eindruck, dass sie ziemlich mit den nerven herunter ist und dass ein bisschen was für sie getan werden müsste.*«

Der kleinen Schwester Lucinde, dem kleinen Kerlchen Lukas Lumpenhund gab ihre älteste Schwester Brigitte liebevoll viele Anleitungen, Hinweise und machmal auch Ermahnungen, wie sie erwachsen werden könne. Lucinde hatte damals als 15, 16jährige Kino und Theater intensiv für sich entdeckt und fast nichts anderes mehr im Kopf – kein Wunder bei einer Schwester, die erst einen Schauspielerfreund hatte und jetzt einen Regisseur heiraten wollte und der Schwester Renate, die nichts anderes als zum Theater wollte und natürlich: die große Patentante! Die Aufführung von Kästners *Pünktchen und Anton* in der Königin-Luise-Schule mit Lucinde als Pünktchen und quasi Regisseurin fand auch unter den Erwachsenen einige Beachtung. Gerda von Lipski teilte die Leidenschaft für Kino und Theater, und beide tauschten lauthals auf Königsbergs Straßen, möglichst von einem zum anderen Bürgersteig ihren Begrüßungs- und Abschiedsruf aus, zielgerichtet gegen das, was üblich geworden war: »*Grüß' Bergner*« (gemeint war die große jüdische Schauspielerin Elisabeth Bergner). Daneben fotografierte Lucinde gerne und durchaus gekonnt. Außerdem übernahm sie nun schon im Haushalt sehr geschickt vieles von dem, was einst Brigitte hatte tun müssen. Man konnte sie bitten, um Mutters Gesundheit besorgt zu sein, man

1933–1939

konnte sie auffordern, sich an einem Geschenk für die Mutter zu deren Namenstag am 29. Juli 1933 – sechs Teetassen, jede Tochter eine, der Vater drei – diesmal auch finanziell zu beteiligen – , sie galt als kleines Finanzgenie, das im Unterschied zu Vater und Schwestern immer etwas Taschengeld in Reserve hatte und manchmal Geld, natürlich gegen Zinsen, verleihen konnte. Aber man mußte sie auch ermahnen, in Benkheim bei Else Court, die dort jetzt eine Praxis führte, dieser nicht wieder (!) den ganzen Schnaps auszutrinken.

Aber es gab vor allem grundsätzliche Fragen, die mit dem *teenager* zu traktieren waren; ganz deutlich sprach Brigitte den Wunsch aus, der Jüngeren Wege zu weisen ins bewußte Leben. Lucindes Zeugnisse scheinen damals immer besser geworden zu sein, und so konnte sie schreiben: »*pass auf, jetzt ist der schwierigste punkt überwunden, jetzt kannst du es und die zeugnisse werden immer besser. dann ist die schule auch nicht mehr so schlimm. nächstens wirst du vielleicht auch noch überlegter!*« (April 1933). Ein Jahr später stellte sie die Frage: »*macht die schule vor ostern sorgen? ich habe eigentlich das gefühl, das klappt jetzt alles bei dir ganz ordentlich und du bist darin nicht mehr sorgenkind. ich kann mich aber auch irren. aber das ist ja im grunde alles ganz egal, wenn du mir sonst der selbe gute kerl bleibst, der du warst. ob's wohl noch viel dinge gibt, die dir sorge machen, mit denen du allein nicht ganz fertig wirst? es wäre sehr schön, wenn ich dir dann ein bisschen helfen könnte…*«

Zeitgleich fragt sie bei der Mutter am 29.3.1934 an, ob sie nicht etwas über Lucindes Zeugnis hören könne: »*deine pädagogischen überlegungen verstehe ich sehr gut, und ich hatte auch durch alles, was der meister mir von ihr erzählte, den eindruck, dass sie mal in feste hände kommen und einen sicheren einfluss spüren muss. aber das läßt sich theoretisch leicht sagen! du wirst es schon richtig machen!*« Lucindes Zeugnis im Herbst 1934 sah dann wirklich ganz passabel aus: Deutsch I, Mathe, Chemie, Geschichte, Erdkunde, Rassen- und Erblehre II, Französisch, Englisch III, nur in Latein hatte sie eine IV und sollte Nachhilfeunterricht bekommen, und den übernahm dann Paul Hankamer.

Eine große Rolle spielte in den *Erziehungsbriefen* die Persönlichkeitsbildung. Im Oktober 1933 fragte Brigitte die Schwester, die nun allein mit den Eltern lebte, ob sie schrecklich verwöhnt würde? »*das fände ich schade, denn damit beanspruchst du allmählich ganz selbstverständlich alles gute für dich und das darf man nie. man muss einfach immer zuerst an die anderen denken und dann zu aller allerletzt an sich. (…) es ist natürlich schwerer, aber man kommt doch mit sich weiter dabei. und das ist doch schließlich der zweck unseres lebens, dass wir etwas aus uns*

Schwärmen für Gustav Fröhlich, Wolfgang Liebeneiner, Adolf Wohlbrück, Marlene Dietrich, Brigitte Helm, Elisabeth Bergner, Dolly Haas. Links Lucinde Worringer, rechts Gerda von Lipski

machen, nicht äußerlich, dass wir gut zu essen und zu trinken haben, sondern dass wir ein mensch werden. du findest das sicher sehr langweilig und lehrerhaft von mir, dir das zu schreiben, vielleicht auch, weil es dir irgendwo schon selbstverständlich ist. aber erstens kann man das nicht oft genug sagen oder oft genug daran erinnert werden und zweitens habe ich das gefühl, dass für dich jetzt, wo du alleine mit den eltern bist, ein neuer lebensabschnitt anfängt. ich weiß nicht, ob du das verstehst. sieh mal, du bist doch jetzt in dem alter, wo das sorgensloses kinderdasein ganz von selbst auf einmal aufhört, wo du anfängst zu denken und dich in der welt umzusehen und dein ich in eine beziehung zu ihr zu bringen. schon, dass du dich mit politik beschäftigst, ist ein Schritt dazu, dass du bücher liest, die von erwachsenen für erwachsene geschrieben sind, dass du ins theater und ins kino gehst. und sieh mal, die menschen, die innerlich sorglos in den tag hineinleben, die nicht versuchen, ihren kern im leben zu finden, sind dir sicher eben so abstossend wie uns. die leute haben es leichter, die im festen glauben an die kirche aufgewachsen sind, die ihren gott in der kirche haben, die katholiken, denen genau vorgeschrieben ist, was gut und was böse ist, die ihre sünden beichten können und sie dann los sind. wir, die wir das nicht so einfach haben, müssen uns ja unseren gott alleine suchen, müssen uns unseren weg selber finden, müssen mit uns abmachen, was gut und was böse ist und müssen auch unsere sünden alleine tragen und alleine versuchen, gute menschen zu werden. und dabei möchte ich dir ein bisschen helfen können, obwohl im tiefsten grunde es jeder für sich finden muss, man kann nur von aussen kleine stösse bekommen. verstehst du nun, warum ich dir diesen langweiligen brief schrieb? ich sagte dir neulich schon, du sollst mit allen kümmernissen und schmerzen versuchen dich an mich zu wenden.«

Das tat die Schwester denn auch. Als Lucinde zur Charakterisierung ihrer Freundschaft mit einer Klassenkameradin auf *Klassenunterschiede* hinwies, die zwischen ihr und der Freundin bestehen würden, antwortete die Ältere knapp, aber bestimmt: »*für mich ist jeder mensch gleich wert meiner freundschaft, ob das nun ein arbeiter oder ein akademiker ist.*« Auch in politischen Fragen wollte sie Ratgeberin sein. Als Lucinde ihr mitteilte, sie wolle auch die *andere Seite* (also die Nazis) kennenlernen, räumte sie ein, daß sie Verständnis dafür habe. Pädagogisch geschickt erklärte sie, manches sei da gut und recht, aber »*als so logisch denkender Mensch*« würde die Schwester erkennen, daß alles nicht bis zur letzten Konsequenz durchdacht sei und je nach propagandistischem Bedarf zurechtgeschnitten werde: »*es gibt ja im grunde keinen unterschied zwischen dem was sie sozialismus nennen und dem marxismus. das ist dasselbe, mit ihrem sozialismus wollen sie nur die massen fangen, aber durchführen können sie ihn nicht, ein kapitalistischer sozialismus ist unsinn. (...) dass für mich national nicht schlechtes ist, muss ich immer wieder betonen. aber national in einem höheren sinn, was nämlich kein gegensatz zu international ist. (...) man kann sich als deutscher fühlen und die eigenarten des deutschen kennen, und trotzdem alle anderen nationen mit ihren eigenarten als gleichwertig anerkennen. wenn hier die leute ihr national-sein betonen, so meinen sie damit, feind aller anderen sein.«*

Als Lucinde Ostern 1934 statt eines Berlin-Besuchs eine Reise mit dem v.d.a (Verein der Deutschen im Ausland) plante, bescherte ihr Brigitte eine Philippika, die die Generationsunterschiede zwischen ihnen sehr deutlich machte: »*seit wann bist du für den v.d.a.? (...) hast du dich so verändert? schade, aber vielleicht ist es falsch von mir, dich mit zu meiner generation zu nehmen. du bist schließlich zehn Jahre jünger und gehörst schon der folgenden generation an, die uns reaktionär erscheint. der gedanke kommt mir auch manchmal, wenn ich an deine filmschwärmerei denke, und an deine freude an einer reihe anderer dinge, die wir als backfischhaft doch gänzlich ablehnen. nun ist ja schließlich der krieg und die nachkriegszeit für euch nur eine sage, und ihr seid durch eine andere lebensschule gegangen als wir. aber es ist seltsam und beunruhigend für uns zu sehen, wie schnell das alles vergesssen ist, und wie die neue jugend eben wieder einen schritt zurückgeht.*«

Lucinde ließ sich nicht gleichschalten; im Gegenteil – Brigitte wäre stolz auf sie gewesen! Doch davon später. Wie Lucinde der Tod ihrer Schwester getroffen hat, darüber haben wir zeitunmittelbar keine Hinweise. Sie hat jedoch in einem Gespräch im Juli 1997 gesagt, ungebrochen fröhlich sei seit dem Tod Brigittens in der Familie niemand mehr gewesen; die Familie hatte ihre stabilisierende Instanz, auf die sich jeder auf seine Weise berufen hatte und verlassen konnte, verloren.

Die Mutter brachte der Tod der ältesten Tochter bis an den Rand ihrer eigenen psychisch-physischen Existenz. Am 23. September 1934 schrieb W.W. an seine Prager Freunde Ehrenberg: »*Wenn ich von dem privaten (Komplex seines Lebens) sprechen soll, so kann ich nur andeuten, dass der schwerste Punkt meine Frau ist, die in einem völlig gebrochenen und, wie mich vorläufig dünkt, unheilbaren Zustand zurückgeblieben ist. Und meinem Willen zur Hülfe sind Grenzen im eigenen Selbsterhaltungstrieb gesetzt, an denen ich mich wundreibe. Es wird mir keine Erfahrung im Menschlichen geschenkt.*«

Während sich W.W. im Engadin mit seinen Münchener Freunden zu erholen versuchte, verbrachte M.W. die Ferien mit Lucinde und wohl auch Renate diesmal in Rauschen; Heinz Litten war ebenfalls dabei. Ende August 1934 teilte Lucinde ihrer Schwester Renate mit:

»*Hier geht alles ganz gut. Die Mutter ist in der selben Verfassung wie vor Deiner Abreise. Morgens geht sie brav zur Akademie und nicht mal mehr an allen Abenden zum Friedhof. Abends liest ihr meist der Heinz vor. Der wird ja nun Montag weg (sic), davor ist mir ein bissel Angst, ich habe so (das Gefühl), dass sie dann wieder etwas in ihre alte Verfassung zurückkehrt.*« Diese Vermutung bestätigte das Hausmädchen Anny in einem Brief vom 16. Oktober 1934 an Renate: »*Sonst ist hier alles in bester Ordnung. Nur die gnädige Frau tut mir schon manchmal sehr leid. Immer sieht man sie mit schmerzenden Zügen umhergehen und was noch schlimmer ist, wenn sie allein ist, kommen zu häufig die Tränen. Schwer, sehr schwer. Man möchte wer weiß was, dagegen machen, wenn sich das ändern ließe. Ich bin auch schon auf dem Friedhof gewesen, wie es jetzt neu gemacht ist. Es sieht sehr apart und schön aus....*«

Im Juni 1935 glaubte W.W. seine Tochter Renate beruhigen zu können: Die »*Mu-Stimmung*« sei eigentlich »*durchgehend friedlich und ich brauche, glaub ich, nicht mehr so arg misstrauisch zu sein, wenn sie in ihrem Zimmer allein hockt und auch die schlafmittellosen Nächte sind wohl kein grosses Problem mehr. Dazu die Akademiearbeit, in der sie wieder ganz drin ist und dann fast jeden Nachmittag der Gang nach draußen (der denn durch die Blumenpflege jetzt auch einen tätigeren und positiveren Sinn bekommt – wundervoll sieht es draussen (auf dem Friedhof) aus, wenn nicht grad wieder alles geklaut und die Rosenstöcke aus der Erde herausgerissen sind –), dann die Briefschreiberei an die Leos, Heinzens, Erichs und wie sie alle heissen mögen: damit gehen die Tage vorüber. Ich glaub, wir haben seit Deinem Wegsein noch kein heftiges Wort miteinander gewechselt. (Morgen kommt's sicher!)*«

Die *Entwarnung* kam gemessen an den vierzehn Gedichten, die M.W. zwischen 1934 und 1936 schrieb, zu früh – vier dieser Gedichte seien hier wiedergegeben:

>Herr, ich suche ein Gebet,
>Das aus meiner dunklen Seele
>Hin zu Deiner Helle geht.
>
>Weil ich nicht die Worte finde
>Die Dein Ohr vernehmen mag –
>Leih Du mir des Engels Stimme –
>Leih mir seinen Flügelschlag:

Daß ich mich vom Boden hebe.
Meine Schwere ist ihm Last –
Daß ich steigend mich Dir nähere,
Der Du mich gerufen hast.

Ungestüm war Deine Stimme.
Anders klingt der Liebe Ton.
Anders rufst Du die Beglückten –
Dennoch sieh: ich komme schon.

  1934

    So warst Du:
    Erfüllt und Erfüllung.
    Was wir mühsam erlernen,
    warst Du beim Beginn schon.
    Doch Du hast uns verlassen.
    Nein, Du wurdest genommen,
    ungefragt in die Einsamkeit.

      1934

Die Wunde, die Du schlugst,
soll sich nicht schließen.
An jedem Tage
Will ich selbst
Die Finger in sie legen,
auf daß sie schmerze
und sich neu entzünde.

Denn das hast Du gewollt.
Du hast gewußt, daß ich nur so –
mit dieser brennend offenen Wunde,
die mir nicht heilt,
weil ich nicht Heilung will – zu Dir finde,
der das Andere ist:
fern, unerkennbar
in der Einsamkeit. –

  1935

1933–1939

Nun kam ich so voll Hoffnung Dich zu finden –
Und steh doch wieder einsam hier
Und ganz enttäuscht.
Wo bist Du denn?
Hält diese Urne Dich so fest umschlossen,
daß nicht ein Hauch von Dir
mich streifen kann?
Liegt es an mir? –
Müßt ich mit mehr Geduld
Auf Deine Weisung warten?
Hält meines Herzens Unruh
Dich mir fern? –

Du bleibst mir stumm. –
So hör ich auf zu fragen.
Vielleicht war es zuviel,
was ich von Dir erbat:
ein Hauch, der an mich rührt,
damit ich weine. –

   1936

Alle, die sich jener Zeit noch erinnern können, haben betont, daß in diesen Jahren die Freundschaft zwischen M.W. und Paul Hankamer eine sehr enge, eine sehr persönliche wurde. Viele, auch die Töchter, haben über diese Verbindung der über 50jährigen mit dem zehn Jahre Jüngeren ihre Vermutungen ausgesprochen – niemand vermochte die Dimensionen dieser Beziehung wirklich zu enträtseln, auch Hankamers ältester Sohn rückblickend nicht, obwohl er später einige Jahre ganz in der Nähe der Worringers lebte. Jedenfalls gebrauchten M.W. und Hankamer gegenseitig das vertrauliche *Du*, das M.W. in ihrem Leben nur ganz wenigen Menschen zugestanden hat. Hankamer war es sicher, der ihr helfen konnte, zu ihrem Glauben als Katholikin, von dem sie in einem übertragenen nichtkirchlichen Sinne nie gelassen hatte, wieder zurückzukehren. W.W. hat später einmal diese Rückkehr als »*geistigen Ehebruch*« verstanden, und M.W. hat sich gegen diese Kennzeichnung nicht gewehrt, im Gegenteil ihn in Zeiten der Opposition gegen ihren Mann bestätigend übernommen. Aber Hankamer mußte im Februar 1936 Königsberg als *Zwangsemeritierter* im Alter von 45 Jahren verlassen und ließ sich in München nieder – weit ab von der Königsberger Nazigesellschaft, die ihn gejagt hatte, weitab aber auch von M.W., die auch für ihn

**Marta Worringer mit Lucinde
nach dem Tod von Brigitte, 1934**

zu einer Vertrauensperson geworden war. Briefe und gelegentliche Treffen ersetzten diese Nähe nicht im geringsten.

Marie Luise Kaschnitz notierte im Mai 1936 in ihrem Tagebuch ein Gespräch, das sie mit einer Bekannten geführt hatte »*über Frau Worringer, die sich von ihrem schweren Schicksal (Tod eines Kindes) nicht hatte ablenken lassen wollen, sondern es ganz und gar, bis an den Rand des Abgrundes durchlebte und es dadurch wirklich überwinden konnte. Sie ist nun wieder voll von wirklichem inneren Leben, hat einen selten schönen lebhaften, fast heftig intensiven und leuchtenden Blick.*«

Das klingt schön, und so war es wohl auch. Aber dahinter steckte noch eine etwas andere wahre Geschichte: Der Arzt der Familie, Kurt Tiefensee, hatte nach mehr als zwei Jahren M.W.s tiefster Trauer die Notleine gezogen. Er erklärte M.W., daß ihre Form der Trauer der Toten gar nichts bringe, wohl aber die Lebenden, insbesondere Lucinde, schädige. Nach einer großen Aussprache zwischen M.W., W.W. und Lucinde (so deren Erinnerung) wandte sich die Trauernde wieder den Lebenden zu. Aber Lucinde hat, so sagte sie einmal, dennoch niemals mehr richtig nach Hause gefunden, obwohl der Vater versucht hatte, die Dunkelheit der extremen Trauerjahre etwas für sie auszugleichen. Und ihre Mutter hat niemals den Tod der Brigitte verwunden – seither waren z.B. die Farben, in denen sie sich kleidete: Schwarz, grau, weiß. Und bis an das Ende ihres Lebens rang sie immer wieder um ihre Erinnerungen an Brigitte.

Anfang Mai 1934, noch vor Brigittes Tod, ließ W.W. seine Prager Freunde Ehrenberg wissen: »*Unser Königsberger Leben ist ganz still. Der kollegiale Verkehr auf homöopathische (d.h. deutsch: am Gleichen leidende) Portionen beschränkt und die schrumpfen immer mehr zusammen.*« Von Stille und Einsamkeit war in den folgenden Jahren noch oft die Rede bis hin zu jenem Diktum an den Verleger Reinhard Piper im Jahre 1937, er sei »*ein Stiller im Lande, der nur zu Hause laut ist*«. Auch dies war er noch nicht einmal immer, wie er seiner Tochter Renate am 1. Juni 1935 gestand: »*Ich bin furchtbar friedlich. Verdächtig friedlich. Die Friedlichkeit wohl der Arterienverkalkung. Kirchhofsfriedlichkeit.*« In diesem Zusammenhang sprach er dann auch von den, mit der Tochter geteilten, Arbeitsschwierigkeiten, mit denen er sich »*seit mehr als 30 Jahren*« herumschlage und von denen er wisse, »*dass ich sie mit ins Grab nehme*«:

»*Das hat man davon, wenn man so unorthographisch geboren und keine richtigen Fächer für das bereit hat, in die der Wissensstoff sich automatisch einordnet und da ist, wenn man ihn zum Produktiven braucht. So erwacht man jeden Morgen wieder als frisch geborener Analphabet und kommt die meisten Tage aus diesem Zustand nicht heraus und muss sich so schlecht und recht durchhochstapeln, dass es die Anderen nicht zu sehr merken. Es ist schon schlimm genug, dass man selbst am Merken so leidet. Besonders wenn man zum richtigen Interesse an den Dingen gekommen ist und das Gefühl hat, man hätte dazu was zu sagen.«*

Zu diesen notorischen Denk- und Schreibblockaden gesellte sich nun im *neuen Deutschland* das Aussterben des *»geistigen Raumes«*, in dem W.W. trotz seines persönlichkeitsstrukturellen *Analphabetismus* Denken und Schreiben so eindrucks- und wirkungsvoll möglich gewesen waren:

»Man wird sich daran gewöhnen müssen, dass der geistige Raum vor einem ausstirbt und dass man ins Leere spricht – vorläufig sind die akademischen Verhältnisse noch im Übergang, aber warte nur balde.... Auch sonst nimmt mein Existenzgefühl immer fossilere Formen an. Übrigens entdeckt man, wie der innere Verteidigungskampf, wie man ihn täglich in seinen Gedanken durchführt, einen Zweifrontenkrieg erfordert; wie man nach Tisch auf einmal auch alle Vergangenheitsstimmen anders liest und sich fast allein als der Dumme vorkommt, der gewisse Begriffe ernst nahm...«, ließ er Ehrenberg im Mai 1934 wissen.

Die Semester liefen relativ gut, sieht man davon ab, daß W.W. seine Lage seit 1933 immer als Ruhe vor dem Sturm empfand, womit er Recht hatte. Die Nationalsozialisten hatten anscheinend erkannt, daß W.W. niemals *ihr Mann* werden würde, obwohl er doch in seinen Publikationen auf völker- und rassenpsychologische Erklärungsmuster zurückgegriffen hatte und als durch Nietzsche geprägter Antirationalist gelten konnte. Deshalb wurde er nach 1945 ja auch von einigen beflissenen Kunst- und Kultur-Interpreten der Nach-Nazi-Zeit als NS-Ideologie-nahe gedeutet. Peter H. Feist, W.W.s späterer Hallenser Schüler, ist demgegenüber zuzustimmen, wenn er dagegenhält: *»In Wirklichkeit waren seine höhere Bewertung der orientalischen Kunstanschauung gegenüber der der ›disharmonischen‹ ›nordischen‹ Völker und seine Würdigung slawischer Kunstleistungen damit unvereinbar. Der Fürsprecher der inzwischen als ›entartet‹ verfolgten Moderne publizierte auch aus politischer Überzeugung zwischen 1933 und 1945 überhaupt nichts.«*

Im Zusammenhang mit der Jagd des NSD-Studentenbundes (Gaustudentenbundsführung Ostpreußen) auf Paul Hankamer wurde wieder einmal von der gleichen Seite nach W.W.s *Stammbaum* gefragt. Da war ja nun einfach nichts zu holen. Aber W.W. erhielt umgehend seine Unzuverlässigkeitsbestätigung geliefert. Am 7. Februar 1936 fand er seinem Institut ein Schriftstück folgenden Inhalt vor: *»Der Herr Reichs- und*

Preußische Minister für Wissenschaft, Erziehung und Volksbildung hat mich mit Erlaß vom 22.I.36 ersucht, Ihnen auf Ihre Rückfrage vom 28. Okt. 35 mitzuteilen, daß Sie persönlich zur Abhaltung von Vorträgen im Ausland nicht geeignet erscheinen und infolgedessen kaum damit rechnen können, daß Anträge auf Genehmigung solcher Vorträge genehmigt werden.« Unterschrieben vom Kurator der Königsberger Universität, Friedrich Hoffmann.

M.W., die ihre in Berlin lebende Tochter von diesem Schreiben unterrichtete, kommentierte dieses: »*Du bist bestimmt geneigt erst mal zu sagen halb so schlimm! Aber der Vater... aber wir... C'est le ton qui fait la musique! Gibt es eine Möglichkeit solche Ohrfeige stillschweigend hinzunehmen? Was aber sonst? Natürlich denkt der Vater sich mit seinem ganzen Schwergewicht alle Konsequenzen durch. Ja, wenn er nicht Familie hätte.... Aber darf die einen gänzlich daran hindern, auf seine menschliche Würde noch einigen Wert zu legen? Natürlich haben die Leute von sich aus gesehen recht, wenn ihnen das, was dagegen steht – d.h. – das Ansehen Wilhelm Worringers – gar keinen Wert bedeutet. Die Instanz, die diesen Wisch in dieser Form verfaßt hat, scheint jedenfalls auf diesen Wert verzichten zu können. (...) Du kannst Dir denken, wie der Vater an all dem leidet. Er tut mir furchtbar leid. Übrigens soll niemand von dieser Sache wissen; falls der Vater sich entschließt, auch dieses noch zu schlucken, hat er gar kein Interesse daran, daß dies bekannt wird. Also bitte! (...) Draußen ist sibirischer Schneesturm. Heute Abend gehen wir in Anna Karenina. Wie wird der Vater weinen!*«

Endlich, am 29. Februar 1936 bekam W.W. einen Termin beim Kurator; der lakonische Bericht von M.W. für ihre Tochter über den Verlauf des Gesprächs sprach Bände und ließe sich überschreiben *typisch Worringer*:

»*Ahnst Du, wie das Gespräch zwischen dem Kurator und dem Vater verlief? Na, also der V. hat losgelegt. Das hätte nicht kommen dürfen. Aber es ist gekommen – meinetwegen Schicksal nimm deinen Lauf! Als ich heimkam, fand ich den V. ganz verstört vor; als ich dann über sein diplomatisches Gespräch so maßlos lachen mußte, schien er mir ein klein wenig befreiter. Aber der arme Kurator muß sehr erschrocken gewesen sein. Warum fragt er ihn aber auch, wie er zur Judenfrage steht! U. warum meine er, die Kunstgeschichte könne vielleicht jetzt doch andere Wege gehen! (...) Einstweilen bin ich sehr dafür, daß der V. möglichst bald nach München verschwindet (...).*«

W.W. war zu diesem Zeitpunkt nicht der einzige Kunsthistoriker, den das NS-Regime für ungeeignet hielt, das neue Deutschland im Ausland zu repräsentieren. Richard Hamann in Marburg, seinen einstigen Protegé, erging es genauso. Nur, daß dieser sich anders verhielt: Während W.W. in seinem Gespräch mit dem Kurator die Einschätzung der Vertreter des Regimes bestätigte, daß er in ihrem Sinne unzuverlässig sei, versuchte Hamann aus Opportunitätsgründen den Beweis zu führen, daß er dem Nationalsozialismus nicht weniger nahe stehe als Wilhelm Pinder und Hans Jantzen, die eindeutig NS-affizierten Vertreter der Kunstgeschichte im *Dritten Reich*. W.W. kam in den folgenden Jahren in der NS-gestützen Kunstgeschichtsforschung nicht mehr vor und Königsberg auch nicht. Im von der Deutschen Forschungsgemeinschaft großzügig geförderten *Vorläufigen Gesamtplan. Kriegseinsatz der Geisteswissenschaften. Abteilung Kunstgeschichte* vom Januar 1941 war für die Kunstgeschichte Osten die Reichsuniversität Posen zuständig.

W.W. hatte versucht, dem Schicksal, das nächste Opfer zu werden, zuvorzukommen und wollte »*auf eigenen Wunsch*« gehen und auf diese Weise alles zu einem würdigen Ende zu bringen. Aber dafür gab es keine rechtliche Handhabe; vielmehr galt ein solcher Wunsch inzwischen als Provokation, als entsprechend zu ahndender Mangel an Bereitschaft, seine nationale Pflicht zu erfüllen. Also blieb W.W. im Exil im eigenen Lande und mußte zudem immer häufiger Abschied von vertrauten Freunden nehmen wie von Marie Luise Kaschnitz und ihrem Mann Guido Frhr. Kaschnitz von Weinberg, der nach Marburg versetzt wurde. Über diesen Abschied berichtete Marie Luise Kaschnitz in ihrem Tagebuch unter dem 9. Mai 1937:

»*Abends bei Worringers. W. in schlechter Stimmung, unruhig, bald schimpfend, bald Spaß machend, dann wieder seinem Unwillen auf fast kindliche Weise dadurch Luft machend, daß er an Marburg kein gutes Haar ließ. Frau W. sehr gelöst und lebendig, redete dagegen, man erzählte vom Sommer, von der Arbeit, Freunden, gemeinsamen Dingen, die nun bald nicht mehr gemeinsam sein sollten. W. kam die Treppe herunter, die vielen Treppen, um aufzumachen, dann war die Tür offen, man nahm schnell Abschied, und er blieb stehen mit einem so traurigen Blick, einem Blick, der um so viele Abschiede wußte.*«

Jedoch: seine Semester liefen weiterhin relativ gut. Wie die Vorlesungsverzeichnisse von 1934 bis 1939 belegen, blieb er bei *seinen* Themen, seit dem Sommersemester 1935 mit seinem Assistenten Dr. Erich Fidder, der bis in die letzten Lebensjahre von W.W. ein zuverlässiger Begleiter blieb. W.W.s Themen hießen: Mittelalterliche Kunst, Kunst der Frühen Neuzeit mit dem Schwerpunkt Italien und immer wieder: Rembrandt, Dürer, Cranach. Überblicksvorlesungen – ungewöhnlich im Repertoire – tauchten auf: Geschichte der italienischen Kunst von der Antike bis zur Renaissance, Methodenprobleme der gegenwärtigen Kunst, Übersicht über den Gang der abendländischen Kunstentwicklung von der Antike bis zur Neuzeit. Exkursionen mit den Studenten der Kunstgeschichte mußten nach wie vor durchgeführt werden; nun war das Ziel nicht Prag, nicht Wien, sondern Bamberg, Naumburg, Hildesheim... Außer einer Rezension des Buches von Walter K. Zülch über Grünewald in der *Königsberger Allgemeinen Zeitung* vom 4. Januar 1939 veröffentlichte W.W. in der ganzen Zeit des *Dritten Reiches* kein Wort. Er war »*ein Stiller im Lande*« geworden, aber laut genug, daß er nicht nur zu Hause gehört werden konnte.

Alles, so gut wie alles war anders als in den für die Worringers wenigen *Goldenen Zwanziger* Jahren. Auch Nidden war anders geworden. Im Juli 1936 hatten die Worringers wie gewohnt in Nidden Ferien gemacht: Vater, Mutter, die zwei Töchter. Die Stimmung in der Familie war noch überschattet von den Geschehnissen der letzten zwei Jahre, wie aus einem Brief von Renate an ihren zukünftigen Mann hervorgeht: »*ich bemühe mich zu mutter und lukas freundlich zu sein. viel kommt dabei nicht heraus. an den lukas ist überhaupt nicht heran zu kommen. ein verschlossenes muscheltier. ist frech wie zehn straßenjungs und liest gleichzeitig heimlich im bett: faust I+II. (...) die mutter ist schwierig, ewig gespannt und nervös. bemüht sich aber dieses zu verbergen, was einen eher krampfigen zustand ergibt. (...)*«

Renate und Lucinde wollten in diesen Ferien noch einmal das alte Nidden-Gefühl erleben und wurden jämmerlich enttäuscht: »*lukas und ich hatten gestern abend ›weltstadtgelüste‹, wir zogen uns saubere hemden an, strichen die bügelfalten glatt (lukas ging sogar so weit, die hände zu waschen) und zogen ins dorf zu ›blode‹. das ist die Gaststätte mit einer herrlichen veranda am haff. früher saßen dort alle maler und so richtig nettes publikum und tausend bekannte, aber das war eine große enttäuschung. miese lehrerinnen und viele litauer, vereinzelt berliner juden. wir dachten ›inutile beauté‹, zogen traurig wieder nach hause und ließen uns ein bischen von dem mond trösten, der wie eine blutige apfelsinenscheibe über dem haff stand...*«

Renate, inzwischen seit 1934 Direktionsassistentin in der neu eröffneten Schauspielschule von Lilly Ackermann, verabschiedete sich im Dezember 1936 von ihrer Familie und gründete selbst eine. Sie heiratete Hans Schad, einen 1900 geborenen emphatischen Badener, bereits einmal verheiratet und Vater von zwei Kindern, von Beruf – heute würde man sagen – Finanzberater. Er gehörte zu jenen nicht sehr zahlrei-

Königsberg, das Abitur ist geschafft (März 1938), rechts Lucinde

chen Bankern, die es sich nach 1933 zur Aufgabe gemacht hatten, jüdisches Vermögen halblegal ins Ausland zu transferieren, um den ins Exil gezwungenen Besitzern eine Überlebensmöglichkeit zu verschaffen. Schad war protestantisch geprägt, hatte auch künstlerische Interessen – er malte und paßte insofern ganz gut alles in allem in die Familie Worringer. M.W. legte sich dann auch stilgerecht ins Zeug und ließ für die Aussteuer ihrer Tochter u.a. Handtücher handweben.

Am 3. Februar 1937 wurden die beiden Worringers Großeltern: Thomas Schad kam auf die Welt, und W.W. gab gegenüber den Schweizer Freunden Giedion darüber stolz seiner Freude Ausdruck. Allerdings Enkel-süchtig wurden die Großeltern deshalb nicht. W.W. empfand sich immer als ungeeignet zum Enkel-Hüten und hätte lieber Enten statt Enkel gehütet. M.W. hat angesichts des ihr gemäßen Selbstanspruchs ihre Pflichten als Großmutter liebevoll erfüllt, sich aber auch nicht danach gedrängt. 1938 wurde der Enkel Thomas von seinen Eltern von April bis Juli in Königsberg abgegeben, weil diese in Berlin-Frohnau ein Haus bauten, das später in der Geschichte der Familie eine bedeutende Rolle spielen sollte. Aber im Frühjahr/Sommer 1938 war Lucinde noch in Königsberg und hat wohl weitgehend das Regiment der Erziehung des gerade Einjährigen in der Hand gehabt. Im Januar 1939 wurde das zweite Enkelkind Susanne geboren, und M.W. kam für drei Monate nach Berlin, weil Renate wegen einer lebensgefährlichen Lungen-Embolie und einer doppelseitigen Becken-Venenthrombose im Krankenhaus bleiben mußte. W.W. war nun *allein zuhaus*, denn Lucinde hatte Königsberg im Herbst 1938 verlassen. Aber W.W. befand sich in der *Obhut* der mit Lucinde befreundeten Studentinnen Gerda von Lipski und Eva Kochen; das Trio soll mindestens dreimal in der Woche ins Kino gegangen sein.

Lucinde hatte im September 1937 das Sportabitur abgelegt; darüber wissen wir aus den Tagebuchaufzeichnungen von Marie Luise Kaschnitz: »*9. Sept. Abends bei Jenischs mit Sarters, Frau Ebert und Lucinde Worringer, Dorle (Partikel). Erzählungen, Erinnerungen. Lucinde muß für das Sportabitur am nächsten Tag um 5.00 Uhr früh 30 km in vier Stunden gehen. Was ihr keinen Eindruck macht und sie nicht abhält, bis 1 zu bleiben.*« Wieder ließe sich sagen *typisch Worringer*, diesmal Lucinde. Was die Dichterin nicht wußte: Lucinde war eine aktive Sportlerin geworden, 1936 sogar mit ihren drei Sportkameradinnen ostpreußische Landesmeisterin im Staffellauf (sie als Schlußläuferin!). Damals tobte sie auch im Nacktbade-Bereich am Ostseestrand von Nidden mit einer kleinen Horde etwas jüngerer Jungs, darunter die beiden Söhne von Jenischs, herum; die folgten ihrer Anführerin mit dem Ruf »*Tolu*«, was, wie diese verrieten, bedeuten sollte: »*Tod der Lucinde*« (so erinnerte sich Jakob Jenisch).

Am 17. März 1938, zwölf Tage vor ihrem 20. Geburtstag, erhielt Lucinde an der Königin-Luise-Schule, Städtische Oberschule für Mädchen (sprachliche Form), das Zeugnis der Reife der realgymnasialen Studienanstalt. Außer einem »*nicht genügend*« in Englisch (sie hat nie in ihrem Leben, auch nicht, als sie sich längere Zeit in New York aufhielt, ein gutes Englisch zu sprechen gelernt) waren ihre Noten »*gut*« (Religion, Deutsch, Physik, Biologie, Zeichnen, Kunst, Musik) und »*genügend*« (Latein, Französisch, Chemie, Leibesübungen). Auf dem Reifezeugnis war vermerkt, daß Lucinde Schauspielerin werden wollte.

Ihre Lehrer waren eher der Meinung, sie sei besonders für das Studium der Physik und der Biologie begabt und sprachen darüber sogar mit dem Vater. Aber sie wollte Schauspielerin werden. Und sie wollte es wirklich und nicht als Ausweg aus dem Dilemma, vor dem Studium erst den nationalsozialistisch eingefärbten Reichsarbeitsdienst hinter sich bringen zu müssen, und auch nicht allein deshalb, weil sie die Narrenfreiheit der Komödianten, die auch das *Dritte Reich* nicht ganz hatte ausrotten können, reizte. Nein, Schauspielerin war der Beruf, von dem sie meinte, daß er zu ihr paßte. Und sie wurde Schauspielerin. Das kam so, wie nun zu berichten sein wird.

In der Zeit von Herbst 1934 bis Mitte 1936 war die Verbindung mit Heinz Litten zwar nicht abgebrochen, aber doch recht sporadisch geworden. Litten hielt sich viel im Ausland auf (Österreich, insbesondere Wien, Schweiz, Niederlande), teils um Arbeit als Regisseur oder Schaupieler zu suchen, übrigens vergeblich, teils um Unterstützung für seinen im KZ Dachau inhaftierten Bruder Hans zu finden, auch dies nicht erfolgreich. Lucinde schrieb ihm wohl in dieser Zeit öfter als er ihr: »*Schau, ich bin ein armes Tier und kann Dir auf Deine reizenden Briefe einfach nicht in der Form antworten, wie Du es verdient hast.*« Hinzu kam, daß er wohl fürchtete, wie ein undatierter Brief von ihm aus dem Jahr 1936 zeigt, Lucinde könnte sich der *neuen Zeit* angepaßt haben und z.B. inzwischen dem BDM angehören, und das überzeugt, »*dann allerdings trennen sich unsere Wege. Das habe ich seit über 3 Jahre so gehalten, und ich werde auch bei Dir, nicht einmal bei Dir, von meiner Gesinnung und meiner Konsequenz abgehen. Aber ich hoffe – hoffe intensiv, lieber Lukas, – ich brauche da keine Angst haben.*«

Er brauchte keine Angst zu haben, und ihre Wege trennten sich nicht, jedenfalls jetzt nicht, im Gegenteil. Im Juli 1936 schrieb ihm Lucinde aus dem auch von ihm so geliebten Nidden, und er antwortete: »*Weißt*

Du noch, daß wir uns da kennengelernt haben? Du warst damals ein wildes kleines schielendes Tier, das entweder im Galopp herumlief oder mit Bauchschmerzen auf der Nase lag. Und die Ma hatte einen ganz braunen Träningsanzug (sic) an aber ihr Gesicht war noch brauner. Ich wage gar nicht, mir auszurechnen, wie lange das her ist.« (nur fünf Jahre. H.G.)

Eine Begegnung mit Heinz Litten anläßlich der Olympischen Spiele in Berlin fand nicht statt. Lucinde hätte als Landesmeisterin von Ostpreußen im Staffellauf zur Belohnung eine Abordnung nach Berlin bekommen können, aber sie verzichtete. Dabei war es nun wirklich nicht leicht für einen aktiven, den allgemeinen Dingen zugewandten jungen Menschen, sich selbst in die Ecke zu stellen. Es gelang ihr. Erst im Dezember 1936 erhielt sie den nächsten Brief von Heinz Litten, der sich wieder als »*ein armes Tier, das nichts erlebt*« und wenn doch »*dann ist es scheußlich und traurig*«, empfand. In diesem Brief war eine kleine Liebeserklärung versteckt.

»*Lukas! Seit jenen Tagen, in denen Du im ›Jüdischen Hospiz‹* (d.i. die Wohnung Litten. H.G.) *haustest, bist Du mein Freund. Mein wirklicher Freund. Es ist nicht so, dass ich Dich nur gern hätte, weil Du die Schwester vom Has bist. Nein, das war vielleicht anfangs so. Aber inzwischen habe ich in Dir einen Menschen entdeckt, den ich abgesehen von allem anderen sehr sehr gern habe. Der ganze Lukas, wie er nun einmal ist, rund herum, ist mein Freund, und ich wäre sehr traurig, wenn es nicht auch umgekehrt der Fall wäre. Dein reizendes Paradiesbildchen steht auf meinem Schreibtisch. Das einzige Foto ausser dem vom Has, das ich mir aufgestellt habe. Glaubst Du mir immer noch nicht? Bist Du mir noch immer böse?*«

Sie war ihm nicht böse, und er wurde ihr Mentor. Zuerst mußte er sie trösten, weil sie in Königsberg zur Eignungsprüfung für den Bühnenberuf Schauspielerin abgelehnt worden war, die war aber Voraussetzung für eine Prüfung zur Aufnahme in eine Schauspielschule. Litten peilte nun Berlin als Prüfungsort an, und er begann mit ihr zu arbeiten – brieflich hin wie her. Er wies sie auf Stellen in Rollen hin, die sie vorsprechen sollte: Clärchen im Egmont (aber nicht die große Liebesszene, die sei für Anfänger »*verdammt schwer*«), den Puck aus dem Sommernachtstraum (»*Denke daran, daß der Puck kein liebliches Elflein ist, sondern ein übermütiger Kobold*«), Pygmalion von Shaw, die Viola aus *Was ihr wollt* oder die Maria aus dem selben Stück. Und ja nicht das Gretchen, das den Prüfern zum Halse heraushängt. Aber doch vielleicht die Franziska aus der Minna von Barnhelm, und wenn es ein Schiller (der war ja in) sein mußte, die Luise aus Kabale und Liebe. Er suchte ihr die in Frage kommenden Stellen heraus, schickte ihr die präparierten Textbücher, korrigierte die von ihr bearbeiteten Texte, tauschte sich mit ihr darüber aus, welche Übersetzung die beste sei.

Aber er kritisierte sie auch scharf: »*Ich bin recht unzufrieden über die Art, wie Du an die ganze Angelegenheit herangehst. (...) Du glaubst, dass das Präparieren für die Prüfungen sich in zwei Tagen erledigen läßt. Das beweist mir, dass Du entweder den ganzen Dingen völlig ahnungslos gegenüberstehst, also jugendlicher Leichtsinn. Oder aber Dir fehlt jede Ehrfurcht vor der Kunst und dem Beruf, den Du erwählt hast. Ich hoffe in Deinem Interesse das erstere. Sollte Nr. 2 (also Ehrfurchtlosigkeit) der Fall sein, so bitte ich Dich von vornherein die ganze Sache aufzugeben. Denn so kann man an die Dinge nicht herangehen. Wenn man sich einmal dem Theater zu verschreiben gedenkt, muss man den ganzen Menschen und jede Faser dafür einsetzen. Sonst bleibt man über kurz oder lang im Strassengraben liegen oder wird irgend ein kleiner durchschnittlicher Provinzdreck und beides will ich nicht für Dich und wirst Du auch nicht für Dich wollen.*« Und er reagierte empfindlich, wenn ihm der etwas schnoddrige Ton der jugendlichen *Vielleicht-alsbald-Schauspielerin* das Gefühl gab, sie behandle ihn so, »*als ob ich Dein von Dir engagierter und bezahlter Manager wäre, der für Dich eben die Dinge, die Du brauchst pünktlichst zu erledigen hat.*«

Am Donnerstag, dem 11. März 1937, war es dann so weit: Lucinde Worringer aus Königsberg legte vor der Reichstheaterkammer in Berlin die Eignungsprüfung für die Kunstgattung Schaupiel ab: »*Die Eignung für den Bühnenberuf scheint gegeben.*« Geprüft hatten sie u.a. die Schauspieler Walter Franck und Maria Koppenhöfer. Die Eltern wußten von allem nichts; nur die Mutter schien in einem weiten Sinne eingeweiht und war damit einverstanden gewesen, daß Heinz Litten Lucindes Befähigung zum Schauspielberuf überprüfen lassen wollte. Nach der Eignungsbestätigung bestand Lucinde auch noch die Aufnahmeprüfung an der Ackermann-Schauspielschule. Aber die Eltern wünschten, daß sie erst ihr Abitur abzulegen hätte und außerdem auch noch Paul Wegener als Freund der Familie sein Urteil abgeben sollte; aber auch der sagte *Ja*.

Das Abitur war geschafft, aber die Ackermann-Schule wurde aus finanziellen Gründen geschlossen. Nun wurde bei Gustav Lindemann angefragt, ob die Düsseldorfer Immermann-Schauspielschule, also die von Louise Dumont gegründete, in Frage käme. Sie kam. Da das Abitur so spät lag, konnte Lucinde die Frühjahrsaufnahme-Prüfung nicht mehr erreichen; sie meldete sich für September 1938 an und wurde angenommen. Berlin hätte den Eltern besser gefallen – nicht so weit weg von

Königsberg (nur 9 Stunden Fahrtzeit) und die ältere Schwester und der Schwager in der Nähe. Aber Düsseldorf war auch nicht das Schlechteste. Abgesehen davon, daß Lucinde nun die traditionsreiche Schule ihrer Patentante besuchte – in Düsseldorf hatte ihr Onkel Adolf, der jüngste Bruder ihres Vaters, den *Burggrafen* in der Graf-Adolf-Strasse (heute: McDonald) übernommen. Lucinde wohnte schräg gegenüber; verhungern konnte sie also nicht. In dem Dankesbrief an Lindemann kommentierte M.W. am 1. Mai 1938 die Wendung der Dinge:

»*Trotz der Entfernung, die uns erst schwanken ließ, ist es uns ein lieber Gedanke, Lucinde gerade in Düsseldorf, an dieser Stätte so vieler Erinnerungen zu wissen. Natürlich lassen wir sie nicht ganz ohne Sorgen in diesen Beruf hineingehen; aber welche Eltern entlassen ihre Kinder sorgenlos ins Leben! (...) Nun habe ich – fast wider Willen – eine ganz lange Pause gemacht. Denn während ich Ihnen schrieb, kamen mir die Erinnerungen.... Je schöner sie sind, umso wehmütiger wirken sie. Es war einmal ... . In diesem Sinne mit viel Herzlichkeit und Dank und Grüßen von Pankratius und Lucinde Ihre Dimah W.*«

Anfang Februar 1938 hatte sich Hans Litten im KZ Dachau (vermutlich) das Leben genommen; wenig später verließen Irmgard und Fritz Litten mit dem Sohn Heinz nach einer Warnung Deutschland und gelangten über die Schweiz und Frankreich nach England. Der jüngste Sohn Rainer war bereits früher in die Schweiz emigriert und arbeitete in Basel als Schauspieler und Regisseur. Vermutlich hat zwischen den Worringers und den Littens bis zum Kriegsausbruch keine Verbindung mehr bestanden – ein weiterer Abschied, für Lucinde vielleicht bedeutsamer als für alle anderen.

Anmerkungen zum 7. Kapitel

- Das Tagebuch von Marta Worringer (1933; 1942–1949), die Gedichte von M.W. (1934–36), die Briefe von Brigitte Worringer an M.W. (1934), der Briefe von *Anny* an Renate Worringer (1934), von W.W. an Renate Worringer (1935), von M.W. an Renate Worringer (1936), die Abschrift des Briefes von Renate Worringer an Hans Schad (1936) befinden sich alle in NL W. u. M. Worringer.
- Dort sind auch die Briefe, die W.W. an Victor Ehrenberg schrieb; es ist unbekannt, wann und von wem W.W. diese Briefe zurückerhielt.
- Die Briefe von Brigitte Worringer an Lucinde Worringer und von Heinz Litten an Lucinde Worringer sind im NL Lucinde Sternberg aufbewahrt.
- Die Bemerkungen des Kurators der Universität Königsberg 1933 über W.W. vgl. im Quellen- u. Literaturverzeichnis unter W.W. als Hochschullehrer; über P. Hanka-

mer s. Kunigk, P.H. in Königsberg; vage Hinweise auf die Vorgänge in Prag 1933 s. Schulze, Wilhelm Worringer; das Zitat von Feist über W.W. S. 494f.; die Zitate aus den Tagebüchern von M. L. Kaschnitz Bd. 1, S. 25, 181.

- VDA bedeutete Verein für das Deutschtum im Ausland; der Verein wurde erst 1938 mit der Umbenennung in Volksbund vollkommen den nationalsozialistischen Zielen unterworfen.
- Übersetzung lateinisches Zitat S. 81: Solch ein Künstler geht mit mir zugrunde. Im Original: Qualis finemfex pereo = Welch ein Künstler…Nero soll diesen Ausspruch kurz vor seinem Selbstmord getan haben.
- Frei übersetztes lateinisches Zitat S. 82: 1. der einem Studenten förmlich erteilte Rat, die Lehranstalt zu verlassen, um ihm einen Verweis zu ersparen; 2. die Götter stellten sich auf die Seite der Sieger, Cato auf die Seite der Besiegten. Cato der Jüngere kämpfte auf der Seite der Gegner Cäsars für die Bewahrung der römischen Republik und gab sich nach dem endgültigen Sieg Cäsars selbst den Tod.
- Victor Ehrenberg, geboren 1891 in Altona und in Kassel aufgewachsen, stammte aus einer jüdischen Gelehrtenfamilie. Er studierte erst Architektur, dann Alte Geschichte in Göttingen und Berlin; er nahm am Ersten Weltkrieg teil, promovierte 1920 und habilitierte 1922 in Frankfurt a. M. 1929 erhielt er eine Professur an der Deutschen Universität in Prag, die er im Februar 1939 verlassen mußte. Er emigrierte nach England und lehrte dort von 1946–1957 am Belford College der Universität London. Im Vordergrund seiner Forschungen stand das politische Denken und Handeln der Griechen und der Wandel der geistigen Grundlagen der griechischen Polis. Er starb 1973 in London.
- Albert Hensel (1895–1933) in Berlin geboren, war mit Moses Mendelssohn verwandt, 1923 a.o. Prof. für Steuerrecht in Frankfurt a. M., erhielt 1926 eine ordentliche Professur in Königsberg. 1933 mußte er emigrieren und starb im Oktober in Italien an seinem Herzleiden.
- Kurt Reidemeister (1893–1971), lehrte seit 1924 an der Universität Königsberg; er war Jude.
- Hans Heyse (1891–1976), Habilitation in Breslau, ordentliche Professur in Königsberg 1932, 1933 Eintritt in die NSDAP, Rektor der Königsberger Universität 1933–1935, 1936 Professor in Göttingen, 1945 als Hochschullehrer entlassen, gestorben 1976 in Göttingen. Seine wissenschaftlichen Schwerpunkte waren u.a. Griechische Philosophie, Ursprung und Entwicklung der weltanschaulichen und politischen Lebensformen der europäischen Völker. (Personalakte Heyse, Universitätsarchiv Göttingen.)
- Heinz Wolfgang Litten kehrte im August 1946 nach Deutschland in die Sowjetische Besatzungszone zurück, wurde 1947 Intendant der Volksbühne Berlin, 1949 Eintritt in die SED. Am 24. August 1955 Freitod. Vgl. Birgit Radebold, Exiltheater in Großbritannien am Beispiel von Erich Freund und Heinz Wolfgang Litten. Hamburg 2000. Vgl. auch den Bestand H.W. Litten in der Forschungsstelle für deutsche Exilliteratur an der Universität Hamburg.
- Hans Litten, geb. 19.6.1903 in Halle, aufgewachsen in Königsberg, Rechtsanwalt, bekannt als Verteidiger von Arbeitern in Prozessen gegen Nationalsozialisten und

für die Rote Hilfe, wurde im Februar 1933 verhaftet und schwer mißhandelt, Haft in den KZs Brandenburg, Esterwegen, Lichtenburg, Buchenwald. Am 5.2.1938 erhängt aufgefunden, vermutlich Selbsttötung.

- Richard Hamann (1879–1961), zuerst Lehrer und Dozent (u.a. neben Rosa Luxemburg und Franz Mehring) bei Berliner Bildungsvereinen, habilitierte sich 1911 bei Heinrich Wölfflin in Berlin. Seit 1913 lehrte er an der Universität Marburg, gründete hier 1929 das Preußische Forschungsinstitut für Kunstgeschichte und legte eine kunstgeschichtliche Photographiensammlung an, das Bildarchiv Photo Marburg, das 1936 ca. 100 000 Platten umfaßte. Vgl. den Beitrag von Michael H. Springer in: Held/Papenbrock, insbes. S. 74. Zum *Vorläufigen Gesamtplan* vgl. ebenda S. 231–242.

8. Kapitel

Krieg und lange, lange kein Frieden 1939–1944

Am Tag des Kriegsausbruchs befand sich W.W. mit seinen Studenten auf der obligatorischen Exkursion, diesmal waren Frau und Tochter mit dabei; die Reiseroute hieß: Wien, Melk, Dürnstein, Passau, Innsbruck, München, wo die Gruppe sich trennte. M.W. und Lucinde fuhren nach Kärnten, um sich noch ein paar Tage zu erholen. Aber Lucinde regte sich derart über den Kriegsausbruch auf, daß sie wie schon öfter bei einschneidenden Erlebnissen einen hohen Fieberanfall bekam, dann aber doch nach Düsseldorf zum Beginn ihres zweiten Ausbildungsjahres reiste. Die Mutter fuhr mit; W.W., der in München bei Forells geblieben war, schloß sich an, und so konnten beide einen Abstecher nach Bonn machen, wo sie den alten Freund Ernst Robert Curtius und seine Frau Ilse, die Familie Clemen sowie die Witwe von Friedrich Cohn besuchten. Die Rückreise der beiden Worringers gestaltete sich zu einer »Höllenfahrt«, da der Korridor zwischen Deutschland und Polen nach Ostpreußen für den Zivilverkehr gesperrt war. Nach zwei Nächten und einem Tag erreichten sie Königsberg *»auf einer elenden Schaluppe im Sturm auf der Ostsee durch die Minenfelder«* und hatten alles *»dennoch gut überstanden«*; ihre Wohnung hatten sie unversehrt wiedergefunden, und nun begannen sie wieder ihr Zuhause als eine rettende Insel zu genießen, wie M.W. Ilse Curtius wissen ließ.

W.W. vergrub sich förmlich in die Vorbereitung seines Rembrandt-Kollegs und entwickelte nach Auffassung seiner Frau *»einen seltsamen Optimismus«*, da er das Kriegsende bereits im Frühjahr erwartete. Tatsächlich aber war W.W. innerlich tief getroffen und verunsichert, ein Zustand, der sich im Laufe des Krieges noch steigerte und seinen wohl stärksten Ausdruck fand in einem Brief an Ernst Robert Curtius vom 20. Dezember 1942:

»Ja und sonst, lieber Curtius? Ich glaube, Sie würden mich recht einsilbig wiederfinden! Ich entgleite immer mehr den lebensgewohnten und lebentragenden Zusammenhängen und immer anonymer wird mein Fühlen und Denken! Gewiss, an der Aussenfläche bin ich noch mehrsilbig, ja, da langt es noch bis zu einem stereotyp wiederholten Ceterum censeo – aber im innersten Innern entrücke ich selbst diesen Affekten immer mehr und das grosse Schweigen greift da immer weiter um sich! Vielleicht endet jedes ältere Denken in ein solch vorweggenommenes Grabesschweigen. Ehe wir verwesen, entwesen wir! Wenigstens <u>dem</u> Wesen sterben wir ab, das sich verständlich machen kann! Und man läßt es nun fast mit dem Verdacht zurück, es sei ein Kinderspielzeug gewesen…! Und findet sich

damit ab, das Ohr an sich zu legen und ein Jammern wie in einer Telegraphenstange zu hören...!

Wenn nur nicht die Öffentlichkeit und Äusserlichkeit wäre, der gegenüber man es verbergen muß, dass man in ihrem Sinn nur noch ein lebender Leichnam ist und dass man nach außen hin nur noch vom Gnadenbrot seiner früheren vitalen und geistigen Existenz lebt! Hören Sie aus diesem Geständnis bitte keinen weltschmerzlichen, sondern nur einen lebenskennerischen und darum natureinsichtsvoll resignierenden Ton heraus: Es ist legitim, was in mir vorgeht! Nach dem Gesetz, nach dem ich angetreten!«

In eine ähnliche Richtung wies bereits ein Brief an seinen Verleger Reinhard Piper, der bei ihm ein Jahr zuvor angefragt hatte, ob er nicht wieder einmal ein Buch schreiben wolle. W.W. antwortete: »*Ich muß mich abwarten! Bücher entstehen aus einem Überschuß der produktiven Kräfte und meine sind verbraucht, wenn ich so viel in die Vorlesungen investiert habe wie bisher. Was mich auch zurückhält, ist eine wachsende Überbedenklichkeit in allem, was ich schreibe.*« Er nannte das »erkenntniskritische Bedenken«, die seinem »Altersgewissen« entspringen würden. Da war er gerade 60 Jahre alt geworden, und wer ihm aufmerksam begegnete, sah die Ambivalenz zwischen äußerer Erscheinung und innerer Befindlichkeit, wie Paul Hankamer, der W.W. Ende August 1941 in München getroffen hatte und in seinem Tagebuch notierte, nachdem sie sich voneinander verabschiedet hatten: »*Er ist nun 60 Jahre alt, wirkt aber jung und hat noch immer die blitzschnelle witzige Reaktion, die aber auch Apercus möglich machen, die einem das Herz umdrehen. Er hat es mit sich und der Welt sehr schwer und ist doch charmant; will es sein, und dies Bemühen ist rührend.*«

Vorlesungen vorzubereiten und zu halten, das war seine Überlebensform geworden – immer schon und jetzt mehr denn je. Zum Glück ist ein Teil der Vorlesungen durch alle Zeiten hindurch gerettet worden, und es läßt sich ermessen, welche Leistung er sich da abverlangte. Kein Wunder, wenn er da schon mal vor dem Semesteranfang »*zitterte*«, wie M.W. in einem Brief an Ilse Curtius aus dem Jahre 1943 vermerkte: »*Arme Ma, sagt er, wie wirst Du es dann schwer haben.*« War das Semester dann zu Ende, kam die große Leere, wie 1940/41, als er sein Michelangelo-Kolleg beendete – »*ein großer Stoff, den er durch keinen zu ersetzen weiß*«, wie M.W. ihn zitierte.

Die Vorlesungsverzeichnisse der Königsberger Albertus-Universität für die Zeit von 1939 bis 1944 zeigen, daß W.W. nicht von seiner Spur abgewichen ist; er bewegte sich zwischen dem 13. und dem 16. Jahrhundert, und seine großen Nummern waren: Michelangelo, Rembrandt, Grünewald und die Kunst Venedigs. Seine Methode war die der Doppelprojektion, d.h. er wählte aus einer Epoche ein Hauptwerk zur Basis von Vergleichen mit *Nebenwerken* aus und demonstrierte sie an Hand von Diapositiven. Es konnte manchmal methodisch ganz unkonventionell zugehen; so erinnert sich der Königsberger Hörer Paul Schulz:

Seine Grünewald-Vorlesung begann W.W. damit, dass er zunächst einmal stumm oder nur mit knappen äußeren Angaben Lichtbild auf Lichtbild an die Wand projizierte und seine Hörer dazu aufforderte,

»sich in diese Gestaltungswelt einzusehen und mittels einer intensiven Anschauung schon einmal selbst zu versuchen, eine Antwort auf die Frage zu finden, welcher Art wohl die künstlerischen Kräfte gewesen sein mögen, die sich hier ihren Ausdruck geschaffen hatten. Und erst wenn er auf diese Weise eine selbständige Neugier geweckt hatte, ging er daran, von sich aus eine Antwort auf diese Fragen zu geben. Und dann genügten allerdings unter Umständen nur wenige Sätze, um vor den Hörern d i e erhellenden Perspektiven aufzureißen und die form- und geistesgeschichtlichen Zusammenhänge erahnen zu lassen, die hier in Betracht gezogen werden müssen. Und die Stunde, die mit einem nur optischen Sicheinsehen begonnen hatte, schloß für den beglückten Hörer meist mit einem wirklichen, d.h. auch geistigen Einsehen.«

Hier ist präzise Worringers Ziel beschrieben: Geist sehen lernen, vermittelt auch durch eine eigenwillige schöpferische Sprache. Die Seminare und Übungen hielt er, wie damals üblich, gemeinsam mit seinen Assistenten ab: mit dem ihn seit 1935 begleitenden Dr. Erich Fidder sowie Dr. Alfons Rowinski, seit 1939 als alleiniger Assistent. Zwei junge Wissenschaftler müssen noch erwähnt werden, die W.W. bereits 1935 und 1936 promoviert hatte: der eine war Dr. Gerhard Strauß (Jahrgang 1908), ein linker Sozialdemokrat, der 1932 zur KPD übergewechselt war und den die Worringers 1933 zeitweise verstecken mußten; ihm hatte W.W. eine Stelle beim Denkmalamt in Königsberg verschafft. Der zweite, der zu nennen ist, war nicht gerade sein Schüler, aber W.W. war an seiner Promotion beteiligt gewesen: der Germanist Dr. Hans Ernst Schneider (Jahrgang 1909), Mitglied der NSDAP und der SS, seit 1938 tätig im Rasse- und Siedlungshauptamt der SS in Berlin im Range eines Hauptsturmführers; er war der Schwager von Erich Fidder und wird 1945 als Hans Schwerte wieder die Weltbühne betreten. Auch W.W. hatte also zeitweise einen politisch recht bunten Haufen um sich; Strauß und Schneider werden noch einmal im Leben von W.W. auftauchen.

Doch ist die Frage noch nicht geklärt, wer denn eigentlich die Hörer von W.W. regelmäßig Dienstag und Freitag von 18.00 bis 19.00 Uhr im großen, voll besetzten Hörsaal des Instituts gewesen sind, da doch das Fach *Kunstgeschichte* weder kriegs- noch examenswichtig war. Also traf man nur wenig männliche Studenten *auf Urlaub* an, wohl aber Studentinnen im Haupt- und Nebenfach und viele *ältere Semester* tout le monde aus Königsberg und Umgebung, die zwar keine Kolleggelder zahlten, aber wie sich zeigen wird, auf andere Weise für den Meister sorgten. Sie alle kamen aus Begeisterung für den Mann und die Sache. Es hatte sich namentlich im Krieg herumgesprochen,

»*daß Professor Worringer in seinen Kollegs über die Großen der Kunstgeschichte souveräne Beherrschung des Stoffes mit lebendigstem Vortrag, gutes Bildmaterial mit überströmendem Ideenreichtum verband. Hier zählten nur Werte künstlerischer, humanitärer Art, ohne Konzession an das, was die befohlene öffentliche Meinung draußen als Wert setzte. Es fiel hier zwar kaum ein direktes politisches Wort und es durfte auch schon deshalb nicht fallen, weil weder Vortragender noch Hörer wissen konnten, ob nicht Spitzel im Auditorium saßen (sie haben in der Tat gelegentlich dort gesessen!); aber es gab alles andere als eine Liebedienerei gegenüber dieser öffentlichen Meinung, sondern nur ihr kühles Ignorieren, verbunden mit einem um so leidenschaftlicheren Betonen der alten abendländischen Kulturwerte.*« So erinnerte sich der bereits zitierte Paul Schulz.

Was da geschah, kann man gezielt demonstrierte Bildungsbürgerlichkeit als Form einer gar nicht mehr versteckten Regimegegnerschaft nennen! Am 25. Mai 1944 schrieb W.W. Maruschka Jenisch über die gerade begonnene Vorlesung im Sommersemester: »*Vor meinem Kolleg wird immer noch kinomäßig Schlange gestanden und durch die verstopften Gänge komme ich kaum zum Katheder.*« Als er dann am Freitag, dem 4. August, von 18 bis 19 Uhr seine letzte Kollegstunde über Rembrandt hielt, wußte zwar niemand, daß es die letzte in Königsberg sein würde, aber mancher mag es geahnt haben. Mehr noch: es war wie ein *Gruß nach vorn* – das Ende des *Dritten Reiches* schien für viele, die W.W. zuhörten, absehbar. Und alle setzte die Frage zu: Was würde dann kommen? W.W. notierte in seinem Tagebuch: »*Katastrophale Fülle*« und berichtete später dem Freund Curtius, daß diese Vorlesung der »*Rekord*« seiner ganzen 35jährigen Lehrtätigkeit gewesen sei.

W.W. war bestimmt nicht der einzige Professor, der seine Vorlesungen thematisch nicht entsprechend den Ankündigungen beendete. Darauf aufmerksam gemacht, als er (z.B. später in Halle) in seiner Vorlesung über Dürer nicht über den jungen Dürer hinausgekommen war, antwortete er erstaunt: »*Ich bin noch nie mit einer Vorlesung fertig geworden.*« Dafür hatte er stets ein wörtliches, in seiner schönen Handschrift gestaltetes Rede-Manuskript, das jeweils zu den Vorlesungen abgefaßt worden war; er konnte es so vortragen, als ob er es gerade eben formulierte. *Fertig* wollte er jeweils in ganz anderer Weise werden, und er wurde es: mit der Vermittlung seines exemplarischen Lehrens und seiner von kultivierter Humanität geprägten Wertmaßstäbe. Gegenüber Studenten äußerte er sich über deren Arbeiten fast immer irgendwie lobend; als dies einmal selbst seinen Assistenten zuviel wurde, wandte W.W. ein, er könne doch nicht den Studenten entmutigen. Wie er sich selbst immer wieder Mut machte, so verhielt er sich gegenüber anderen, Schwächeren noch, als er es oft war.

Mut machte er offensichtlich auch den französischen Kriegsgefangenen, an deren *Universitätsgründung* er sich beteiligte, und was als anregende Abwechselung gedacht war, wurde zu einer Aufgabe. M.W. berichtete darüber an Ilse Curtius im Dezember 1941:

»*Irgendwo hier in der Provinz ist ein großes französisches Gefangenenlager. Darin sind 2000 franz. Akademiker, Dozenten und Studenten. Die haben nun eine Universität eröffnet – Hörsaal für 400 Personen –; fast alles aus eigenen Kräften bestritten. Nur einiges Wenige fehlt ihnen. Da haben sie eine Wunschliste aufgesetzt – u. nun hilft die hiesige Universität mit Einzelvorträgen über diese fehlenden Fächer aus. Da Kunstgeschichte auch auf der Wunschliste stand, hat WW (sic) unterdessen schon einen zweistündigen Vortrag über Bamberger Plastik dort gehalten – auf französisch! Die Resonanz war erfreulich; soviel frische Begeisterung hatte WW lange nicht mehr erlebt. Und jetzt kommen immerzu Zuschriften aus dem Lager; fast sind es Abhandlungen – so lebendig ist die Auseinandersetzung mit dem Gebotenen. Nach dem Vortrag spielten die Franzosen einen kleinen Molière; es muß entzückend gewesen sein; WW kam ganz berauscht zurück.*«

In diesem Berauschtsein drückte sich gewiß auch die unterdrückte Sehnsucht nach kultivierter Humanität aus, die W.W. in seinem hermetisch gewordenen Dasein im *Dritten Reich* so schmerzlich vermissen mußte. Bewußt wurde ihm das wohl auch, als Kollegen, Freunde und Schüler ihren Respekt vor dem *Meister* und ihre Zuneigung zu ihm an seinem 60. Geburtstag am 13. Januar 1941 durch eine Festschrift, zunächst in Manuskriptform, bekundeten: *Neue Beiträge deutscher Forschung*. Die Autoren bildeten eine Art Versammlung von Unangepaßten: Paul Clemen, Ernst Robert Curtius, Paul Hankamer, Richard Hamann, Heinz Heimsoeth, Guido Kaschnitz von Weinberg, Walter F. Otto, Paul

Ortwin Rave und Wilhelm Waetzoldt seien genannt. Mehr noch: mit einem, Ernst Robert Curtius, sah W.W. sich in einer »*Erlebnisgemeinschaft*«, erfüllt von »*Erinnerungsheraufbeschwörungen*« aus einer Zeit, »*die ›unsere‹ war.*«

Mit verlegenem Stolz und zugleich komisch berührt nahm W.W. die Festschrift entgegen, wie er Curtius offenbarte: »*Eine Festschrift ist doch ein so ausgesucht feierliches akademisches Bekleidungsstück … ich aber, in meinem mir angeborenen und unauslöschbaren akademischen Outsidergefühlen: wie soll ich mich dieses pompösen Ehrengewandes nicht reichlich genieren!! Was nicht ausschließt, dass ich auf diese Verwechslung heimlich recht stolz bin und nur dem Weisen sage, wie mein wahres Gewissen dabei ist.*«

Im Friedensgewand eines stattlichen Buches – 235 hochformatige Seiten mit 90 Abbildungen – erschien die Festschrift erst zwei Jahre später, ohne den Beitrag von Hankamer. Die staatliche oder universitäre Instanz, die die Druckkosten bezahlt hatte, hatte dies zur Bedingung gemacht. Um so mehr freuten sich die beiden Worringers, daß Hankamer sein ebenfalls 1943 erschienenes Buch *Spiel der Mächte* über den sechzigjährigen Goethe »*Martha (sic) und Wilhelm Worringer*« gewidmet hatte, ein Buch, von dem W.W. ganz begeistert war und M.W. sowieso.

Der Königsberger Indologe Helmuth von Glasenapp, einer der bedeutendsten Gelehrten seines Faches, schrieb in seinem Buch *Meine Lebensreise*, daß es in Königsberg zwei Mittelpunkte gegeben habe, in denen sich die antinationalsozialistisch eingestellte kulturelle Elite der Stadt sammelte: einen um die Ärzte Piontek und Weisenberg und der andere um den »*große(n) Kunsthistoriker Wilhelm Worringer*«. Dessen Kreis erweiterte sich im Krieg; allerdings hatten einige – wie bereits berichtet – zu Beginn des *Dritten Reiches* Königsberg verlassen müssen, andere waren dann kriegsbedingt abwesend. Zu dem fest zum *inneren Widerstand* entschlossenen Freundeskreis literarisch und künstlerisch Tätiger im Umkreis der Universität gehörten nun Hermann und Mia Brachert, der Prediger der Königsberger Baptistengemeinde Rufus Flügge und seine Frau, die promovierte Juristin Marianne (Mani) Flügge-Oeri, eine aus Basel stammende Schweizerin, Helmuth von Glasenapp, Hanns und Carlotta Hopp, Lina Jung, Claire Ritzki, Lisa von Küchler, die Frau des Generalfeldmarschall Georg von Küchler, die 1937 mit ihrem Mann nach Königsberg gekommen war und über Königsberg hinaus als leidenschaftliche lautstarke Gegnerin des Nationalsozialismus bekannt wurde, und ihre jüngere Freundin Barbara, die Frau des Generalarztes

1939–1944

Hermann Kayser, der in Stalingrad in Gefangenschaft geriet, Robert und Susanne Liebenthal, Walter F. Otto und seine Frau, Alfred und Dorle Partikel, Karl Pempelfort, Regisseur und Dramaturg am Königsberger Theater, und seine Frau, der Osteuropa-Historiker Werner Philipp und seine Frau, die Kinderärztin Gertrud Philipp, Eberhard Sarter und seine Frau, Traute Schellwien, der Arzt Kurt Tiefensee und seine Frau Bertl.

Im Maße ihrer Möglichkeiten war bei den informellen Treffen aus gesellschaftlichen Anlässen, bei gegenseitigen Besuchen und in den Vorlesungen von Worringer, Glasenapp und Otto auch Marie Agnes Gräfin Dohna-Tolksdorf dabei, die befreundet war mit der Ärztin Else Court, der Nichte von M.W. Hin und wieder gesellte sich auch der Generalfeldmarschall dazu, gelegentlich sogar mit Ordonnanz (die sich dann schon mal, etwas betrunken zwar, z.B. bei der Feier von W.W.s 60. Geburtstag, über das Ende des ohnehin bereits verlorenen Krieges ausließ). Küchler war, nach den bisherigen Forschungen über ihn zu urteilen, ein traditioneller konservativer Berufsoffizier, mit innerer Distanz zum Nationalsozialismus (also in Übereinstimmung mit seiner Frau!). Er gehörte zu den maßvollen »*Eroberern von Paris*«, hat sich dann aber nach dem Überfall auf die Sowjetunion als Oberbefehlshaber der Heeresgruppe Nord, die Leningrad belagerte, nicht den Anforderungen der verbrecherischen Kriegführung der nationalsozialistischen Führung entzogen, so daß er im Nürnberger OKW-Prozeß 1948 verurteilt wurde.

Einige Informationen erlauben den Schluß, daß sich der Kreis nicht nur auf interne Diskussionen, Meinungs- und Informationsaustausch und Hilfe bei der Bewältigung des immer schwieriger werdenden Kriegsalltags beschränkte. So scheint sich namentlich Lisa von Küchler hinter dem Schutzschild der Funktion ihres Mannes mehrfach für Verfolgte eingesetzt zu haben; aber auch die Worringers trugen – wie noch zu zeigen sein wird – dazu bei, Verfolgungen zu verhindern oder doch Verfolgten zu helfen. Dies wirft die Frage auf, warum der Kreis um W.W. von der Gestapo zwar observiert, aber nicht selbst verfolgt wurde; die einzige Ausmahme blieb Else Court, deren Schicksal noch erörtert werden wird. Da alle einschlägigen Akten verlorengegangen sind, kommen Erklärungsversuche über Vermutungen nicht hinaus. So könnte der nationalsozialistische Rektor der Universität, H.B. von Grünberg, Nachsicht gegenüber dem aus damaliger Sicht strafbaren Verhalten der ihm Untergebenen geübt haben; die Unangreifbarkeit der Stellung von Küchlers könnte sich ebenfalls schützend ausgewirkt haben. W.W. glaubte bis zum Ende seines Lebens an ein Wunder! Im Nachhinein bekannte W.W. seinem emigrierten Freund Erich von Kahler, daß er sich, wenn er an Königsberg denke, »*auch an eine fruchtbare akademische und über-akademische Wirkung gerade in den zwölf Jahren*« erinnere: »*Sie werden ahnen was das heisst! Wie der Reiter über den Bodensee schaue ich nachträglich darauf zurück.*«

Auch M.W. fiel – wie nicht anders zu erwarten – mit dem Kriegsausbruch in ein tiefes schwarzes Loch. Doch lange hielt sie es in dieser Stimmung nicht aus, wie aus dem Brief an Ilse Curtius von Ende November 1939 hervorgeht:

»*Ich arbeite auch; erst wollte es gar nicht gehen; mich zwingt ja auch niemand. Und so blieb mir Zeit zu denken, wie sinnlos das alles jetzt ist. Aber dann war doch wieder irgendetwas in mir stärker wie die Einsicht in die Sinnlosigkeit – und seitdem bin ich wieder viele Stunden des Tages in meinem kleinen Atelier. Leider wird alles wieder ganz düster, was ich tue; ich war doch gerade so froh gewesen, daß die Dinge angefangen hatten, sich aufzulichten.*« Am 31. Januar 1940 konnte sie dann Ilse Curtius schreiben: »*Ja, und nun muß ich auch noch gestehen, daß ich trotz Januar-Krise einiges gearbeitet habe. Einmal, ich glaube noch im November, kam jemand zu uns und erzählte aus Polen. Ich hörte, erstarrt vor Schrecken, zu. Ich glaube, es war zuviel um mit Mitleid reagieren zu können. So wurde ich kalt und sah nur Bilder; eins nach dem andern. Die haben sich mir irgendwie festgesetzt u. ich brauchte sie nachher nur abzuzeichnen – und zu mildern. Ich glaube, ich bin bald damit fertig; das wäre mir recht. –* «

So entstand jener Zyklus von Kreidezeichnungen, über den der unbekannte Autor einer Studie über M.W., die sich in Manuskriptform auf 5 1/2 Seiten im Nachlaß der Künstlerin fand, uns unterrichtet. Die Beschreibung erlaubt den Schluß, daß M.W. nach 1945 dem Thema einige Varianten gewidmet hat. Wie schon so oft fesseln Frauen und Kinder den Blick des Betrachters, bestimmend wirkt *eine* Frauengestalt. Der unbekannte Autor kommentierte den Zyklus:

»*Natürlich ist in den 3 Zeichnungen ein tendenziöser Gehalt verborgen. Sie sind eine Anklage gegen eine Gesellschaftsordnung, die Kriege für ein notwendiges, durch nichts zu bannendes Übel hält, ja schlimmer als das, für ein Geschehen, das einer Zeit Größe gibt. (...)So wirft die Frau und Mutter Martha (sic) Worringer ihr ganzes Sein in die Wagschale der Gestaltung und fügt der künstlerischen Arbeit das Gewicht ihrer gesamten menschlichen Erfahrung hinzu, worunter notwendig auch das soziologisch-politische Problem fällt.*«

Aus dieser Studie und spärlichen Bemerkungen der Künstlerin in ihrem Tagebuch, das sie seit Silvester 1942/43 führte, läßt sich auch entnehmen, daß M.W. kleine Ölbilder gemalt hat, »*die die warme, ruhige*

Heiterkeit des Strandlebens darstellen« – Niddens, wie man wohl mit Sicherheit hinzufügen kann. Erwähnt werden auch Stickereien; die Künstlerin selbst nennt Ostern 1943 jene über die Jakobslegende, die sie allerdings erst im August 1945 vollendete. Im Vordergrund der Studie des unbekannten Autors standen jedoch die farbig gestalteten Portraits: Bei Lisa von Küchler wird deren *»Lebensmelancholie«* durch *»graue Tonigkeit«* zum Ausdruck gebracht; bei Barbara Kayser hingegen durch *»glänzendes starres Blau« »das Triebhafte«*; Claire Ritzkis Wesen erscheint widergespiegelt *»in zarten rosa goldenen Pastelltönen«*, Traute Schellwiens *»hilflose Scheu«* vor dem Leben ist ebenfalls in Farben erfaßt, die allerdings nicht bezeichnet werden. Das 1944 entstandene Portrait von Dorothee Poelchau wird nicht erwähnt; möglicherweise war es bei der Abfassung der Studie noch gar nicht vorhanden. Eindrucksvoll fand der Autor auch die Portraits der Männer: W.W., Paul Hankamer und Rufus Flügge. Aber der Autor meinte doch zu erkennen, *»daß sie Frauen durchweg einheitlicher, in sich geschlossener sieht und darstellt als Männer. Es erweist sich, dass der Blickpunkt Martha Worringers im Gefühlsmässigen, ja sogar noch tiefer, noch geheimnisvoller im dumpf Vitalen liegt. Die Erfassung der Persönlichkeit wird erst im letzten Augenblick intellektuell analysierend vorgenommen. Es ist klar, dass eine solche künstlerische Schaffensweise dem weiblichen Wesen unbefangener gegenübersteht als dem männlichen. Man könnte sagen, sie erkennt die Frau auf Anhieb, den Mann nach einer Zergliederung, wobei die darauf folgende Synthese selbstverständlich anders wirken muß, als wenn ein Bild von vornherein gleichsam in einem einzigen seelischen Arbeitsgang geschaffen ist.«*

Von dem Werk von M.W., über das solche Aussagen getroffen wurden, ist wenig übriggeblieben, wie das Werkverzeichnis ausweist, und auch dies ist mühsam genug in den letzten Jahren zusammengetragen worden. Fast alle Bilder und Zeichnungen verbrannten in Königsberg (u.a. bei den Jung's und den Flügge's), wie M.W. am 24. September 1944, nun bereits in Berlin, in ihrem Tagebuch vermerkte: *»Ich würde sie gleich neu malen, wenn ich mein Atelier hätte. Werde ich jemals wieder eins haben? Skizzenbuch und Bleistift habe ich hier – u. so fange ich an, ein wenig zu zeichnen.«* Noch immer (für immer?) harrt die Kunst von M.W. der sicheren Einordnung durch die Kunstinterpreten. Daß sie einst vom Expressionismus stark beeinflußt wurde, sagt wenig über ihr weiteres Werk aus. So bleibt mangels eigener Kompetenz hier nur die Wiederholung der Deutung jenes Unbekannten übrig: *»Immer senkt die Künstlerin Martha Worringer das Lot sehr tief, wenn es gilt, im Vergänglichen das Ewige, im Einmaligen das ganze Sein zu gestalten, und immer trifft* *sie den Wesenskern und gestaltet ihn mit dem Ernst und der Leidenschaft, die ihr eigenes Wesen ausstrahlt.*«

Nach dem Tod von Brigitte und mit der Rückwendung zu den Lebenden verstärkte sich bei M.W. die Neigung zur anhaltenden *Bewachung* der ihr noch verbliebenen Töchter. Dieser Zug zur emotionalen und faktischen Protektion erhielt nun im Krieg eine erweiterte Dimension. Nun wurden auch noch der Schwiegersohn Hans und die beiden Enkel Thomas und Susanne und noch mehr als sonst schon W.W. in das Bedürfnis zu beschützen einbezogen. Als der Luftkrieg begann, wurde es in der Familie zur Selbstverständlichkeit, daß man sich nach einem Luftangriff, wo immer man sich befand, telegraphisch oder telefonisch zu melden hatte. Als Renate sich darauf einzustellen hatte, daß ihr Mann zum Militärdienst eingezogen werden würde, was auch mehrfach mit Unterbrechungen geschah, verlor sie oft ihr seelisches Gleichgewicht und kam mit ihren Lebensumständen nicht so ganz zurecht. M.W. kritisierte insgeheim ihre Tochter*: »Sie hat doch alles zu sehr auf eine Karte gesetzt. Sie hat sich dem Hans ganz verschrieben u. so ging ihr ihr eigenes Zentrum verloren, aus dem sie leben könnte. Ob ihr das nachwachsen wird? Das wird ein schmerzhafter Prozeß sein. Sie tut mir leid u. ich bin in Sorge um sie.*«

Unschwer ist zu erkennen, daß M.W. in dieser Aussage das Gegenbild ihrer Ehe versteckt hat. Dennoch nahm sie unverdrossen während des Krieges, auch in bedrohlichen Situationen, mehrfach die fast mehr als zehn Stunden lange Reise von Königsberg nach Berlin und zurück auf sich, um Renate Schutz zu geben und die Enkelkinder zu »*hüten*«, dazu Lämmer und Enten... Und hätte doch lieber »*den Lukas*« gehütet und fand sich über W.W.s Zustand beunruhigt. Einmal hatte sie der Verlockung, an den Rhein und den Bodensee zu reisen, dahin wo die Fülle der Natur und die der Kultur sich gegenseitig zu steigern vermochten, widerstanden, einfach W.W.s wegen, den sie in Königsberg hätte zurücklassen müssen, der aber »*allein in diesem Kampf ums Dasein verzweifeln*« würde. Wenn überhaupt, so könne sie erst kommen, wenn dieser in München sei, wie sie Ilse Curtius, die sie eingeladen hatte, im Januar 1940 wissen ließ.

Renate übrigens hat tapfer und mit weitem Herzen nicht nur für die Ihren, sondern auch für *Fernere* ihr Leben einzurichten gelernt: Sie gehörte mit ihrem Mann zum Kreis um den Tegeler Gefängnispfarrer Harald Poelchau, der auch untergetauchten Verfolgten das Überleben zu ermöglichen suchte. Paul Hankamer, der die nunmehr bald dreißigjährige Ehefrau und Mutter von zwei Kindern beim 60. Geburtstag ihres Vaters und ihrer Mutter im Januar 1941 in Königsberg wiedertraf, notierte in seinem Tagebuch gleichsam eine versteckte Huldigung: »*Renate Worringer-Schad berührte mich tiefer. Ihre Erzählungen ironisch = gütig, aber nicht ohne tiefen Schmerz – lassen mich Dinge erkennen, die ich bei der Drei-Groschen-Oper-Jugend hätte voraussehen können: Die Angst vor der Kälte der Welt; das ist ihr bewegendes Motiv gewesen. (Eine ›bürgerliche‹ Form der Ahnung, das nun die Zeit der Weltkriege kommt?) Darüberhinaus: Renate die typische, reine Frau...*«

Es war Lucinde, um die sich die Mutter am meisten sorgte, die sie unaufhörlich behüten wollte. In fast jedem Brief und jeder Tagebuch-Aufzeichnung gibt es das Stichwort »*Lucinde*« oder »*Lukas*«; dabei kennen wir ja nur einen Bruchteil der Briefe, die sie geschrieben hat. Warum die *Lukas-Fixierung?* Man kann es nur vermuten: Schuldgefühle, in einigen für das Erwachsenwerden von Lucinde wesentlichen Jahren nach dem Tod von Brigitte »*versagt*« zu haben (ein Wort, das sie oft benutzte); das jüngste Kind, seit Geburt an von labiler Gesundheit, bedurfte erhöhter Aufmerksamkeit – nicht noch ein Kind verlieren! war die sie ständig begleitende grausame Warnung. Und es war ein Kind, das ihr ein einer Hinsicht außergewöhnlich erschien: War Brigitte gewissermaßen fertig auf die Welt gekommen, war Renate in ihren Wesenszügen dem Vater nachgeraten, konnte sie bei Lucinde zunehmend so viel von sich und zugleich so viel von dem Vater entdecken, was ihr in Kenntnis beider nicht ungefährlich erscheinen mußte. W.W. fand ein Bild für das Verhältnis von M.W. zu ihrer Tochter, das viel Erklärungskraft besaß: die Nabelschnur zwischen beiden war nie und wurde nie abgeschnitten! M.W. selbst hat Jahre, ja Jahrzehnte später nach der Durchsicht ihrer alten Tagebücher etwas fatal berührt festgestellt, daß sie so unentwegt über Lucinde geschrieben habe, und sich gefragt, was sie damit der Tochter eigentlich angetan haben könnte.

Lucinde hatte seit dem 1. Oktober 1938 die Immermann-Schauspielschule in Düsseldorf besucht und begann mit dem Kriegsausbruch quasi ihr 2. Ausbildungsjahr »*mit der gleichen Besessenheit dabei*«, wie M.W. feststellte. Weihnachten 1939 war sie zur Freude ihrer recht einsam gewordenen Eltern wieder zu Hause, und der Kommentar der Mutter dazu in einem Brief an Ilse Curtius kann pars pro toto gelten: »*Da war nämlich Lucinde hier, leider nur für wenige Tage; und wenn dieser Irrwisch im Hause ist, bleibt mir nicht Raum und nicht Zeit in Ruhe einen Brief zu schreiben. Ja und dann fuhr sie am Neujahrstag wieder fort und dann sank ich ab.*« Dies nicht nur, weil die Tochter fortfuhr, sondern weil der Januar überhaupt ihr »*gefährlichster Monat*« war und zudem in Königs-

Lucinde Worringer
als Schauspielerin in Warschau,
1942

berg seit Weihnachten eine eisige Kälte herrschte um minus 22°, ja, die Temperatur fiel zeitweise auf minus 32°.

Ende Juni 1940 legte Lucinde ihre Prüfung »*mit gutem Erfolg*« ab; zusätzlich enthielt das Zeugnis die Bemerkung: »*Lucinde Worringer zeigt eine überdurchschnittliche Begabung, die sie auf das Fach der Jugendlichen Liebhaberin und Charakterdarstellerin hinweist.*« Im dramatischen Fach waren ihre Lehrer Dr. Peter Esser (bereits zu Louise Dumonts Zeiten an der Schule tätig), Hanskarl Friedrich (später Göttingen) und Ilde (sic) Overhoff. Manche auch politische Klippe hatte die Drei-Groschen-Oper-Jugendliche umschiffen müssen, aber nun war sie »*Mitglied der Reichstheaterkammer, Fachgruppe Schauspieler und Sänger*« geworden und konnte als Beruf Schauspielerin angeben. Nicht nur das, sie konnte den Beruf auch ausüben. Zum 16. September 1940 begann ihr Engagement »*als Anfängerin im 1. Jahr Jugendliche Charakterrollen*« am Stadttheater Landsberg an der Warthe, der Stadt, über die Christa Wolf so viel im *Kindheitsmuster* erzählt hat; ihr Gehalt betrug 100.- Reichsmark pro Monat.

Die Mutter, die vor Weihnachten 1940 die junge Schauspielerin in Landsberg besuchte, fand sich dort gemessen am gewohnten Qualitätsanspruch mit sehr merkwürdigen Stücken konfrontiert. »*Aber Lucinde arbeitete daran mit einem Ernst, als ob es um große Dinge ging. Und so muß es wohl sein*«, teilte sie Ilse Curtius mit. Der Eifer der Anfängerin wurde belohnt, denn sie wurde von der Theaterkritik mehrmals hervorgehoben: »*... man verfällt in Lachkrämpfe bei dem enfant terrible des bäuerlichen Käthchens einer Lucinde Worringer*« hieß es in einer Kritik von Shakespeares Lustspiel *Wie es Euch gefällt*. Weihnachten 1940 blieben die Eltern allein zu Haus – die junge Schaupielerin mußte im Weihnachtsmärchen die Hexe spielen, und ihre Freizeit reichte nur zu einem Besuch der Schwester in Berlin.

Von Mai 1941 bis Ende Juli 1942 blieb Lucinde ohne Engagement; sie ging, um theaternah zu bleiben, nach Berlin, wo sie bei den Königsberger Freunden Jenisch wohnte. Sie nahm weiteren Unterricht, arbeitete halbtags in einer Buchhandlung am Olivaer Platz, die dem Mann ihrer neuen Freundin, Susanne Kerckhoff, gehörte, und versuchte japanischen Diplomaten Deutsch beizubringen. Sie fand damals Anschluß an einen Kreis junger Leute, die einen gewissen Sport darin an den Tag legten, sich, wo immer sich dazu die Gelegenheit bot, antinationalsozialistisch zu verhalten; die beiden Kerckhoffs gehörten dazu, der Halbbruder von Susanne K., Wolfgang Harich und wohl auch am Rande der blutjunge Rudolf Augstein.

Bereits Ende Februar 1942 erhielt Lucinde die Zusage für ein Engagement am Theater der Stadt Warschau für die »*Kunstgattung Individuell*« ab 1. August 1942 mit einer Gage von 300,- Reichsmark (im 2. Jahr 350,-) zuzüglich 200,- Reichsmark Trennungsgeld pro Monat – alles in allem kein geringes Salär für die damalige Zeit. Das Warschauer Theater diente zwar schwergewichtig der Truppenbetreuung, versuchte jedoch unter dem Intendanten Franz Nelkens ein künstlerisches Niveau zu halten. Die junge Schauspielerin wußte natürlich, daß in Warschau keine Blütenträume reifen konnten, und es fiel ihr sichtlich nicht leicht, das breitgefächerte Repertoire eines Drei-Sparten-Hauses (Spielen, Singen, Tanzen) mit der für sie in ihrem Beruf selbstverständlichen guten Lust und Laune zu erfüllen. Aus dieser Zeit ist ein Brief von W.W. vom 26. Oktober 1942 überliefert, in dem er viel tiefgehend Reflektiertes über Lucinde, ihre Mutter und auch über sich selbst aussagte:

»*Es wird Dir, lieber Lukas, gestern Abend gerade so wie uns gegangen sein: einerseits Freude über das plötzliche Ganznaherücken, andererseits (und deshalb) doppeltes Leiden an dem Sonstgetrenntsein. Als Gesamteindruck von der Entstehungschichte dieses überraschenden Telephonats blieb mir: du suchtest in einem akuten Anfall von Heimweh (anders ausgedrückt: von angewachsenen dortigen Heimatlosigkeitsgefühlen) nach einem Ventil! Und du kannst dir denken, wie ich da mit Mitleid reagierte. Allerdings mit ohnmächtigem. (...) ja, wie kam es zu dieser Akutisierung des Heimwehs? Ich kann es mir gut vorstellen! Einmal die Labilität, in die dich die gerade jetzt so unangebrachte Angina gebracht hatte (sie nahm dir den Rest von Widerstandskraft gegen die weiteren und näheren Umweltbedrückungen) und dann hinzukommend eben jene Geschichte, die du andeutetest und die ich rätselratend mit einer Stunkgeschichte im Ensemble in Zusammenhang bringe, die zu plötzlichen Entlassungen und Beurlaubungen führte! Stimmt das? Es war sehr quälend für uns, an dem Rätsel dieser Andeutungen herumzuraten, zumal ja das Stichwort ›politisch‹ fiel, das uns natürlich allen Schrecken einzujagen imstande war. Hoffentlich habe ich Deine Aussage richtig verstanden: ›mich nicht betreffend‹. (...)*«

Ach die arme Nabelschnur der Mu; wie sie nach dem Gespräch vibrierte! Und fast hatte ich das Gefühl: auch Väter haben Nabelschnüre! Lukas, alle Blütenträume über Warschau haben wir längst begraben! Es kann jetzt für Dich nur darauf ankommen, inmitten dieser hoffnungslosen atmosphärischen Unerfreulichkeit (in jeder Beziehung!) durchzuhalten und den Mut nicht (auch nicht den für die Zukunft) zu verlieren. So schwer dir dies auch gemacht wird. Ihr lacht oft über mein Allheilwort vom ›sich organisch Entwickeln‹, aber es ist wirklich und ehrlich das Einzige, das ich in solchen Zeiten des Mißgeschicks vorzubringen habe und an dem ich mich halte und an dem zu halten ich auch den Betroffenen nur auffordern kann. Irgendwie hat jeder _sein_ Schicksal (das, was im Charakter schon vorgezeichnet ist) – und es kommt darauf an, dass man das bei allen scheinbaren Irrgängen immer heimlich spürt und darum aus einer Gläubigkeit indirekter Art auch ein vertrauensvolles Ja dazu sagt, wenn‹s schief geht. Im Bilderrätsel unseres Daseins stellen sich die schiefen Wege manchmal nachträglich als die richtigen heraus.

Aber ich weiss: es ist ein Kunststück, wenn‹s einem mies geht und wenn einem alles quer und programmwidrig geht und wenn man das Gefühl hat, alle Umstände und Verhältnisse haben sich gegen einen verschworen, dann noch solche Überlegungen und die daraus resultierende Überlegenheit über den Augenblick aufzubringen – ich wollte dir eigentlich nur sagen, wenn du's nicht kannst, tu ich's für dich!! Das ist dann doch vielleicht ein klein wenig Hilfsstellung! Wie oft habe ich selbst vom Glauben anderer leben müssen, wenn ich selbst keinen mehr aufbrachte.

Nun wirst du fragen: _woran_ ich denn für dich glaube? Da kann ich nur antworten: an den Sinn deiner Wege, auch wenn es Umwege sein sollten!

Also durch! Auch das Sichdurchfressen durch Enttäuschungen nährt den inneren Menschen und macht ihn stärker. Nur nicht schwindlich werden auf der Rutschbahn! Die nächste Kurve kann wieder hoch führen! Nur immer richtig in die Kurve _legen_: mag sie hinaus oder hinunter führen. Dieses Sich-in-die-Kurve-Legen nenne ich Schicksalsgläubigkeit, Glaube an _sein_ Schicksal!

Wie ein Vogel kamst du gestern auf einmal durch die Scheiben der Entfernung hineingeflogen! Und da hatten wir dich auf einmal eingefangen in den Händen und spürten nur wie dein Herz klopfte! Und keinen Ausweg gabs zu helfen – nur den des ohnmächtigen Mitgefühls.

Ich glaube, die Mu wäre am liebsten gleich drauflosgefahren nach Warschau. Für alle Fälle, Lukas, schick gleich so eine Bescheinigung: L.W. Tochter des usw. in K‹berg, Probstheidastr. 6 ist als Schauspielerin am ... Theater in Warschau engagiert. Oder so ähnlich! Als unbedingt benötigte Unterlage für ev. Einreisegesuch. Nicht vergessen! Es gibt der Mu eine andere Ruhe, zu wissen, dass sie jeden Augenblick, wenn's not tut, hinkann. Und dir wohl auch. Deiner Premiere am kommenden Samstag sehe ich mit aller angebrachten Gefasstheit und Illusionslosigkeit entgegen. Wär's erst so weit! Ich denke nicht gern an die Woche mit ihrem Auf und Ab, die du jetzt durchmachst. Aber das gehört nun mal dazu. An dem Kelch kommt *man nicht vorüber. Auch nicht an dem trüben Bodensatz, der hinterher wahrscheinlich bleibt.*

Nietzsche charakterisiert mal einen Menschenschlag (und sich selbst auch) mit den Worten ›Optimisten des Instinkts, Pessimisten der Erkenntnis‹. Wie dein lieber Vater gehörst Du auch zu diesem Menschenschlag, der es nicht leicht in diesem ständigen Kampf hat. Der kostet doppelte Spesen, aber es kommt vielleicht auch mehr dabei heraus. Jedenfalls: man hat die Chancen zum Stehaufmännchen! Und es kommt immer anders als man denkt. Früher war (und auch jetzt manchmal noch) mein Stichwort: la vie si bonne, jamais si mauvaise! Wie die Warschauer Dinge liegen und wohl auch liegen bleiben, kann ich dir im Augenblick wohl nur zurufen: jamais si mauvaise! (...)

Behalte dir bei allem Untertauchen in die collegiale Umwelt ein Reservat, wo du du bist und wo nur deine (die bis zu einem gewissen Grade auch unsere sind) Maasstäbe gelten lässt. Nicht entpersönlichen lassen durch Milieu und Chorgeist! Immer Zufluchtsmöglichkeiten zur letzten Instanz, zu deinem ›Ich‹ bewahren. (...)

Kurz und gut, ich mache mir nichts vor über die Unerfreulichkeit deiner Warschauer Existenz und ihren Stimmungsfolgen für dich und wie sie deinem Lebensoptimismus doch recht bitter zusetzt. Wir leben nun einmal auf einem verpfuschten Planeten und Warschau liegt auch auf ihm. Und an einer besonders unerfreulichen Stelle! Das weiss Gott!

Haltung, Haltung, Lukas! Nicht verschlampen! Weder äußerlich noch innerlich! Und nie vergessen, wie unberechenbar das Wunder ist!

So, jetzt habe ich meine überfüllte Nabelschnur genug ausgequetscht! Es kommt überhaupt nicht auf die Worte an, sondern auf den Ton! Und auf das, was man durch sie ausdrücken will und nicht kann! Aber du bist ja nicht schwerhörig! –

Heute Nachmittag gehen wir mit Frau Jung in den Bismarckfilm ›Entlassung‹ und hernach zu ihr zum Kartofelpufferessen. (...)

Meiner langen Rede kurzer Sinn: schreib dir in dein Tagebuch: jamais si mauvaise! Und dann wollte ich meine mitfühlende Hand etwas auf dein armes Heimweh legen. Damit du es nicht allein trägst.

Mit herzlicher Resignation und anderen gemischten Gefühlen grüsst dich nicht ohne Galgenhumor

Dein V.

Schick der Mu gleich ein LT über Deinen Gesundheitszustand! Du weißt ja, welche Sorgen sie sich (mit Recht oder Unrecht) bei dem Stichwort ›Angina‹ macht.«

In Warschau – in dieser Zeit – Theater spielen? Geht denn das? Kann, wie kann man das? Unter den Rollen, die die junge Schauspielerin zu spielen hatte, gab es nach ihrem Kunstverständnis nur wenige zufriedenstellende und anregende. Immerhin trat sie im Schillerschen *Don Carlos* mit dem Gast Paul Wegener als Philipp als Page der Königin auf; bei einer Aufführung von Lessings *Minna von Barnhelm* sollte ihr die Rolle der Franziska zufallen; den Tellheim sollte als Gast Paul Hartmann spielen, der dann aber absagte. Einzig in dem Stück von Herbert Reinekker *Nacht in Odessa* spielte sie die weibliche Hauptrolle der Annemarie, die ihr im Februar 1943 einen großen Erfolg bescherte: jung und stark, liebenswürdig und konsequent, tapfer und zugleich verletzlich. – Damit war die Phase des Durchhängens, die oft von Krankheiten begleitet gewesen war, darunter eine schwere Hepatitis, überwunden.

Dazu hatte beigetragen, daß Warschau damals 1942 bis 1944 nicht eine Stadt wie irgendeine andere europäische Hauptstadt war, die die Truppen des nationalsozialistischen Deutschland besetzt hielten; es war die Stadt mit dem großen Getto, in dem zeitweise in einem Drittel der Stadt etwa 500.000 Juden zusammengepfercht leben?, nein vegetieren mußten, ehe der größte Teil von ihnen in Treblinka ermordet wurde. Lucinde, nicht allzu weit vom Getto in der Kopernikusstr. 32/8 wohnend, hatte bald heraus, was dort vor sich ging; Polen, die sie inzwischen kennengelernt hatte und die ihr vertrauten, informierten sie, und sie gab die Informationen weiter, an die Eltern, an Schwester und Schwager, an die *sicheren* Freunde. Den Beginn des Getto-Aufstandes vom 19. April bis 16. Mai 1943 erlebte sie fast hautnah in einer grotesken Weise. Am Ostersonntag, dem 23. April 1943, schrieb M.W. an Ilse Curtius:

»*Lucinde kam gestern Abend für paar Urlaubstage – zu unserer Überraschung u. zu unserer großen Freude. Bei Schlachtenlärm hat sie W. verlassen! Schon seit 8 Tagen tobt eine Schlacht (mit Panzern und Flugzeugen auf beiden Seiten) zwischen der Stadt u. dem Ghetto! (das ein Drittel der Stadt einnimmt.) Bei der Strom-Premiere* (des Stückes von Max Halbe »Strom«. H.G.) *ließ man schließlich die nun lächerlich gering wirkenden Eisgang-Geräusche, weil sie ja doch vom Schlachtenlärm der Stadt übertönt wurden. Da aber die W.er an Schießen gewöhnt sind, wurde das Stück trotz allem zu Ende gespielt. Und Lucinde ist sogar trotz allem frisch u. froh und mit aller Entschiedenheit entschlossen zu leben (eine Entschiedenheit, die mich Ängstliche oft ängstigt). Und weil sie jung ist, freut sie sich ihrer Erfolge (wenn sie auch nicht über das G.G.* [=Generalgouvernement, H.G.] *hinausgehen) und freut sich mindestens ebenso über die Erhöhung ihrer Gage.*«

Einen Tag später, am Ostermontag ergänzte sie in ihrem Tagebuch: »*Lu-*

Jakobslegende,
Seidengarn auf Leinen, um 1943

kas erzählt Grausiges aus W.(...) – Trotz allem diesem scheint Lukas nun nicht ungern in W. zu sein. Sie hat jetzt Menschen dort, die an ihr hängen, hat Erfolg gehabt u. hat ein lebendiges Leben dort. Wird sie je wieder in ein bürgerliches, oder auch nur sensationsloses Leben zurückfinden?...«

Lucinde reiste in den zwei Jahren ihres Warschau-Aufenthaltes, so oft sie konnte, nach Königsberg (8 Stunden eine Strecke) und brachte den Eltern wie Ostern 1943 Nahrhaftes vom Warschauer Schwarzen Markt mit, nicht nur für die Eltern, sondern vor allem für die monatlichen Pakete an Else Court, die seit August 1942 im KZ Ravensbrück festgehalten wurde (*»das Stück Speck für Else«* 130 Mark). Vor allem aber fuhr sie immer öfter nach Berlin (fast 12 Stunden), wo sie die Schwester und die Freunde Kerckhoff besuchen konnte. Das war aber nicht der hauptsächliche Reisegrund: Sie war inzwischen Kurier, nahm in Warschau von einem polnischen Bekannten, der im Theater arbeitete, Briefe in Empfang und übergab diese bei Ankunft in Berlin einem Unbekannten. Lucinde hat nie erfahren, für wen sie arbeitete; sie wollte dies auch nicht wissen, weil sie sich selbst nicht einschätzen konnte, wie sie unter Folter reagieren würde, sollte sie einmal von der Gestapo gefaßt werden. Nach Berlin brachte sie auch Lebensmittel für die *U-Boote*, wie man die untergetauchten Verfolgten nannte. Der Aufkleber auf ihren Koffern *Artistengepäck* verschonte sie von Kontrollen. Die Nazis, so kommentierte sie später, dachten wohl: Schauspieler, so eine Art Narren, sind ungefährlich. Widerstand wollte sie das, was sie als selbstverständlich zu tun erachtete, nicht genannt wissen. Vielleicht wäre das Wort auch zu stark, aber aktive Opposition kann man ihr Verhalten schon nennen.

Dabei war es keineswegs so, daß sich Lucinde fortwährend dem schrecklichen Ernst des Lebens im Krieg ausgesetzt sah. Wie junge Menschen überhaupt nahm sie manches nicht ernst und setzte an die Stelle des Ernstes die jugendliche Leichtigkeit zur Überwindung des scheinbar Unüberwindbaren ein. Dazu gehörte ein etwas aufgelockertes bildungsbürgerliches Ambiente der Drei-Groschen-Oper-Generation (wie sich einst Hankamer ausgedrückt hatte): Theater, Kino standen sowieso auf der Liste der freiwilligen Nebentätigkeiten; die Lücke im Engagement nach Landsberg hatte sie mit weiterem Unterricht gefüllt, wie es üblich in ihrem Beruf war; ein bißchen Sekretariatsarbeit für Paul Wegener war auch ganz anregend. Und dann natürlich so Sachen wie Bars zur blauen Stunde im Halbdunkel besuchen, Cocktails schlürfen (man mußte allerdings die Adressen kennen), gut angezogen aussehen wollen, gelegentlich *mit den Waffen einer Frau* den Nazis in Uniform, auch in der der Wehrmacht, der SS und anderer Coleur *anzustrahlen*, an der Nase herumzuführen und aus ihnen wider ihren Willen Gutes für Verfolgte und Bedrängte herauszuholen, in Berlin oder in Warschau, seltener in Königsberg (das war für die Eltern zu gefährlich). Manchmal war es ein Spiel, aus dem im Handumdrehen hätte Ernst werden können, so jedenfalls vermitteln dies die Bemerkungen von Lucinde in ihrem *Lebensgeschichtlichen Interview.*

Ende 1943 lagen Lucindes Nerven blank, wie man den Bemerkungen ihrer Mutter in dem Brief vom 15. Dezember an Ilse Curtius entnehmen kann: »*Auch Lucinde wünschten wir uns froher. Aber es ist nicht leicht, in Warschau froh zu sein. Sie tut mir so leid, daß sie sich so quält mit diesen Dingen; und doch möchte ich nicht, daß sie ein weniger mitleidvolles und gerechtigkeitsliebendes Herz hätte. Nur müßte wenigstens ein künstlerischer Ausgleich da sein; aber der fehlt leider; an welchem Theater würde sie ihn finden? Sie drängt sehr von Warschau weg, ohne zu wissen, was an die Stelle kommen könnte. Zu Weihnachten kann Lucinde leider nicht kommen; es wird mir in solchen Tagen besonders schwer, sie zu entbehren.*« Anfang Januar kam sie dann doch nach Königsberg zu einem Erholungsurlaub: »*Sie war schnell erholt, sah gut aus, war voller Lebendigkeit u. bei allem Ernst u. Wissen doch heiteren Herzens. Meist – nur hier u. da konnte man ihre Bangigkeit vor dem Kommenden spüren. Die Stimmung ist in W. unheimlich; besonders seit die Russen die alte Grenze Polens überschritten haben. Und gerade an dieser Stelle hat ihr Vormarsch ziemliches Tempo*«, notierte M.W. am 16. Januar 1944 in ihrem Tagebuch.

Im März 1944 ging Lucinde dann, begleitet von ihrem damaligen Freund, dem Mediziner und Psychologen Karl Pintschovius, der bei der deutschen Abwehr arbeitete (und das Buch geschrieben hatte: *Die seelische Widerstandskraft im modernen Kriege*, Oldenburg 1936) nach Wien auf Engagementsuche. Dies setzte sie fort mit einer Reise ins Linksrheinische und hatte hier – wie ihre Mutter bemerkte, »*weinend an den Gräbern der Städte Köln und Düsseldorf gestanden*«. Sie blieb bis zum 30. Juni, dem Ende der Spielzeit, in Warschau und reiste sofort in Richtung Berlin ab, wo sie erst einmal erfuhr, daß ihr Koffer mit Wintersachen, den sie vorsorglich vorausgeschickt hatte, inzwischen bei einem Luftangriff verbrannt war. Als die Theater im September 1944 im Zusammenhang mit dem *Totalen Krieg* geschlossen wurden, stellte sich ihre Mutter die nur zu berechtigte Frage: »*Und wird Lukas je wieder an ihre Arbeit kommen?*«

Wie beider existentielle Befindlichkeit war, erhellt eine andere Eintragung im Tagebuch von M.W. im Mai 1944: »*Zum 15. Mai* (dem 10. Todestag von Brigitte. H.G.) *schrieb Lukas, daß sie ihren Blumen für den Has diesmal einen Glückwunsch beilegen möchte; einen Glückwunsch, daß der Has diese Zeit u. vor allem das, was uns jetzt noch bevorsteht, nicht mehr zu erleben brauche«* und M.W. fügte hinzu: »*Wie anders sahen Tode damals aus! Betreut und betrauert waren sie; u. heute? Dem privaten Schmerz ist inmitten all des Grauens kaum mehr Raum gegönnt.*«

Auch über den Kreis der engeren Familie hinaus begab sich in den Kriegsjahren einiges, das die Worringers empfindlich traf. Im Sommer 1941 starb in München nach 14tägigem Todeskampf Bertha Worringer mit 89 Jahren; W.W. und M.W. waren – gerufen aus den Ferien »*auf der geliebten Nehrung*« – in ihren letzten Lebenstagen bei ihr gewesen. Mit dem Tod von Bertha Worringer war gewissermaßen die Kölner Ära der Worringers endgültig zu Ende gegangen. W.W.'s jüngerer Bruder Adolf hatte bereits 1935 für das gemeinschaftlich seit 1913 mit seiner Mutter geführte Restaurant im Kölner Zoo den Bankrott anmelden müssen; genau so ging es mit den anderen in Köln von ihm bewirtschafteten Gaststätten *Bastei, Germania Café-Restaurant* und der *Pressa-Gastronomie* – zweifellos hatte er sich schwer verkalkuliert, und die Weltwirtschaftskrise hatte das ihrige dazu getan. Adolf Worringers Frau Olga (geb. Oppenheimer), die er 1913 geheiratet hatte, als sie bereits einen Namen als sehr begabte Künstlerin hatte, war eine Malmitschülerin von Emmy Worringer und M.W. gewesen, übrigens auch in München und Dachau, und war mit den beiden etwas Älteren, ihr Geburtsjahr war 1886, eng befreundet. 1916, nach der Geburt des zweiten Kindes, brach bei ihr eine schwere unheilbare Nervenkrankheit aus, so daß sie seit 1918 in der Heilanstalt Waldbreitbach bei Neuwied leben mußte. Die beiden kleinen Söhne, Robert, geboren 1914, und Ulrich, geboren 1916, wuchsen also ohne Mutter auf, wurden aber von der Großmutter und der Tante Emmy betreut. Erst 1935 oder 1936 ließ sich Adolf Worringer scheiden, mutmaßlich, weil er glaubte, seine *halbjüdischen* Söhne dadurch besser schützen zu können.

Olga Worringer wurde 1941 in das KZ Lublin-Majdanek abtransortiert und starb dort Anfang Juli angeblich an Flecktyphus; wahrscheinlich wurde sie umgebracht. Robert Worringer, der in Berlin in der Gastronomie des Schöneberger Rathauses arbeitete, wurde, denunziert von einem Kollegen, wegen Rassenschande verurteilt und kam ins KZ Buchenwald; Ulrich Worringer wurde zum Wehrdienst in einem der berüchtigten Strafbataillone 999 eingezogen. All dem gegenüber erschien es vergleichsweise harmlos, daß Emmy Worringer erst in Düsseldorf, dann in Berlin ausgebombt wurde und eine Zeitlang 1943/44 in Königs-

**Wilhelm Worringer als Denker,
Kohlezeichnung, um 1942**

berg bei den Worringers wohnte, bevor sie nach München zu Forells umzog.

Auch im nächsten Freundeskreis von M.W. ereignete sich etwas für sie sehr Belastendes: Ihre Freundin Constanze Bischoff geb. Bredo, die sie seit ihren ersten Malstunden kannte, hatte sich am 2. März 1940, dem Tag der Verurteilung ihres Mann, das Leben genommen. Ihr Mann, Carl Bischoff, ein bekannter Düsseldorfer Gynäkologe, war von einer Patientin wegen Hitler-feindlicher Äußerungen denunziert und zu acht Monaten Gefängnis verurteilt worden. M.W. berichtete dies alles am 19. April 1940 Ernst Robert Curtius: »*Sie war Malerin. Seit mehr wie 10 Jahren hatte sie ein Augenleiden, das sie fast hilflos machte, nur nicht am Malen hinderte. Es hätte bald zu völliger Blindheit geführt. Aber je weniger sie von ihrer Umwelt sah, umsomehr wußte sie von ihr. Das habe ich manchmal bei ihr bis zum Erschrecken erlebt. Wenn ich nach Jahren zu ihr kam..., merkte ich bald, daß ich nicht viel erzählen mußte: sie wußte von mir mehr wie ich. Auch war ihr Erinnerungsvermögen viel lebendiger und ungetrübter wie meines. Und da sie meine Eltern und meine Geschwister gut gekannt hatte und so ziemlich von allem wußte, was ich je erlebte, konnte sie mir immer ein Stück meiner Vergangenheit hervorzaubern. Jetzt, wo sie fort ist, ist mir als ob ein Teil von mir schon mit begraben wäre.*«

Mit dem Tod der Freundin und einige Monate später dem Schauspielabschluß von Lucinde war nun auch die M.W. besonders vertraute Düsseldorfer Verankerung an ihr Ende gekommen.

Ihr »*schwerstes Sorgenkind*« war jedoch für M.W. (und auch für W.W.) nunmehr die Nichte Else Court geworden. Sie war die Tochter der ältesten Schwester von M.W. und wurde am 22. Februar 1899 in Köln geboren. Nach dem Studium der Medizin u.a. in München übernahm sie in Köln eine Praxis: sie galt bereits seit ihrer Studienzeit als politisch linksstehend – ihr Vater pflegte über sie zu sagen: »*meine Tochter, der Bolschewik*« – und hat dem auch als Ärztin Ausdruck gegeben. Spätestens 1934 sah sie sich veranlaßt, von Köln wegzuziehen und sich als Ärztin in Benkheim bei Goldap/Masuren in der Nähe des Gutes der Dohna-Tolksdorf niederzulassen. Hier besuchten sie M.W. und Lucinde des öfteren, und Lucinde hat Else dabei nicht nur den Schnaps auszutrinken geholfen, sondern mußte das eine oder andere Mal als Begleiterin Krankenbesuche mitmachen, auch bei Geburten dabei sein in den armen Häusern, wo die Instleutefrauen noch auf dem Küchentisch liegend ihre Kinder zur Welt brachten. Else Court gehörte bis 1938 auch zu jenen, die die Familie Hans Littens dabei unterstützten, dessen Freilassung aus dem KZ zu erreichen; der Weg dorthin hatte über Brigitte Worringer, die ja ihre Cousine war, geführt.

Bei Kriegsausbruch oder etwas später wurde Else Court nach Memel versetzt, um die Praxis eines eingezogenen Arztes zu übernehmen. Von dessen Ehefrau wurde sie wegen Wehrkraftzersetzung denunziert und im Juli 1940 zu zwei Jahren Gefängnis verurteilt. Die Strafe war unverhältnismäßig hoch ausgefallen, weil möglicherweise – Prozeßakten fehlen – ihre politische Vorgeschichte und ihre Hilfe für die Littens aufkam und – so vermuteten es jedenfalls M.W. und auch Paul Hankamer – Lisa von Küchler, die Else Court gut kannte, gewarnt werden sollte. Else Court mußte ihre Strafe in Insterburg absitzen, befand sich zum Teil in Einzelhaft ohne Licht. Bereits Ende 1941 machte sich M.W. darüber Sorgen, was wohl mit ihrer Nichte geschehen würde, wenn ihre Zeit im Gefängnis abgelaufen war. Sie wurde in dieser Sorge nur allzu sehr bestätigt. Ende Juli 1942 wollte sie Else Court aus Insterburg abholen; sie konnte gerade noch sehen, wie diese in einen Transportwagen eingeladen wurde! Am 1. August 1942 wurde Else Court als politischer Häftling ins KZ Ravensbrück eingeliefert und erhielt die Häftlings-Nummer 12765.

Es gibt nicht viele authentische Informationen über die KZ-Gefangenenschaft von Else Court. Zunächst war sie, wie aus den Bemerkungen von M.W. in deren Tagebuch hervorgeht, ein einfacher Häftling, auch einmal »*in einem anderen Lager in der Oberpfalz*«, dann im Juni 1943 »*todkrank, dem Tode nahe*«. Ende Februar 1944 hieß es dann: »*Sehr gute Nachrichten von Else; es scheint, daß sie das Lager ärztlich betreut; das würde sie (von innen her) retten.*« Else Court gehörte also inzwischen, so kann man den Satz verstehen, zu den Häftlingsärztinnen. Ab Januar 1945 leitete sie dann – gemeinsam mit der *Krankenschwester* Marie Agnes Gräfin Dohna, die im November 1944 in Ravensbrück eingeliefert worden war – das Krankenrevier des benachbarten Siemenslagers. Es gibt einige Berichte von überlebenden Häftlingen vornehmlich osteuropäischer Herkunft, die sich über Else Courts Verhalten und Handeln als Funktionshäftling kritisch äußerten. Gemessen an der Realität des Lageralltags hat sie jedoch wohl versucht, mit den äußerst kargen Mitteln, die ihr als Ärztin zur Verfügung standen – wenn überhaupt welche zur Verfügung standen – zu helfen, überwiegend vergeblich. Und sie wird wohl, wie es andere Funktionshäftlinge ebenfalls taten, diejenigen zu retten versucht haben, die ihr nahe- oder doch näherstanden. Es lag dem eine durch die SS im System der KZs aufgezwungene Grenze für die Funktionshäftlinge zugrunde, die einem Arzt schon die soziale Moral kosten konnte. Indessen notierte M.W. im Mai 1944 in ihrem Tagebuch: »*Ein Anwalt sprach Else; er war tief beeindruckt von dem geist- und humorvollen Gespräch, das er mit ihr hatte und von so viel Kraft und Frische nach 4 solcher Jahre.*«

Daß es so gewesen sein wird, davon vermitteln die einzigen noch vorhandenen Briefe von ihr ab August 1944, die nach Berlin gingen und nicht mehr nach Königsberg, einen Eindruck. Einmal im Monat durften deutsche Funktionshäftlinge einen Brief schreiben und empfangen, und: »*(...) Lebensmittelpakete dürfen zu jeder Zeit und in jeder Menge empfangen werden*«, so ließ der Lagerkommandant auf die Briefe drucken. Die Worringers und andere haben diese Pakete, den Inhalt mit Sorgfalt und Phantasie ausgesucht, geschickt. Else Court hat in ihren Dankesbriefen für die Pakete, von denen sie wußte, daß sie *vom Munde abgespart* waren, immer betont: »*Sorgt Euch nicht um meine Nahrung, ich leide keinen Hunger. (...) Ich bin gesund, habe Arbeit in Fülle u. komme mit dem Dasein zurecht*« (Oktober 1944). »*Mir geht es gut, Ihr könnt ganz ruhig sein*« (Dezember 1944). »*Mir geht es recht gut*« (Januar 1945). »*Ich bin gesund und immer noch ruhigen Mutes*« (Februar 1945). Im gleichen Atemzug hat sie den anderen Mut zugesprochen: »*Verliert nicht den Mut, man wird ihn noch eine Weile nötig haben*« (Oktober 1944). »*Ich hoffe auf ein Wiedersehen, es wird Zeit für alle*« (November 1944). »*Will soll den Kopf hochhalten*« (Dezember 1944). Und sie forderte M.W. auf: »*Sorge für Deine Bilder, auch die möchte ich wiederfinden*« (August 1944). Es gibt nur indirekte Hinweise darauf, dass sie in der Haftzeit den Weg zur Religion ihrer Kindheit, den Katholizismus, zurückgefunden hatte.

Auch Kriegszeiten haben ihren oft recht banalen Alltag, und die Worringers waren bemüht, ihn so viel und so weit wie möglich danach zu gestalten, was sie ihrem Stil der Bildungsbürgerlichkeit schuldig glaubten. Das war kein reflektierter Vorgang, sonden Ergebnis der *schönen Gewöhnlichkeit*. Gelesen wurde nach wie vor sehr viel, auch gemeinsam. Als jedoch beispielsweise im Januar 1940 W.W. tagelang »*besessen*« Jüngers *Marmorklippen* las, bekannte M.W. Ilse Curtius: »*Ich habe Angst vor diesem Buch und schiebe es einstweilen noch.*« Sie las lieber Guardinis *Hölderlin* und *Welt und Person*, bekannte daraufhin aber eine gewisse »*Guardini-Müdigkeit*«, sie beschäftigte sich mit Josef Piepers *Zucht und Maß* und hatte außerdem Stifter, Schiller und Ina Seidel auf ihrem Programm. Alfred Kubin fesselte sie mit Text und Zeichnungen, »*die im Maß ihrer Unheimlichkeit für mein Gefühl weit über den Tag hinausgehen...*«

Gutes Essen und Trinken blieb weiter Wunsch, wenn auch immer weniger Realität. Die Schweizer Bitterschokolade, die ihr Ernst Robert Curtius einmal geschenkt hatte, war vieler Worte würdig. Zu den Festtagen sorgten für Gaumenfreuden die Kinder, Renate aus Berlin mit ihrem großen Garten und Lucinde mit ihrer Nähe zum Schwarzen Markt in Warschau, aber nicht zuletzt auch die vielen »*Schwarzhörer und -hörerinnen*«, z.B. kamen Weihnachten 1942 von Küchlers eine Ente und eine Rehschulter; zu Weihnachten 1943 lautete bereits am 16. Dezember die Bilanz im Tagebuch: »*Auf dem Küchenbalkon hängen ein Hase, 2 Gänse, ein Hirschbraten – schon heute.*« Also wurde noch mehr erwartet! Dennoch behielten die Worringers ein Minimalgewicht: so wog er im Januar 1943 105 Pfund und sie 95 Pfund – herzlich wenig aus heutiger Sicht.

Genießerisch gefeiert wurde mit Freunden und Verwandten bei den bereits im Frieden in hohen Ansehen stehenden Anlässsen: beider Geburtstage jeweils im Januar. Dabei kam der Erstgeborene W.W. immer besser weg als M.W. drei Tage später. W.W.s Geburtstag, das war das Hochamt, der ihrige drei Tage später nur noch eine stille Messe; vielleicht erhielt deshalb ihr Namenstag am 29. Juli für die Familie eine wiedergutmachende Bedeutung. Silvester 1942 verbrachte man bei den Partikels zusammen mit den Jungs, den Hopps, den Philipps, Glasenapp und Frau Sarter, und M.W. kommentierte streng: »*Sehr nett vielleicht; aber solchen Abend möchte ich lieber sinnvoller und nachdenklicher verbringen. Heimweg im Schnee.*« Zum Geburtstag 1943, also keine zwei Wochen später, fanden sie sich wieder zusammen: die Partikels, die Hopps, die Bracherts, Lisa von Küchler, Traute Schellwien und Bertl Tiefensee. »*Viel Tee und Kuchen, zum Schluß ein Glas frz. Sekt (aus Küchlers Keller)*«, meldete das Tagebuch. Zum Geburtstag im Januar 1944 war der Kreis nicht kleiner, im Gegenteil. Überhaupt traf man sich fast unterbrochen reihherum, meist zum Abendessen, aber auch zum *Thee*, gelegentlich sogar zum Frühstück. Weihnachten 1943 hatte noch ein wenig von der Friedfertigkeit der Vorkriegszeit:

»*Draußen (diesmal mit Emmy)* (auf dem Friedhof. H.G.) *war's schön; leichter Frost, leichter Schnee, schönes Tännchen, 6 Kerzen. Bei der Heimkehr heißer Kaffee (Zuteilung) u. Stollen. Mit Lukas 2 Telefongespräche, so nah, als ob's in der Stadt wäre. Bescherung ganz nach alter Sitte. Von Lukas kam ein Paket mit Wodka, Bügeleisen, Öl u. Honig. Auch von München kam ein Paket. Festessen m. Kaninchen u. Rot- u. Weißwein. – Manche Tränen flossen; viel Erinnerung; viel banges Blicken in die Zukunft; aber doch dankbar, daß wir alle noch heil sind.*«

Haushalt zu besorgen blieb für M.W. eine manchmal recht ärgerliche Belastung, für die W.W. inzwischen Verständnis, fast sogar Besorgtheit aufbrachte. Zeitweise blieb M.W. im Krieg ohne jede Hilfe; erst ab Weihnachten 1942 hatte sie in der Russin Marija aus Pleskau in Weißrußland einen *dienstbaren Geist* – die »*füllte irgendwie mit ihrer Persönlichkeit und ihrem Heimweh das Weihnachtszimmer*«. Als 1943 (wegen des *totalen Kriegs*) die beabsichtigte Sommerreise ins Wasser zu fallen drohte, war W.W. darüber ganz ärgerlich, weil, wie er im Juli 1943 an Curtius schrieb, »*Baucis* (d.i. M.W.) *am Haushalt versklave*«, wenn man nicht wegkönne: »*Sie hätte Ferien davon so dringend nötig.*« Er selber müsse, ließ er wissen, zwei Vormittage bei der Herstellung öffentlicher Splittergräben helfen (und Marija den ganzen Tag) und an drei Nachmittagen drohe ihm die Pflichtteilnahme an einem Lehrkurs »*Heize richtig*«! Ohne Teilnahmebescheinigung bekämen sie keinen Koks für den Winter. »*Überhaupt*«, so kommentierte W.W. die Lage, »*die Welt wird schöner mit jedem Tag! Warum will sie auch nicht am deutschen Wesen genesen!!*« Immerhin schafften es die Worringers auch noch im Jahre 1943 nach Nidden, wo sie sich vom 24. August bis zum 18. September aufhielten. Es war ihre letzte Reise auf die Kurische Nehrung: »*Wohnen bei Gustav Blode; ein bischen spießig, aber ordentlich; Essen, mit einiger Nachhilfe, ausreichend. Will freut sich seiner Bademorgen; ich genieße den Wald und die Haushaltlosigkeit…*«

Reisen war für die Worringers immer ein Ventil für die unfreundlichen Züge ihres Alltags gewesen. So blieb es auch im Krieg, wenngleich selbstredend im reduzierten Maßstab, so daß das immer wiederkehrende Fernweh nach Rom und Paris ungestillt bleiben mußte. So blieben München und wieder und wieder Nidden die Rettungsanker; aber auch Berlin stand für beide öfter auf dem Reiseplan. Daß sie im Sommer 1941 ganz Deutschland bis zum Bodensee durchquerten, blieb eine Ausnahme. Auch noch im März 1944, als die Worringers wie ganz Königsberg bereits zu packen und die Pakete nach Westen zu schicken begannen, mieteten sie, sich der Merkwürdigkeit ihres Handelns durchaus bewußt, *Sommerquartier* wieder bei Blode für Juli und August!

In ihrem Tagebuch begegnet uns M.W. über viele Seiten als aufmerksame und präzise, strategisch recht kluge Kriegsverlaufsbeobachterin. Von dieser Seite kannte man sie noch nicht, wie überhaupt im Krieg ihr Bedürfnis gewachsen ist, auf der Höhe der Ereignisse der Zeit zu stehen, Zeitgenossin zu sein; diesen Zug in ihrem Nachdenken verlor sie seitdem nicht mehr. Bereits die Begründung Silvester 1942, (wieder) ein Tagebuch führen zu wollen, verwies auf dieses Bedürfnis: »*Warum will ich denn überhaupt aufschreiben? Wohl weil ich zu fühlen glaube, daß das kommende Jahr, das so dunkel und unheildrohend vor uns liegt, so ereignisreich, vielleicht entscheidungsreich sein wird, daß das Gedächtnis nicht alles fassen und behalten kann.*«

Spätestens im Jahre 1940 hatte es mit ihrer neuen Leidenschaft begonnen: der Fall von Paris und der Eintritt Italiens in den Krieg, beides im Juni 1940, kommentierte sie in einem Brief an Paul Hankamer mit den Worten: »*endlich haben wir den Weltkrieg. Wir erleben den zweiten Weltkrieg*« und fragte den Freund: »*Was denkst Du, was Stalin machen wird? Ich sah mir eben lange die Landkarte an und mir wurde angst und bange. Ich glaube wie Du, daß wir noch lange nicht Ruhe haben werden.*« In ihrer Frontbeobachtung fehlte nichts. Anfang 1943 waren es vor allem die Geschehnisse in Stalingrad, die ihr fast den Atem raubten, zumal sie durch Lisa von Küchler mehr erfuhr als die überwiegende Mehrheit der Bevölkerung. Im Laufe des Jahres sah sie die Ostfront immer mehr schwanken, wie sie denn im Verlaufe des Krieges in Afrika ein Drama sah. Die Luftangriffe auf die großen bevölkerungsreichen Städte Deutschlands registrierte sie akribisch. Im Jahre 1944 beschäftigte sie vor allem die Westfront und hier dann ab Juni 1944 die Invasion:

»*Aus den wenigen Nachrichten, die bisher durchkommen, ist noch kein klares Bild zu bekommen. (...) Das Telefon war den ganzen Tag stromlos. Man möchte mehr wissen; man kommt nicht zur Ruhe; man weiß nur, daß man auf alles gefaßt sein muß*« (6. Juni). »*Eine Woche voller Spannung, Ungewißheit, Sorgen. Wir lauschen mit Zittern am kleinen Radio unserer Einquartierung. Die Berichte klingen für unsere Ohren bedenklich. (...) Ob wir wohl damit gerechnet hatten, daß die Alliierten sich gleich auf diesem Küstenstreifen von 30 km Breite festsetzen konnten? Klarer ist das Bild in Italien, westlich Rom sind wir in vollem Rückzug; der wird wohl erst an dem natürlichem Wall des Appenin aufgehalten werden. Im Osten immer noch diese unheimliche Ruhe. Freitag (9.) Terrorangriff auf München; in der Nacht zum Samstag geringer Einflug n. Berlin. Lukas ist bis Morgen Abend dort. – Wird aus der Invasion ein Stellungskrieg werden? – Das ist die bange Frage.*« (11. Juni)

Das Fazit für 1943 und der Ausblick auf 1944 hatte düstere Züge und endete mit vielen Fragezeichen: »*Sylvester 43. Vor einem Jahr begann ich dieses Buch. Angstvoll u. hoffnungsvoll. Es brachte manchen Schrecken, viele Sorgen und unendlich viel Leid für viele Menschen. Wir aber müssen dankbar konstatieren, daß wir noch Alle heil sind. (...) Der ersehnte Friede kam noch nicht u. noch sind keine sicheren Anzeichen da, daß er bald kommen könnte. Zwar gibt es Menschen, die dem Krieg nur noch Monate geben; ich aber fürchte, daß wir auch im nächsten Sylvester noch keinen Frieden haben. (...) Wodurch u. von woher wäre also der Friede zu erwarten. Ob – falls den Russen nicht nur dieses kilometerweise Vordringen sondern ein richtiger Durchbruch gelänge, ob dann Hitler u. Stalin zu* nur Staatsmännern würden, d.h. zu Verhandlungen bereit wären? Großes – langes – Fragezeichen. Und so schließt das Jahr mit vielen langen Fragezeichen.«

Die unterschwellige Ambivalenz der Gefühle und Wünsche wurde überdeutlich: Friede, konnte das etwas anderes heißen als sich Nazi-Deutschlands Niederlage so schnell und so gründlich wie nur möglich zu wünschen? Was würde dann von Deutschland übrigbleiben? Zu den Siegern gehörten ja auch und wie es schien vor allem die Russen, und die fürchtete M.W. über alle Maßen... Kein Wunder also, daß die dunklen Gedanken sich immer wieder Raum schufen und M.W. daran dachte, sich »*mit einem baldigen Tod vertraut zu machen*«. Doch diese Absicht wurde, wie bereits öfter, »*durchkreuzt von irgendeiner wilden Freude an irgendetwas Lebendigem o. an einem banalen Tätigkeitsdrang ... dabei erspart mir meine Phantasie nichts an Bildern vor dem kommenden Grauen*«. Aber auch W.W. war nun »*sehr benommen von dem, was uns Alle erwartet*«, notierte sie am 4. März 1944.

»*Mir erscheint er erstaunlich gelassen u. männlich. Ob er optimistischer ist wie ich es bin? Bei ihm vollzieht sich eine Loslösung von allen Dingen seiner Umwelt. Während ich jetzt erst anfange zu begreifen, wie lieb sie mir sind.... ›Nackt‹ will er sein; er ist sich wohl bewußt, daß dieses langsam in ihm wachsende Gefühl gleich (oder ähnlich) einer Sympathie mit dem Tode ist....... Die Russen rücken näher. – Das Thema von der ›Invasion‹ ist wieder sehr akut.*«

Lucinde hat nach dem Krieg in einem Brief an Heinz Litten den Zustand ihrer Eltern in dieser Zeit so beschrieben: »*daß vor allem der Vater psychisch die Zeit einfach nicht verkraften konnte und so still und einsam wurde, daß einem bei seinem Anblick das Herz weh tat*«, während die Mutter zwar angstvoll, aber gleichzeitig tapfer gewesen sei.

Anmerkungen zu 8. Kapitel

- Die Hinweise und Zitate entstammen, soweit nicht anders angegeben, aus dem Tagebuch von M.W., aus dem Taschenkalender 1942 von Lucinde Worringer und aus den Nachlässen Ernst Robert Curtius, Ilse Curtius, Paul Hankamer, Martha Jenisch. Ferner: Reinhard Piper, Briefwechsel S. 455f.; Paul Schulz, Gespräch.
- Der Brief von W.W. an Lucinde W. vom 26.10.1942 nach Warschau in: NL W. u. M. Worringer.
- Bei dem auf S. 172 erwähnten Werkstücken handelt es sich um den Zyklus von Kreidezeichnungen, der im Werkverzeichnis von M.W. unter den Nummern 139, 163, 164 eingetragen ist.

- Erich Fidder (geb. 1908 in Worienen/Ostpr., gest. 1988 in Stuttgart), Dr. phil., 1939–1949 Wehrdienst und Kriegsgefangenschaft. Danach keine weitere Universitätskarriere, Studiendirektor an einer Fachschule in Stuttgart. Kein Nachlaß vorhanden.
- Alfred Rowinski (geb. 1894 in Marienburg, gest. 1967 in Trier) Dr. phil. Seine Frau Gertrud geb. Schulz (geb. 1902 in Insterburg, gest. 1891 in Oldenburg) war Musikpädagogin in Königsberg, Trier und Oldenburg.
- Gerhard Strauß, geb. am 27.10.1908 in Mohrungen, Vater: Bote, 1917 gefallen, Mutter Molkereigehilfin, 1923 verstorben, studierte seit 1928, in Königsberg seit 1930 bis 1935, Promotion bei W.W. über *Freiplastik bis 1450 in Ostpreußen westlich der Passarge*, 1936–1939 im Denkmalsamt Königsberg beschäftigt. 1939–1945 Soldat, kurzzeitig in sowjetischer Kriegsgefangenschaft. 1928–1931 SPD, Mitvorsitzender der Sozialistischen Studentengruppe, 1932/33 KPD, Rote Studentengruppe, danach in der Illegalität, 1934/35 zur Tarnung SA, seit 1937 aus dem gleichen Grund NSDAP, 1945 KPD, 1946 SED. 1945–1950 Referent in der Deutschen Zentralverwaltung für Kultur und Wissenschaft; danach wissenschaftlich tätig beim Abbau der Schloßruine in Berlin, 1953 Direktor des Instituts für Theorie und Geschichte der Baukunst/Deutsche Bauakademie. Juni 1958 Prof. für Kunstgeschichte an der Humboldt-Universität Berlin. 1966 Schlaganfall, 1969 Emeritierung, gestorben am 17.11.1984. Vgl. Archiv der Humboldt-Universität Berlin, Personalakte Gerhard Strauß = ehemalige Kaderakte, die 1989 geschlossen wurde. In der Beurteilung vom 7.5.1958 heißt es, er unterliege politischen Schwankungen, habe Kontakte im Westen; Kritik stimme er zu, ziehe daraus jedoch keine Konsequenzen.
- Hans-Ernst Schneider (s. auch unter Hans Schwerte) geb. 15.12.1909 in Königsberg, 1935 Promotion mit einer Arbeit über *Turgenjew und die deutsche Literatur*. Danach Karriere in der SS, Berufung ins Rasse- und Siedlungshauptamt Berlin, 1940 SS-Hauptsturmführer, Statthalter des Amtes *Ahnenerbe* in den Niederlanden, Sitz Den Haag, Arbeit im Rahmen des *großgermanischen Auftrags* der SS *für die Werte und Kräfte unserer Art und Rasse*. April 1945 verließ Schneider sein Amt in Berlin-Dahlem und tauchte im Mai 1945 in Lübeck als Hans Schwerte wieder auf. Hans Schwerte wurde am 3.10.1910 in Hildesheim geboren, studierte in Königsberg, später Berlin und Wien. 1945 nahm er sein Studium wieder auf, und zwar in Hamburg und Erlangen, wo er 1948 promovierte und 1958 habilitiert wurde. 1962 wurde er apl. Prof., 1965 ordentlicher Professor für Neuere Deutsche Literatur an der Technischen Universität Aachen, 1970–73 deren Rektor. Gestorben am 18.12.1999. Literatur: Claus Leggewie, Von Schneider zu Schwerte. Das ungewöhnliche Leben eines Mannes, der aus der Geschichte lernen wollte. München, Wien 1998; Bernd-A. Rusinek, Von Schneider zu Schwerte. Anatomie einer Wandlung, in: Wilfried Loth, Bernd-A. Rusinek (Hrsg.), Verwandlungspolitik. NS-Eliten in der westdeutschen Nachkriegsgesellschaft. Frankfurt a. Main 1998, S. 143–179; Ludwig Jäger, Seitenwechsel. Der Fall Schneider/Schwerte und die Diskretion der Germanistik. München 1998.
- Rufus Flügge wurde am 11.9.1914 in Hamburg als Sohn eines Predigers der Baptisten, der größten protestantischen Freikirche, geboren. Er studierte in der Schweiz

Theologie in der Tradition der Schweizer Religiösen Sozialisten. Vom 1.9.1939 bis Kriegsende war er Prediger der Baptistengemeinde in Königsberg und gleichzeitig Sanitäter in einem der Königsberger Lazarette. Im April 1945 erreichte er mit Verwundeten und Flüchtlingen Dänemark und wirkte dort als Flüchtlingspfarrer. Er schloß sich nun der Evangelischen Kirche in Deutschland (Lutherisch), abgekürzt EKD, an und wurde 1946 Studentenpfarrer an der Bergakademie in Clausthal-Zellerfeld. 1960 holte ihn der niedersächsische Landesbischof und Vorsitzende der EKD Hanns Lilje nach Hannover als Stadtsuperintendent, wo der überzeugte Pazifist sich vor allem für die Friedensbewegung einsetzte und viele Sozialprojekte initiierte und leitete. Er starb am 21.4.1995.

- Marianne (Mani) Flügge-Oeri, geboren am 9.1.1911 in Basel, studierte Rechtswissenschaften und promovierte zum Dr. iur. Während des Spanischen Bürgerkriegs hat sie in Spanien im Auftrage einer Schweizer Organisation spanische Kinder und Flüchtlinge betreut, die vor den spanischen Faschisten fliehen mußten. 1939 ging sie mit ihrem Mann nach Königsberg, wo das Ehepaar schnell Anschluß an den Kreis um Wilhelm Worringer fand. Vor Kriegsende konnte sie mit den Kindern rechtzeitig Königsberg verlassen und nach Basel zurückkehren. Sie leistete dann von Zürich aus Sozialarbeit für die Opfer des Krieges in den von den Deutschen besetzten Ländern. 1949 konnte sie nach Deutschland zurückkehren und in Clausthal-Zellerfeld wieder mit ihrer Familie zusammenleben. Von 1954–1960 wirkte sie als Landesbeauftragte des Frauenwerks der EKD in Niedersachsen, sie war Mitglied der Synode und beteiligte sich an der Gründung der *Aktion Sühnezeichen*, einer Organisation christlicher Jugendgruppen, die durch freiwillige Arbeit in verschiedenen Ländern das von Deutschen im Zweiten Weltkrieg begangene Unrecht wiedergutzumachen sich bemühte. Die Frauenarbeit, die sie bis 1978 im Rahmen der Erwachsenenbildung fortsetzte, befaßte sich schwerpunktmäßig mit dem Thema *Frauen in der Politik* und war international orientiert. M.F. starb am 12.7.1983.
- Lisa (Elisabeth) von Küchler geb. von Enckevort wurde am 9.8.1888 in Ihlenfeld/Mecklenburg geboren, sie heiratete 1921 Georg von Küchler. Sie starb am 21.7.1966 in Garmisch-Partenkirchen.
- Georg von Küchler, geb. am 30.5.1881 in Philippsruhe bei Hanau, schlug die Offizierslaufbahn ein (1901 Leutnant). 1937 wurde er zum General der Artillerie und Kommandierenden General des I. Armeekorps in Königsberg befördert. Während des Polenfeldzugs war er Oberbefehlshaber der 3. Armee, dann Oberbefehlshaber der 18. Armee und Generaloberst. Von Januar 1942 bis Januar 1944 war er Oberbefehlshaber der Heeresgruppe Nord, die u.a. Leningrad belagerte; im Juni 1942 wurde er zum Generalfeldmarschall befördert. Als er Mitte Januar 1944 im Nordabschnitt der Ostfront Absetzbewegungen befahl, wurde er von Hitler abgesetzt. Ende Oktober 1948 wurde er im Nürnberger Oberkommando der Wehrmacht-Prozeß zu 20 Jahren Haft verurteilt, 1953 aus der Haft entlassen. K. starb am 25.5.1968 in Garmisch-Partenkirchen. Vgl. Johannes Hürter, Konservative Mentalität, militärischer Pragmatismus, ideologisierte Kriegführung. Das Beispiel des Generals Georg von Küchler (im Druck); ders., die Wehrmacht vor Leningrad

1941/42, in: Vierteljahrshefte für Zeitgeschichte 49. Jg., Heft 3, S. 377–440; Archiv des Instituts für Zeitgeschichte, München, MB 31/44.
- Barbara Kayser, geb. 2.12.1910 in der Nähe von Aschaffenburg, heiratete 1930 den späteren Generalarzt Dr. med. Hermann Kayser (geb. 1895, geriet 1943 in Stalingrad in Sowjetische Kriegsgefangenschaft, dort 1948 an Leukämie verstorben). Nachdem Krieg lebte K. mit ihren drei Kindern in Bad Reichenhall und München; sie starb am 18.1.2003 in Kirchberg/Tirol (Österreich). S. die autobiographischen Bücher von Barbara Kayser, Sie nannten sie Anna (1985) und Anna und ihre Kinder (1988), erschienen in einem Band Bergisch-Gladbach 1993.
- Walter F. (Friedrich) Otto, geb. 22.6.1874 in Hechingen, Klassischer Philologe und Religionshistoriker, 1911 Prof. in Wien, 1913 in Basel, dann Frankfurt a. M., seit 1935 in Königsberg. Gestorben am 23.9.1958.
- Karl Pempelfort, geb. 22.2.1901 in Düsseldorf, promovierte bei Max Scheler in Köln, war dann Regisseur und Dramaturg in Koblenz, Riga, Bremen, Breslau; 1933/34 aus politischen Gründen ohne Engagement, danach in Königsberg, seit 1942 Wehrdienst. Seit 1945 Oberspielleiter und Chefdramaturg in Köln.
- Werner Philipp (geb. 13.3.1908 in Breslau, gest. 13.6.1996 in Berlin) studierte Geschichte, speziell altrussische Geschichte in Berlin, Breslau, Freiburg und Hamburg. Seit 1941 Prof. in Königsberg, 1946–51 in Mainz, 1951–1974 Freie Universität Berlin (Osteuropa-Institut). Gertrud Philipp geb. Lünsmann (geb. 11.6.1909 in Hamburg, gest. 23.10.1991 in Berlin), Studium der Medizin, speziell Pädiatrie, in Hamburg und Freiburg, Dr. med. Ab 1941 im Königsberger Kinderkrankenhaus tätig, 1944–1952 eigene Praxen in Siegen und Mainz, 1952–1974 in Berlin.
- Marie Agnes Gräfin zu Dohna-Tolksdorf (1895–1983), 1920 Heirat mit Heinrich Graf zu Dohna-Tolksdorf (geb.1882): beide gehörten nach 1933 zur Bekennenden Kirche, die sich gegen die deutsch-christliche Vermischung von Glauben und NS-Ideologie und die Gleichschaltung der evangelischen Kirche wehrte und hatten Verbindungen zum aktiven Widerstand (Goerdeler, Kreisauer Kreis und 20. Juli). Das Gut Tolksdorf war ein Treffpunkt für die Kräfte des genannten Widerstands. Heinrich Dohna, seit 1939 im Wehrdienst, sollte nach der Beseitigung der NS-Diktatur das Amt des Politischen Beauftragten für Ostpreußen übernehmen. Nach dem gescheiterten Attentat wurde er verhaftet, zum Tode verurteilt und im September 1944 hingerichtet. Marie Agnes wurde in Königsberg verhaftet und im November in das KZ Ravensbrück überführt (Häftlingsnummer 84485). Erst im September 1945 erreichte sie Cappenberg in Westfalen. Literaturhinweise s. unter Else Court.
- Harald Poelchau (1903–1972) 1933 Gefängnispfarrer in Berlin-Tegel, später auch in Plötzensee und Brandenburg. Ab 1941 Verbindung zu antifaschistischen Widerstandsgruppen.
- Wolfgang Harich (1923–1995), Publizist, 1949 Prof. an der Berliner Humboldt-Universität, Kritiker der Kulturpolitik der DDR, 1957 zu zehn Jahren Zuchthaus verurteilt, 1964 amnestiert. Vgl. Siegfried Prokop, Ich bin zu früh geboren. Auf den Spuren Wolfgang Harichs, Berlin 1997.
- Rudolf Augstein (1923–2002), seit 1947 Herausgeber, Miteigentümer und Chefredakteur des Magazins *Der Spiegel*.

- Constanze (auch: Konstanze) Bischoff geb. Bredo wurde am 19.9.1882 in Mönchengladbach geboren, sie heiratete im Februar 1911 den Frauenarzt Karl (auch: Carl) B. (geb. 1875 in Bonn). B. wurde 1922 Leitender Arzt im Marien-Krankenhaus in Düsseldorf-Kaiserswerth. C.W. nahm sich am 2.3.1940 das Leben. Die Vollstreckung der Haftstrafe für ihren Mann wurde auf Bewährung ausgesetzt. Vgl. Stadtarchiv der Landeshauptstadt Düsseldorf; Nordrhein-Westfälisches Hauptstaatsarchiv Sign. Gerichte Rep. 114 Nr. 1359, Restakte des Verfahrens 18 KM 2/40; die Hauptakte wurde im Zweiten Weltkrieg vernichtet.
- Else Court. Da über sie im Text ausführlich berichtet wurde, wird hier hier nur einschlägige Literatur angegeben: Bernhard Strebel, Das KZ Ravensbrück. Geschichte eines Lagerkomplexes. Paderborn 2003; Christliche Frauen im Widerstehen gegen den Nationalsozialismus. Häftlinge im Frauenkonzentrationslager Ravensbrück von 1939–1945. Begleitbroschüre zur Ausstellung Mahn- und Gedenkstätte Ravensbrück Oktober 1998; Gerda Szepansky, Frauen leisten Widerstand 1933–1945. Lebensgeschichten nach Interviews und Dokumenten, Frankfurt a. M. 1983. Die Briefe von Else Court an Marta Worringer befinden sich im NL W. u. M. Worringer.

9. Kapitel

Zwischenzeit Berlin-Frohnau August 1944 – August 1946

Am Dienstag, dem 8. August 1944, am späteren Abend fuhren Philemon und Baucis, wie sie nun von ihren engeren Freunden genannt wurden und sich dies auch so gefallen ließen, mit Rucksack und wenig Gepäck mit der Straßenbahn zum Königsberger Hauptbahnhof; sie erwischten in dem Zug nach Berlin gerade noch zwei Fensterplätze in einem Abteil III. Klasse. Die Koffer hatten sie bereits tags zuvor aufgegeben, 15 Pakete waren nach Berlin-Frohnau, dem Wohnort von Renate, abgesandt. »*Als wir*«, so notierte M.W. in ihrem Tagebuch rückblickend, »*die ganz gefüllte Wohnung verließen, hatten wir nicht das Gefühl, daß es für immer sei; ohne zu wissen wieso und warum.*« Es war, wie wir wissen, ein trügerisches Gefühl.

Die frühe Quasi-Flucht aus Königsberg hatte ein Vorspiel, das Anfang Juli 1944 begann. W.W. wollte eigentlich »*an Ort und Stelle*« bleiben: »*Da, wo einen das Schicksal nun einmal hingesetzt hat*«, wie er im Oktober 1944 rückblickend an seinen Verleger Reinhard Piper schrieb. Er sprach, wie M.W. in ihrem Tagebuch überlieferte, von einem »*stellvertretenden Sühnetod*«; er fand es zwar richtig, daß seine Frau sich bemühte »*vorzusorgen*«, empfand das aber als »*kleine Reaktion auf große Geschehnisse*«. Das war am 5. Juli 1944. Am 6. Juli erhielt Gertrud Philipp von ihrem Mann, der in Berlin bei der Abwehr stationiert war, den verabredeten verschlüsselten Anruf, sie solle sofort mit den Kindern (Hanna 6, Thomas 3 Jahre alt) kommen. M.W. half packen: »*am Abend des 8. fährt sie ab; die erste, die uns verläßt; mir ist nicht leicht zumut. Bruder, nimm die Brüder mit...... Ich versuche noch einmal Lukas zu bewegen, nicht zu kommen; aber sie besteht darauf.*«

Lucinde traf am Morgen des 10. Juli, einem Montag, in Königsberg ein: »*Nun freut man sich doch – wenn auch mit bangem Herzen. Sie sieht so gut aus. Aber sie hat den strikten Auftrag, uns nach Berlin mitzubringen. Ach, wenn wir könnten!*« Lucinde wollte drei Wochen bleiben, wurde jedoch einen Tag nach ihrer Ankunft von der totalen Reisesperre überrascht und fuhr mit einem Rückreise-Erlaubnisschein am Sonnabend, dem 15. Juli, abends nach Berlin zurück – ohne die Eltern: »*Welch schwerer Abschied! Sie selbst ist prächtig und tapfer – sah so gut aus wie nie u. tat mir in meiner Verängstigung so gut. Die Abfahrt muß schlimm gewesen sein; aber sie kam mit und hatte sogar einen Sitzplatz. Aber nun ist sie fort....*«

Zwei Tage später geschah etwas, woran die Worringers, die zwar an vieles, aber daran überhaupt nicht gedacht hatten – W.W., 63 Jahre alt, wurde wie noch der eine oder andere der Königsberger Universitätsprofessoren gleichfalls mitten im Semester *notdienstverpflichtet*. Schikane, Panik oder sonst noch etwas?! M.W. beschrieb im Tagebuch in der bekannten lakonisch treffenden Weise »*das Unheil*«:

»*Am 17. wird abends 8 Uhr vom Blockwart die ›Notdienstverpflichtung‹ gebracht. Schon morgen soll er fort zur Ostgrenze. Wie sollen wir's fassen! Nun hat man an so manches Unheil gedacht – dieses trifft uns völlig unvorbereitet. Anrufe beim Curator, beim Rector, Dekan – vergeblich. Otto's helfen mit Cognak, Taback, Rucksack und Stiefel. Heute – 18. – früh Abmarsch zur Bahn. – es gelingt mir Will noch 2 Min. auf dem Bahnsteig zu sehen. Strecke Insterburg-Eydtkuhnen. Wie soll das Will aushalten! Ich bin krank vor Mitleid und Sorge. Daß wir das noch einmal erleben müssen! 19. Es gibt also noch Wunder! Abends 11 Uhr kommt Will zurück! o diese Freude. Nach furchtbarem Transport waren sie nach 7stündiger Schiffahrt irgendwo in Litauen gelandet; hier völlige Desorganisation; übernachten auf einer sumpfigen Wiese; am anderen Morgen Zuteilung zur Arbeit; jeder Hoffnungsschimmer schien erloschen: Will stellte sich auf letzte Möglichkeiten ein. Da kam das Wunder! Zufällig ging er ins Revier; da fand er seine* (d.h. die Königsberger. H.G.) *Sanitätskompagnie* (der einige seiner Studenten angehörten. H.G.) *vor. Staunen, Entrüstung, nicht Begreifen, daß man solche Strapaze ihm zutraute; eine Strapaze, die er unmöglich aushalten könnte. Nun – wenige Stunden später führte ein Auto ihn heim. Dieses Erlebnis nun hat ihn so wundergläubig, so vertrauend in seinen Stern gemacht, daß er nun allem Kommenden mit einer wundervollen Gefaßtheit entgegensieht. Mir Kleingläubigen wird es nicht leicht, ebenso gefaßt zu sein. Eine Möglichkeit heraus zu kommen, gibt es für uns nicht. Die Universität schließt nicht. Die Russen stehen bei Bialystock-Grodno-Kauen; sie kämpfen in Lemberg u. stehen vor Lublin.*«

W.W. hat sein Abenteuer in einem fast dreiseitigen Brief von Freitagnachmittag, den 21. Juli 1944, an die »*lieben Döchters*« detailreich aufbereitet mit fast jungenhafter Aufgekratztheit geschildert. »*Hans im Glück*« nannte er sich; als er sich nach seiner »*Entlassung*« um eine Rückreisemöglichkeit umschaute und zunächst keine fand, habe er allerdings gedacht: »*Was hatte ich von meinem Glück, wenn die Ma es noch nicht wußte!*« Er fand dann – noch ein Glück – einen Munitionstransporter, der ihn fast vor der Haustür absetzte – die halbe Flasche französischen Cognac, die von der Marschverpflegung des Kollegen Walter F. Otto noch übrig geblieben war, machte es möglich.

»*Und um 11 Uhr stand unten einer an der Haustür und drückte den obersten Knopf nicht zu knapp!! Die Ma sprach gerade mit Leo (Kugel-*

meier)! Dachte, es sei ein Telegramm...und dann: na, da sass sie auf einmal auf der Treppe und konnte nicht mehr auf!! Ich ging sofort in mein Schlafzimmer zum Weinkeller auf dem Schrank u.s.w.! Alles andere müßt Ihr Euch denken! Auch mein Aussehen! Wir versuchten noch stundenlang Frohnau zu kriegen, aber kein Amt war zu erreichen...! Viel Schlaferei gab's in der Nacht nicht! Um 3 Uhr badete ich erst einmal! Kinder, wie alles gekommen war, das war so schön! Wie ich mit einem Magnetismus geladen herumgegangen bin und Glück angezogen habe! Das Menschlich-Schönste war mit den Studenten! (...) Und hier allenthalben die Freude! Jetzt wo der Schrecken zurückliegt, muss ich sagen: es war alles sehr schön. Vor allem, dass ich wegkam, ohne einen Finger von mir aus zu rühren! Die junge Generation hat's geschafft! Aus Respekt vor dem Geist! Die alte Generation hatte nur die Hose voll! Und nur Respekt vor der Partei! (...) Gestern abend assen wir zur Feier bei Liebenthals. Heute bei Ottos! (...) Ich habe heute morgen meinen Anschlag gemacht, dass ich am Dienstag wieder zu lesen anfange! – Kollegen, die Frau und Kinder weggeschickt hatten, sind vor die Gestapo geladen und zur Rede gestellt worden...! Na, warten wir das Weitere organisch ab. Man muss einfach seinem Stern vertrauen.......!«

Ende Juli bemühte sich M.W. vergeblich um einen Ausreiseschein; die Töchter hatten die Eltern gedrängt, endlich nach Berlin zu kommen. Noch einmal gab es Diskussionen: Er wollte lieber bleiben. »*Sein Optimismus galt nicht der Stabilität der Front, sondern der russischen Mentalität – die ich in keiner Weise teile.*« Am 2. August fuhren – wie bereits andere Freunde – nun auch die Ottos fort, und zwar nach Weimar, von wo sie *angefordert* worden waren. Irgendwie gelang es in diesen Tagen den beiden Töchtern mit Hilfe von Freunden, eine Reiseanordnung für die Eltern zustandezubringen. Am 4. August hielt W.W. sein letztes Kolleg; am gleichen Tag mußte Marija »*unter Tränen und Küssen*« zum Ernteeinsatz einrücken. Am 5. August erhielt W.W. seinen *Dienstreiseschein*, und am Abend des 8. August ging es – wie wir bereits wissen – westwärts.

»*Als wir die Weichsel überfahren hatten – bei herrlichem Vollmond – fielen uns einige Steine vom Herzen. Und doch kam uns die ganze Schwere unserer Situation – die vielleicht endgültige Aufgabe des eigenen Heims – nicht klar und lebendig ins Gefühl. Am Morgen des 9. August kamen wir bei verklärter Herbstsonne in Berlin* (Bahnhof Friedrichstraße mit nur einer halben Stunde Verspätung. H.G.) *an. Lukas holte uns ab. In Frohnau hatte Renate einen festlichen Frühstückstisch gedeckt. Garten und Wald leuchteten. Uns war froh zumut. Renate hatte rührenderweise für jeden von uns ein Zimmer reizend hergerichtet; wie konnten wir dankbar sein, so aufgenommen zu werden.«*

Die 15 Pakete – so berichtete M.W. weiter in ihrem Tagebuch – waren ebenfalls *»gut gelandet«*; nur die Koffer ließen noch 13 Tage auf sich warten. *»und so begann dann unter günstigen Vorzeichen unser neues Frohnauer Leben.«*

Doch Königsberg ließ sie noch nicht los. Am 27. August erfolgte der erste große *Terrorangriff* auf die Stadt, am 30. der zweite: W.W.s Institut wurde total zerstört, damit das ganze Lehrmaterial vernichtet, das er seit 1928 gesammelt hatte. Die Wohnung in der Probstheidastrasse blieb verschont, beherbergte aber sechs Ausgebombte. *»Ordentliche Leute«*, wie Dorle Partikel beruhigend schrieb; nicht so Gutes wußte sie von der *»lieben Marija«* zu berichten: *»sie sei mit Fuhren unserer Sachen aus dem Haus gezogen.«* – Das Haus steht heute noch, wenn auch mit anderer Wohnungseinteilung: statt acht mindestens zwanzig Wohnungen.

Nach einigem Hin und Her in den Informationen schien es dann am 17. November 1944 festzustehen, daß die Albertus-Universität zu Königsberg spätestens zum Sommersemester 1945 wieder geöffnet und das Lehrpersonal wieder zurückgerufen werden würde. Die beiden Worringers rechneten fortan damit, nach Königsberg zurückkehren zu müssen. Der Rückruf verzögerte sich, und Weihnachten konnte erst einmal mit einem Schein von Friedlichkeit begangen werden: *»Still und friedlich – und draußen eine verzauberte, verklärte, mondbeschienene Winternacht. Den Gang zur Mette werde ich nie vergessen (...) Und die Tische trotz allem doch wieder voll beladen. Selbst der Eßtisch. Wir kamen uns sehr verwöhnt vor. Zusammen mit beiden Töchtern, beiden Enkeln – es war eine denkbar harmonische Stimmung.«* So schrieb M.W. am 9. Januar 1945 an die Frau des Königsberger Kollegen Walter F. Otto. Selbst W.W. empfand in seinen eher aufs Faktische orientierten Aufzeichnungen anrührende Worte: *»So. 24. 13 Grad Kälte. Um 4 Uhr gehen Ma, Lukas und Irmgard in die Christmette. Ich gehe ihnen um 5 Uhr entgegen – schönste Stunde des Tages: wirklich eine heilige Nacht – ganz ganz windstill, rauhreif, harter trockener Frost...endlich kommen Lukas und Irmgard ohne die Ma, die aus der überfüllten Kirche nicht herauskam. Eine halbe Stunde später fange ich auch die Ma ab. Sehr feierliche Bescherung. Denkbar harmonische Stimmung. Festbraten-Ente! Schlafe im Weihnachtszimmer.«*

Bald aber griff eine äußerst rauhe Wirklichkeit nach ihnen. Am 12. Januar 1945 erreichte W.W. ein offizieller Brief vom Dekan, daß laut Senatsbeschluß die Fakultät zum Sommersemester 1945 voll aufgemacht werden würde und W.W. deshalb für einige Tage nach Königsberg kommen müsse. Gleichzeitig hörten sie im Radio vom Beginn der Winteroffensive im Osten. Am 19. Januar wurde es Ernst: der Dienstreiseschein war eingetroffen – eine Verzögerung schien unmöglich. Da geschah am Abend ein erneutes Wunder: eine totale Reisesperre wurde verkündet, »Hans im Glück« mußte, ja konnte nicht mehr nach Königsberg fahren!!

Damit war nun auch das lange, große Kapitel *Die Worringers in Königsberg i. Preußen* abgeschlossen. Die Wohnung, die geliebte »Rettungsinsel«, prall voll vom eigenen gelebten Leben, gehörte ihnen nicht mehr wirklich. Nur die Erinnerungen hielten gegenüber der Wirklichkeit stand. Zu ihrem Erstaunen über sich selbst machte es ihnen weniger als erwartet etwas aus, nun »nackt« und heimatlos da zu stehen. »*All das muß wohl dankbar den Göttern geopfert sein*« bemerkte M.W. in ihrem Tagebuch. Auch die Grabstätte von Brigitte, nun vertrocknet und verwahrlost, blieb nur noch Erinnerung. Die aber ließ sich nicht auslöschen. Als M.W. 1961, 14, 15 Jahre später, Hans Graf Lehndorffs *Ostpreußisches Tagebuch* las, erinnerte sich die Malerin mit aller Deutlichkeit, »*daß Landschaft für mich ostpreußische Landschaft ist. Nichts kann da heranreichen.*« Jetzt, zu Beginn des Jahres 1945, lockte wieder »*unsere westliche Heimat*«, nach der sie sich zeitweise so gesehnt hatten; »*aber letzten Endes ist es mir selbst nicht so wesentlich, wo ich lebe...*« berichtete sie ein Jahr später Ilse Curtius.

Nachdem sie nun umständehalber doch noch *Berliner* geworden waren, konzentrierten sich die Gedanken auf die Existenzfragen hierorts: Wie würde Berlin erobert werden? Wie Königsberg oder Breslau oder vielleicht doch Budapest? Würde Berlin vielleicht sogar »*ein großdeutsches Stalingrad*« werden, wie M.W. in ihren Briefen an Paul Hankamer von Januar bis März sinnierte. Berlin sah schon jetzt »*grauenvoll aus. Wie von Kubin erträumt. Jetzt weiß man an manchen Stellen nicht sind es Trümmer oder sind es Barrikaden. Ach Du – nicht wahr, hier und da darf man weinen?*« Ja, mehr noch: bereit sein, sich »*auf das Dunkelste einzustellen*«, sich zu fragen: »*Wieviel (oder wie wenig) werden wir von dem Kommenden aushalten? Die Möglichkeiten des Untergangs haben jetzt für uns ein vielfältiges Gesicht; welche ist uns vorbestimmt?*« Solche grundsätzlich-existentiellen Erwägungen wurden immer wieder durchkreuzt von ganz praktischen Überlebensfragen: »*Unsere Hauptsorge*« meldete M.W. Hankamer am 20. Januar 1945, »*gilt einer Kochstelle im Keller*«, die dann auch eingerichtet wurde und in den kommenden Zeiten unentbehrlich wurde. Und manchmal wurden die Erwägungen über Existenz oder Nicht-Existenz von ganz profanen Anfragen unterbrochen: »*Eine andere Frage: was rauchst Du eigentlich? Auch Huflattich – und andere deutsche Familientees wie WW?«*

Viel Raum nahmen die gegenseitigen Informationen bzw. im Tagebuch von M.W. natürlich die Königsberger Freunde ein; als Fazit stellte sich nach vielen Unsicherheiten heraus, dass alle, wenn auch oft auf äußerst beschwerlichen und abenteuerlichen Wegen Königsberg hatten verlassen können. Kurioserweise traf Anfang Januar noch aus Stablack von den Küchlers ein Hase per Express ein, womit der Braten zum Geburtstag von W.W. am 13. Januar 1945 gesichert war, und Alfred Partikel schickte aus Ahrenshoop zum Geburtstag von W.W. ein Aquarell vom Marcus-Platz in Venedig, das er dort 1936 gemalt hatte. Auch die Verwandten in Düsseldorf hatten alles gut überstanden, wenngleich sie unter dem zerbombten Haus im Keller hausten und hier sogar ihre Gaststätte, den *Burggrafen*, geöffnet hielten; die Münchener Freunde meldeten zwar erheblichen Bombenschaden, waren aber selbst unbeschädigt geblieben; allerdings galt der älteste Sohn als vermisst; später wurde sein Tod bestätigt. In Frohnau hatte es leichte Bombenschäden gegeben, die aber immer schnell behoben werden konnten. Lange, bis in die Märztage, funktonierte auch noch die Post und die Buschtrommel sowieso. Zu Fuß oder mit dem Fahrrad besuchte man sich, um sich gegenseitig das Überleben zu bestätigen. Nur der zivile Reiseverkehr lag brach, die S-Bahn funktionierte nach Bombenangriffen mehr schlecht als recht, und das Telefonieren war zur Glückssache geworden. Aber immerhin hatte W.W. nach Anleitung durch Lucinde erfolgreich *Flakfunk* geübt, so daß man sich auf kommende Fliegeralarme einstellen konnte.

Ab Februar bis Mitte März diskutierten die Worringers und die Schads, der Schwiegersohn Hans war inzwischen in Italien, ob man in Berlin bleiben oder versuchen sollte, es in Richtung Überlingen, wo die Schwester von Hans Schad mit ihrer Familie im Elternhaus lebte, zu verlassen. Erwogen wurde das eine und das andere; der Freund Poelchau riet ab, Berlin zu verlassen (was er selber wenig später dann doch tat); W.W. wollte ohnehin am liebsten wieder einmal dort bleiben, wohin ihn das Schicksal gestellt hatte, wollte nur die Entscheidung seiner Tochter nicht einseitig beeinflussen; M.W. war wie schon so oft bereit, sich in die eine oder die andere Kurve zu legen. Als man sich, schon der Kinder wegen, entschlossen zeigte, den Transfer zu versuchen, nämlich Mitte März, war es zu spät: Kein Durchkommen mehr nach Überlingen, allenfalls ließ sich Hamburg erreichen, um dort abzuwarten, bis man Überlingen erreichen konnte. Schließlich blieben sie.

Nicht dagegen blieb Lucinde. Es war ihre Mutter, die ihren so sehr geliebten Lukas geradezu bestürmte, Berlin zu verlassen. Schon am 17. Februar 1945 hatte sie an Hankamer geschrieben: »*Lukas möchte ich ja woanders als in Berlin haben. Ach, man sollte in solchen Zeiten keine Menschen haben, die man so liebt. Was denkst Du, werden die Russen mit dieser Jugend machen? Manchmal bin ich ganz verzweifelt.*« Verzweifelt und totunglücklich war auch Lucinde. Sie wohnte wegen der Enge im Frohnauer Haus bei ihren Freunden Kerckhoff in Berlin-Karolinenhof und hatte im Herbst im Rahmen des totalen Arbeitseinsatzes in den Chemischen Werken in Berlin-Grünau nach dreiwöchiger Ausbildung in Langelsheim am Harz die Stelle einer Laborantin annehmen müssen. Sie arbeitete täglich 10 Stunden im Keller, da die Fertigungshallen längst fast vollständig zerstört waren; zwei ihrer Schauspielerkolleginnen nahmen sich das Leben. Lucinde indessen versuchte, die ihr unterstellten Häftlinge aus dem KZ Sachsenhausen, es waren Zeugen Jehovas, mit Lebensmitteln zu unterstützen, ihnen auf dem Bunsenbrenner eine warme Mahlzeit zu kochen. Sie wurde prompt denunziert; aber es gelang ihr, ihre beiden Chefs von der Harmlosigkeit ihrer Aktion zu überzeugen. Nicht dagegen gelang es ihr, sich von dem Gefühl »*der Gräue und Ausweglosigkeit ihrer Tage zu befreien*«. Dazu trug sicher auch bei, daß sie ein erstes Angebot, in einem Film der *Tobis* mitzuwirken, erreichte, das sie aber wegen der Dienstverpflichtung nicht annehmen konnte.

Ende Januar 1945 holte sie mit Susanne Kerckhoff deren Kinder aus Guben, wohin diese evakuiert worden waren, ab: Anfang Februar beschloß Susanne, mit ihren drei Kindern ins Emsland, wo ihr Mann Verwandte hatte, zu flüchten, und Lucinde verlor ihren seelischen Halt vollends, sprach gegenüber ihrer Mutter von ihrem »*absoluten Lebensüberdruß*«: Sie ließ sich krankschreiben wegen ihrer durch die frühere Hepatitis angeschlagenen Leber und ging nicht mehr in die Fabrik. In der Meinung, daß ihre Eltern und die Schwester Berlin verlassen würden, erwähnte sie zwei Möglichkeiten, die sie ebenfalls hätte, was aber nur ein Vorwand war. Erst am 13. März hatte sie den Schlüssel zum Verlassen von Berlin gefunden. Das hatte mit einem Mann zu tun: »*Wir kannten uns lange; die letzten Berliner Wochen, in welchen wir mehr durch Zufall alleine im kleinen Häuschen weit draussen am Müggelsee lebten, waren schön gewesen, schön in ihrer Intensität der Gespräche, im gemeinsamen fiebrigen Warten, im Aufzeichnen der sich ständig nähernden Frontlinien nach dem abendlichen BBC-Bericht, im befreiten Sichwieder-um-den-Abendessentisch setzen nach schweren Tages-Luftangrif-*

fen und im Planen des ›Nachher‹ und Enträtseln des ›Warum‹. Der sich von Tag zu Tag steigernde Ansturm von zu Erlebendem hatte in uns beiden die gleichen Saiten angerührt, die Geladenheit der Atmosphäre ließ einen den Ablauf einer jeden Minute und ihrer Unwiderbringlichkeit fast körperlich empfinden, und das alles ergab ein Zusammengehörigkeitsgefühl von besonderer Dichte: eine Geschenk dieser Zeit für diese Zeit. Aber das übersahen wir noch nicht.«

So beschrieb sie Weihnachten 1946 in ihrer *Hammelgeschichte* ihre damalige Befindlichkeit. *Er* war der in Berlin stationierte Mann ihrer Freundin Susanne Kerckhoff; mit dessen Hilfe gelang es ihr, sich als Zivilangestellte der Wehrmacht zu verdingen mit dem Marschbefehl nach Eisenach, wohin auch Kerckhoffs Einheit verlegt werden sollte. Die Eltern konnten sie gerade noch 5 Minuten vor Abfahrt ihres Zuges am Bahnhof Grunewald sehen, sagten ihr aber nicht, daß sie bleiben würden. Die Mutter hatte ihr Ziel erreicht: »*Sie ist fort – und damit muß ich jetzt fertig werden.*«

Aber Lucinde kam am 21. März noch einmal zurück: etwas an ihren Papieren hatte nicht gestimmt oder fehlte, und sie begann mit dem zweiten Ausbruchsversuch, diesmal nach Zwiesel in Niederbayern, wo die Einheit, der sie zugeteilt war, inzwischen lag. Sie hatte die entsprechende Wehrmachtsdienststelle in der Bendlerstrasse aufgesucht, Entlassungspapiere von ihrer Grünauer Firma bekommen, eine ordentliche Abmeldung im Arbeitsbuch ebenfalls. Am 10. April war es dann soweit: »*Am 10. April mittags einen 2 stündigen Terror-Angriff auf Oranienburg-Velten. Das Näherrücken der Bombenteppiche war grausig anzuhören. Als wir endlich aus dem Keller stiegen, wurde gleich ein starker Kaffee gebraut und Ballabäuschen gebacken u. wir feierten – o wie seltsam ist das Leben jetzt manchmal! – gesteigerter Stimmung das Abschiedsfest für Lukas. Dann fuhr sie ab nach Zwiesel, Bayerischer Wald. Blühend, beschwingt – nur hier und da sagend: Vielleicht mache ich jetzt die größte Eselei meines Lebens. Wird sie Kerckhoff dort sicher antreffen? Wird sie heil hinkommen? Wann werden die Russen, wann die Amerikaner dort sein? Werden wir noch von ihr hören? Schweig stille mein Herz....*« So M.W. in ihrem Tagebuch.

Am 15. April erhielten die Eltern eine Karte von ihr aus Klattau in Böhmen: »*Noch immer unterwegs, langweilig, aber absolut erträglich – morgen werde ich wohl in Zwiesel landen. (...) Ich hätte nicht gehen sollen – nun werdet ihr womöglich gar nicht erfahren, daß ich angekommen bin – wir werden nichts mehr voneinander hören – unausdenkbar. Ich war wie ein Huhn vorm Kreidestrich – nicht daß ich um mein weiteres*

Schicksal die Reise bedauere – aber die anderen Konsequenzen hatte ich nicht ganz durchdacht. Was wird aus Euch und wie werden wir uns umeinander sorgen müssen!? Seid mir bitte, bitte nicht böse – ich mache mir schon Vorwürfe genug. Ich komme schon durch und bei erster Gelegenheit wieder nach Berlin. (...) Ach, ich hätte doch bei Euch bleiben sollen – ich habe wie im Traum gehandelt. Aber diese rapide Entwicklung hat man ja gar nicht erwartet. Ich habe wahnsinnige Angst um Euch – jetzt hätte man sich nicht trennen dürfen. (...) Ich baue viel auf Renates Umsicht und Ruhe. Es wird sehr auf die Nerven ankommen. Was mich quält ist, daß ich Euch im Ernstfall hätte doch eine Hilfe sein können, statt dessen gondele ich hier herum. Also Ihr geliebten Guten – aus tiefstem versorgtestem Herzen alle, alle guten Segenswünsche – vielen, vielen Dank und ganz bestimmt: auf Wiedersehen! In diesem Sinne und bis dahin Euer Lucas.« Dann nichts mehr. Doch: am 8. August (sic) brachte die Post eine Karte von Lucinde – vom 12. April 1945! –

Am Sonntag, dem 23. April 1945, begann der Countdown der Eroberung Berlin-Frohnaus durch die Rote Armee. Die Familie schlief im Keller; W.W., aufgeweckt durch Geräusche, die ihm wie Maschinengewehrfeuer erschienen (als ehemaliger Artillerist kannte er sich ja aus), stand auf, ging raus, kam nicht weit, weil eine Nachbarin ihn informierte: die Russen wären in vollem Vormarsch auf der Oranienburger Chaussee. Richtung Berlin! Er weckte seine Leute, verbreitete die Botschaft: »*Über die Wirkung*«, notierte er in seinem Tagebuch, »*brauche ich nichts zu sagen! Nehme gleich ein kaltes Bad, um Nazistaub abzuwaschen.*« Über die weiteren Ereignisse des Tages gibt es drei Berichte: den von W.W., den von M.W. und den von Renate Schad. In den großen Zügen stimmen alle drei inhaltlich überein: W.W. pointiert wie meist; M.W. versucht dem Ernst der Stunde gerecht zu werden wie fast immer; Renate schreibt anschaulich und lebendig. Deshalb wird aus ihrem Bericht zitiert: »*Der Vater kommt zurück, weckt uns im Keller und sagt: ›wir sind russisch‹. Das ist so ungeheuer und überraschend, weil vor uns allen doch immer das Gespenst der Verteidigung, des Nahkampfes, des in letzter Minute aus-dem-Haus-müssen stand, daß wir vor Freude in Tränen ausbrechen. Ich denke nur immer, wenn das der Hans wüßte! Wir haben das Gefühl, daß uns etwas Furchtbares erspart worden ist und wir wirklich kampflos erobert worden sind. (...) Wir frühstücken wie immer und es gibt einen ganz ruhigen Sonntagvormittag und nachmittags gibt es echten Kaffee und Ballabäuschen. (...) Wir räumen noch einiges in den Keller, weil wir nun ganz auch im Keller kochen, da ruft die Mu uns ans Fenster und zeigt dem Wald zu, wo auf dem Waldweg Fahrzeug an Fahrzeug kommt und*

**Barmherziger Samariter,
Öl auf Holz, 1945**

ehe wir es richtig erkennen, ruft Thomas' helle Stimme ›aber der Geierpfad ist doch auch schon voll!‹ Und dann geht alles mit Blitzesschnelle, daß wir es gar nicht richtig erleben, das Gefühl haben, eine Wochenschau vor uns abrollen zu sehen. Es reiten in vollem Galopp Kosacken in Scharen in den Geierpfad, füllen im Nu die ganze Straße mit Pferden und Wagen und schon klopft, schlägt es an die Haustüre... schon öffnet sich die Haustüre und herein quillt es: Kosacken, Kirgisen, Mongolen mit Pelzkappe und alle mit den großen automatischen Gewehren. Backenknochen, Schlitzaugen, Lammfellmützen. Sie quillen mit fremden Lauten. Ehe wir uns besinnen, hat der Vater schon keine Uhr mehr und ein kleiner Russe drängt uns mit vorgehaltenem Gewehr ins Schlafzimmer. (...) Es sind nun über 50 Russen im Haus und es wird eine Befehlsstelle eingerichtet. Ein wohlwollender Major nimmt lächelnd von Mus Zimmer Besitz, nicht ohne lächelnd ihre Bilder betrachtet zu haben. Im Schlafzimmer, wo wir vorläufig noch bewacht werden, erscheint ein Russe, der sich für kosmetische Dinge interessiert. Er erklärt uns, er sei Frisör und ich zeige ihm bereitwillig Parfums, Puderdosen und Schminksachen (...) Es ist ein ständiges Kommen und Gehen und dann müssen wir herunter, weil ein hoher Offizier von dem Schlafzimmer Besitz nimmt. Auf dem Nachttisch liegt noch mein goldenes Armband, das ich so liebe. Ich bringe es nicht fertig, es schnell wegzunehmen, der Offizier könnte es als Beleidigung empfinden. Ich Ahnungslose sah es zum letzten mal.

Dann sitzen wir alle zusammen in Hansens Zimmer. Vom ersten Augenblick, da die Russen ins Haus kamen, geht ununterbrochen das Grammofon. Ich wußte gar nicht, wo es stand, aber jene fanden es. Die Kinder haben in jeder Hand ein fettes Hühnerbein, uns bietet man Schnaps und Zigaretten an. Allmählich unterscheiden wir die Köpfe. Es scheint sich um eine Nachrichtentruppe zu handeln. Die Offiziere sehen zum Teil sehr gut aus, sind sehr sauber und benehmen sich europäisch. Sie sprechen kaum deutsch. Aber man fragt uns aus: ›Was sagt Goebbels von der roten Armee?‹ Es wird langsam dunkel und wir sitzen bei Kerzenlicht. Es kommen Flugzeuge und diesmal sind es deutsche, die nun uns mit Bomben belegen. Das Haus zittert und bebt. Ich zucke bei einem Einschlag einmal so zusammen, so daß ich mich an den nächstsitzenden Russen klammere, der mich väterlich beruhigt ›Nur deutsche Bomben‹. Susanne, die die ganze Zeit mit ihrem Strickzeug beschäftigt ist, fragt in eine atembeklemmende Gesprächspause: ›Mamma, wann kommen denn eigentlich die Russen?‹ Sie hat von allem nichts verstanden und bei Russen an Schießen und Panzer gedacht und kann es mit Herren mit den schönen Pelzmützen, die ihnen Hühnerbeine schenken, nicht vereinen.«

Die Rotarmisten bereiteten sich mit den Vorräten des Hauses ein großen Nachtmahl, speisten mit feinem Porzellan und Silberbesteck fast die ganze Nacht hindurch, während die Bewohner des Hauses sich in den Keller zum Schlafen zurückzogen. Aber es kam etwas anders: bei der Hausangestellten Irmgard begannen – eine reichliche Woche zu früh – die Wehen. Ein Arzt aus der Nachbarschaft wurde gerufen: »*Er kommt auch, ist aber völlig verstört. ›Elfriede siebenmal, meine Frau konnte ich nur mit Mühe davor bewahren.‹ Daran hatten wir keine Minute in dieser Nacht gedacht. Wir hielten das doch alles für Goebbels-Propaganda.*« Das Kind kam schnell auf die Welt und überlebte. Die Russen waren nachts abgezogen, aber noch einmal wurde es brenzlich. Zurück kam der Offizier mit der Lammfellmütze und Reitgerte. Wieder mußten sich alle Hausbewohner in einem Zimmer zusammenfinden: »*Dann ergreift er beide Kinder und hält ihnen die Hälse zu. ›So SS in Rußland‹. Wir nicken bedauernd. Dann zählt er sämtliche Familienmitglieder auf, die von der SS an die Stubendecke gehängt wurden. Wir wagen kaum zu atmen, weil wir ja nie wissen, ob der dasselbe mit uns vorhat. Ich atme auf, als er die Kinder losläßt. Dann muß der Vater ihm die Schuhe ausziehen. Es sind schlechte durchgelaufene Stiefel. ›Neue?‹, fragt er. Ich bringe H.s Reitstiefel. Er strahlt wie ein Kind. Sie passen ihm keineswegs. Sein starres Herrentum weicht einem großen Kinderglück. Fast möchte er uns alle umarmen. Wir erreichen von ihm, daß er uns einen Zettel schreibt, den wir an die Haustüre kleben, des Inhalts, daß dieses Haus von russischen Offizieren beschlagnahmt sei.*«

Der Zettel half jedenfalls einige Tage. Als eine russische Einheit im Wald stationiert wurde, wiederholten sich die Abläufe: immer wieder kam *Besuch*, einzeln oder zu zweit; alle, buchstäblich alle Essensvorräte, Wein und Schnaps, Geld und Schmuck wurden abgeräumt; brisante Szenen blieben nicht aus, mal wurde der Vater nach draußen getrieben und die Frauen blieben im Haus, mal die Mutter mit dem Gewehrkolben vor die Brust geschlagen und beinahe abgeschleppt; Renate, die junge Mutter von zwei Kindern, blieb unbehelligt, hatte *Glück*, während die Nachbarstochter dauernden *Frau Komm*-Befehlen ausgesetzt blieb.

Was hier geschildert wurde, hat sich in jenen ersten Besatzungswochen zigfach zugetragen, und die kollektive Betroffenheit verwischte individuelles Schicksal. Doch wurden von den Worringers jene Momente reflektiert, die Bestandteile auch ihrer Russenangst waren und noch lange blieben: Mit den Eigenheiten der russischen Mentalität, dem schnellen stürmischen Wechsel von blinder Wut und Grausamkeit und versöhnlicher Kindlichkeit kamen sie nicht zurecht, und die Scham der

1944–1946

Nazi-Gegner angesichts des Leidens der russischen Menschen unter der Hitler-Herrschaft machte sie selbst mental hilflos. M.W. brachte es in ihrer Tagebucheintragung vom 7. Juli 1945 auf den Punkt:

»*Wie ist doch bei diesen Russen alles möglich: das Beste u. das Schlimmste. Wie schwer ist es für uns Mitteleuropäer uns ein einheitliches Bild von ihnen zumachen! Wie leiden wir an ihrer Undurchsichtigkeit und Unberechenbarkeit. Wie leiden wir an dieser Unsicherheit, die uns allenthalben umgibt. So unzugänglich, wie uns die Sprache ist, scheinen uns die Menschen zu sein – und das, obwohl ich immer wieder Sympathien u. manchmal sogar den seltsamen Reiz, der von ihrer Menschlichkeit ausgeht (die wir vielleicht mißverstehen?) spüre.*«

Zu diesem Kapitel gehört auch die Geschichte von Thomas (8 Jahre), dem Ernährer. Die Erwachsenen erbettelten möglichst oft und dies mit wechselndem Erfolg Essen bei der Gulasch-Kanone der benachbarten Kolonne C 80. Durchschlagenden Erfolg erzielte nur Thomas Schad. Der hielt sich täglich stundenlang bei seinen russischen Freunden auf, schritt mit dem Kapitän die versammelte Front ab und ließ sich von diesem »*mein Kamerad*« nennen. Vor allem aber brachte er geradezu Unmengen von Lebensmitteln aller Art nach Hause. Am 11. Mai zum »*Friedensfest*«: viele Dosen Traubenzucker, fast ein Kilo Schweizer Käse, 30 Pfund Kartoffeln, eine Büchse Corned Beef, eine Büchse Erbsenkonserven, eine große Schüssel gekochte Gerste, eine Papp-Kiste voll Lakritze, Zigaretten für die Mutter, eine Zigarre für den Großvater und eine Schachtel Streichhölzer. Dafür ließ er sich die Haare schneiden und kam »*zu unserem Entsetzen mit glattrasiertem Schädel wie ein sibirischer Sträfling zurück!!!*«, wie der Großvater im Tagebuch vermerkte.

Mitte Mai zog die Kolonne ab, und es begann, schon ein, zwei Wochen vorher, der Alltag der russischen Besatzungszeit. Als W.W. am 5. Mai einen Anschlag »*Der Krieg ist vorbei*« entdeckte, notierte er lakonisch: »*Es gab ja keinen anderen Preis, mit dem der Friede erkauft werden konnte. Und schließlich ist es doch ›unsere‹ Sache, die gesiegt hat!*« Am 10. Mai schrieb er dann gleich zweimal mit großen blaufarbigen Buchstaben quer über seinen mit Bleistift geschriebenen Text: F R I E D E ! Wenig später stellte er sich dem KPD-Chef des Ortes, der von dem berühmten Professor gehört hatte, zur Verfügung und bekam denn auch prompt Ende des Monates die Schwerstarbeiterkarte zugesprochen, obwohl er eigentlich gar nichts getan hatte, ja, nichts tun mußte, weil er nicht bei Arbeitseinsätzen Seite an Seite mit Nazis gesehen werden wollte. Langsam zivilisierte sich das Leben: Wasser und Strom kamen wieder in Haus, die Verdunklungsanordnung wurde aufgehoben, ab 4. Juni gingen die Kinder wieder in die Schule. Man besuchte Freunde und Bekannte und wurde von diesen besucht, und da gab es sie dann wieder: die bildungsbürgerlichen Gespräche, wie wir dem Tagebuch von Kurt Gehlhoff entnehmen können: über die Renaissance des totgesagten Bürgertums, über Frobenius, Spengler, Rodin, Rilke, Masaryk, George, Schuler, Goethe, Nietzsche nicht zu vergessen! Und Worringer philosophierte über den Einbruch der Technik in das »*menschliche Maß*« und führte nach Gehlhoff aus:

»*Das Humane wird abgelöst durch die Masse. Der Prozeß der Übernahme einer hohen Kulturform durch immer breitere tiefere Schichten wird durchkreuzt durch das Aufsteigen der Massengesinnungen nach oben. Ferner: Die Versuche die Geistesgeschichte einer Epoche aus einer Wurzel abzuleiten, sind vermutlich Fehlkonstruktionen (also Bachsche Musik = Barock). Die einzelnen Künste sind zur gleichen historischen Zeit auf ganz verschiedenen Entwicklungsstufen – was niemand merkt, weil das Bewußtsein dafür allgemein fehlt. Weiterhin: wir wissen nicht, wie frühere Epochen ihre zeitgenössische Kunst empfunden hatten. Ist die altitalienische lineare Musik wirklich linear empfunden worden oder nicht stark harmonisiert? Wir wissen es nicht.*«

Am 10. Juli 1945 entdeckte Renate in Frohnau den ersten Engländer; es war ein Französisch sprechender Kanadier, wie sich herausstellte. Den Preis, den derjenige bekommen sollte, der den ersten Westalliierten sehen würde, nämlich eine Stulle mit Margarine, bekam sie nicht: Margarine fehlte im Haushalt. Zwei Tage später meldete W.W. »*Russen verschwunden*«, und M.W. frohlockte in ihrem Tagebuch: »*Wir fühlen uns Europa zurückgegeben.*« Doch sie fügte hinzu: »*Trauer und Enttäuschung blieben zurück – besonders, weil man so gerne ein anderes Bild der Russen gehabt hätte.*« – Bald gab es das erste Weißbrot mit Butter, und W.W. abonnierte vier Zeitungen, nachdem Frohnau zum französischen Sektor Berlins geworden war. M.W. begab sich in die Kammer für Kunstschaffende und erhielt die Lebensmittelkarte III, später sogar II statt V. Ja, sie lebten wieder in Europa. Wirklich schon ganz? Im Januar 1946 schrieb W.W. an seinen Freund und Kollegen Otto, seinen fahrigen Briefstil entschuldigend, er säße in dem »*einzig warmen Zimmer, von 7 Personen bevölkert und in dem mein Schwiegersohn seiner Sekretärin stundenlang in die Schreibmaschine diktiert*«.

Und die Anderen? Am 2. Juli traf Else Court in Frohnau ein: »*jung, gesund, blühend, glücklich aussehend. Große freudige dankbare Erregung auf allen Seiten.*« M.W. hatte sich bereits Sorgen darüber gemacht, daß Else noch nicht zurückgekehrt war, nachdem, wie sie wußte, das Lager am 18. April befreit worden war. Ende Juni hatte sie immerhin von einer anderen aus Ravensbrück zurückgekehrten Ärztin erfahren, daß sie überlebt hatte: »*Als die Situation im Lager kritisch wurde, d.h. die Russen näher rückten, übergab der SS-Kommandant den Schlüssel des Reviers und den Schlüssel des Lagers* an Else. So war sie es denn, die den Russen die Tore öffnete und sie dort empfing. So hat ihr Geschick ihr dennoch zum Schluß die ihr gemäße Rolle zugewiesen – eine Tatsache, die mich neben aller Freude, tief beeindruckt. Der russische Kommandant hat sie dann gebeten, das Revier, in dem noch Schwerkranke lagen weiterhin zu betreuen. So hat ihr Nichtkommen eine gute Aufklärung gefunden.*«

Zunächst hatte Else Court gemeinsam mit Marie Agnes Dohna das russische Feldlazarett in Fürstenberg betreut, dann wurde sie kurzzeitig von der GPU in Haft genommen, bis sie endlich zu ihren Verwandten gelangen konnte. Bereits am 8. August praktizierte sie wieder in Frohnau als Ärztin. Hans Schad, der sich zuletzt in Oberitalien befunden hatte, wurde endlich im August in München gesichtet und traf dann am 19. September in Frohnau bei seiner Familie ein – er hatte ziemlich lange für den Weg nach Hause gebraucht. Das war damals kein Einzelfall; so mancher Soldat spürte wenig Lust, sich wieder umstandslos ins zivile Leben mit allen seinen Verpflichtungen zu begeben, und wollte nun ungefährdet noch ein wenig *Freiheit* spüren. Manche kamen nie wieder zu Hause an. Auch die Neffen Ulli und Robert fanden zurück nach Düsseldorf, Robert etwas zögerlich: er fuhr erst einmal seine KZ-Genossen mit dem Auto nach Hause – auch eine Art Flucht vor der Normalität.

Und Lucinde? Da ist wiederum eine kleine Geschichte zu erzählen. Lucinde erreichte wirklich noch am 15. April Zwiesel und fand auch ihren Freund. Bereits am nächsten Tag wurde sie als Zivilangestellte entlassen, und am 18. April fuhr sie von Zwiesel ab und erreichte über Taufkirchen und Grafrath am 25. April 1945 München. Hier suchte sie Paul Hankamer in München-Solln auf, da sich Forells ins Oberbayerische abgesetzt hatten, nachdem sie ausgebombt worden waren; Hankamer konnte ihr die Wohnung von evakuierten Bekannten besorgen. Am 28. April traf auch Hermann Kerckhoff in Solln, ordnungsgemäß entlassen ein, und am 30. April erreichten die Amerikaner Solln. Die Monate Mai und Juni lebten beide ihr Über-Leben genießend zuammen und hatten sogar dank der Beteiligung am Schlachten eines Hammels genug zum Essen und zum Tauschen. Fast eine vorstädtische Idylle im Niemandsland. Dann erreichte sie die Wirklichkeit, und die bedeutete Trennung; Kerckhoff kehrte zu seiner Familie zurück, Lucinde fand einen neuen

Weg: am 6. Juli zog sie zu den Königsberger Freundinnen Gerda von Lipski und Eva Kochen nach München in die Unertlstrasse 40/0.

Ihre Eltern erfuhren dies alles erst am 20. August so nebenbei aus einem Brief von Adolf Worringer aus Düsseldorf, den er einem nach München zurückkehrenden jüdischen Bekannten mitgegeben hatte. Am Schluß dieses Briefes stand »*und von Lucinde hatte ich einen Brief aus München!!! Diese Freude! Diese Dankbarkeit! kaum zu fassen ist es. Ganz gleich, daß wir einstweilen nicht mehr von ihr wissen; sie lebt und ist in München, wo wir sie lieber wie jetzt hier haben. Dem Himmel sei Dank!*« So schrieb M.W. in ihr Tagebuch, und zwei Tage später meldete sie bestimmt nicht zufällig: »*Stickerei – Josefs-Legende – fertig.*« Die ersten Briefe von Lucinde flatterten dann allerdings erst am 21. September 1945 in den Geierpfad. Ungefähr um die gleiche Zeit erfuhr sie, daß Eltern, Schwester und deren Kinder lebten; den Schwager Hans hatte sie bereits in München getroffen. Aber das erste Wiedersehen ließ noch lange, lange auf sich warten.

Ebenso ganz nebenbei erfuhr M.W. von Paul Hankamers Tod; ihr Schwiegersohn erwähnte ihn am Tag seiner Rückkehr, als er von seinen Erlebnissen berichtete. Den ersehnten Tag des Friedens hatte Hankamer noch erlebt, und sicher standen ihm mit seinen 54 Jahren noch viele Möglichkeiten offen: ein Lehrstuhl, ein politisches Amt... Seine Familie, von der er seit 1939 getrennt gelebt hatte, würde aus den USA zurückkehren. Alles sah nach Zukunft aus. Am 17. Juni machte er am hellichten Tag in einem Wäldchen bei München-Solln einen Spaziergang: da traf er plötzlich auf polnische Marodeure. Auf den Anruf Hände hoch! reagierte er nicht; da fiel der Schuß! 11 Tage Krankenhaus und zwei vergebliche Operationen folgten. Am 29. Juni starb er. »*Ein Krüppel wäre er nach der Art des Schusses jedenfalls geblieben*«, berichtete W.W. einem früheren Königsberger Kollegen. M.W. schrieb ungewöhnlich wenig über den Verlust in ihr Tagebuch; sie hatte keine Worte mehr außer dem: »*als wärs ein Stück von mir.*«

Wie gewohnt von ihr versuchte M.W. wieder zu arbeiten. Zur Weihnachtsausstellung in Berlin-Reinickendorf im Dezember 1945 hingen bereits wieder 12 Arbeiten von ihr. Im Mai 1946 notierte sie: »*Ich arbeite viel; aber nicht genug, um genügend Arbeiten für die verschiedenen Ausstellungen zu haben. Meine Stickereien sind in einer Bücherstube; meine Zeichnungen bei Amelang; nun fehlen noch Arbeiten für die Schwarz-Weiss-Ausstellung in Reinickendorf. Verkauft ist leider noch nichts.*« Obwohl sie wenig Worte in ihrem Tagebuch darüber fand, setzte ihr der Tod Hankamers sehr zu, und zum ersten Mal in ihrem Leben hatte sie zum

Weihnachtsfest 1945 für niemanden Geschenke: »*Das Gelähmtsein der letzten Wochen ließ mich wohl so versagen. – Feldstaffelei, Keilrahmen! bekam ich geschenkt. – Filet mit Bohnen, Rote Grütze gab's zum Festessen; und Sekt und Kaffee! Um 10 Uhr die Mette (weil um Mitternacht die Franzosen die Kirche haben); auf dem Hinweg Regen; auf dem Rückweg aufgerissener Mondhimmel. Um 2 Uhr zu Bett. Der Toten eingedenk! Nachher Hankamer-Traum……«*

Bald war noch einer Toten zu gedenken. An diesem Weihnachten 1945 weilte Else Court nicht, wie zu erwarten gewesen wäre, bei den Schads und Worringers. Bereits Ende September hatte sie die bürgerliche Welt, die ihr so fremd geworden war, wieder verlassen und war als Chefärztin in einem Flüchtlings- und Heimkehrer-Krankenhaus in Berlin-Kaulsdorf tätig geworden. Nein, Weihnachten verbrachte sie unter »den Heimatlosen«:

»*Es erinnerte mich an die Weihnachten im KZ, und alles, was daherkommt, Armut, Elend, Hilflosigkeit kommt mir wie z u   H a u s e vor. Ich kann nicht dafür. Als ich aus der Mette heimkam starb mir ein Flüchtlingskind in den Armen. Die Mutter war dabei, hatte schon so viel verloren. Nun konnte sie sich wenigstens bei mir ausweinen. Irgendwie habe ich die Hand dafür. Heute war Freude*«, so schrieb sie am 15. Januar 1946 an M.W. »*Ein Vater holte seinen doppelt amputierten Sohn (beide Beine) heim. Beide nur Glück, dass sie einander hatten. So lebt man. Sei mir nicht böse, ich kann nicht dafür. Man kommt nie dazu miteinander zu sprechen. Vielleicht müssen wir beginnen zu schreiben. Herzlichst Else.*«

Als der Typhus erloschen war, ging sie, angefordert vom Gesundheitsamt Schwerin nach Güstrow, wo sie die Praxis einer von den Russen verhafteten Ärztin übernehmen sollte, mit der gleichzeitig die Betreuung eines Flüchtlingslagers verbunden war. Am 2. März 1946 kam sie dort an, bereits krank, am 6. März hatte sie 40° Fieber, am 9. März wurde sie ins Krankenhaus eingeliefert, am 11. März fiel sie in Bewußtlosigkeit und wurde ins Seuchenkrankenhaus überführt, am 14. März starb sie an Flecktyphus.

M.W. erhielt erst am 25. März durch eine Karte von Elses Bruders Emil Court aus Köln die Todesnachricht und fragte sich in ihrem Tagebuch: »*Warum war ihr bestimmt, diesen Tod in der Verlassenheit zu sterben? Wieder kann ich sagen: als wär's ein Stück von mir…. Ja, das war sie. Wie schmerzt mich dieser Verlust. Verarmt und beraubt fühle ich mich – und voller Vorwürfe; quälendster Vorwürfe. Ich wage kaum, daran zu rühren. Ich kam mit ihr, in dieser Umgebung, nicht zurecht. Ich wußte, wie sie hier anstieß – und fühlte mit den Nerven der Andern. Und die*

Gelegenheit, sie allein zu sprechen, war, bei dem einen geheizten Zimmer, gering. Ich gab mir vielleicht auch nicht genug Mühe, sie zu finden. Aber auch sie fühlte sich nicht mehr wohl bei mir. Ich glaube, sie nahm Anstoß an unserem bürgerlichen Beieinander. Mal schrieb sie mir: nur wenn ich mit einer der Lagerinsassen zusammen bin, fühle ich Heimatluft. Ob sie meine Lieblosigkeit gespürt hat? (...) Morgen wird hier in der Frohnauer Kirche, in die sie – solange sie hier wohnte – täglich in der Frühe zur Messe ging, das Requiem für sie gelesen. Wie war sie fromm geworden! Mit der ganzen Unbedingtheit ihres Wesens war sie vom krassesten Unglauben in den lebendigsten Glauben hinüber gewechselt. Kein Zögern, kein Zweifel war ihr geblieben. Glückliche Else. Sie ist also geborgen. Wie seltsam und geheimnisvoll ist auch ihr Lebenslauf. Nun sehe ich ihr abgerundetes Bild – zu spät –, zu dem auch dieser Tod in der Verlassenheit gehört. – «

Ließ der Besatzungsalltag – um Brot und Fleisch anstehen, den Garten und hier besonders den Kartoffelacker bearbeiten, Bäume fällen, zersägen, zerhacken, Beeren und Pilze im nahen Wald suchen, aber schließlich auch die vier abonnierten Zeitungen lesen – Zeit, wurden die politischen Ereignisse kommentiert: Königsberg sollte nach der Potsdamer Dreier-Konferenz zu Rußland fallen, der übrige Osten bis zur Oder zu Polen!

»*Welch' ein Keulenschlag! Welch' eine Amputation! Kulturell und wirtschaftlich.*« »*Will ist ganz aufgewühlt. Er empfindet diese Lösung als völlig unzeitgemäß und ideenarm. Er hatte gerade von den Russen neuartige Ideen für das Ende dieses neuartigen Krieges erwartet; und von Stalins Beisitzern – Churchill u. Truman – erwartete er weisere und einsichtigere Beschlüsse. Zwar findet so die Gefahr der Minderheiten-Schwierigkeiten eine radikale Lösung, indem man die Bevölkerung expatriiert; aber kann wirklich dieses grausam gewaltsame Hineinstopfen der Ostbevölkerung in die schon überfüllten westlichen Teile Deutschland's wirklich eine Lösung genannt werden? – Berlin wird nun zum Bollwerk im Osten werden: Grenzstadt, über die der Schatten Polens u. Russlands liegt. So wie in Wien der Balkan hineinflutet, so wird nun hier der Osten hineindrängen und der Stadt ein neues Gesicht aufprägen. Und wird das restliche Deutschland überhaupt lebensfähig bleiben? Ohne seine östlichen Kornkammern bleibt es in steter Abhängigkeit von seinen Besiegern – ihnen zu Gnade u. Ungnade ausgeliefert. (...)*« So steht es im Tagebuch von M.W. mit dem Datum 3. August 1945.

Am 15. August 1945 konnte W.W. dann mit großen roten Buchstaben blau unterstrichen in sein Tagebuch eintragen: »ENDGÜLTIGE KAPITULATION JAPANS! ENDE DES ZWEITEN WELTKRIEGS!« So groß die Freude darüber gewesen sein muß, so sehr wurde W.W. klar, daß er nun wieder danach trachten mußte, sich in die Pflicht nehmen zu lassen. Statt Altersruhe und Flucht ins Private würde er »*aus nackten Existenzgründen*« weitermachen müssen. Und tatsächlich hatten alsbald die Worringers – freilich nicht zum ersten Mal in ihrem gemeinsamen Leben – buchstäblich kein Geld mehr. Das war ungefähr zur gleichen Zeit, als erneut – wie auch bereits gehabt – der Berufungs*zirkus* begann. Als Stichtag für den Beginn stellte sich im Nachhinein der 11. Oktober 1945 heraus. Zu Besuch nach Frohnau kam an diesem Tag der Königsberger Schüler Dr. Gerhard Strauß, »*wohl genährt aus russ. Gefangenschaft entlassen*«, derselbe, den die Worringers 1933 vor den Nazis versteckt hatten. Er stellte sich als Referent für Bildende Kunst in der Zentralverwaltung für Kultur und Wissenschaft vor und fragte W.W., ob er wieder einen Lehrstuhl übernehmen wolle. Der erschrak nicht gelinde, hatten doch seine Gedanken in dieser Sache sich nach Westen gerichtet. Aber er sagte nicht nein, so daß er am 31. Oktober 1945 das Angebot des Berliner Kunstgeschichtlichen Lehrstuhls (Nachfolge Wilhelm Pinders) von der Abteilung Wissenschaft und Forschung der Zentralverwaltung erhielt. An einen regulären Universitätsbetrieb war noch nicht zu denken; W.W. sollte erst die neuen Richtlinien für das Fach Kunstgeschichte entwerfen, aber gleichzeitig schon besoldet werden. Anfang Dezember hatte sich die Sache verflüchtigt. Die Fakultät hatte (wohl unter der Regie des einstigen Kollegen von W.W. in Königsberg, dem Mediävisten Friedrich Baethgen) der befürchteten Beschädigung ihrer Autonomie erfolgreich widerstanden und auch massive Vorbehalte gegen W.W. ins Feld geführt, aber nicht mehr solche, die sein kunstwissenschaftliches Renommee betrafen, sondern weil »*W. zu sehr zum linken Flügel gehörig betrachtet wird*«, wie M.W. referierte. Daß dies keine Einbildung gewesen sein kann, beweist die Notiz von Dr. Strauß an seinen Kollegen in der Abteilung Wissenschaft und Forschung vom 11.2.1946, die W. W. wohl nie zur Kenntnis gekommen ist: »*Betr. Universität Berlin, Prof. Worringer.*

Ich habe gestern in Nikolassee von völlig fremden Leuten gehört, daß aus der Universität Berlin eine Äußerung folgenden Inhalts gekommen sei: Die Universität denke doch nicht daran, sich Worringer vorsetzen zu lassen, der als Kommunist bekannt sei und dessen Töchter (Brigitte und Renate. H.G.) *in der Roten Studentengruppe waren. (...)*«

Kommunist war er natürlich nicht, aber er galt als ein gestandener Anti-Nazi und nahm dann auch am 28. Januar 1946 zusammen mit Hanns Hopp, Carl Linfert, Herbert Eulenberg und Erwin Redslob an einer von der Deutschen Zentralverwaltung einberufenen Sitzung über

Kunstfragen teil. Und er machte aus seiner anti-nationalsozialistischen Einstellung, wenn auch wie immer differenziert in seinen Urteilen, keinen Hehl, wie aus seiner Stellungnahme zum Entnazifizierungsbegehren des Königsberger Philosophen Eduard Baumgarten von Ende Februar 1946 hervorging. Baumgarten galt als philosophischer Repräsentant der nationalsozialistischen Weltanschauung, wenngleich er auch in einigen Punkten von deren Trivialitäten abwich. Für Worringer gehörte er deshalb »*Hitlers getreuester Opposition*« an. Dies machte ihn nach W.W.s Auffassung für die nun beginnende Zeit nach Hitler um so gefährlicher: »*Ich halte gerade den Typus B für in ganz hohem Masse mitschuldig, gleichgültig, ob er jeden Punkt des Nazi-Programms wörtlich zu unterschreiben geneigt war oder nicht.*« Wenn einem solchen Mann wieder die Möglichkeit gegeben würde, die deutsche Jugend geistig politisch zu beeinflussen, »*dann hätte ich nämlich nur ein spontanes und entschiedenes und unwiderrufliches ›Nein‹ zu Antwort. Es wäre m.E. eine unverantwortliche politische Versündigung*«. Für W.W. lief das auf eine »*Remobilisierung der Reaktion*« hinaus.

In der Berliner Angelegenheit ließ W.W. seinen ehemaligen Königsberger Kollegen, den Germanisten Hans Pyritz, der sich für ihn eingesetzt hatte, wissen, daß die Selbstachtung ihm verbiete, zu kämpfen – er wolle nicht der Fakultät aufgenötigt werden. Immerhin hörte er am 17. November 1945, daß noch nichts entschieden sei und er im Gespräch bleiben würde; das blieb offenbar so bis Ende Januar 1946. Bald aber strebte W.W. zu anderen, freundlicheren Ufern: nach Göttingen. Vermittelt durch seinen Königsberger Freund Walter F. Otto und betrieben von dem Göttinger Anglisten Herbert Schöffler schien eine Berufung möglich, und W.W. brauchte nicht lange, um sich für Göttingen zu entscheiden, obwohl ihn inzwischen ein Ruf aus Jena erreicht hatte: »*Ich wüßte kaum eine akademische Chance, der ich sie nicht vorziehen würde*«, teilte er Otto am 31. Januar 1946 mit. Selbst wenn er die Wahl zwischen Göttingen und Bonn, wo er auch ins Gespräch gekommen war, und Berlin, wo auch noch nichts entschieden war, haben würde, würde er nicht zögern nach Göttingen zu gehen. Inzwischen hatte ihn auch eine Anfrage aus Halle erreicht – ebenfalls eine heile Stadt und ein heiles Institut – »*Aber trotzdem würde ich mich bei Wahlmöglichkeit natürlich für das westliche Göttingen entscheiden.*«

Als er hörte, daß es sich in Göttingen nicht um ein Ordinariat handelte, sondern um die Übernahme als Pensionär sagte er immer noch beinahe schwärmerisch ja zu Göttingen: »*Lebensabend in kultivierter geistiger Atmosphäre, in einer (im Gegensatz zu Jena) unzerstörten Stadt.*

Befreit von aller grober pädagogischer Arbeit als da ist: Pflichtvorlesungen von so und soviel Stunden und vorgeschriebener Thematik, Doktorarbeit, Direktionsarbeit und anderem Organisatorischen! Statt dessen Vorlesungen, was Zahl und Thema angeht, nur der Wahl nach. Also wie in den Idealzeiten des Privatdozententums! Mit viel Einsparung für eigene Arbeit. Dafür aber Verzicht auf Machtposition in der Fakultät und, was Gehalt angeht, Sichzufriedengebenmüssen mit Existenzminimum!! Pardon, ich vergaß noch einen ausgleichenden Hauptfaktor: westliches Klima! In jeder Beziehung!«

Aber aus Göttingen wurde nichts: das Angebot war nur gedacht für den Fall, daß W.W. unversorgt bliebe. Stattdessen konnte er mit zwei Rufen rechnen: aus Jena und aus Halle. Doch zunächst stießen Andockversuche im Westen – Köln, Hamburg und auch Bonn – ins Leere. Nach Bonn hatte Ernst Robert Curtius den Weg ebnen wollen, war aber ohne Resonanz geblieben: Der frühere Schüler und nunmehrige Kollege Heinrich Lützeler wollte ihn nicht, und auch Paul Clemen hielt sich zurück: *»Und über Clemen's Verhalten decke ich den Mantel worringerscher Lilli-Liebe…!«* bemerkte er gegenüber Curtius. Er wäre eben immer noch *»kein rechter Eingeborener des Universitätsbetriebs«* und heute natürlich *»außenseitiger denn je!«*

Am 16. Februar 1946 kam der Ruf aus Jena; am 2. März mußte er Göttingen absagen, und am 5. März schickte er seine Zusage nach Jena. Was dann folgte, grenzte an einen Skandal: W.W. hörte vier Monate nichts Offizielles aus Jena; nur übers Radio erreichte ihn die Nachricht, er wäre nach Jena berufen. Hinter dem Jenaer Schweigen steckte eine Art Räuberpistole: W.W. war vom damaligen Kurator der Universität, Max Bense, quasi pro forma aufgefordert worden, in Wahrheit erhoffte man sich die Denazifizierung und Wiedereinsetzung des alten Ordinarius. Erst als dies nicht gelang, entschloß man sich, in ernsthafte Verhandlungen mit W.W. einzutreten. Inzwischen hatte W.W. einen offiziellen Ruf aus Halle bekommen und Anfang Juli seine Zusage gegeben bzw. in Jena abgesagt. Die Schweizer Freunde Giedion ließ er wissen, daß er den Ruf als Nachfolger des verstorbenen Kollegen Waetzoldt in Halle viel lieber annehmen würde, zumal die Aussicht bestände, *»daß wir gänzlich möbel- und bücherlosen auch seine Wohnung und Bibliothek beerben können«*. Am 1. Juli 1946 wurde W.W. durch den Präsidenten der Provinz Sachsen-Anhalt zum ordentlichen Professor an der Martin-Luther-Universität Halle-Wittenberg berufen und zum Direktor des Kunstgeschichtlichen Instituts ernannt. Er erhielt ein Grundgehalt von jährlich 13.600 RM zuzüglich Wohn- und Kolleggeld; er mußte sich, da er bereits die Altersgrenze von 65 Jahren überschritten hatte, für drei Jahre verpflichten. Vom 17. bis 20. August reisten die beiden Worringers von Berlin nach Halle, um die Lage vor Ort zu klären. Als W.W. seinem Verleger Piper von seiner Entscheidung, nach Halle zu gehen, Anfang August 1946 unterrichtete, kommentierte er den Berufungs*zirkus* wie folgt:

»*Hier und da drängte sich mir auch der paradoxe Eindruck auf, als ehemaliger Nazi hätte ich es vielleicht leichtergehabt! So wird mein Altersruhelager kein bequemer westöstlicher Diwan sein, sondern ich werde, wie es immer mein Schicksal war (und das meiner Generation!) zwischen zwei Stühlen sitzen.*«

Anmerkungen zum 9. Kapitel

- *Abwehr* = Abkürzung für das Amt Ausland/Abwehr im Oberkommando der Wehrmacht; Abwehr steht für *Sicherung gegen die Spionage fremder Staaten*, bedeutet also Gegenspionage.
- *Irmgard* war die Hausangestellte von Hans und Renate Schad.
- *Stablack* wurde eine Hügellandschaft in Ostpreußen südöstlich des Frischen Haffs genannt.
- Flak (nicht Flack) war die Abkürzung für Flugabwehrkanone. *Flakfunk* soll heißen, daß es im Luftkrieg des Zweiten Weltkrieges auch für Zivilisten möglich war, mit Drahtfunk mittels Fernsprechleitungen Informationen über die Einflugrichtungen der englischen und der amerikanischen Bombengeschwader zu erhalten.
- *Ballabäuschen* sind ein rheinisches Gebäck.
- Daß Else Court die Schlüssel zum gesamten Lager bekommen hat, ist nicht belegbar. Vermutlich bekam sie die Schlüssel zur Krankenstation des Siemenslagers.
- Die Postkarten von Lucinde Worringer vom April 1945 befinden sich im NL Lucinde Sternberg; ebenso die *Hammelgeschichte*. Alles andere wie jeweils angegeben.
- Susanne Kerckhoff wurde am 5.2.1918 in Berlin geboren; ihre Mutter, Eta Harich-Schneider war eine sehr bekannte Cembalistin und Musikhochschulprofessorin, ihr Vater Walter Harich Schriftsteller (Wolfgang Harich war der Sohn aus zweiter Ehe). 1935 erste Veröffentlichung, 1937 erster (Lyrik-)Preis. Nach dem Abitur 1937 Heirat mit dem Buchhändler Hermann Kerckhoff, drei Kinder. 1939 erster Roman, Übersiedlung nach Berlin-Karolinenhof. Kurz vor Kriegsende und nach der Zerstörung der Kerckhoffschen Buchhandlung am Olivaer Platz Flucht ins Emsland. Arbeit als Dolmetscherin, Mitglied der SPD. 1946/47 Trennung von der Familie, Übersiedlung nach Ost-Berlin, Scheidung (das Sorgerecht für die Kinder erhielt 1949 der Vater). 1947/49 Redakteurin des *Ulenspiegel*, 1948 SED, 1949 Feuilleton-Redakteurin der *Berliner Zeitung*. Oktober 1949 Auseinandersetzung mit der SED-Führung (u.a. mit Walter Ulbricht). Am 15.3.1950 Selbstmord. Vgl. Die Welt ist eine Schachtel. Vier Autorinnen in der frühen DDR, herausgegeben und kommentiert von Ines Geipel. Berlin 1999, S. 9–96.

- Hermann Kerckhoff, geb. 14.6.1902, gest. 23.10.1970, war zuletzt, wieder verheiratet, selbständiger Buchhändler in Hamburg.
- Die Aktennotiz von Gerhard Strauß vom 11.2.1946 fand sich in der Personalakte Worringer im Universitätsarchiv Halle.
- Eduard Baumgarten (1898–1982) war entfernt verwandt mit Max Weber. Nach einem mehrjährigen USA-Aufenthalt (Madison/Wisc.) habilitierte er sich 1933 in Göttingen und erhielt 1940 eine ordentliche Professur in Königsberg, wo er Direktor des Philosophischen Instituts und Vorsitzender der Kant-Gesellschaft war; die Parallel-Professur erhielt sein Freund, der nachmalig berühmte Tierpsychologe Konrad Lorenz. Nach 1945 hatte Baumgarten Gast- und Honorarprofessuren in Göttingen, Freiburg und Stuttgart inne; eine ordentliche Professur erhielt er 1957 an der Universität Mannheim, 1963 wurde er emeritiert.

10. Kapitel

»…sehr bald eine fast geliebte neue Heimat« – Halle 1946–1950

Kaum vier Wochen in Halle schrieb W.W. seinem Freund Ernst Robert Curtius einen fast euphorischen Brief: »*Wir sind seit vier Wochen hier und eigentlich recht zufrieden mit unseren ersten Eindrücken und Erfahrungen. Besonders mit der Lösung der Wohnungsfrage haben wir allen Grund zufrieden zu sein. Eine auch in ihren Möbeln uns leidlich zusagende helle und freundliche abgeschlossene Dreizimmerwohnung am Vorortrande der Stadt inmitten von schönsten Gärten und mit großem Blick von unserem ersten Stock! Nicht zum wenigsten dank der Hilfe einer ganz glänzenden Zugeherin hat sich auch alles Wirtschaftstechnische wider Erwarten bequem eingespielt, sodass meine Frau auch schon wieder Zeit findet, zu ihrer Arbeit zu kommen. Chant à moi wird alles von dem Gefühl überherrscht: ich habe wieder ein eigenes Zimmer, einen eigenen Schreibtisch!!! Und sogar Bücherregale um mich, die wieder voll stehen! Frau Waetzoldt hat mir erlaubt, aus ihres verstorbenen Mannes Bibliothek alles herüberzunehmen, was ich fachlich brauchen könne. Dazu eine Institutsbibibliothek, die dank der guten Vorgängertradition Goldschmidt, Frankl, Waetzoldt auch den meisten Wünschen gerecht wird. Aber sonst kann ich über den universitätlichen Betrieb noch nichts Erfahrungseigenes sagen. Dass sich das Zonenklima stark auswirkt, damit mußte ich ja rechnen und das ist bisher das einzige Depressive, was mir begegnete! Abgesehen natürlich von der Veranlassung zur Dauerdepression: ständig sächsisch um sich herum hören zu müssen! Aber alles in allem: Sie können an unser Philemon- und Baucisdasein hier in Halle ohne allzu grosse Sorge denken! Ich habe das Gefühl: wir kommen hier ganz gut zurecht. Für ein bedingungsloses, uneingeschränktes Jasagen für den Westen wäre ich ja auch nicht mehr recht zu haben gewesen, wie ich glaube. Es ist nun mal mein persönliches (und darüber hinaus vielleicht weitgehend-generationelles) Schicksal, aus dem Zweifrontenkampf in uns und um uns herum nicht herauszukommen.*«

Ähnlich hatte sich W.W. bereits in seinen Briefen an die Schweizer Freunde Giedion am 16. September und an Margarete von Eynern, einer Freundin der Tochter Renate, am 26. September geäußert; dieser Brief enthielt eine Bemerkung, die in den Mitteilungen an Curtius nicht stand: die Illusion von der so überaus passenden Wohnung drohte zu zerplatzen. Die Wohnung galt als eine *politische*, und der Vizepräsident der Provinz Sachsen-Anhalt, Robert Siewert, beanspruchte sie für einen Freund, den FDGB-Funktionär Naumann, mit dem er im KZ Buchenwald eingesperrt gewesen war. Erst als W.W. am 13. November in einem Brief an den

Rektor damit drohte, nach Jena zu gehen, von wo ihn inzwischen erneut ein Ruf erreicht hatte, wurde das Damoklesschwert weggeräumt: am 14. November verzichtete Siewert, und Worringers hatten definitiv wieder eine »*Rettungsinsel*«. M.W. erinnerte sich am Jahreswechsel: »*Seltsam, dass dieses quälende Hin und Her, das 3 Monate dauerte, wohl unsere Nerven hier und da scheu machte, aber unsere Stimmung – die zu unserem eigenen Erstaunen meist hier eine frohe war – nicht länger niederdrücken konnte. Es war ein freudiges Neu-Beginnen: endlich wieder ein eigenes Heim (wenn auch teils mit schäbigen, geliehenen Möbeln), endlich wieder ein eigenes Leben; und Will hatte endlich wieder die einzige zu ihm gehörende Arbeit: seine Kollegs, die überfüllt sind.*« So sah es auch W.W., der Ende November die Giedions wissen ließ: »*Und kann vorläufig immer nur sagen: ich bin mit der Regie, die mich hier nach Halle geführt hat, eigentlich ganz unerwartet zufrieden! Wie konnte ich nur so kleingläubig-defaitistisch sein, meinen Kräften kein Kathederdasein mehr zutrauen zu wollen? Tout à fait Stehaufmännchen! Und entsprechend ausverkauftes Haus! Ich komme aus euphorischen Gefühlen garnicht heraus!*«

Zumal Anfang Dezember die letzte Hürde fiel: W.W. war am 1. Oktober durch Erlass des Präsidenten der Provinz Sachsen-Anhalt berufen worden und hatte auf Grund einer telefonischen Anweisung des Leiters der *Deutschen Zentralverwaltung für Volksbildung*, Professor Theodor Brugsch, mit seinen Vorlesungen begonnen, aber bislang noch keine schriftliche Bestätigung bekommen. Die forderte nun die Universität energisch, um Worringer nicht zu verärgern, wie es hieß: »*Er erfreut sich bei den Studenten äußerster Beliebtheit und hat einen überfüllten Hörsaal mit über 100 Studenten. Er ist ein ausgezeichneter Lehrer und steht der politischen Entwicklung innerhalb dieser Zone sehr positiv gegenüber, was allein schon die Annahme der Berufung an die hiesige Universität beweist. Prof. Dr. Worringer gilt als Wissenschaftler von bedeutendem Rufe. Von allen seinen Werken erschienen Übersetzungen in das Englische, Französische, Italienische, Spanische, Holländische usw.*« Die Bestätigung erfolgte umgehend.

W.W. las auch in Halle seine großen Themen: Renaissance und Barock; Mittelalterliche Kunst; Altniederländische Malerei; Dürer und seine Zeit; Michelangelo und der Barock, und er hielt seine berühmten Stilkritischen Übungen ab, für die er bald auch das Auditorium maximum benutzen mußte. Studenten aller Fachrichtungen hörten ihn, und sie standen am Anfang und am Ende des Semesters in langen Schlangen vor seinem Katheder, um sich die Testate abzuholen. Aber bald wurden die Vorlesungen wie bereits in Königsberg auch zu einem städtischen

Kulturereignis, bei dem – wie Worringers Schüler Peter H. Feist es beschreibt – »*das amphitheatralische Auditorium maximum bis auf die Treppenstufen und Fensterbretter überfüllt war*«. Für alle muß es ein »*unvergeßliches Bildungserlebnis*«, wie eine andere Schülerin, Ingrid Schulze, rückblickend feststellte, gewesen sein, auf die Worringersche Weise mit den Überlieferungen der Weltkunst vertraut gemacht zu werden. In der Tat ging es ja Worringer bei der Ausdeutung von Kunstwerken nicht um das *Festmachen* von Prioritäten oder Abhängigkeiten, sondern darum, Ähnlichkeiten oder gar Übereinstimmungen als Reflexe größerer gemeinsamer Abhängigkeiten von übergeordneten Stilströmungen europäischer Art erkennbar zu machen.

Die Vorlesungen trugen wieder ihre unverwechselbare Gestalt; W.W.s grundsätzliche Methode bestand aus der (von Feist so genannten) Doppelprojektion, d.h. aus einer Epoche wurde ein Hauptwerk zur Basis von Vergleichen mit *Nebenwerken* genommen. Sein Ziel war: Geist sehen lernen – vermittelt durch eine eigenwillige Sprache. Die Vorlesungstexte waren kompositorisch genau durchgefeilt: die Trias Gedanke – Rhythmus – Klang in einem Satz, ja, in einem Wort bildeten eine Einheit; Zitate liebe er nicht, weil sie ihn aus dem Gleis des eigenen Rhythmus brachten. Seine Sprachschöpfungen waren und bleiben faszinierend. Sie erwiesen sich als die Stärke desjenigen, der ja anders als heute keine Farbdias zur Verfügung hatte. So einer mußte also beschreibend *Farbe bekennen*, durch die Sprache das Auge bzw. die durch dieses gegebene Sinneskraft von der bloß technischen Farbblindheit befreien, und darin war W.W. Meister. W.W.s Vergleiche waren überwiegend sprachwissenschaftlicher Art, was auch seine Rezeption durch Leo Spitzer erklärt. Sprache wiederum setzte er in eine vergleichende Beziehung zur Musik.

Das Kunsthistorische Institut der Hallenser Universität hatte seine Räume in einem ehemaligen Bankgebäude Universitätsring Nr. 6, Eingang Kaulenberg. Junge Mitarbeiter wie Wulf Schadendorf und Peter H. Feist – der eine der erste, der andere der letzte Hilfsassistent – brachten, ungehindert, ja gefördert durch den äußerst unautoritären *Meister*, einen anspruchsvollen und zugleich lockeren Seminarbetrieb auf den Weg, der W.W., wie M.W. in einem Brief an Gertrud Philipp im Dezember 1947 überlieferte, sichtlich beeindruckte: »*Mein Mann hat…ein gutes, lebendiges Semester hinter sich. Nach jedem Referat in den Übungen weiß er sich vor Staunen über die Tüchtigkeit seiner Studenten kaum zu beruhigen. Eine Tüchtigkeit, die er noch nicht recht organisch in den übrigen Eindruck, den die Leute auf ihn machen, einzubauen weiß.*« Diese studentische Nachkriegsgeneration war aber eben eine neue, eine andere, die sich – noch fernab von den späteren staatsparteilichen Indokrinationen – ihren eigenen, noch freien Weg zum Baum der Erkenntnis suchte. Sie gab W.W. auch die Sporen zu versuchen, das *Nebenfach* Kunstgeschichte auf eine stabilere Basis zu stellen. Er war Vorsitzender der Fachkommission der Kunsthistoriker in der SBZ, die eine Neukonstituierung des Fachstudiums beraten und beschließen sollte: »*Ich plaidierte*«, ließ er Carola Giedion wissen, »*für Selbständigwerden dieses Fachstudiums unter Vereinigung mit Archaeologie und Vorgeschichte! Und drang zu meiner Überraschung weitgehend durch. Also ein neues eigenes Fach ›Allgemeine Kunstgeschichte‹ mit eigenem Examensabschluß*« mit eigenem akademischen Abschluß, unabhängig von der Promotion, »*bei der aber die Anforderungen höher heraufgeschraubt werden sollen, damit die deutsche Dr.-Inflation allmählich aufhört und die Verleihung des Titels mehr dem ausländischen Wertmaßstab entspricht*«. Ob W.W. allerdings dem sogenannten *Spiritusring* von zwölf Personen angehörte, der – wie Walter Ulbricht 1956 behauptete – *reaktionären* zweiten Leitung der Universität, ist durch nichts, außer einer vagen Aussage von Feist, belegt.

Eine zusätzliche befriedigende Anregung für seine Arbeit bildete für W.W. die *Burg Giebichenstein*, die Kunstschule und Werkstätten der Stadt Halle, die seit 1946 sein Königsberger Freund Hanns Hopp leitete und an der sein späterer Freund und Briefpartner bis zu seinem Tode Wilhelm Nauhaus lehrte. Aber auch das intellektuelle Niveau der Kollegen muß auf W.W. durchaus anregend gewirkt haben, jedenfalls im Vergleich zu den letzten Jahren in Königsberg: Leo Kofler hatte eine Professur für Geschichtsphilosophie inne und war Direktor des Institus für Historischen Materialismus, bevor er 1950 in die Bundesrepublik flüchtete, als Historiker lehrten gleichzeitig wie W.W. Franz Altheim, der später an der Freien Universität Berlin tätig wurde, Walter Markow, der von Leipzig herüberkam, und der Archäologe Herbert Koch. Eine besondere Art eher verborgener Beziehung entwickelte sich zwischen dem Volksbildungsminister von Sachsen, Ernst Thape, der Häftling im KZ Buchenwald gewesen war, und W.W.; Thape schrieb darüber in seinen Erinnerungen: »*In den Jahren 1947/48 war Worringer, der die Welt, aus der ich kam, genauso wenig kannte wie ich die seine, immer zu langen Unterhaltungen mit mir aufgelegt. Ich erfuhr in diesen Gesprächen manches über die Problematik der modernen Kunst, und er entdeckte – so vermute ich –, daß Demokratie und Diktatur einiges mit der Geschichte der Völker und auch etwas mit der Psychologie zu tun haben. Wir mochten uns, weil uns beiden die Fanatiker zuwider waren.*«

1946–1950

So konnte W.W. seinem Freund Erich von Kahler im Mai 1947 berichten, daß er keinen Anlaß habe, die Entscheidung für Halle zu bereuen, ja, im Oktober 1947 unterstrich er noch einmal, daß er ganz zufrieden damit sei, »*hier in Halle meinen letzten Kohl bauen zu können*«. Trotz der Abneigung, »*die ich als geborener Rheinländer und als geistiger Westmensch gegen einen Aufenthalt in der sowjetisch besetzten Zone hegte*« (wie er später einmal rückblickend schrieb), sah er in seiner Hallenser Tätigkeit die erwünschte Gelegenheit, »*gegenüber der Gefährdung meiner Studenten durch die östliche Kulturpropaganda den Geist unseres westlichen Kulturbewußtseins mit allem Erfolg wach zu halten und zu stärken*«.

Überhaupt ließ es sich unter gewissen Voraussetzungen in der Sowjetischen Besatzungszone einigermaßen zivil leben. Beide Worringers bekamen als Kulturschaffende die Lebensmittelkarte Stufe I; aber vor allem bekamen sie Pakete und Päckchen: aus den USA (von Kahler), aus Mexiko (Westheim), von den Töchtern aus dem Westen und in nicht vorausgesehener ungeahnter Fülle von den Giedions aus der Schweiz und dies in etwa zweimonatlichen Abständen: das erste Paket kam Ende November 1946, die letzten im April 1950. Sie enthielten: kiloweise Pflanzenfett, Schweineschmalz, Reis, Zucker, Milchpulver, Kaffee, Rosinen, Schokolade, aber auch Kleidungsstücke. Philemon und Baucis waren gut ernährt und hatten einiges zum Tauschen. Ohne Übertreibung läßt sich sagen, daß die Giedions den Worringers das Überleben ermöglichten. Dies zeigten auch die Dankesbriefe voller fast kindlicher Freude; aus einigen sei zitiert:

»*Menschenskinder, was mache ich nur mit meiner Dankesschuld?! Wie sie äußern, dass Ihr es ganz dick ins Gefühl bekommt, welche Riesenfreude Ihr Philemon und Baucis gemacht habt? (...) Seit paar Tagen sind diese Herrlichkeiten im Haus und wir alten Leute sind wie Kinder bei der Weihnachtsbescherung! (...) Stellt Euch einen Haushalt vor, in dem Schmalhans zeitgemässer Küchenmeister ist... und auf einmal diese quantitative und qualitative Fülle! Achtzehn Pfund – sage und schreibe! Das bedeutet doch für jeden neun Pfund Zunahme! Wenn das so weitergeht, wachse ich wieder in meine Kragennummer hinein! Von anderen Maasstellen zu schweigen! Denn Baucis nenne ich doch längst nur ›schlotterichte Königin‹, wofür sie sich mit ›herzlieber Gandhi‹ revanchiert! Aber das habt Ihr davon: ich platze vor Übermut, dass ich keinen vernünftigen Brief schreiben kann...*« (W.W. am 29. November 1946)

»*Liebe Frau Carola – nicht nur, weil WW erklärt, ihm gingen allmählich die Dankesworte aus – natürlich nur die Worte, nicht die Gefühle –*

sondern weil ich überhaupt nicht einsehe, warum nicht auch von mir mal ein Wort zu Ihnen kommen soll über Ihre liebevoll großzügige Hilfe. Wissen Sie, was die uns bedeutet? Es ist ja nicht nur die Freude über diese fühlbare ›tätige Liebe‹ es ist ja nicht nur das Staunen darüber, wie gerade Sie es verstehen, das Notwendigste und Begehrteste für uns auszuwählen; es ist ja noch mehr: Sie räumen uns mit dieser Hilfe die Sorgen aus dem Weg, die uns sonst alle Kraft und Möglichkeit zur Arbeit genommen hätten. (...)« (M.W. am 26. Januar 1948)

»*Halt, Halt, Carola – die Dankespuste bleibt mir aus! Wie weiland der Danae! Danae notiert: am 20. ders. Konzeption von sechs Pfund Schweineschmalz! Am 23. bringt die Ma aus Frohnau ein dorthin addressiertes Carepaket mit! Am 24. ein Carolabrief aus Hertenstein – und am 25. (least not last) ein Züricher Kleiderpaket, das dem Faß den Boden ausschlägt!! (...) Nur zwei Knöpfe sind an der Jacke zu versetzen, von schweizer auf deutschen Leibesumfang! Wie kann ich dem Generalsekretär des Weltbundes für moderne Architektur jemals danken? Und meine Hemd- und Kragennummer hat er auch, wie ich mit einem Naturlaut-Jauchzer zu konstatieren Gelegenheit hatte. – Kleiderkarten, Kleidercoupons? Zu Anfang der Nazizeit mal ein theoretisch bekannter Begriff, hernach ein totaler Mythos. Seitdem proletarisiere ich mich mit meinem Flüchtlingsgut so durch! Ehrenmitglied der großen Gesellschaft der nouveaux pauvres. Und nun ist da ein schweizer Freund, der sich auf einmal zwei Hemden vom Leibe reißt und gleich einen Tiptopp-Anzug dabei! Aus den Wolken muß es fallen, von der Götter Lenden das Glück! Und nicht zu vergessen: eine prima Sporthose gehört auch dabei. Nennt man das nicht embarras de richesse? (...)«* (W.W. am 27. April 1948)

Nach wie vor genossen die Worringers ihre Wohnung: »*endlich wieder ein eigenes Leben*« notierte M.W. in ihrem Tagebuch am 1. Januar 1947. Und: »*wie schön war der Weihnachtsabend. Selbst das armselige, schmucklose Bäumchen – unser Flüchtlingsbäumchen – freute uns. Und zu seinen Füssen lagen die rührenden Päckchen der Töchter, und vor allem: gute und herzliche Nachricht von ihnen. Und Will beschenkte mich reich mit schönen Dingen und das Festessen genossen wir und waren voller Dankbarkeit. Und gestern, am Sylvesterabend, gingen wir zu Hopp herüber (mit denen wir gute Nachbarschaft halten) und das war – wie so etwas ist. Also kein Sylvester der Besinnung (wie es bei unserem Alter mir angebrachter schien) sondern eines der Zerstreuung; der netten Zerstreuung (...)*«

Schön war die Wohnung eigentlich nur im Sommer, und das lag am notorischen Mangel an Heizmaterial in den Wintermonaten: kein Holz, keine Briketts, und der Ofen sollte mit minderem Material brennen, was er oft nicht tat. »*Will schläft im Wohnzimmer. Dort wird gekocht, gespült, die Wäsche gewaschen u. getrocknet etc.etc.*«, so lautete der Kommentar von M.W. am 15. Januar 1947 und spätere lauteten ähnlich. Die Wohnung blieb fremdmöbliert: »*Unser Eigentum besteht aus einer Staffelei und einigen Hockern. Wenn mir machmal das bürgerliche Gelüst kommt, einen bequemen Sessel zu haben, so sagt WW gleich: und wer trägt ihn auf der nächsten Flucht?*«, so schrieb M.W. noch im Mai 1949 an Gertrud Philipp.

Für M.W. bedeutete der Umzug nach Halle, daß wieder der Kampf zwischen Haushalt und Arbeit begann und das schöne Gefühl, wieder eigenständig leben zu können, etwas trübte. Dabei bekam M.W. ziemlich bald endlich auch wieder ein eigenes Atelier, und sogar eines mit unbeschränktem Strom. Obwohl M.W. aus nicht bekannten Gründen zwischen dem 15. Januar 1947 und dem 30. März 1948 kein Tagebuch geführt hat, läßt sich doch einiges über ihre Arbeit erfahren. Der Beginn war offensichtlich schwierig, wie sich aus dem Brief an Carola Giedion vom 26. Januar 1948 ergibt:

»*Am dankbarsten sind wir für die Tatsache, dass wir nun Beide wieder arbeiten können – wenn auch WW mit geliehenen Büchern; wenn auch ich mit kläglichem Material. Ich bin nie erstaunter, als wenn mich die Leute (in Gedanken an mein Alter) fragen: malen Sie auch jetzt noch? Erstaunt darum, weil ich mich trotz meiner 67 Jahre so ganz am Anfang des Eigentlichen fühle. Zwar war diesmal der Wiederanfang nicht ganz leicht. Ich hatte doch alles zurückgelassen; so wie WW kein Buch herüber rettete, so ich kein Bild, keine Zeichnung, kein Skizzenbuch, kein Material. Aber auf einmal hatte ich doch wieder einen Bleistift und irgendein elendes Stück Papier – und dann war ich nicht mehr zu halten. Und WW stürzte sich ebenso entschlossen in seine ihm zugehörende Arbeitswelt – und so geht es uns also gut. Oder sollen wir uns vielleicht dauernd den Kopf darüber zerbrechen, was demnächst aus uns werden könnte? Aus uns, die wir doch wohl auf der falschen Hemisphäre sitzen!*«

Im Dezember 1947 hatte sie Gertrud Philipp mitgeteilt, daß auch sie recht viel arbeite und von einer Innovation berichtet: »*Zur Zeit habe ich allmorgendlich Modell u. bin gespannt, wie diese Zufuhr von Natur sich auf meine Arbeiten auswirken wird.*« Und im August 1948 fragte sie sich selber in ihrem Tagebuch »*und meine Arbeit?*«: »*toujours la même…das gleiche Staunen, wenn mir etwas gelingt; die gleiche Beglückung während der Arbeit; und die gleiche Unmöglichkeit, mich durch vieles Mißlingen ganz entmutigen zu lassen.*« Ein wenig Stolz schwang schon in der

Bemerkung mit, die sie im Januar 1949 ihrem Tagebuch anvertraute: »*...meine Arbeit – von der W. sagt, dass die Blätter des letzten halben Jahres nicht mehr mit dem zu tun haben, was ich vorher gemacht habe. Dass sie das gezeichnet sind, was ich ehedem im Schlaf gesungen habe. Sagt er.*«; aber sich selber gegenüber immer skeptisch setzte sie die Bemerkung hinzu: »*Aber sind denn dies auch die, die ich eigentlich machen will?*« Ganz selten findet sich überliefert, wie W.W. das künstlerische Werk seiner Frau eingeschätzt hat. Sicher aber scheint es zu sein, dass er ihre Seidenstickereien besonders bemerkenswert fand, sie erinnerten ihn wohl an die *Lieblingstechnik* der Spätgotik des 13. Jahrhunderts. In den *Anfängen der Tafelmalerei* hatte er sie »*Nadelmalerei*« genannt, die »*mit ihrem feinen schillernden Glanz*«, »*alle tonige Schönheit und Differenziertheit der Lasurmalerei*« nicht nur erreichen, sondern noch übertreffen konnte. Offensichtlich hat M.W. auch in ihrer Hallenser Zeit ausgestellt, wie sie am 20. Juli 1949 in ihrem Tagebuch vermerkte und mit der Klage verband, sie käme zu wenig zu ihrer Arbeit: »*Ist kein gutes Zeichen für mich.*« Aber das war wohl eher der sich verändernden politischen Situation geschuldet.

Auch W.W.s Unzufriedenheit mit sich selbst wuchs in dem Maße, in dem er spürte, daß seine Zeit vorbei ging, persönlich und im allgemeinen. In einem Brief an Erich von Kahler am 12. Oktober 1947 bekannte er: »*Ja, unsäglich schwerfällig bin ich geworden und nichts respektiere ich mehr wie meine Faulheiten.*« Nur durch den »*Peitschenschlag der Pflichtarbeit*« könne er seine wachsenden Müdigkeitsanfälle überwinden. Er sei immer noch ein »*Mensch ohne rechte Mitte*« und betreibe Selbstironisierung als »*eine milde u. genüsslich hinausgezögerte Form des geistigen Selbstmordes*«. Dieser Zustand habe ihn – über die Vorlesungen als seiner spezifische Form der Produktivität hinaus – öffentlichkeitsscheu gemacht, und das einzige Buch, »*was ich zu schreiben noch Lust hätte, wäre ein umfangreiches über das Thema, warum ich keine Lust mehr habe und warum es mir eigentlich unmöglich ist, noch ein Buch zu schreiben.*«

Und warum hatte er keine Lust mehr? Das hatte er bereits Sigfried Giedion Ende Februar 1947 *gestanden*. »*Unsere Zeit hat sich überlebt.*« Und fast ein Jahr später kartete er in vier eng beschriebenen Seiten nach: »*meine Meinungen sind immer anfällig geblieben, sowohl nach rechts wie nach links und haben noch immer ihr Gleichgewicht nicht gefunden.*« Gewissermassen sei seine Entwicklungsgeschichte vom Stand-Punkt zum Schwebe-Punkt verlaufen: »*Ja, mit der Geschichte des Stand-Punktes ist es bei mir aus.*« So sah er sich im geistigen Niemandsland angekommen und – verstummen (so an von Kahler im Januar 1948).

Aber er verstummte ja noch nicht. Anfang 1948 erschien in einer Auflage von 7000 Exemplaren im Piper Verlag München die 28 seitige Broschüre *Problematik der Gegenwartskunst*. Sie beruhte auf zwei Vorträgen, einen, den er im Februar 1947 in Halle bei 15 Grad minus vor 400 in ihre Mäntel gehüllte Zuhörer gehalten hatte, und einen im Leipziger Kunstverein. Er nannte sein Auftreten bzw. das, was er zu vermitteln gedachte, »*halsbrecherisch*«. Er, der immer entwicklungsgeschichtlichen Übergängen nachgespürt, im deutschen Hochmittelalter »*Bürgerliches*« gefunden, bevor es die »*bürgerliche Welt*« gab, der mit »*Bürger*« nicht einfach einen sozialgeschichtlichen Tatbestand gemeint hatte, sondern einen »*neuen geistigen Typus der Menschheitsgeschichte*« – er zog nun den Schlußstrich unter diesen entwicklungsgeschichtlichen Höhepunkt. Diesen Schlußstrich versteckte er in der *Problematik* in dem Gleichnis des »*klassenbewußten Kämpfers*«, der im Namen einer realistischen Illusionslosigkeit bekannte: »*ja, wir Proletarier leben in einer neuen Welt, in einer nicht mehr umzuschminkenden, neuen Tatsachenwelt! In einer Lebenswelt, in die die alte bürgerliche Bildungswelt nur noch wie ein immer mehr zurücktretendes Randgebirge hineinragt. Jedes Heilmittel, das von dieser Peripherie unseres Daseins herkommt, lehnen wir darum ohne Bedenken ab. Nur aus dem unleugbaren neuen Zentrum unserer Existenz kann uns Rat gegeben werden. Jenen Überläufern und Renegaten aus dem bürgerlichen Lager trauen wir nicht. Wir sind im Gegensatz zu ihnen Unproblematisch-Eingeborene dieser neuen Wirklichkeiten und haben darum auch die Sicherheit und den Stolz von Eingeborenen.*« Nein, ein Renegat oder ein Überläufer oder gar ein Anbiederer wurde W.W. nicht.

W.W. fand mit seiner These von der unauflösbaren Antinomie zwischen Abbildkunst und Sinnbildkunst viel Resonanz, wie überhaupt seine Bedeutung vor allem im Ausland noch einmal lebendig wurde. Herbert Read, der englische Kunstschriftsteller der Moderne, erhob damals W.W. sogar »*zum Vater aller modernen Kunst- und Geistesdinge*«, ein ähnliches Echo kam aus anderen Ländern, nur eben kaum aus Deutschland: »*Ich könnte*«, schrieb er seinem Bekannten, dem deutschen Emigranten Paul Westheim, der nun in Mexiko lebte, »*grössenwahnsinnig werden, wenn ich nicht den Schutz eines ebenso angeborenen Minderwertigkeitskomplexes hätte.*« Westheim indessen ließ sich nicht davon abhalten, W.W. dafür zu danken, daß dieser ihm durch *Abstraktion und Einfühlung* geholfen habe, »*zur Erkenntnis der mexikanischen Kunst*« zu gelangen; die Neuauflage von *Abstraktion und Einfühlung* (1948 bei Piper) veranlaßte Westheim dann auch zu der Feststellung: »*Ich habe mich sofort darüber gestürzt und dabei ist mir zu Bewußtsein gekommen,*

Marta Worringer, Selbstbildnis von 1947; Wilhelm Worringer, 1948 Kohlezeichnungen

wie vieles, was Sie da aussprechen, was Sie formulieren übergegangen ist in unser Bewußtsein, in das künstlerische Zeitbewußtsein. Man möchte einen gewagten Vergleich gebrauchen: fast anonym geworden wie Volkslied... Wenn Ihnen selbst manches überholt erscheint, wenn Sie manches bereits historisch ansehen, so doch eben, weil auf Ihren Gedankengängen Sie und die Anderen weitergebaut haben und naturgemäß zu weiteren Ergebnissen und Erkenntnissen gelangt sind. Bitte, keine Elogen, es ist so.«

Das Jahr 1947 hatte für die Worringers noch zwei herausragende Ereignisse bereit: vom 31. März bis zum 7. April kam Lucinde nach Halle – nach fast genau zwei Jahren sahen sich Eltern und Tochter wieder. Leider gibt es von keinem der Drei eine Aufzeichnung über dieses Wiedersehen; aber nach der bekannten Vorgeschichte ist es leicht, sich vorzustellen, was jeder der Beteiligten empfand. Dann reisten die Worringers vom 20. August bis zum 5. September mit Interzonenpaß nach München; der Besuch wurde zu einer permanenten Wiedersehensfeier mit Lucinde, mit den Forells, mit Emmy Worringer, die damals in München lebte, mit Ulrich Worringer aus Düsseldorf, den Tiefensees aus Schwäbisch-Hall, Traute Schellwien aus Marburg... W.W. fuhr nach Endorf, wo Lilli Clemen, nun verwitwet, lebte; Lucinde und ihre Mutter besuchten Klais bei Mittenwald, wo die Forells inzwischen ihren Sommersitz hatten; Alfred Forell fuhr M.W. mit seinem Auto nach München-Solln an das Grab von Paul Hankamer...

Der Westen war zwar weit weg, aber nicht unerreichbar; nach Berlin konnten die Worringers ohnehin fahren, und Ende März 1948 war Lucinde zur Feier ihres 30. Geburtstags wieder in Halle: neun Tage, »*die voller Leben und Frühlingssonne waren. Jetzt ist mir das Herz schwer. Welche Bedeutung haben heute Abschiede! Und an welch dünnem Faden hängt doch meine Lebensbejahung. Und doch weiß ich, daß ich allen Grund habe für diese gesteigerten Tage dankbar zu sein. Sie verliefen ohne jeden Mißklang, sogar die politische Lage tat uns den Gefallen, sich ein wenig zu entspannen...*« So notierte M.W. in ihrem Tagebuch. Zu diesem Zeitpunkt hofften sie noch, im Spätsommer wieder nach dem Westen reisen zu können. Doch die Währungsreform und die Berlin-Krise mit all ihren Erschwernissen und Behinderungen machten schnell einen Strich durch ihre Hoffnung. Mehr noch: die Schads verließen am 30. April den geliebten Geierpfad in Berlin-Frohnau in Richtung Überlingen am Bodensee. Hans Schad war bei der OMGUS, der US-amerikanischen Militärregierung in Berlin, beschäftigt, und diese hatte ihren Mitarbeitern nahegelegt, Berlin zu verlassen. Damit hatten die alten Worringers keine Rückendeckung mehr und sahen sich – getrennt von den Kindern –

quasi gefangen – Deutschland war eben – wie W.W. sich ausdrückte – *»ein reichlich verpfuschter Planet«.*

Wieder wie bei Kriegsende gab es fast täglich Anlaß zur aufmerksamen Politikbeobachtung: Der RIAS machte es möglich. Von den vielen Eintragungen und Stellungnahmen im Tagebuch von M.W. seien nur zwei zitiert:

»18. Juni 1948 Obwohl in den letzten spannungsvollen Tagen man stündlich die Währungsreform erwartete – allerdings mit der leisen Hoffnung (die auch durch einige Nachrichten genährt wurde) sie könne noch auf einer Viermächtebasis zustandekommen – traf gestern das vollzogene Ereignis der Währungsreform im Westen – also ohne Russland – wie ein Donnerschlag. Nicht die Tatsache der Reform selbst erschüttert uns, – wäre sie auf der Viermächtebasis zustandegekommen, hätten wir sie als ›einen Schritt weiter‹ begrüßt gleichgültig, welche Schwierigkeiten sie fürs erste gebracht hätte. Aber diese Währungsreform bedeutet die Spaltung. Was alles an Konsequenzen jetzt möglich ist, das erschreckt uns. (...)«

»23. Juni Die Spannung wächst an. Gestern wurde die Währungsreform für die Ostzone, einschließlich Gross-Berlin!!, bekannt gegeben. Gleichzeitig erging ein Befehl Marschall Sokolowskis, die Ostwährung in allen vier Sektoren Berlins durchzuführen. Der Magistrat wurde noch gestern Nacht zur Kommandantura befohlen. Daraufhin für heute eine ausserordentliche Sitzung des Stadtparlamentes einberufen, die zu Beginn organisierten Störungen – Lärm, Sprechchören, also Terror*, also wie einst im Mai! – ausgesetzt war. *so grauenhaft es mir war dieses Toben der aufgehetzten Meute anzuhören – als sich plötzlich der Lärm zu einem Liede zusammenschloß, als die Internationale ertönte, da war es bei mir aus mit aller Logik, da schwankte die Front in mir....«

Selbst W.W. verließ nun sein gewollter Optimismus; er spürte wohl, daß er bald an die Grenzen seiner Kompromißfähigkeit stoßen würde, und seine Frau freute sich, wie er er doch auch *»wundervoll unbestechlich«* sein konnte: sie habe, notierte sie im Tagebuch unter dem 25. Mai 1948, an ihre Tochter Renate geschrieben: *»der V.(ater), dieser Unbewegliche, der dort Kleben bleibt, wo ihn die Welle hinspült...aber ich hatte vielleicht doch unrecht mit dieser Behauptung. Es gibt doch Dinge, in denen er wundervoll unbestechlich ist; und die könnten ihn doch von der Stelle rühren. (...)«* Erwägungen, ebenfalls in den Westen zu gehen oder bald gehen zu müssen, scheinen damals im Gespräch gewesen zu sein. Doch W.W. entschloß sich zum Bleiben – ihn betraf die Aufforderung an die älteren Hochschullehrer, sich emeritieren zu lassen, ausdrücklich nicht. Man wolle wohl, so kommentierte M.W. dies, *»die wenigen Perlen in der*

Krone in Watte wickeln. Will es einstweilen«. W.W. hatte offensichtlich noch Einflußmöglichkeiten. Als im Mai in Halle eine große und recht gute Kunstausstellung eröffnet wurde, erntete er »*mit einer kurzen klugen Rede*« »*nicht endenwollenden Beifall*«. Am 21. Mai gab Lucinde Carola Giedion einen Lagebericht: »*Und die ganze Situation ist so unabänderlich, denn der Vater bleibt in Halle, was auch geschieht. Es hat da gar keinen Sinn zu reden und er hat ja auch irgendwo recht (...) wenn jegliche menschliche Substanz den Osten verläßt, dann ist er ja nicht nur politisch, sondern auch moralisch abgeschrieben und das ist es doch gerade, wogegen wir uns alle mit Haut und Haaren hüben und drüben wehren müssen. Und wenn ich nun rüber ginge, dann wäre den Eltern eigentlich auch gar nicht geholfen, der Mutter bedeutete es im Grunde nur eine erhöhte Sorge und dem Vater könnte ich in schwieriger Situation niemals meinen Schwager ersetzen. (...) Also gefangen in Halle, trotzdem der Vater ja nie zugeben würde, dass er sich so fühlt. Es ist ja erstaunlich, wie unangetastet er bisher geblieben ist und wie ihm von allen Seiten dort bisher nur Gutes geschah. Mit seinem Namen ist das nicht zu erklären, so zimperlich sind die Russen nicht, ich glaube und hoffe, dass da wieder das unerklärliche Gesetz waltet, das ihn auch heil durch die Nazis brachte, was sich ja bis heute kein Mensch erklären kann. So will ich das auch gar nicht mit allen möglichen Konsequenzen durchdenken, es reichen einem ja so schon die Dinge, mit denen man fertig werden und sich abfinden muß.*«

Wie gesagt, in keiner Tagebucheintragung fehlte die Politik, obwohl M.W. Anfang August 1948 reichlich unwillig feststellte: »*Eigentlich habe ich es satt, immer nur von dieser Politik nieder zu schreiben. Soviel Gewicht will ich ihr gar nicht einräumen. Auch ärgert mich neuerdings manchmal RIAS. Ja, wenn die Anderen demagogisch vorgehen, so weiss man das; die haben das ja auf ihre Fahnen geschrieben und man weiss, was man abzuziehen hat. Aber den demokratischen Westmächten ein gemässigter Ton und vor allem: sich in möglichster Nähe der Wahrheit aufzuhalten.(...).*« Allmählich fanden sich auch wieder Besucher in Halle ein. Lucindes Königsberger Schulfreundin Christel (Kill) Brausewetter, hatte endlich mit Sohn und Mutter Königsberg verlassen können: »*Wir sind ganz benommen von dem, was sie zu erzählen weiss. Aber sie erzählt es einfach, ruhig, pathoslos, sympathisch. So erfahre ich also gerade heute am 15. (Mai, dem Todestag von Brigitte), dass Maraunenhof (d.i. der Friedhof) unzerstört ist... Ihr erstes Mittagessen – es war allerdings Reh mit Bratkartoffeln und viel Rabarbercompott (sic) – werde ich nicht vergessen. Sich zum ersten mal nach 3 Jahren hemmungslos satt essen zu können – fast verlor sie die Fassung. Am 27. Juni kam überraschend Heinz Litten,* den sie bereits einmal kurz vor ihrer Abreise nach Halle gesehen hatten, und bereitete den Worringers eine herbe Enttäuschung: »*Er ist völlig zum Osten, zu Rußland hingewandt.*«

Wenn sie sich auf ihre »*kleine Rettungsinsel*« zurückzogen, fühlten sie sich von dem politischen Lärm weit entfernt. So wurde der Namenstag von M.W. am 29. Juli zu einem kleinen Fest: »*zum Frühstück auf der Veranda stiftete Will mir ein Ei! Eine Sensation. Die schwarze Kaffeekanne, die Kollwitz (Buch) waren mir liebe Geschenke. Und von Lukas kam ein rührendes Päckchen (Käse, Milch, Puddingp.) und ein langer Brief.*« Sie lasen immer mit Freude die *Frankfurter Hefte*, ihre Lektüre hieß Langgässer, Berdjajew, Bernanos (vor allem sie) und (vor allem er) Goethe. Wie ein Geschenk aus einer anderen, beinahe längst vergessenen, verschollenen Welt empfanden sie die »*traumhaften*«, ja »*verzauberten Tage*« Ende September in einem der Schlösser in Dornburg oberhalb der Saale, einst der Lieblingsaufenthalt Goethes.

»*Nachdem die hässliche Reise überstanden war...war alles freundlich und wohltuend, was uns hier begegnete. In dem erst düster dreinschauenden Schloß war ein reizendes, wohl eingerichtetes Zimmer für uns vorgesehen; der Ausblick aus den Fenstern ist bezaubernd; die lange Tafel, an der wir speisen, wirkt erst wie ein Raritätenkabinett; bald aber sieht und hört man Schicksale, die aus diesen Menschen (meist ist es geflüchteter ostpreußischer oder schlesischer Adel) solche Wracks gemacht hat. Wundervolle Spaziergänge bei verklärten Herbsttagen. Das etwas dürftige Essen füllen wir mit USA-Mitbringsel auf; d.h. wir erklären Frühstück und Thee zu den Hauptmahlzeiten. Wir lesen Goethe und spürn ihn auch. Aber ich lese auch D e u t s c h e M y s t i k und fühle mit Freude, dass ich wieder lesen kann! was mir in dem Gehetzt- und Erschöpftsein der letzten Zeit gar nicht mehr gelang. (...)*« So notierte sie am 10. Oktober im Tagebuch.

Natürlich blieben persönliche Sorgen nicht aus. Die Dornburger Tage endeten mit einer Erkrankung von W.W. (Abzeß am Hals), und auch M.W. litt an Kreislaufstörungen und Ekzemen. Zudem war M.W. mit ihren Töchtern gar nicht zufrieden. Renate fand sich in ihrer neuen westlichen Welt angesichts auch mancher objektiver Schwierigkeiten nur schwer zurecht; Lucinde berichtete darüber im Mai 1948 Carola Giedion: »*Sie konnten lediglich mitnehmen, was sie tragen konnten...und wenn sie es nach außen hin auch als längeren Sommeraufenthalt tarnten, so kann es doch ein Abschied für immer sein: Was das für Renate bedeutet, die doch restlos aufging in dem Leben mit der Familie im selbstgebauten Häuschen, wo jedes Möbelstück nach ihren Wünschen gemacht war, in dem grossen Garten. Wo sie morgens schon um 6 Uhr mit der Arbeit anfing, wo sie ihre*

Kartoffeln selbst pflanzte, Gemüse baute und Obst; Hühner hatte und eben dadurch auch ihre Familie durch die ganzen Jahre relativ gut ernähren konnte. Schließlich war sie ja 45 dort geblieben, um das alles zu retten und hat es sich dadurch zum zweiten Mal verdient und es war und ist nicht nur das Materielle für sie, sondern ihre ganzen Wurzeln hatte sie dort geschlagen. Sie ist nun mit einem Male im doppeltem Sinne heimatlos und ich darf gar nicht daran denken, wie sie damit fertig werden soll.«

Wie es solche Situationen mit sich bringen, schlidderte Renate, als sie sich in einen anderen Mann verliebte, in eine Ehekrise, die mehr als ein halbes Jahr anhielt; und M.W. sah sich in der ungewohnten Rolle, den Schwiegersohn, der sich in früheren Zeiten auch schon einmal gern in andere Frauen *verguckt* hatte, zu beruhigen. Vor allem aber fand die Mutter zunehmend Lucindes Lebensspur *verkorkst*. Hatte sie noch bis 1947 eine schwierige Übergangsphase toleriert, fand sie jetzt sehr harsche Worte: *»nur diese Hausarbeit!«*, *»zu wenig Wunsch, sich finanziell unabhängig zu machen!«*, *»so ausschließlich dem Heute zugewandt«*, nach der Währungsreform *»in schwerer selbstverschuldeter Geldbedrängnis«*, und dann am 8. August die Bände sprechende Aussage: *»Und Lukas genießt ihr Münchner Leben... Und* meine *Tochter lebt nach dem Prinzip: erst das Vergnügen, dann die ›Miete‹.«*

Im Herbst versuchten die Kinder noch einmal wie am Beginn der Berlin-Krise die Eltern zum Verlassen der Sowjetischen Besatzungszone zu bewegen – Hans Schad stellte den Schwiegereltern das Haus im Geierpfad zur Verfügung. Aber Philemon und Baucis blieben freiwillige Gefangene im Kalten Krieg. Deshalb läßt sich der Stoßseufzer von M.W. (allerdings vor Dornburg) nachvollziehen: *»Ich bin müde, müde, müde. Und bedürftig in einen anderen Ausschnitt der Welt hineinzustarren wie in den der Schwuchtstrassenfenster.«*

1949 wurde für M.W. ein Jahr, dem sie nicht nachzutrauern brauchte, wie sie sich in ihrer Bilanz zum Jahreswechsel 1949/50 ausdrückte. Zunächst erschien noch alles durchaus friedlich, wie man dem Brief von W.W. vom 8. März an Erich von Kahler, dessen Weihnachtspaket gerade angekommen war, entnehmen konnte. Es gäbe eine kleine Privatbühne, auf deren Eingangstür die schlichten Worte *»Philemon und Baucis«* ständen, was heißen sollte: *»Also im kleinen Zirkel des unmittelbaren Lebenskreises lebts sich dank geistiger Selbstversorgung und einer allmählich ausgebildeten Scheuklappentechnik noch erträglich dahin.«* Man beschäftigte sich gemeinsam mit Jüngers *Strahlungen*, M.W. las jeden Abend aus Thomas Manns *Dr. Faustus* vor und beide teilten Bewunderung und Staunen, manchmal auch Widerstreben und Befremdung; Philemon las weiter (und bald nur noch) Goethe, aber auch Baucis beschäftigte sich zum wiederholten Male mit Goethes *Wilhelm Meister*, aber auch mit Guardini und Kierkegaard.

In dem Brief an Kahler hatte W.W. die Bemerkung angeschlossen: »*Auch das berufliche Wirken enthält mir noch keine Befriedigungen bzw. Illusionen vor. So paradox das klingt: ich fühle mich in dieser seltsamen Epoche meines Lebens fast euphorisch glücklich.*« Auch M.W. entdeckte bei ihrem Mann, wie sie Ende Mai Gertrud Philipp verriet, »*eine mich fast erschreckende jugendliche Kurve*«. Und die hatte ihr bereits reichlich Unmut und Ärger gebracht. Die neuen näheren Freunde hießen Wilhelm und Nora (Nori) Nauhaus; mit ihnen waren die Worringers im März sogar in ihr zauberhaftes Dornburg gefahren. Diesmal war es dort nicht traumhaft, sondern es wurde eine Katastrophe; denn W.W. hatte sich inzwischen mit seinem euphorischen Schwung zum Seelentröster der psychisch aus den Fugen geratenen hysterischen Nori aufgeworfen:

»*Das mehr wie unfreundliche Wetter musste von einem unfreundlichen Zimmer ertragen werden. Frau Nauhaus sass auf ihrem Zimmer und weinte, sobald Will sie alleine liess, weinte, um getröstet zu werden. Ich kann mir freundlichere und würdigere Situationen denken. Und so reiste ich denn mit einem Seufzer der Erleichterung ab. Und Will balancierte mal wieder geschickt zwischen den sich langsam spürbar machenden Gegensätzen hin und her. (...) Nach der Heimkehr hatte wohl W. wenig Lust, das sich in D. angewöhnte Zusammensein zu lockern und so lief mir, die mir durch die D'er Tage der Becher schon gefüllt zu sein schien, leider leider dieser Becher über und es kam zu quälenden Aussprachen, die all meine Geduld und Duldsamkeit der 3 letzten Monate in Will's Sicht auslöschten. (...) W's Fähigkeit, für seine Erlebnisse eine Philosophie zu finden, die durch ihren grossen Anspruch den Anderen ins Unrecht setzt, bewährte sich mal wieder und riss alte Wunden alter Ohnmacht auf. Die Nach-Dornburger Tage mit ihrem unheilvollen Zerreden brachten uns Beide an den Rand unserer Kräfte (...)*«

Die Auseinandersetzungen flammten immer wieder auf – obwohl M.W. nun doch erkannt hatte, was sie eigentlich, durch Erfahrung klug geworden, gleich hätte erkennen können: »*Immer mehr meine ich, diese Frau ist nur ein Zufallsobjekt und auch eines W. wenig genügendes für ein neu belebtes Bedürfnis – eines das nahe an seiner produktiven Ader liegt.*« Erst am Hochzeitstag am 11. Mai kam wieder »*nette Stimmung*« auf; das Ende der *Affaire* erfolgte aber wohl erst im Januar 1950 nach weiteren quälenden Auseinandersetzungen – wie einst im Mai der 20er

Jahre. Mit Freude angenommene Ablenkungen bildeten die Besuche der Freunde bei den – wie sie sich jetzt empfanden – Abgetrennten, Eingeengten, Eingesperrten. Im März kam Harald Poelchau; und wie schon manchmal waren beide Worringers fasziniert von diesem außergewöhnlichen Mann, fanden jedoch sein Bild als schillernd und für sie nicht faßbar. Ostern besuchte sie die Düsseldorfer Jugendfreundin Alice Schneider-Didam, im Juli dann Mani Flügge, ein Mensch ganz nach M.W.'s Herz: »*Ich konnte einiges mit ihr über das reden, was sonst zum Schweigen verurteilt ist.*« Das Ereignis des Jahres wurden jedoch im September »*die vier Wochen, wo wir jenseits von Halle waren*«, d.h. in München und in Oberhambach, »*4 Wochen bei den Kindern; 4 Wochen ohne diesen Druck*«.

W.W. fand sich bald, nach Halle zurückgekehrt, in einer zunehmend schwieriger werden Situation; aber zugleich war seine Distanz zum Westen gewachsen, zumindest zu dem, was sich dort als tonangebend verstand oder verstanden wurde. Er sah sich wieder einmal reichlich unbequem auf seinem Platz zwischen den west-östlichen Stühlen sitzen. Es ging um Hans Sedlmayrs *Verlust der Mitte*. Sedlmayr zählte Sigfried Giedion zu den »*Anführern des extremen ›Modernismus‹*«; W.W. kam bei ihm gar nicht erst vor. Dieser hatte offenbar in München zeitweise an einer Tagung bzw. Diskussion mit Sedlmayr teilnehmen können und übermittelte den Freunden nun am 16. Oktober 1949 sein Urteil:

»*... der ›Verlust der Mitte‹ fand noch keinen Weg in die hiesige Zone. Doch über das Allgemeine seiner Haltung bin ich orientiert. Im Hintergrund steht der sonntägliche Kirchgang! Non mea res! Aber damit distanziere ich mich ja von einer <u>ganzen</u> Elite! War das nicht in der ersten Nachkriegszeit schon mal, als Scheler den Ton angab? Jetzt hört man die alten allzubekannten Töne von Jünger, Holthusen, Schröder, schließlich auch Jaspers, Eliot et tuti quanto. Chant à moi: ich verharre in hochachtungsvoller Opposition. Winke diesem geistigen Hochmut ab und suche mit meiner Unbegnadung fertig zu werden. – (...) Ceterum censeo: als Hauptsache erscheint mir, dass die ganze Debatte Niveau hat. Und das hat sie wohl. Wie ich überhaupt in den üblichen Refrain vom Brachliegen des geistigen Lebens in Deutschland (von draussen angestimmt und intra muros als Selbstanklage wiederholt) nicht ganz einstimmen kann. Ich stosse, um der Wahrheit des Eindrucks die Ehre zu geben, immer wieder auf Gegenzeugnisse, die ich vier Jahre nach dieser totalen Niedertrampelung nicht zu den Selbstverständlichkeiten rechne. Auch nicht, wenn ich Vergleiche einschalte. Denn schliesslich kommt mir ja auch manches von draussen vor die Augen, bei dem ich mich frage: brauchen die uns wirklich <u>so</u> wohlwol-*

lend-herablassend auf die Schultern zu klopfen? Sie wissen, Carola, wie talentlos ich für Nationalismus bin – aber manchmal bekomme ich doch gegenüber den heutzutage landläufigen Übertreibungen des Unterschieds doch ein wenig Königskoller, mit Verlaub gesagt!«

Zum Jahresanfang 1950 hatte W.W. an die Züricher Freunde geschrieben: »*Ich habe in meinem Leben immer alles in Frage gestellt ... nun scheint es mir nicht erspart zu bleiben, manchmal auch mein Infragestellen in Frage stellen zu müssen.*« Das war bereits ein Reflex auf die sich verändernde politische Situation seit der Gründung der DDR; im Oktober 1949 trat, so stellte es sich für W.W. rückblickend dar, »*ein totaler Wandel in den verhältnismässig erträglichen Umständen meiner Lehrtätigkeit ein*«. W.W. sah sich einem »*mit allen erpresserischen Mitteln arbeitenden massiven Gleichschaltungsfeldzug*« ausgesetzt. So wurden Zustimmungsunterschriften unter politische Aufrufe und Abordnung in spezielle *Friedenskommitees* erzwungen – W.W. entzog sich dem durch demonstratives Fernbleiben. Auch scheint es nicht ausgeschlossen zu sein, daß der ehemalige Königsberger Schüler Gerhard Strauß W.W. zur Unterstützung des Abbruchs des Berliner Schlosses, mit dem er beauftragt worden war, nötigen wollte. Obwohl seine persönliche Sicherheit nicht mehr gewährleistet schien, versuchte W.W. zu bleiben – er glaubte möglichst lange an der »*gefährdeten Kulturfront*« im Interesse der deutschen Sache ausharren zu müssen, und er wollte den grossen Kreis seiner Studenten nicht im Stich lassen. Schließlich gab es noch Einflußmöglichkeiten: So hatte sich W.W. nicht erfolglos gegen eine Schließung der Kunstschule Burg Giebichenstein gewandt, und zum 1. Februar 1950 war er als ordentliches Mitglied in die Sächsische Akademie der Wissenschaften berufen worden. Auch Krankheiten machten nicht gerade handlungsfähig: Er laborierte mit einem alten Kriegsleiden, einer Kniescheibenluxation (im Jahr zuvor hatte ihm ein zugewucherter Tränendrüsenkanal zugesetzt), und M.W. mußte sich – am Ende all ihrer Kräfte – Ende März mit einem Magengeschwür für vier Wochen ins Bett legen.

Aber am 23. Mai richtete der Kurator der Universität an das VOPO-Präsidium in Halle ein Gesuch, für W.W. einen Interzonenpaß auszustellen für einen Vortrag in Mainz; auch für seine Frau wurde ein Interzonenpaß beantragt, da sie W.W. wegen seines Alters und als Sekretärin begleiten müsse. Wenige Tage danach entschlossen sich die beiden Worringers, falls sie die Reisepapiere bekommen würden, Halle für immer zu verlassen. Am 28. Juli konnten sie den Interzonenpaß abholen; am 4. August reisten sie mit viel Gepäck in Richtung Oberhambach ab, wo die Schads inzwischen wohnten. Möbel hatten sie ja keine, und andere

1946–1950

wichtige Dinge sandte ihnen später Nauhaus nach, der auch die Wohnung in der Schwuchtstrasse übernehmen konnte. In Oberhambach wohnten sie bei Schads; die Vortragsverpflichtung in Mainz am Lehrstuhl des Ur- und Frühgeschichtlers Herbert Kühn war nicht ganz vorgetäuscht gewesen, fand aber nicht statt. Jedoch besuchten die Worringers in Mainz Philipps, genossen den vertrauten Duft des Rheins, fuhren nach Frankfurt ins Städelsche Kunstmuseum und sogen die Kunst ihrer Moderne ein. Am 31. August trafen sie in München ein, und auch hier war einer der ersten Wege der zu einer großen Kunstausstellung.

Inzwischen war W.W. zur Kenntnis gekommen, daß in der Hallenser Zeitung *Freiheit* am 8./9. August 1950 das Friedenskomitee der Martin-Luther-Universität einen Aufruf an alle deutschen Universitäten veröffentlicht hatte, der auch von W.W. als einzigem Hochschullehrer seiner Fakultät unterzeichnet war – die Unterschrift hatte W.W. nie geleistet. Das gab W.W. den äusseren und offiziellen Anlaß, dem Dekan seiner Fakultät mitzuteilen, daß er nicht mehr nach Halle zurückkehren werde. In seinem Brief vom 20. August stellte W.W. erst einmal fest, daß er ohne Befragung und Einwilligung in das Friedenskomitee gewählt worden sei, daß er um seine Unterschrift unter den Aufruf nicht befragt worden sei, daß er sich bereits vorher geweigert habe, den Aufruf zur Ächtung der Atombombe zu unterschreiben: »*Ihnen gegenüber brauche ich wohl nicht zu betonen, daß ich faktisch ein Gegner der Atombombenanwendung bin und dass ich stets eintrete für eine friedliche Regelung der Völkerstreitigkeiten. Aber nicht unter der Voraussetzung einer parteiischen Einseitigkeit. Ein Mißbrauch meines Namens zu politischen Zwecken, die auf eine Zwangsgleichschaltung hinauslaufen, zwingt mir nun als einzig mögliche Antwort den schweren Entschluß auf, mein Lehramt an der Universität Halle niederzulegen und in meinen bisherigen Wirkungsbereich nicht zurückzukehren. Ich gehe lieber unsicheren Lebensverhältnissen entgegen als daß ich mich solchem Druck beuge. Ich möchte mir mit meinen nahezu siebzig Jahren um jeden Preis meine Selbstachtung bewahren. (...) Die schwere Enttäuschung, die ich mit diesem mir aufgezwungenen Entschluss meinen zahlreichen Schülern, besonders denen, die vor dem Examensabschluss stehen, bereite, ist mir das Schwerste an dem Entschluß. Aber auch meine weitere Lehrtätigkeit hätte ich ja so erfolgreich wie bisher nur in einem Zustand innerer Freiheit ausüben können. (...) Ich werde an die Jahre meiner Hallenser Lehrtätigkeit immer mit Genugtuung zurückdenken. Auch mit dem guten Gewissen, den guten Willen gehabt zu haben, nach beiden Seiten hin Objektivität zu wahren. Erst der massive politische Druck, der seit etwa einem Vierteljahr auf die Mitglieder des*

Lehrkörpers ausgeübt wird, hat mir ein weiteres Verbleiben in dieser politischen Atmosphäre unmöglich gemacht.«

Die Fakultät versuchte in einer undatierten Aktennotiz die Angelegenheit mit Missverständnissen, die angeblich hätten geklärt werden können, zu erklären – offenbar hatte man auf W.W.s international renommierten Namen nicht verzichten wollen. In München wurden die beiden Worringers von ihren Freunden Forell aufgenommen: in zwei – wie W.W. sich ausdrückte – »*komfortable Austragsstüble in einem mit seelischer Dauerzentralheizung gewärmten Haus*«. »Wäre«, schrieb er an Ernst Robert Curtius, »*Glücklichsein überhaupt nur eine Frage der Umstände und nicht der Konstitution, so wäre bei unseren Lebensabendaussichten alles in bester Ordnung.*« Bei ihm war nichts in Ordnung – nichts mehr schien s*eine* Welt zu sein. Demgegenüber meinte er – und nichts spricht dagegen, daß er es nicht zutreffend sah – dass »*Frau Ma ... das bessere Teil gewählt*« habe: »*Von aller Haushaltungstätigkeit befreit kann sie nun ganz und gar ihrem Arbeitstisch leben und das bedeutet bei ihrer ungebrochenen Arbeitsseligkeit natürlich sehr viel.*« Beide lebten nun im Westen – den Kindern nahe, wie sie es sich seit 1944 gewünscht hatten, aber ihre selbständige, unabhängige Existenz war nach knapp fünf Jahren wieder aufgelöst.

Anmerkungen zum 10. Kapitel

- Zu Worringers Kunstgeschichte vgl. Hannes Böhringer, Einleitung zu Wilhelm Worringer, Schriften S. 15–29.
- Das Zitat aus *Problematik der Gegenwartskunst* im Original S. 21, jetzt W.W., Schriften Bd. 1, S. 919.
- OMGUS: Abkürzung für Office Military Government for Germany, United States
- W.W. spricht in seinem Brief vom 26.10.1948 von den Schriftstellern Ernst Jünger, Hans Egon Holthusen, Rudolf Alexander Schröder, Karl Jaspers und T(homas) S(tearn) Eliot.
- *Rückblickend* vgl. Brief von W.W. an die Oberfinanzdirektion München vom 27.6. 1951, Kopie, Quellen- und Literaturverzeichnis unter *W.W. als Hochschullehrer*, NL W. u. M. Worringer.
- Schreiben W.W.s an den Dekan der Philosophischen Fakultät der Universität Halle vom 20.8.1950 und die undatierte Aktennotiz des Dekans in Personalakte Worringer, Universitätsarchiv Halle.
- Peter H. Feist (geb. 1929) lehrte seit 1958 an der Humboldt-Universität Berlin, als Nachfolger von Strauß seit 1968. Von 1981–1990 Direktor des Instituts für Ästhetik und Kunstwissenschaften der Akademie der Wissenschaften der DDR. Veröffentlichungen bes. im Bereich Europäische Bildende Kunst des 19. u. 20. Jahrhunderts.

- Wilhelm Nauhaus (1899–1979) erhielt zuerst eine Ausbildung als Maler und wandte sich dann dem Handwerk der Buchbinder zu, 1925 Meisterprüfung, seit 1928 Lehrer für künstlerischen Handeinband an den Staatsschulen für freie und angewandte Kunst in Berlin-Charlottenburg. 1949 durch Luftangriffe auf Berlin Zerstörung von Wohnung und Werkstatt. Dezember 1949 erhielt N. einen Ruf an die Burg Giebichenstein, er übernahm die Buchbinderklasse, die 1958 geschlossen wurde. Bis zu seiner Emeritierung 1965 hielt er kunsttheoretische Vorlesungen und baute ein Archiv zur Geschichte der Burg auf. Verheiratet war er mit Nora (Nori) Nauhaus und seit 1955 mit Barbara Nauhaus (1927–2001). Informationen und Hinweise auf das Wirken von W.N. gaben Angela Dolgner, Leiterin des Archivs der Kunsthochschule Giebichenstein, und Kilian Nauhaus, Kirchenmusiker am Französischen Dom in Berlin.
- Wulf Schadendorf, geb. 28.11.1926 in Dresden, Dr. phil., 1954–1957 Volontär am Germanischen Nationalmuseum in Nürnberg, seit 1962 dort hauptamtlich tätig, zuletzt als musealer Leiter des Kunstpädagogischen Zentrums und Referent für das 19. und 20. Jahrhundert. 1974 Direktor der Museen für Kunst- und Kulturgeschichte der Hansestadt Lübeck. Verstorben 1985.
- Hans Sedlmayr wurde am 18.1.1896 in Hornstein/Burgenland (Österreich) geboren, 1930/32 und nach 1938 Mitglied der NSDAP, katholisch-national orientiert, leitete 1936–1945 das Kunsthistorische Institut der Universität Wien, 1945 emeritiert und für drei Jahre mit Berufsverbot belegt. 1953–1963 ordentl. Prof. in München, verstorben 9.7.1984 in Salzburg. Vgl. Hans A. Aurenhammer, Hans Sedlmayr und die Kunstgeschichte an der Universität Wien 1938–1945, in: Held, Papenbrock (Hrsg.), Kunstgeschichte, S. 161–194.
- Ernst Thape, geb. 1892 in Thüringen, Maschinenschlosser, vor 1933 SPD, Häftling im KZ Buchenwald, nach 1945 zuerst 2. Vizepräsident der Provinz Sachsen, Dezember 1946 Minister für Volksbildung von Sachsen-Anhalt, 1948 Flucht in den Westen, verstorben 1985. Zitat Thape, Von Rot zu Schwarz-Rot-Gold, S. 281 f.

11. Kapitel

Fast eine zweite verlorene Generation – Lucinde Worringer in München 1945–1954

Anfang Oktober 1945 beschlagnahmte die US-Army das Haus in der Unertlstr. 40, um es für eigene Zwecke benutzen zu können; die Bewohner mußten das Haus verlassen und sollten das wenige, was sie hatten, auch noch stehenlassen. Aber während vor der Haustür der GI schon Posten bezogen hatte, warfen sie die Habseligkeiten zum Hof aus dem Fenster – sie wohnten im Erdgeschoß. Was nun? Lucinde kannte Fred Birkenbihl mit dem KZ-Ausweis Nr. 1985, und dieser Fred hatte Anspruch auf eine Unterkunft bzw. besaß einen Unterkunftsschein. Fred und Lucinde hatten sich 1939 zufällig in München kennengelernt und schrieben sich seither. Birkenbihl war als Mitarbeiter eines ausländischen militärischen Geheimdienstes mit Sitz in Zürich wegen Begünstigung zum Hochverrat im berüchtigten Münchner Gefängnis Stadelheim in Haft genommen worden und lag am Tag seiner Befreiung am 1. Mai 1945 als Todeskandidat buchstäblich in Ketten in einer lichtlosen Zelle. Wenige Tage nach seiner Entlassung traf er Lucinde, die ihn – wie er selbst schrieb – »*ausgehungert, verwahrlost und krank, wie ich war, – unter zeitweisen persönlichen Opfern wieder herausgefüttert und langsam zu einem gesunden Menschen gemacht*« hatte.

Birkenbihl nun bekam am 16. Oktober für sich, ein Kind und drei sonstige Anhörige eine Unterkunft bei Franz Mayer, Karl-Theodor-Str. 25/I zugewiesen. Mayer war ein Mitarbeiter des NS-Oberbürgermeisters gewesen und hatte Wohnraum abzugeben. Das Kind war nicht Birkenbihls, sondern die nichteheliche, 1943 geborene Tochter Franziska (genannt Bätzi, Bätzchen, mundartlich der Batz) von Eva Kochen, die mit Lucinde und Gerda von Lipski zusammen das Kontingent der drei *sonstigen Angehörigen* stellte. Die Unterkunft bestand aus einem möblierten Zimmer (das gemeinsame Wohnzimmer; hier schliefen aber auch Lucinde und Gerda); einer leeren Kammer (für Birkenbihl) und einer weiteren leeren Kammer (für Eva und das Kind); Küchenbenutzung war ausdrücklich vermerkt.

Lucinde war als Untermieterin bei Eva gemeldet, d.h. sie wollte ihren Berliner Wohnsitz in Berlin-Karolinenhof bei den Kerckhoffs zur Erleichterung einer möglichen Rückkehr nach Berlin nicht aufgeben. Lucinde organisierte die Wohngemeinschaft, führte die Kasse, betreute das Kind und war mehr oder weniger für den gesamten Haushalt einschließlich Kochen zuständig, hatte aber immer eine Zugehfrau. Nur Holz und Kohlen waren die Sache von Gerda (die bis heute noch nicht vergessen hat, daß sie ja – da nicht miteinander verwandt – drei Kohlenbezugskarten besaßen). Ungezählte Besucher über den ganzen Tag verstreut und viele Übernachtungsgäste sorgten für noch größere Enge. Und wovon lebten sie? Eva bekam bereits ab Februar 1946 eine Anstellung im Kurt Desch Verlag als Sekretärin, heute würde man sagen: Direktionsassistentin; auch Gerda fand Arbeit in dem, was sie am liebsten tat: als Archivarin in der Redaktion einer Zeitschrift. Bis zur Währungsreform wurden Reichsmark-Ressourcen eingesetzt; die Care-Pakete, die Eva von einer jüdischen Schulfreundin, die nun in den USA lebte, und die Lucinde von den Giedions erhielt, mischten nicht nur den Speiseplan auf und sorgten nicht nur für die Auffrischung der kriegsbedingt heruntergekommenen Kleidung, sondern enthielten so manches, was zum Tauschen gut geeignet war. Ein Brief von Lucinde an die Giedions Anfang Februar 1947 gibt einiges von dem Lebensgfühl der jungen Kriegs- und Nachkriegsgeneration wieder:

» (...) Gott sei Dank bin ich ja überhaupt geneigt, jedenfalls was das persönlich-private Leben anlangt, alles nach Möglichkeit von der positiven Seite anzusehen und ich finde immer wieder, daß das auch berechtigt ist. Es ist doch schon ein sagenhaftes Glück, daß die ganze Familie lebend davon gekommen ist und es auch jetzt weiter uns allen doch so gut geht, wie ich es nicht erwartet hatte. Allerdings muß ich auch dazu sagen, daß ich sowohl in die Kriegs- wie in die Nachkriegsjahre ohne alle Illusionen ging. Ich hatte sogar erwartet, daß spontan und impulsiv von Mensch zu Mensch, in diesem Falle von Siegern zu Besiegten noch mehr gleiches mit Gleichem vergolten würde – das auf der einen Seite. Auf der anderen aber – und da liegt der Kern aller Enttäuschungen, allen Elends und aller Trostlosigkeit – hatte ich doch eine Hoffnung, die sich leider, leider als Illusion zu entpuppen scheint, nämlich die, daß die Menschen als Gesamtheit hüben wie drüben mehr aus der Katastrophe gelernt hätten und nun, wo zumindesten in Europa tabula rasa gemacht worden ist, wirklich neu anfingen, wirklich mit dem Willen zum Bessermachen, zur Ehrlichkeit, zur Gerechtigkeit mit neuen Maßstäben und neuen Erkenntnissen. Aber schon mehren sich überall die Anzeichen, daß man die selben Fehler von neuem macht, mit mehr oder weniger anderen Anführungszeichen verbrämt und immer weniger spürt man den Geist, der einzig fähig ist zu wirklichem dauernden Frieden und zur Befriedung der geschundenen Menschen zu führen. Wenn sich das nicht doch noch ändert, nicht etwa aus Ethik, Moral, Weisheit oder um einer religio oder eines Ideals willen, sondern einfach um Gottes willen aus der nackten Vernunft und Notwendigkeit – das wäre dann wirklich zum Verzweifeln, nähme allem Grauen der letzten

Jahre den Sinn und es bliebe kein Trost. Aber auch in diesem ganzen und letzlich entscheidenden Komplex bewahre ich mir ein Quäntchen Glauben, Hoffnung und Optimismus.«

Lucinde berichtete dann von ihrem Lebensweg nach dem Abitur und davon, daß sie so bald wie möglich zu den Eltern fahren und in Berlin die Möglichkeiten für neue Arbeit erforschen wollte: *»In meinem Beruf bin ich selig, aber auch jetzt, wo ich ihn praktisch nicht ausführe, gibt es genug Dinge, die mich beschäftigen und voll ausfüllen und mir sind nur die Tage zu kurz und die Jahre zu schnell vorbei, um mich annähernd mit allem zu beschäftigen, was mich interessiert. Und auch hauptsächlich insofern nur ärgert mich unser primitiver Lebensstandard, daß man so viel produktiver ausnutzbare Zeit damit vertun muß, um für das bißchen Essen zu sorgen, um in stundenlanger Arbeit die mürben alten Strümpfe immer wieder zu stopfen, die dann doch wieder am nächsten Tag kaputt sind... Aber auch da kann ich, was mich und meine Umgebung anbelangt, nur sagen: es ist alles halb so schlimm und ganz anders, wenn man es erlebt, als wenn man es sich vorstellt (was sich ja auch von Krieg und Bomben sagen läßt: es war einerseits gar nicht so schlimm und andererseits natürlich viel, viel schlimmer, aber das Andererseits voll zu erleben, dazu blieb ja gar keine Zeit, das steht uns – vielleicht – als Reaktion überhaupt erst noch bevor!). Und ich glaube, Sie würden staunen, wie glücklich, wie zufrieden, wie unternehmungslustig, wie albern sogar oft und wie optimistisch – wir Jungen jedenfalls – allem zum Trotz noch sein können.«*

Lucinde gehörte zu jenem Teil der Nachkriegsgeneration, die sich noch nicht verloren glauben wollte, obwohl gerade sie, die zwischen 1910 und 1928 Geborenen, alles, buchstäblich alles bewußt mitgemacht hatten: das Ende der Weimarer Republik, die gesamte Nazi-Zeit, den entsetzlichen Zweiten Weltkrieg und und nun eine schäbig-traurige Nachkriegszeit erlebten, voller Schauder und Entsetzen vor dem, was Millionen von Menschen in Europa durch das *Dritte Reich* erlitten hatten, und hilflos konfrontiert mit diesem Leid. Wie bewältigte diese Generation ihren dürftigen Alltag, wenn er nicht ausgefüllt war durch die bloße Existenzbewältigung? Lesen: die *Neue Zeitung* unter der Feuilletonredaktion von Erich Kästner, die ersten rororo-Bände, Kogons *SS-Staat*, Serings *Jenseits des Kapitalismus*; reichlich, d.h. oft mehrmals wöchentlich ins Theater gehen – in die Kammerspiele, vor allem in die Schaubude, wo Ursula Herking 1946 ihr *Marschlied* sang, in die Oper und in Konzerte gelegentlich, ins Kino bei jeder Gelegenheit, z.B. viermal in den *Dritten Mann*, Kunstausstellungen besuchen, regelmäßige Leseabende veranstalten, um die neueste ausländische Literatur ken-

Heinz Litten, nach 1945

nenzulernen; aber auch – und das nicht wenig – Fasching und andere Feste feiern, dafür *Schnaps* besorgen und trinken, alte Bekanntschaften pflegen und neue gewinnen: Franziska Violet, die Tochter des im KZ umgekommenen Alexander Schwab, Gunter und Hanna Groll, Susanne Böhe, ledige Mutter einer Tochter (d.i. Barbara Distel) – sie bildeten den engeren Kreis; die Schriftsteller Hans Egon Holthusen, Luise Rinser, Oda Schäfer, Horst Lange u.a. standen eher am Rande. Viele weitere wären aufzuzählen, die nicht näher identifiziert werden konnten: Leute vom Rundfunk, Film und Theater und Journalisten. Dazu einfach Menschen, mit denen die WG Birkenbihl und Co. so manches Stückchen Alltagsleben teilte; dazu gehörten ganz wesentlich Alfred Forell und seine Frau Agnes, genannt Tante Österchen, die schräg gegenüber in der Karl-Theodor-Str. 16 lebten, wo Forell seine Praxis führte, in der die Wohlhabenden (Adligen) möglichst viel und die armen Leut' möglichst wenig zu bezahlen hatten.

Lucinde und Eva hätten sich gern von Erich Kästner, von dem sie fast wie Backfische schwärmten, etwas mehr beachtet gefühlt; E.K., der sich ja in energischen festen Händen befand, beschränkte sich auf die flüchtige Wahrnehmung der beiden. Um so erstaunter, um nicht zu sagen entrüsteter waren sie, als E.K. eines Tages bei einem Theaterbesuch mit einem »*fremden Mädchen*« an seiner Seite erschien – dies war, wie sie dann etwas später feststellten, bloß seine Kollegin bei der *Neuen Zeitung* Hildegard Brücher (spätere Hamm-Brücher). Zum Repertoire Lucindes gehörte außer allem bereits Erwähnten der Besuch von politischen Veranstaltungen; außer SPD und KPD kam nichts in Frage, und schließlich waren ihr und Eva klar, daß sie SPD zu wählen hatten, wenn ihnen auch nicht alles paßte, was diese tat oder nicht tat. Die kleine Bätzi reagierte bei den ersten Wahlen ganz unglücklich, als die Erwachsenen alle Wahlplakate mit einem *Nein* bedachten, und sie fand die Lösung ihrer kleinen Qual darin, vorzuschlagen, als sie das Werbeplakat *Persil bleibt Persil* entdeckt hatte, daß die Erwachsenen dies dann doch wohl wählen würden.

Sehr viel Krankheit war, wenn man so eng aufeinander lebte, an der Tagesordnung, nahm Zeit und Kraft in Anspruch: das Kind hatte die Masern und teilte mit den Erwachsenen die Erkältungen, meist Grippe genannt, vielleicht war es manchmal auch eine, und Onkel Alfred (Forell) mußte oft in die Karl-Theodor-Str. 25 kommen. Vor allem Lucinde erwischte es bedenklich: im Sommer 1946 begannen die ersten ernsten Hinweise auf eine chronische Form der Magenschleimhautentzündung, verbunden mit Magengeschwüren, was eine lange Heilungsphase, z.T.

mit Krankenhausaufenthalten, immer mit längerer Bettruhe, erforderte. 1947, 1948, 1949, 1950 und 1953 war es ebenso; danach blieb ein hoher Grad der Anfälligkeit. Erst in den mittleren Lebensjahren war diese Krankheit *verschwunden.*

Lucinde begann gleich Anfang 1946 damit, wieder Anschluß in ihrem Beruf zu suchen. Dies geht aus einem Brief hervor, den sie am 19. Januar an ihre Freundin Susanne Kerckhoff schrieb: »*Äußerlich plane ich mit dem ersten dauerhaften Frühlingssonnenstrahl mich auf nach Berlin und an die Arbeit zu machen. Äußerlich, was innerlich geschieht, weiss ich noch nicht. Ob nun das Berliner Theaterleben geduldig und Hurra schreiend meiner harret oder meine Wahlheimat mich Fahnenflüchtige erst mal dazu verurteilt, sie um weiteren Schutt zu entlasten, wird sich erweisen.*« Ihr war klar, daß sie nicht viele Protektoren haben würde. Ihr großer Freund und Verehrer Peter Mosbacher war zu diesem Zeitpunkt unauffindbar, andere waren wieder in ihre alte Heimat zurückgekehrt; der ihr sehr nahestehende Warschauer Schauspielerkollege Adolf (Adi) Gerlach befand sich in sowjetischer Gefangenschaft. »*Und was meine sonstigen Protektoren anbelangt, die es nicht für die Tochter Worringer oder aus sonstigen unlauteren Gründen taten, ist da nicht mehr viel geblieben.*« Geblieben war, wie sich bald herausstellte, ihre um drei Jahre jüngere Schaupielerkollegin Helga Zülch, die sie seit Düsseldorf kannte und die nun in Berlin in Theater und Film eine schnelle, glänzende Karriere machte. Im handschriftlichen Konzept eines Briefes an den noch in der Emigration weilenden Heinz Litten vom März 1946 hieß es: »*Um Fühlungnahme mit dem Theater kümmerte ich mich bisher nicht, einfach jetzt so im alten Trott weiterzumachen schien mir so falsch und von außen kam keinerlei wirklich neue Initiative. Nun glaube ich, daß Berlin d.h. der Osten doch der gemäßere Boden für mich ist. Im Augenblick reizt mich auch die Aufforderung von ganz jungen Leuten mit ihnen in Berlin eine eigene Spielgemeinschaft zu gründen – das alles wird sich in allernächster Zeit entscheiden, und ich hoffe, dann wieder so im Gleis zu sein und dann einen eigenen einigermaßen fundierten Blickpunkt zu haben für das, was geschieht und was andererseits geschehen muß, um den nötigen Elan dafür aufzubringen. Wie gesagt, der Fehler lag bei mir, bei meiner durch Jahre genährten und doch recht nebelhaften Vorstellung, daß das ›Nachher‹ einem völlig neuen Anfang gleichkäme und dann stand ich hilflos vor der Erkenntnis, daß weder ich noch die Anderen dazu bereit, vorbereitet und fähig waren. Allerdings nicht verloren habe ich meinen Optimismus und meinen, wenns nicht so pathetisch klänge möchte ich sagen: heiligen Glauben daran, daß auch unser Karren hier von uns* aus dem Dreck gezogen werden kann und wird – trotz allem und allem und allem.«

Mitte November 1946 wiederholte sie ihre Einstellung in einem Brief an Heinz Litten, der inzwischen nach Deutschland zurückgekehrt war und entweder die Generalintendanz in Dresden oder die Leitung der neuen Volksbühne in Berlin übernehmen sollte, letzteres geschah dann: *»Du fragst mich nach meinen Erfahrungen in diesem komischen Beruf?! Ganz abgesehen davon, dass wir uns a u c h darüber länger mündlich unterhalten müssen, kann ich Dir nur sagen, dass ich so überzeugt davon bin, dass das der richtige Weg für mich war, wohin er auch immer führen wird. Und wer etwa glaubt, dass ich, weil ich es nun schon relativ freiwillig so lange lasse, nicht zu denen gehörte, die Theater spielen müssen, weil sie sonst nicht leben können und das als ihre Rechtfertigung dafür ansehen, irren sich. Ich kann es absolut lassen und leide auch nicht wie ein nasser Hund – letzteres würde ich mir schon gar nicht leisten – all diese Klischees sind jenseits meiner Massstäbe. Mir ist es noch gar nicht recht bewußt, dass ich zur Zeit nicht Theater spiele. Es ist doch so ›drin‹ und klingt in allem mit. Wie ich ja überhaupt von meinem lieben Vater diese Riesenschicksalsgläubigkeit geerbt habe, völlig sicher bin in dem Gefühl, dass alles bisher so sein mußte und seine Richtigkeit hatte und dass sich alles um mich persönlich historisch entwickeln wird. Mit mir kann ich nichts übers Knie brechen, sondern muss mich laufen lassen, und glaube doch dabei nicht disciplinlos zu sein. Wo ich das Gefühl habe, handeln zu müssen, zu rennen, zu reden und zu tun, das ist die sogenannte Politik, da zweifle ich, dass sie sich historisch schon ohne unser Zutun richtig entwickelt und dass mir da einfach aus Mangel an Kenntnis der sachlichen Dinge der Ansatzpunkt fehlt, das macht mich nervös und traurig. N a t ü r l i c h möchte ich lieber heute als morgen Theater spielen und natürlich könnte ich oft entsetzlich heulen, dass ich es nicht tue aber ich tue es nicht um jeden Preiss (sic), das mag ein Manko sein, aber das andere wäre gelogen und somit noch schlimmer. Ausserdem sind meine Tage richtig ausgefüllt und ohne Leere und wenn mein Agent etwas für mich hat, holt er mich bestimmt. Und nun wiege ich mich mal in dem festen Glauben, dass es zum nächsten Jahr, also 47/48 etwas wird. Und ich bin relativ ruhig dabei. Ich finde es selbst ulkig, dass ich, in einer Zeit, die einem weiss Gott carpe diem gelehrt hat, aber auch gar nicht den Komplex der dahinfliegenden Jahre habe. Für mich hat alles noch so viel Zeit und es muss ja erst noch so viel geklärt werden, bis ich das Eigentliche zu fassen kriege und ich komme mir noch so masslos jung vor mit dem Gefühl eine Zeit des Älterwerdens schon hinter mir zu haben. Wir werden später jung als unsere Väter...«*

Zu dieser Zeit hatte sie bereits herbe Enttäuschungen hinter sich. Ihr Agent hatte sie nach dem ersten Vorsprechen bei ihm als hochbegabt eingeordnet und vermittelte ihr Vorsprechen u.a. in Darmstadt, Augsburg, Mannheim. Alles war vergeblich; entweder bestand doch keine Vakanz oder eine andere war schneller gewesen. Auch erste Anknüpfungsbemühungen bei Ursula Herkings *Kleine(r) Freiheit* verliefen sich im Sande, die eigene Spielgemeinschaft blieb Utopie. W.W. kommentierte in einem Brief an die Giedions vom 31. Juli 1946 Lucindes *»Beschäftigung: Engagementsuche! (...) Es gibt Leute, die sie für ungewöhnlich begabt halten, aber zu speziell, um in der üblichen Abgrenzung der Fächer untergebracht zu werden. Ich kann es nicht beurteilen. An Temperament und Geist läßt sie es jedenfalls nicht fehlen und so weiß sie sich überall ihren Kreis zu schaffen. Auch jetzt in München. Politisch natürlich das Herz auf dem rechten Fleck!«* Damals begannen auch ihre ersten Versuche, im Rundfunk Fuß zu fassen, ja, eigene Texte zu schreiben, wie die Ende 1946 entstandene *Hammelgeschichte*.

Erst im März 1947 gelang es Lucinde endlich, einen Interzonenpaß zu bekommen, um nach Berlin zu reisen. Heinz Litten hatte die DEFA-Leitung dazu bringen können, Lucinde zu vorgeblichen Gesprächen über eine *tragende Rolle* einzuladen. Berlin, Halle und wieder Berlin zwischen dem 22. März und dem 17. April – das brachte, was Berlin anging, zwei ganz große Enttäuschungen. Die erste war das Ende ihrer Beziehung zu Heinz Litten. Bereits im März 1946 hatte sie davon erfahren, daß er inzwischen verheiratet war; die zwischenzeitlich erfolgte Korrespondenz ließ sie wohl vermuten, daß er ihr bei der Engagementsuche in Berlin behilflich sein würde. Ausgerechnet an ihrem 29. Geburtstag traf sie sich mit ihm und seiner Frau im Kulturbund zum Abendessen und: es ging offensichtlich »*gleich schief*«; sie telefonierte noch ein paar Male mit ihm, aber sie traf ihn nur noch einmal: »*Krampf*« notierte sie in ihrem Kalenderbüchlein. Was es war, was sie entzweite, kann man nur vermuten: Enttäuschung über sein Verhalten ihr gegenüber und sicher auch politische Differenzen.

Die zweite Enttäuschung war Susanne Kerckhoff; über die Gespräche mit ihr notierte sie: »*schlimme politische und auch menschliche Auseinandersetzungen: es wird ein Abschied*«. Das war zuviel: Ende Juni mußte sie für einige Wochen ins Krankenhaus. Wieder hatte der Magen gestreikt. W.W. schrieb an die Giedions am 5. Juli: »*Denn der sogenannte Lukas, das ist meiner Baucis schwacher Punkt. Und dieser Punkt ist neuerdings ein Druckpunkt.*« Und im Oktober noch einmal, als die Freunde Lucinde zu sich in die Schweiz einluden und er sich dafür bedankte (aus der Reise wurde dann nichts): »*Besonders die Ma ist ja in solchen Dingen ein ganz einseitiges Säugetier. Gerade zum sogen. Lukas hin ist die Nabelschnur nie abgeschnitten worden. Bei ihr geht alles über diesen Weg.*« W.W. deutete dann noch an, daß bei der Krankheit psychische Belastungen und schwirige Entschlußfassungen eine Rolle mit spielten: »*Wie dem auch sei: sie ist ein solches intensiv lebendiges und so vielfach (auch praktisch-)begabtes Geschöpf, dass ich ihr einfach einen Blankowechsel für ›ihre‹ Zukunft ausstelle.*«

Ende 1947 passierte dann noch eine Geschichte, die man überschreiben könnte: Typisch Lucinde. Im März 1947 hatte sie den bekannten Fragebogen mit den 131 Fragen ausgefüllt und dabei vermerkt, daß sie im Dezember 1937, um die Zulassung zum Abitur zu erhalten, die Bereitschaft zum Eintritt in den BDM erklärt hatte, aber nie eine Mitglieds-Nummer bekommen, keinen Beitrag bezahlt und auch an keinem Dienst teilgenommen hatte, schließlich nach dem Abitur in eine andere Provinz gezogen sei. Von der Spruchkammer hatte sie den Bescheid bekommen, sie sei amnestiert. Lucinde sah aber keinen Anlaß, auf Grund irgendeiner Nazi-Organisations-Mitgliedschaft amnestiert werden zu müssen und fand nach längerem Suchen einen Rechtsanwalt, der sie vor der Spruchkammer vertrat und erklärte, daß sie von dem Gesetz zur Befreiung vom Nationalsozialismus und Militarismus vom 5.3.1946 »*überhaupt nicht betroffen sei*«. Sie mußte vor der Spruchkammer erscheinen, sich erklären und erhielt endlich im Februar 1948 per Postkarte den ersehnten Bescheid: nicht betroffen.

1948 – Lucinde wurde am 29. März 30 Jahre alt – war die Schicksalslinie ausgezogen: an eine Schauspielerinnenkarriere oder wenigstens eine befriedigende Arbeit in diesem Beruf war wohl nicht mehr zu denken, ein Neuanfang unvermeidlich – aber wo, wie? Dazu schien ihr wenn nicht der Mut, so doch die Kraft zu fehlen – sie hatte im Krieg zuviel davon verbraucht, so sagte sie später selbst in ihrem *Lebensgeschichtlichen Interview*. Die notorisch besorgte Mutter bezeichnete ihre Tochter nun wieder einmal als ihr Sorgenkind: »*Sie hat es ja – innerlich – nicht leicht. Sie sieht die Dinge vielleicht mit allzu wachen Augen, und ist mit einem etwas zu unruhigen, etwas zu leidenschaftlichen Herzen an den Geschehnissen der Zeit beteiligt*«, ließ M.W. Carola Giedion am 26. Januar 1948 wissen. Wieder reiste Lucinde im März/April fast vier Wochen nach Berlin und eine Woche nach Halle. In Berlin erlebte sie den Anfang der großen Krise und war fast beglückt über die Haltung der Berliner: »*Ja, ich war wieder im ›Fernen Osten‹ (...) Und zwar gerade zu der Zeit, als der Nervenkrieg in sein jetziges kritisches Stadium trat*«, so schrieb sie im Mai 1948 an Carola Giedion, »*als der Kontrollrat aufflog und die Zugangssperre für die westlichen Alliierten begann. Die Stadt barst vor Spannung und trotzdem kann ich nur fassungslos den Mut, die Ruhe und die Klarsicht der Berliner bestaunen. Denen kann wirklich keine Phrase und kein Pathos mehr ein X für ein U vormachen und es war mir fast beschämend zu hören, wie orientiert selbst der kleinste Straßenbahnschaffner über die grossen politischen Ereignisse ist. (Speziell, wenn man, wie ich, an die engstirnigen, kleinsthorizontigen Bayern gewöhnt ist.) Und welchen Mut beweisen z.B. 2000 Studenten, wenn sie öffentlich gegen den Terror der unter sowjetischer Kontrolle stehenden Universität demonstrieren, wenn sie nicht wissen, ob die Amerikaner nicht morgen schon diesen Prestige-Vorposten im Stich lassen. Was der grösste Teil der Berliner jetzt an Zivilcourage beweist, macht vieles, vieles wieder gut, allerdings nie wieder gut zu machen wäre, wenn sie jetzt enttäuscht würden, wie schön man alle ›realpolitischen‹ Entschuldigungsgründe auch formulieren würde...*«

Berlin bedeutete aber auch die endgültige Trennung von Susanne Kerckhoff, die noch im Februar 1948 Lucinde in ihren Roman *Die verlorenen Stürme* die Widmung geschrieben hatte: »*Meiner lieben, lieben, geliebten Lucinde! Von ihrer irren-den (sic) alten Susanne*«. Nach einem wiederum wie im Vorjahr äußerst gespannten Zusammentreffen schrieb sie an Lucinde am 18. März 1948 den Abschiedsbrief:

»*Nein – leider – bist Du mir ganz fremd, Dein Niemandsland hat mir zu wenig Herzblut, Deine Ausflucht oder Zuflucht in die Ordnung hausfraulicher Hamsterei ist mir gespenstischer als Edgar Allan Poe. Ich habe immerzu darüber nachgedacht, wie, wo, was. Ich habe versucht, mir einzureden, ›es täte mir gut‹. Aber, um mir gut zu tun, bist Du mir zu arrogant. (...) Ich wünsche Dir für Dein weiteres Leben und Deine Entwicklung alles Gute. – Vielleicht können wir uns in zehn Jahren wirklich wieder etwas Fundierteres sagen. – Bis dahin sehr herzlich Deine Susanne.*«

Es kamen dann noch im April 1948 die *Berliner Briefe*, damals viel gelesen, viel diskutiert mit der Widmung: »*Meiner lieben (niemands?) Lucinde von ihrer nervösen alten Freundin Susanne.*«

Neben dem *Tagesgeschäft* – Einkaufen, Wäsche waschen, Nähen, Bügeln, Strümpfe stopfen, Kochen, Kuchen backen, Stricken und Kind erziehen – gab es in diesem Jahr die ersten beruflichen Umorientierungsversuche, nicht zuletzt veranlaßt durch die empfindlichen Geldsorgen nach der Währungsreform: an Hörfunksendungen arbeiten, allein oder mit einer Freundin, die bereits im Funk tätig war, und im Mai und Juni sechs Wochen Repräsentanz des Desch-Verlages auf der *Presseausstellung* (einer Art Buchmesse), die ersten Lektorats- und redaktionellen

Arbeiten und auch schon einmal Werbe-Adressen für den Verlag tippen – für 100 Stück bekam sie DM 1,50 und schaffte schon 90 in der Stunde! Gewiß, Lucinde führte den Haushalt und Eva verdiente das Geld im großen und ganzen; Gerda hatte sich inzwischen wohnungsmäßig selbständig gemacht, zumal sie ihre Eltern aus der SBZ erwartete. Aber es war – nehmt alles nur in allem – eine gute Partnerschaft. Als Lucinde sich Ende 1948 als *Kupplerin*, wie es zunächst schien sogar erfolgreich, versuchte, nämlich Hermann Kerckhoff, seit 1947 geschieden und mit seinen drei ihm zugesprochenen Kindern in Haren/Emsland lebend, und Eva Kochen mit ihrer Tochter zu einer Großfamilie zu *verbandeln*, tat sie dies ganz, ganz schweren Herzens, langsam begreifend, daß sie dadurch nicht nur von Eva, mehr noch von Bätzi getrennt werden würde. Ihren Eltern schrieb sie im Januar 1949, daß sie nun die Kraft finden müsse, einen Schlußstrich unter München zu ziehen und eventuell nach Hamburg zu gehen: »*Nur dann kann etwas Neues für mich anfangen. (...) Das allerdings ist klar... einen Menschen wie Eva, der ohne zu fragen, ohne eine Sekunde zu zweifeln und der vor allem dafür in gar keiner Weise eine Festlegung von mir in welcher Richtung auch immer verlangt und mir dafür eine äussere und innere völlig sorglose Heimat bietet, finde ich nicht mehr.*« Aus der Liason Kerckhoff/Kochen wurde nichts, warum auch immer. M.W. schrieb im Dezember an Gertrud Philipp, Lukas leide zwar unter Magengeschwüren (wie sie selbst auch) und fügte hinzu: »*Und im übrigen führt sie das unruhige, zielunsichere, eigenwillige Leben der deutschen Nachkriegsgeneration, ohne sich unglücklich dabei zu fühlen.*« Mit dem ersten Teil des Satzes mochte sie recht haben; der zweite war falsch. Für Lucinde folgten noch drei mühselige, teilweise unglückliche Jahre mit vielen Unklarheiten, Unsicherheiten, Fortsetzungen der unbefriedigenden Situation, vielen Tiefpunkten, denen sie sich erschöpft und krank ausgesetzt sah.

Im Juni 1949 und dann noch einmal im Januar 1950 schuf ihr wieder der Magen die bekannten Probleme, aber darüber hinaus blieb sie auch anfällig für Erkältungen und andere Unpäßlichkeiten. Diese Zustände waren nicht unabhängig zu sehen von den Verlusten, von denen sie heimgesucht wurde: Am 1. Februar 1949 verunglückte im Alter von 28 Jahren Helga Zülch tödlich: »*Sie starb ruhig und schöner denn je.*« So hieß es in der Todesanzeige. Es war ein Autounfall auf eisglatter Strasse gewesen, den nur ihr Kollege Hans Albers überlebte. Im Juni 1949 erfuhr Lucinde von der Schwester Adi Gerlachs, daß dieser bereits im Sommer 1946 verstorben war. In Thorn war er verwundet in Gefangenschaft geraten und landete nach einem Lazarettaufenthalt nach einer

Antikisierende Szene,
Seidengarn auf Leinen, 50er Jahre

Fahrt von sieben Wochen im Güterwagen in Baku zum Arbeitseinsatz: »*Bei der Arbeit brach er sich den großen Zeh an einem Fuß, zu seiner Freude, da er den Glauben hatte es verhelfe ihm schneller zur Heimkehr, doch gerade dieses Mißgeschick wurde ihm zum Verhängnis; er kam ins Lazarett, bekam dort die Ruhr, Fieber und anderes mehr und bezahlte es mit dem Tode...*«

Das Jahr 1949 verging offensichtlich einfach so: Bätzi wurde eingeschult, Eva brachte eine Mandeloperation hinter sich, man besuchte den Vortrag von Thomas Mann über *Goethe und Demokratie* und wählte die SPD für den ersten Deutschen Bundestag. Und sonst wurde genäht, gestopft, gebügelt, geputzt, geordnet, herumgewirtschaftet, wie es im Kalendertagebuch hieß. Drei Reisen zu Renate im März, Juli und Weihnachten erst nach Überlingen, dann nach Oberhambach brachten der Schwester Hilfe und Lucinde Abwechslung. Doch ab 16. Oktober bis bis Jahresende schweigt der Kalender...

Und dann am 15. März 1950 der Selbstmord von Susanne Kerckhoff im Alter von 32 Jahren...soweit man weiß aus einer Mischung von Motiven. Eine neue Liebe bereitete ihr mehr als Kummer, die Kinder waren weit weg. Als Feuilleton-Redakteurin der *Berliner Zeitung* bekam sie alsbald politische Schwierigkeiten. Sie, ohnehin höchst labil und immer gefährdet, verlor ihre Spur, ließ sich gehen, rauchte und trank maßlos viel, sie ahnte oder wußte vielleicht sogar, daß ihre Entscheidung für das kommunistische Deutschland falsch gewesen, die Tage aktiven Mitwirkens gezählt waren, wenn nicht sogar mehr zu befürchten war. Lucinde hat sich zeitlebens Vorwürfe gemacht, daß sie 1948 die Kündigung der Freundschaft durch Susanne einfach hingenommen hatte, zu rigoros, zu stolz gewesen war, sich nicht dennoch um die stets Gefährdete gekümmert hatte.

Am 30. März fuhr sie nach Haren zu Hermann Kerckhoff und seinen Kindern und blieb dort wochenlang. Anfang Mai hörten die Eltern von ihr, daß sie am Ende sei wie noch nie: »ich mag einfach nicht mehr«. Sie wisse wohl den Tag zu füllen, nicht aber wie das Leben. Und die Eltern machten sich Vorwürfe, »*daß wir nicht zu geben wußten, was ihr das Leben füllte.*« Der Kalender schweigt, wie es weiterging: vom 6. Mai bis 25. Mai keine Eintragung und dann noch einmal vom 1. Juni bis zum Jahresschluß keine. Es muß ein ziemlich armseliges Leben gewesen sein, so muß man annehmen. Wie dies 1951 weiterging, wissen wir mangels Überlieferung nicht – bei den noch lebenden hochbetagten Freundinnen von Lucinde, Eva Kochen und Gerda von Lipski, fallen die Jahre schon zu einem großen Klumpen zusammen, man erfährt wenig.

Immerhin wissen wir, daß Lucinde Ende 1951 einen erneuten Versuch machte, in Berlin Boden unter die Füße zu bekommen. Am 17. November schrieb W.W. nämlich einen vier Seiten langen Brief an seinen 1945er Gesprächspartner Kurt Gehlhoff, in dem er diesen bat, Lucinde bei ihrer Stellungsuche in Berlin zu unterstützen. Er zog dabei gewissermaßen die Bilanz der Lebensjahre Lucindes besonders nach 1945:

»*Anfängliche Pläne, die Theaterlaufbahn wieder aufzunehmen, scheiterten bald, sowohl an der damaligen Überfüllung dieses Berufes, wie auch an einer inzwischen eingetretenen inneren Distanzierung von der Welt des Theaterlebens. Freundschaftliche Beziehungen brachten es vielmehr mit sich, dass sie in die Führung eines Haushaltes hineingedrängt wurde, und zwar bei zwei berufstätigen Freundinnen. Dies war zunächst natürlich als Provisorium und Nothilfe gedacht, hat aber dann, wie es so geht, durch die Schwerkraft der Umstände zu einem Dauerzustand geführt, der sie erst heute wieder, wo der betreffende Haushalt durch neu eingetretene Umstände aufgelöst wird, zu einer ihr entsprechenden Tätigkeit freigemacht hat. Immerhin haben die münchener Zwischenjahre ihr dazu verholfen, sich zu einer kompletten und selbständigen Hauswirtschafterin auszubilden. Da sie in diesem Haushalt auch Pflege und Erziehung eines Kindes übernehmen mußte, besteht auch in dieser Beziehung nicht nur Neigung, sondern auch reiche praktische Erfahrung und Fähigkeit. Nun ist es aber nicht so, dass sie in diesen münchener Jahren ganz in der Haushaltsarbeit aufgegangen wäre, vielmehr ist sie durch ständige Verbindung mit Theater-, Presse- und Verlagswesen ganz im geistig künstlerischen Lebenskreis geblieben. Das Häusliche ist ihr also ebenso die Heimat ihrer Interessen gewesen, wie das Öffentliche. In Beidem ist sie also ganz unmittelbar zu Hause und gerade in dieser Doppelnatur und Doppelfähigkeit liegen m. E. ihre besonderen individuellen Verwendungschancen. Ich möchte von einer allround-Begabung sprechen, die durch ihren ungemein praktischen Sinn und gleichzeitig durch ihre ungemeine Intelligenz auf jedem Platz auf den sie gestellt wird, bestehen und sich beweisen kann. Sie ist eben von Kopf bis zu Füssen ein lebensnaher Mensch der jungen Generation, überall anstellbar, wo organisatorische Fähigkeiten, unbedingte Zuverlässigkeit, Ordnungssinn, Gewissenhaftigkeit, Pünktlichkeit, Diskretion und selbständiger persönlicher Einsatz verlangt werden. Unter diesen Umständen wäre sie besondes für eine Vertrauensstellung vielseitiger Art brauchbar. Nur würde es ihr schwer fallen, eine bloss schematisch-unproduktive Tätigkeit zu übernehmen. Denn ohne den Schwung einer inneren Interessiertheit an ihrer Tätigkeit würde sie ihre Fähigkeiten kaum recht beweisen können. Bei der Vielfalt ihrer Interessen und Kenntnisse ist aber der Kreis ihrer praktisch-pro-*

duktiven Verwendungsfähigkeiten kaum begrenzt. Höchstens, dass dem rein wissenschaftlichen Lebenssektor gegenüber dieses Apriori einer unmittelbaren Interessenbeteiligung nicht im gleichen Masse vorhanden ist. Vielleicht wegen der mangelnden Lebensnähe dieser Sparte. Hervorheben muss ich noch ihre besonders intensive politische Interessiertheit und Orientiertheit. Sie ist in keiner Partei, aber wenn sie sich entscheiden müsste, würde bei dem Vorwiegen der sozialen Gesichtspunkte in ihrer politischen Einstellung wohl die SPD allein in Frage kommen. Ihr klarer Verstand macht sie sehr wortgewandt. Das Gleiche gilt für ihre stilistischen Ausdrucksfähigkeiten. Die Sicherheit ihrer inneren Haltung in allen Lebensdingen und ihr stark ausgeprägtes Gerechtigkeitsgefühl prädestiniert sie zudem dazu mit Menschen aller Art gut umgehen zu können und sie menschengerecht zu behandeln. Falls Stenographie und Schreibmaschine auch verlangt werden, so sind hinlängliche Kenntnisse vorhanden, die bei einiger Übung wieder aufgefrischt werden würden. Fremdsprachenkenntnisse? Englisch und Französisch in den Grenzen der Schulerlernung; eine ausgesprochene Sprachbegabung liegt kaum vor.«

Was aus dieser Anfrage wurde, wissen wir nicht. Aber noch im April 1952 ließ sie ihre Schwester Renate wissen: »*meine Pläne?! O ja, o, ja – ich verlange von keinem mehr, daß er mich für voll nimmt. Aber ich will hier raus. Nach wie vor. Ich bin sogar schon so bescheiden geworden, daß ich erst nur mal mit einer Situationsveränderung zufrieden wäre, es muß nicht Ortswechsel sein – und wenn: es muß nicht Berlin sein. Vielleicht könnt ihr mich auch mal verkaufen – ich muß mich vertrauensvoll meinen Freunden und dem Wunder in die Arme legen: von mir aus ins Wasser zu springen, dazu fehlt mir Mut, Energie, Elan, kurz alles. Offenbarungseid, aber bereit eigentlich zu allem.«*

Wirklich ein Offenbarungseid, zumal wenn man bedenkt, daß die beiden Schwestern sich zwar schätzten, aber immer eine gegenseitige Distanz wahrten. Immerhin kam zwar nicht das Wunder, aber der Anfang von etwas Neuem, was Lucinde fast beflügeln sollte. Vom Juni 1952 bis Oktober 1953 arbeitete sie in der Redaktion von *Knaurs Jugendlexikon*, zuständig für die Bereiche Politik und Zeitgeschichte. Die erste Auflage (München 1953) dieses von Richard Friedenthal herausgebenen Werkes schlug so erfolgreich ein, daß der Verlag entgegen der Absicht der Redaktion, bald in einer zweiten Auflage unvermeidbare Fehler zu korrigieren, einfach die erste Auflage weiterdruckte. Aber immerhin hat Lucinde dann von Februar bis Mai 1954 bereits die nächste Auflage vorbereitet. Das Jugendlexikon hat ganze Kohorten Jugendlicher begleitet – es war zu einem Renner geworden. Nur hatten Lucinde und ihre Kollegen leider ein Pauschalhonorar akzeptiert statt einer Auflagenbeteiligung. Schade. Aber Lucinde erhielt das Angebot der Leitung der Internationalen Jugendbibliothek in München – eine unbefristete feste Anstellung. Man wollte sie unbedingt, aber sie wollte nicht: sie wollte ihre Unabhängigkeit behalten, allein und selbständig arbeiten.

Nach der Arbeit am Jugendlexikon riß die Kette nicht mehr ab: Für den Piper Verlag bearbeitete Lucinde die von Alfred Weber herausgegebene *Einführung in die Soziologie* (München 1955). Ab Oktober 1955 arbeitete sie, wieder als freie Mitarbeiterin, diesmal im Fischer Verlag Frankfurt a. M. in der Redaktion des Fischer-Lexikons, mit dessen Aufbau gerade begonnen wurde; ihre erste Aufgabe war die Fertigstellung der ersten Bände *Staat und Gesellschaft* und *Die Religionen der Erde* (beide erschienen 1957). 1954 hatte sie zudem ein Buch veröffentlicht unter dem Titel *Haushalt – kurz und fröhlich* (Georg Lentz Verlag München), das sie später gerne unterschlug, das aber ganz pfiffig und kenntnisreich geschrieben war. Der Plan eines *Frauenlexikons* scheiterte allerdings.

Aber zu diesem Zeitpunkt war die frei arbeitende Redakteurin und Lektorin – frei und ungebunden mußte es sein, das war ihre persönliche Lehre aus der Zeit des *Dritten Reiches* und möglichst behördenfern – auf einem neuen Weg. Im Januar 1954 hatte sie in München neue Freunde kennengelernt, die SPD-Stadträtin Fritzi (Elfriede) Mannheimer und ihren Mann Max Mannheimer, mit denen sie in einem engen politischen Gedankenaustausch stand. Im Dezember 1954 lernte sie bei Mannheimers Fritz Sternberg kennen. Ende Januar 1955 wußte sie bereits, daß es für sie *kein Zurück* mehr geben würde. Neun Jahre einer Lebens- und Arbeitsgemeinschaft begannen – genau so eine, wie sie ihr Vater 1951 in seinem Brief an Gehlhoff für seine Tochter entworfen hatte. Hatte M.W. noch im Juni 1953 an ihre jüngere Freundin Gertrud Philipp über ihre Tochter schreiben zu müssen gemeint: »*Wie wenig ist sie doch geeignet, sich allein durchs Leben zu schlagen. Ohne daß ich sagen könnte, sie sei zu einem zweisamen Leben besser geeignet. Sorgenkind!*« Nun war sie auch für die Mutter kein Sorgenkind mehr, sondern bald als *Frau Sternberg* eine Respektsperson, und für manche Jüngeren, die sie alsbald kennenlernten, erst recht!

Anmerkungen zum 11. Kapitel

▪ Die genauen Fundstellen der für dieses Kapitel verwendeten Archivalien: Taschenkalender Lucinde Worringer 1945–1954; Lucinde Worringer an Carola Giedion-Welcker; Lucinde Worringer an Heinz Litten; Lucinde Worringer an Renate Schad;

Susanne Kerckhoff an Lucinde Worringer; Wilhelm Worringer an Kurt Gehlhoff Tagebuch von Marta Worringer; Adolf (Adi) Gerlach an Lucinde Worringer; Maria Sand (geb. Gerlach) an Lucinde Worringer sind im Quellen- und Literaturverzeichnis angegeben.

- Über Fritz Sternberg vgl. Helga Grebing (Hrsg.), Fritz Sternberg (1895–1963). Für die Zukunft des Sozialismus. Werkproben, Aufsätze, unveröffentlichte Texte, Bibliographie und Biographische Daten. Köln 1981.
- Elfriede (Fritzi) Mannheimer geb. 1921, starb 1964.
- Max Mannheimer geb. 1920 in Neutitschein/Tschechien, 1943 KZ Auschwitz; heute Präsident der Lagergemeinschaft Dachau, bekannt als Maler unter dem Namen ben jakov.

12. Kapitel

München 1950–1959 – nichts als Erinnerung?

W.W. fiel im Herbst 1950 in ein tiefes Stimmungsloch, das ihn an fast jeglicher Initiative – was und wozu auch immer, hinderte. Manche mögen es *Faulheit* genannt haben, aber es steckte mehr dahinter: Öffentlichkeitsscheu, mehr noch: die Irritation, die ihm, einer Art »*lebenslanger Einzelhäftling des Subjektivismus*«, das Einfinden in die neue fremde Welt des Westens erschwerte, wie er dem Freund Ernst Robert Curtius bekannte. Dazu lähmte ihn die Rückerinnerung an Halle, die Besorgnis um die zurückgelassenen Studenten und Mitarbeiter. Aber hätte ihm zugemutet werden können, in Halle zu bleiben, um den Widerstand zu stärken, wie ihm offenbar einige Kollegen, die längst im sicheren westlichen Hafen auf gepolsterten Stühlen saßen, meinten empfehlen zu müssen oder hatte er nicht vielmehr fast schon zu spät den Absprung gewagt, um zeigen zu können, wohin der rote Pfad in der DDR führte, daß es eben nicht mehr möglich war, »*meinen Hörern die ›andere‹ Welt stetig aufs Neue ins empfängliche Bewußtsein zu bringen*«.

W.W. wußte aus Erfahrung, daß er sich »*halt abwarten mußte*«; er, der »*Mann ohne Mitte*«, befand sich »*im Winterschlaf*« oder war es vielleicht schon mehr, wie er den Hallenser Freund Wilhelm Nauhaus wissen ließ, nämlich »*quietistische Selbstauflösung*«, die sich seiner bemächtigt hatte. Dabei fehlte es an aufmunternden Gelegenheiten nicht: Vortragsreisen in die USA, in die Schweiz, nach England schienen möglich; aber eigentlich wollte er nirgendwo hin. So wurde denn alles nichts, und er war froh, wenn sich manche Gelegenheit von selbst zerschlug. Dabei wäre es so wichtig gewesen, die einkommenslose, von den Forells durch Kost und Logis überhaupt nur ermöglichte Zeit etwas abzumildern. Aber lieber überließ er es Frau Ma, wie er M.W. gegenüber Dritten jetzt gern nannte, nur scheinbar ganz unberührt, die Uhr ihres Großvaters zu verkaufen oder dem Schwiegersohn Hans Schad, Briefe mit jeweils 100 Mark schicken zu lassen. Manchmal verlief sich die große Müdigkeit, die sich seiner bemächtigt hatte, in irgendeine kleine Krankheit: mal war es das Auge, mal das Knie. M.W. registrierte einen Wechsel zwischen nervöser Gereiztheit und grundloser Müdigkeit, »*vor allen Dingen*«, wie sie Gertrud Philipp gegenüber bemerkte, »*das mir so traurige Bild eines völlig untätigen W.W., der seinem Schreibtisch flieht*«. Marie Luise Kaschnitz, die ihn damals wiedertraf, beschrieb in *Tage, Tage, Jahre* den »*älteren fast zwerghaft kleinen Freund, der seinen wissenschaftlichen Ruhm mit so großer Würde überlebt hat*«, und sie berichtete im Tagebuch aus jener Zeit von einer Bemerkung W.W.s ihr gegenüber, daß man jedem mißtrauen müsse, »*der noch ein eigenes Gesicht habe*«, und sie fügte hinzu: »*Er hat eines, jetzt so voll Güte, daß man erschrickt*«.

Aber hatte W.W. denn recht, wenn er Ernst Robert Curtius gegenüber bemerkte, »*Frau Ma hat das bessere Teil gewählt: von aller Haushaltungstätigkeit befreit kann sie nun ganz und gar ihrem Arbeitstisch leben und das bedeutet bei ihrer ungebrochenen Arbeitsseligkeit sehr viel.*« Zunächst hatte sie ja nichts Besseres oder Schlechteres gewählt, sondern sah sich denselben Umständen ausgesetzt wie ihr Mann. So schrieb sie denn am 19. September 1950 an Gertrud Philipp: »*Im übrigen aber schweige ich noch gerne. Schon darum, weil ich über mich selbst noch gar nichts aussagen mag und kann. Warum nicht? Weil ich nicht mal weiß, ob ich hier glücklich oder unglücklich bin: ob ich zu dieser veränderten Umwelt ja oder nein sage; ob ich hier eines Tages Wurzeln fassen kann oder nicht; ob der Boden unter meinen Füßen wankt, oder ob ich die Wankende bin. Nicht wahr, in einem solchen Zustand sollte man keine Briefe schreiben? Natürlich weiß ich, daß Schuld an diesem Zustand meine elende Schwerfälligkeit hat. Wieviel leichter kann sich W.W. in eine andere Atmosphäre hineinschwingen! Und bleibt doch der gleiche – während ich mich zu verlieren fürchte.*«

So dachte also jeder vom anderen, er habe – zu seinem Glück – den besseren Teil erwischt. Aber immerhin hieß es gegen Ende des Briefes, daß sie langsam anfing, ihren Arbeitstisch zu benutzen. »*Und viel Zeit zum Lesen habe ich auch. Was will ich denn eigentlich sonst noch!*« Ein Vierteljahr später meldete sie nach der verhaltenen Klage, sich noch immer nicht in das neue Leben hineingefunden zu haben: »*Ich arbeite sehr viel; mancherlei Neues; wie bin ich dankbar für diese Möglichkeit. Einmal in der Woche höre ich das Ethik-Kolleg von Guardini, und Sonntags seine Predigt in der Ludwigskirche. Das sind die Geschenke der Woche. Es sind auch viele schöne Bücher hier im Haus.*«

In den Jahren 1950 bis 1953 entstanden wunderschöne reife Stickereien, wie im Werkverzeichnis unschwer festgestellt werden kann, und einige von ihnen wurden auch verkauft. Mag sein, daß M.W. sich in dieser Zeit erneuter Produktivität an ein geflügeltes Wort im Hause Worringer erinnert fühlte: »*In einer glücklichen Ehe kann immer nur einer glücklich sein.*« Bestätigt fand sie sich jedenfalls in ihrer Grundauffassung, um deren Einhaltung sie sich jahrzehntelang erfolgreich bemüht hatte: »*Meine Erfahrung ist ja nun mal, daß es Ehen gut tut, wenn beide Teile auch ihr Stück Leben in ihrer Arbeit haben.*« So schrieb sie im Dezember 1951 an Gertrud Philipp, diese ermunternd, ihr in diesem Sinne zu folgen. Worringers Ehe wurde nun jedenfalls, wenn auch nicht harmonisch im trivialen Sinne, so doch sanfter und stiller. Wie in Bonn, wie in Königsberg, wie in Halle bestand ein Teil des gemeinsamen Lebens im Lesen, gemeinsam ein Buch, aus dem der eine oder der andere vorlas oder jeder las das seine. Und dies um wieviel mehr jetzt in München, wo endlich viel Entbehrtes leicht zur Hand war! Die Leseliste war lang und bunt: Ernst Jünger, Graham Greene, Edith Stein, Martin Buber, André Gide, Bertolt Brecht, Hermann Broch, Marie Luise Kaschnitz, Hitlers Tischgespräche, Ernst von Salomons *Fragebogen*, Gottfried Benn, Thomas Mann, Klaus Mann, Charles Baudelaire, Goethe, Platon, Hölderlin, Romano Guardini. Der war bislang, seit den Bonner Jahren gar nicht W.W.s Fall, aber als er ihn nun in München einmal eher zufällig hörte, wuchs sein Respekt, und M.W. konnte Gertrud Philipp berichten: »*Ich glaube, vorübergehend war er sogar geneigt, mir meinen ›geistigen Ehebruch‹ zu verzeihen.*« »*Geistiger Ehebruch*« – auch das war im Hause Worringer ein geflügeltes Wort und bezog sich auf M.W.s Rückwendung zum katholischen Glauben, allerdings weniger zur Kirche als Institution.

Am politischen Geschehen nahmen beide Worringers aufmerksam Anteil, meist vermittelt über die *Frankfurter Hefte* und Walter Dirks; gewählt wurde SPD, später auch schon einmal mit der Zweitstimme Gustav Heinemanns Gesamtdeutsche Volkspartei. Theater und Kino gehörten zu den selbstverständlichen Abwechselungen wie auch Kunstausstellungen und der Besuch von Vorträgen, wie denen, die die Arbeitsgemeinschaft Sozialdemokratischer Akademiker veranstaltete über grundsätzliche Fragestellungen politischen Handelns vor dem Hintergrund von Philosophie und Naturwissenschaften. Immer häufiger stellten sich Besucher ein, die zum *Thee* eingeladen wurden, so bereits im Januar 1951 Martin Buber mit seiner Frau, Harald Poelchau, Gertrud und Werner Philipp, Marianne Flügge, Walter F. Otto; auch wurden die Verbindungen zu den früheren Königsberger Bekannten, die jetzt ebenfalls in Bayern lebten, wieder aufgenommen, so zu Lisa von Küchler und zu Barbara Kayser. Auch die im schönen Murnau lebende Gabriele Münter nahm den Kontakt zu W.W. wieder auf.

Noch Anfang Juni 1951 mußte W.W. den Hallenser Freunden Nauhaus bestätigen, was diese bereits wußten: »*Ich weiß nur eines: daß ich einmal wieder eine ganz stumpfe initiativlose Periode durchmache. Hilflos bin ich ihr ausgeliefert.*« Und er bekannte, daß ihn sein »*Down-Zustand*« unverträglich gemacht habe: »*Ich komme mir wie ein Stachelschwein vor, das jeden Augenblick auf dem Sprung ist, sich zu spreizen. (...) Ich muß wieder das Lachen lernen.*« Er lernte es! Da brachte schon Anfang

**Marta und Wilhelm Worringer,
Anfang der sechziger Jahre**

August 1951 die stille Teilnahme am Darmstädter Gespräch eine gewisse Entspannung. Dort sprachen Martin Heidegger über Denken, Bauen, Wohnen und José Ortega y Gasset über den Mythos des Menschen hinter der Technik; weitere Referenten waren Alfred Weber und Gottfried Benn. Das waren auch Worringers Themen, und das Wiedersehen mit dem zwei Jahre jüngeren, also generationsgleichen Ortega wirkte geradezu wie eine Rückkehr in die alte vertraute Welt; diese war zwar bereits überholt, aber es gab sie noch!

Einmal in Gang gebracht, blieb die Denkmaschine von W.W. im Laufen, so daß er Anfang März mit M.W. zu einer Vortragsreise an den Rhein aufbrechen konnte, im Reisegepäck das Manuskript *Für und Wider den Formalismus*. Kurz vor Beginn der Reise war seine Pension bewilligt worden, und es hatte ihn die gedruckte Widmung von Herbert Read in seinem neuesten Buch erreicht: »*For my esteemd master for the Philosophy of Art: Pankratius.*« Die Vorbereitung auf die Reise muß wohl wieder recht schwierig gewesen sein, folgt man einem Brief von M.W. an Gertrud Philipp von Ende Februar 1952: »*Viermal hat er seinen Vortrag völlig umgearbeitet, und eben rief er mir: so, nun habe ich glücklich alles das herausgestrichen, was ihn eventuell hätte verständlich machen können! Wenn ich nicht wüßte, daß auch all seine Bücher unter ähnlichen Umständen entstanden sind, würde ich noch mehr vor diesen Vortragsabenden zittern.*«

W.W.s Arbeitsstil war eigentlich nie ein systematischer im landläufigen Sinne gewesen; als Philipps M.W. einmal danach fragten, ob W.W. nun nach Halle an irgendetwas »*systematisch*« arbeiten würde, hatte sie kurz verneint und dann brieflich nachgetragen, was sie ihrer Antwort gerne hinzugefügt hätte: »*dass er eigentlich nie, auch nicht in seinen besten produktivsten Zeiten systematisch gearbeitet hat. Das lag wohl nie in seinem Wesen; daran lag es wohl auch, dass er sich nie als richtiger Wissenschaftler gefühlt hat. Beobachtet man sein Tun am Schreibtisch, so sieht es meist so aus, als spränge er von einem Gebiet ins andere; so wie er ja auch im Gespräch meist sprunghaft ist. Der rote Faden, der alles verbindet, liegt ziemlich verborgen. Vielleicht oft sogar ihm selbst verborgen.*«

Zuerst fuhren die beiden Worringers nach Bonn, feierten das Wiedersehen mit Frau Cohn(-Bouvier) und dem Ehepaar Curtius, besuchten das Bundeshaus, die Argelanderstrasse und die Friedrich-Wilhelm-Straße, und ihre – wie sie es beide sahen – »*lebendigste Zeit*« hatte sie gefühlsmäßig zurückgeholt. Der Vortrag in Köln gelang ihm gut – der Saal war überfüllt; dann folgten die Vorträge in Wuppertal, Essen, Hagen, Hamm, und schließlich traf sich die Familie in Düsseldorf im *Burggra-*

fen: neben W.W. und M.W., Emmy, Adolf, Ulrich, Robert. Über Würzburg, wo inzwischen Jenischs lebten, kehrten sie nach München zurück. Vom 7.–20. September reisten sie mit den Forells nach Italien: Rom, Napoli, Paestum, Bucht von Sorrent. Es war eine fast rauschhafte Befreiung aus der wenngleich behüteten, aber doch reduzierten Münchner Existenz. Vor allem Rom: »*Ich glaube, W.W. würde Ihnen zuerst sagen: man darf erst mit 70 (oder mehr Jahren) nach Rom gehen (W.W. war seit 30, ich seit 45 Jahren nicht mehr dort gewesen). Erst dann kann man so umgeworfen werden, wie wir es jetzt wurden. Schon am zweiten Tag sagte W.W. (der sich ja sehr zögernd und nur mit viel Bedenken zu dieser Reise entschlossen hatte): mir ist, als ob ich nach jahrelangem Winterschlaf erwache. Und so verwandelt (und berauscht) blieb er die ganze Zeit. (...) W.W. sagt, was ihm in Rom zum Ereignis wurde, war nicht, dass er kunsthistorisch, sondern dass er welthistorisch angesprochen wurde. Natürlich riss er mich mit; so dass ich nun nicht sagen kann, ob ich aus eigener Kraft dort unten so glücklich hätte sein können.*« So schrieb M.W. Ende Oktober Gertrud Philipp.

Das Rom-Erlebnis beflügelte sie in den nächsten Monaten, vor allem im spröden Münchener Winter, so sehr, daß der doch sonst so bedenkenträgerisch zögernde W.W. die Initiative ergriff, um einen längeren Rom-Aufenthalt vorzubereiten. Vom 15. September bis zum 14. November lebten Philemon und Baucis in Rom in einer bescheidenen Pension, aber immerhin zwei ganze Monate – es hätte länger sein können, aber Rückfahrkarten galten damals zwei Monate. Für M.W. wurde es ein zwiespältiges Erlebnis: Die Rom-Verzauberung des Vorjahres ließ auf sich warten. Da W.W. nicht allein seine Eroberungen machen wollte, mußte sie mitziehen, manchmal fühlte sie sich richtig abgeschleppt, schien sie an den Grenzen ihrer Kraft angelangt. Es fiel ihr zudem – immer schon – schwer, bloß immer nur zu sehen, und nichts zu tun, was hieß: zu zeichnen. Oft war sie auf eine für sie ungewöhnliche Weise muffig, fand den Lärm, vor allem den der Autos, unerträglich, fand, daß es in den Bars und Restaurants und eigentlich überall stank, die vielen römischen Katzen erschienen ihr rattenähnlich, obwohl sie doch sonst Katzen liebte.

Selbstverständlich gab es auch für sie »*müheloses Bewundern*«, vor allem im etruskischen Museum, wo sie jener Kälte ausweichen konnte, die nach ihrem Empfinden manchen Dingen der klassischen Antike anhaftete. Bei den Etruskern fand sie sich endlich ohne innere Widerstände, und Bachofen deutete ihr die Dinge, wie sie sie auch sah. Die intensive Begegnung mit Marie Luise und Guido Kaschnitz, der nun das Deutsche

Archäologische Institut in Rom leitete, und die langen Gespräche mit der Dichterin erfreuten sie sehr. Und Freude empfand sie auch darüber, daß Lucinde, die die Eltern einige Tage auf ihrer Reise mit Freunden durch Italien in Rom besuchte, so begeistert reagierte, hatten doch ihre Eltern befürchtet, daß die Tochter sich gegen das, was ihre Generation »Bildungsillusionen« nannte, unbestechlicher zeigen würde.

W.W. aber wurde zum *Römer*, »*so gelöst und erfüllt, wie ich ihn seit Jahren nicht gesehen habe*«, berichtete sie Ilse Curtius. Dabei kam er, auch durch die Anstöße von Guido Kaschnitz und seines Vorgängers Ludwig Curtius, »*viel mehr ins archäologische als in das kunsthistorische Fahrwasser*«. Für ihn wurde *Rom* zu einem Zustand; was ihm von Rom in den Händen blieb, war nicht »*das Einzelne, sondern das Ganze, nicht das Konkrete, sondern das Imponderable, kurz, es ist die Erinnerung an einen Zustand! ... Also etwas, was man in Büchern nicht nachlesen kann und das man aus Büchern und Notizen nicht rekonstruieren kann*«, wie er an Wilhelm und Nori Nauhaus schrieb. Und M.W. kommentierte das Rom-Erlebnis in einem Brief vom 3. Dezember an Gertrud Philipp: »*Jugendlich und beschwingt war W.W. meist da unten. Und von einer Leistungsfähigkeit und Unermüdbarkeit, die mich manchmal zur Verzweiflung brachten, weil ich armselig nachhinkte, und ich ihn so manchesmal hemmte. Denn weder wollte er allein sehen und geniessen, noch wollte er mich allein zurücklassen. Ich habe noch jetzt manchmal das Gefühl, ich hätte meine Überanstrengung und Übermüdung noch nicht ganz überwunden. Aber hier habe ich ja Zeit, mich auszuruhen. Und hier weiß ich ja nun auch, dass es sich gelohnt hat, Kräfte dort zu lassen.*«

Die Begehrlichkeit zu reisen war geweckt. Würde es, so fragte sich W.W., der sich ja schon in quietistischer Selbstauflösung verfallen gesehen hatte, 1954 wieder Rom sein, wo er eigentlich bis an sein Lebensende zu verweilen sich wünschte. Aber er wollte doch eigentlich auch nicht auf London und auf Paris erst recht nicht verzichten. Es kam alles, wie es kommen mußte, nämlich anders: Eine – wie W.W. an Nauhaus schrieb – »*tiefgreifende Änderung unserer Lebensumstände*« trat ein. Ende Februar 1954 entschieden sich die Worringers, eine gerade im Bau befindliche Zwei-Zimmer-Wohnung im 3. Stock des Heidelberger Platzes Nr. 2, unweit der Karl-Theodor-Straße, zu mieten. Der Baukostenzuschuß betrug DM 5.610,-, die Hälfte davon war verloren, die andere in Form einer monatlichen Mietminderung im Lauf von 20 Jahren, also bis 1974 vom Vermieter zurückzuzahlen. Möglich geworden war diese Entscheidung durch den Verkauf des Trümmergrundstücks am Kölner Gereonsdriesch, durch den M.W. einen Anteil von DM 18.666,66 (ins-

**Wilhelm Worringer
mit dem Schwiegersohn
Fritz Sternberg, 1962**

gesamt DM 56.000,-) erhielt. Die Wohnung bestand aus einem relativ großen Flur, auf dem auch ein Schrank stehen konnte und eine Tür zur Loggia führte, ein Zimmer, ca. 26 qm, war das Wohnzimmer sowie zugleich das Arbeits- und Schlafzimmer von M.W., im kleineren Zimmer, ca. 14 qm, schlief und arbeitete W.W., außerdem gab es ein Bad und eine ca. 15 qm große Wohnküche.

Der Entscheidung, die zugleich den Abschied von allen Reiseplänen bedeutete – es mußte ja die Wohnung vollständig eingerichtet werden – lagen Überlegungen zugrunde, die auf eine notwendige räumliche Trennung von den Freunden Forell hinauslaufen sollten. W.W. hat dies in einem engbeschriebenen dreiseitigen Brief an Nauhaus begründet. Ihm ging das permanente Harmonisierungsbedürfnis, die anstrengende ständige Verwöhnung, der Hang zu Selbsttäuschungen und Illusionen, wie es die jugendlich und heiter gebliebene Hausherrin zelebrierte, je länger je mehr auf die Nerven. Die Beziehung zum Hausherrn sah er bereits seit vielen Jahren auf wiederholte Erinnerungen aus der gemeinsamen Jugendzeit beschränkt, und die Grenzen eines echten geistig-lebendigen Beziehungsverhältnisses waren ihm längst deutlich geworden. Kurz, W.W. nervten die allseitigen gütigen und zugleich naiven Goldbrillen des Ehepaars Forell, das man im Freundeskreis auch »*die Harmlosen*« nannte. Er fühlte sich in solcher Umgebung um die Früchte des mit zunehmenden Alter Weise-Werdens gebracht. M.W. war da jetzt gelassener; bereits in den zwanziger Jahren hatte sie diese Freundschaft, die W.W. nach jedem Semester nach München zog, verwundert; manchmal hatte sie sie beneidet und sich ausgeschlossen und verletzt gefühlt. Nun aber stimmte sie W.W. weitgehend zu, wie man aus einem Brief an Gertrud Philipp vom 4. August 1954 entnehmen kann: W.W. sei am Ende seiner Kraft gewesen, »*die er zur Beherrschung seines Widerspruchsgeistes hier im Hause braucht. Aber Frau Forell auch.*« Um die räumliche Trennung milde zu gestalten, benutzten die Worringers das Argument, M.W. habe das unstillbare Bedürfnis nach hauswirtschaftlicher Wiederverselbständigung, was weniger als die halbe Wahrheit war.

Vor dem Umzug reichte es nur noch zu einem Erholungsaufenthalt vom 30. August bis 20. September bei der Familie Schad, die jetzt im eigenen Haus in Königstein im Taunus wohnte. Dazwischen lag im Mai 1954 die Feier des fünfzigjährigen Bestehens des Piper Verlags, auf der W.W. neben Hans Egon Holthusen die Festrede hielt, eine – wie es hieß – »*liebevolle, weil wahrhaftige Rede*«. Dazwischen lag im Mai aber auch das Auftreten des ersten Vorboten einer Krankheit, die W.W. ein ganzes Jahrzehnt bis zu seinem Tode quälen sollte: der erste Anfall einer Trigeminus-Neuralgie, die ihm »*höllische Schmerzen*« bereitete und die erst im August abklang; eine Sehschwäche blieb seither.

Nachdem sich beide Worringers in Königstein so einigermaßen in ihre Normalform hatten bringen und vor allem M.W. ihr »*fast krankhaftes Bedürfnis nach Wald und Landschaft*« hatte befriedigen können, fand in den ersten Oktobertagen der Umzug statt. W.W. fühlte sich sogleich wie »*Hans im Glück*« und M.W.? Es gibt zwei Berichte über die ersten Wochen am Heidelberger Platz, der eine an Gertrud Philipp vom 27. Oktober, der andere – fast wortgleich – am Ilse Curtius vom 17. November 1954. An Gertrud Philipp schrieb sie: »*Liebe Gertrud Philipp – bitte nicht böse sein! Was blieb mir übrig als mich allem und jedem gegenüber tot zu stellen! Wie hätte ich es sonst geschafft! Man sollte so etwas nämlich 20 Jahre früher tun. Aber ob man sich dann auch so freuen würde, wie wir es jetzt tun? D.h. ich fange jetzt erst an mit der Freude; bisher war ich zu erschöpft dazu. Nun bin ich nur noch übermüdet; das ist schon ein großer Fortschritt. (...) Was gäbe ich darum, wenn ich Ihnen jetzt die Wohnung zeigen könnte! Sie ist sehr viel hübscher geworden, als wir zu hoffen wagten. Natürlich war es Leichtsinn von uns, den dritten Stock (ohne Aufzug!) zu nehmen. Aber diese Fülle von Licht und Sonne (wenn vorhanden) und dieses große Stück Himmel, das uns hier oben geschenkt ist, macht uns so glücklich und läßt uns einstweilen unseren Leichtsinn vergessen. W.W. lebt auf. Das äußert sich zwar nicht in Aktivität. Nein, in den Tagen, wo es mir schwindelte vor Arbeit, sass er selig vor dem großen Fenster und verlor sich im weitem Himmel. Wenn ich hier und da gereizt fragte, was tust Du denn eigentlich? antwortete er: ›ich wohne‹. Schade, dass Du nicht so kontemplativ bist wie ich; Du bringst Dich um den Genuß des Wunders unseres Lebenswechsels. Recht hatte er. Aber wie wäre wohl alles geworden, wenn ich ebenso kontemplativ gewesen wäre? – (...) Längst müßte ich schon wieder in der Küche sein. Wenn ich doch etwas von Ihrer Hausfrauengeschicklichkeit hätte! Man sollte nicht so aus der Übung kommen: ich muss mit allem von vorne anfangen. (...) Übrigens kommt täglich eine ›Zugeherin‹; 1 1/2 Stunden. – Ein andermal mehr und Besseres. Grüßen Sie die Kinderschar. Viel Liebes von uns – Ihre Ma.*«

Ihren Segen erhielt die Wohnung Mitte November, als sich hier der in München weilende Martin Buber, Romano Guardini und W.W. zu einem Dreiergespräch zusammenfanden. M.W. hat darüber an Gertrud Philipp berichtet: »*Die Köpfe der drei Alten dampften schon vor Philosophie, bevor ich die erste Tasse Thee eingeschenkt hatte. Kennen Sie Buber persönlich? Er sprengte das Zimmer. Wann kommt man auch mit einem Propheten in Berührung? Guardini wirkte neben ihm so viel zarter; substanzärmer.*

Beim Abschied küsste Buber W.W. Mir sagte er einen Segensspruch – und ich kam mir gesegnet vor. – Sie wünschen mir, dass ich bald wieder zu meiner Arbeit komme. Aber ich muß mich wohl etwas gedulden. Doch spüre ich wenigstens schon, daß mich die Hausarbeit nicht mehr so anstrengt. Ich war schon nahe daran, zu verzweifeln: so weh taten mir meine Glieder und das Kreuz. (...)«

Also kann man sagen: W.W. wohnte und M.W. schuf die Wohnung, wie sie ja auch die finanziellen Voraussetzungen dafür geschaffen hatte. Einmal mehr zeigten sich die Unterschiede des Naturells dieser beiden Partner, die dennoch inzwischen über beinahe fünf Jahrzehnte immer wieder doch *eins* geworden waren. Ende Dezember 1954 schrieb W.W. an Werner Philipp, daß die Wohnung für seine Frau eine Bewährungsprobe gewesen sei, die ihr neue Kräfte hatte wachsen lassen: »*Man fühlt ihre Seligkeit, wieder eigenen festen Boden unter die Füsse zu bekommen.*« Männer unter sich! Sie jedenfalls schrieb noch im März 1955 an Ilse Curtius: »*Zeit und Kraft haben sich durch die neuen Lebensumstände vermindert, und ich weiss die neuen Maasse noch nicht richtig einzuteilen.*« Zu ihrer Arbeit kam sie im Jahre 1955 nur hin und wieder – aber das war auch nötig, weil es ihr erleichterte, wie sie den jüngeren Freunden schrieb, »*mein Gleichgewicht zu finden*«.

Das Jahr 1955 ließ sich gut an für M.W.; es begann mit liebenswürdiger Zuwendung von W.W. am 16. Januar, Ma's Geburtstag: nacheinander brachte er ihr fünf Tafeln Schoklade und dann »*das großartige Geschenk*«, die Bubersche Bibelübersetzung. Die altgewohnte Arbeitsseligkeit stellte sich auch wieder ein und blieb ihr, die machmal Angst hatte, daß ihre Phantasie ihr keine Botschaften mehr schicken würde, das ganze Jahr und darüber hinaus erhalten. Und mehr als in vergangenen Jahren erfahren wir von ihr (aus den Briefen an Gertrud Philipp) einiges über ihre Einschätzung der zeitgenössischen Kunst: Beckmann und Picasso mochte sie nicht in einem Atemzug nennen; in fast jedem Bild Beckmanns fand sie »*eine Welt eingespannt*«, jedes Picasso-Bild erschien ihr als ein »*wohlgelungenes Experiment eines Alleskönners*«, nur *Guernica* – das war mehr. W.W.s Krankheiten ließen ihr jetzt wie auch später mehr Raum, Kunstausstellungen mit eigenen Augen wahrzunehmen, Bilder allein zu betrachten und sie nicht erst nach dem Durchgang durch W.W.'s Reflexionen zu »*empfangen*« – auch ein Stück Emanzipation und kein einfacher Lernprozeß nach so vielen Jahrzehnten gemeinsamen Sehens und Betrachtens.

Dieses Jahr 1955 hatte eine ganz besondere Überraschung für die beiden Worringers bereit: Am 6. März *beichtete* Lucinde ihren Eltern

Fritz Sternberg. Fast unsicher und irritiert reagierten diese auf die Entscheidung der Tochter nunmehr die »*geistige Mitarbeiterin*« und »*Lebensgenossin*« dieses »*sehr gescheiten, streng wissenschaftlichen und originellen Kopfes*« zu sein, wie W.W. später einmal (1958) seinem Freund Kahler schrieb: »*Meine Tochter, ein sehr gescheites Kind (zuletzt im Redaktionskomitee des Fischer Lexikon) geht mit ihren Interessen ganz auf in der Atmosphäre dieser geistig-politischen sozialen Kommunizität. Ohne ins Blaustrümpflerische zu entarten ist doch das intellektuelle Leben ihre eigentliche Heimat.*« Diese neue und besondere Art der Eigenständigkeit der jüngsten Tochter war für die alten Eltern jedenfalls gewöhnungsbedürftig, und verständlicherweise hatten sie wegen des Altersunterschiedes zwischen beiden ihre Bedenken. Aber sie schafften es bald, Sternberg als geachteten und respektierten Partner ihrer Tochter (und späteren Schwiegersohn) anzunehmen. Und danach war es nicht mehr nur »*Lukas*«, sondern es waren die Sternbergs, um die ihr Denken und Fühlen kreiste.

Ansonsten verlief das Jahr 1955 relativ erschütterungsfrei, wenngleich der Tod Thomas Manns im August beide Worringers sehr betroffen machte. Sie empfanden, daß mit dem sechs Jahre älteren Generationsgenossen ein Stück ihrer Zeit dahin gegangen war. Sie nahmen im November an der Thomas-Mann-Gedenkfeier in München teil, auf der Katia und Erika Mann anwesend waren und Erich von Kahler die Gedenkrede hielt. Eine neue Freundin fand sich im Haus ein: Lonja Stehelin-Holzing, die Schwester von Marie Luise Kaschnitz, selbst eine begabte, wenn auch kaum bekannte Schriftstellerin. Sie hatte, wie M.W. einmal bemerkte, eine irritierende Ähnlichkeit mit ihrer Schwester, war gescheit, amüsant, lebhaft, »*fast zu sehr*«. So konnte M.W. am Ende des Jahres der alten (Feind-)Freundin Lilli Clemen schreiben: »*Wir wissen ja Bescheid: der Grat, auf dem wir gehen ist ganz schmal, die Füsse sind müde und unsicher geworden. Aber wir wollen noch nicht abstürzen, auch nicht immer in die Tiefe sehen; sondern trotz allem dankbar sein, dass wir hier und da einen Ausblick haben, der uns nicht gegönnt war, als unsere Füsse noch sicher gingen.*«

Das Jahr 1956 brachte den beiden Worringers reichlich Abwechselung durch Freundesbesuche: Erich von Kahler, Leo Spitzer, Martin Buber, Victor und Eva Ehrenberg fanden sich am Heidelberger Platz zur *Thee-Stunde* ein. Aber das Jahr brachte auch Trauer ins Haus: am 19. April starb der von beiden sehr geliebte Freund Ernst Robert Curtius. M.W. hatte eine besondere, ihm selber verborgen gebliebene Beziehung zu ihm gehabt, wohl aus jener Zeit des Ersten Weltkrieges, als sich beide eine Zeitlang allein in Bonn aufhielten. Erst Ende Mai 1956 erreichte sie die Nachricht, daß Heinz Litten sich im August 1955 das Leben genommen hatte. Und auch der Tod von Bertolt Brecht traf sie, war doch Brecht nach ihrer Auffassung ebenfalls aus ihrer Zeit nicht wegzudenken.

Das große Ereignis des Jahres 1956 war jedoch das Erscheinen von *Fragen und Gegenfragen*. Bereits der 75. Geburtstag am 13. Januar wirkte ob der vielen anerkennenden Worte in der einschlägigen Presseöffentlichkeit auf W.W. wie ein Jungbrunnen. So kam es, daß beide auch den Mut faßten, Anfang Mai sechs Tage mit dem Orient-Express nach Paris zu reisen; im Maße ihrer Möglichkeiten brachte ihnen die Reise einen befriedigenden Déjà-vu-Genuß. W.W. hatte das Exemplar von *Fragen und Gegenfragen*, das er Lucinde schenkte, mit der Widmung versehen: »*Wenn wir Toten scheinerwachen... 17. III. 56. V(ater).*« Das klang nach Abschied von seiner Zeit und Verabschiedung aus der Zeit, in der er noch lebte, die aber nicht mehr die seine war. So war es auch gedacht. Im Juni 1956 schrieb er an Nauhaus fast begeistert von dem Presseecho, das das Bändchen gefunden hatte, und setzte dann hinzu: »*Ja, Fragen und Gegenfragen! (...) In tiefster Klammer ergänze ich ›Fragen und Gegenfragen‹ immer: bis er sich schließlich selbst total fraglich wird. (nicht weitersagen!!).*«

W.W. hatte auch nach 1945 nur noch gelegentlich kurze Texte veröffentlicht, die auch in die große Ausgabe seiner Schriften übernommen worden sind. Auch bei anderen Autoren, die bewußt nach 1933 geschwiegen hatten, wurde die Frage gestellt, warum sich nach 1945 in ihren Schubladen keine Manuskripte fanden, die nun endlich hätten das Licht der Welt erblicken können. W.W. hatte immerhin Tausende von Seiten Vorlesungsmanuskripte nicht nur in der Schreibtischschublade gehortet, sondern sie zweimal als Fluchtgepäck erfolgreich über die Zeiten gerettet. In seine Vorlesungen hatte W.W. nach eigener Aussage seit den Dreißiger Jahren seine ganze Kraft gesteckt. Diese Vorlesungen besaßen eine starke Aussagekraft und hätten für mehr als ein Buch gereicht. Warum dann das ausdrückliche »*Altersschweigen*«?

Versuchen wir einige Erklärungen: W.W. sah sich – hierin vergleichbar Thomas Mann – als einer der letzten Bürger. Er nannte seine Haltung, wie er es in einem Radio-Essay zu seinem 75. Geburtstag ausdrückte, ein »*produktives Schweigebedürfnis*«; in den Jahren des Alterns seien »*die Hürden einer wachsenden Skepsis und eines wachsenden Agnostizismus*« in ihm so sehr angestiegen, daß er sich eben nicht mehr mit jugendlichen Elan über sie hinwegsetzen könne. Deshalb »*bedeutet mein Verstummen eine Resignation, von der ich nicht weiß, ob sie nicht vielleicht ein Symptom eines tieferen Erkenntnisvermögens ist, als es in jenen Zeiten in mir lebendig war, als in mir der Mut zu Entscheidungen (und das heißt ja schließlich zu Vereinseitigungen) noch mehr oder weniger ungebrochen vorhanden war«.* Und es kam noch etwas dazu: W.W. glaubte an das Bestehen von *»Generationsgrenzen«, »daran, dass jede Generation, was die Verbindlichkeit ihrer Zeitaussagen angeht, an natürliche Grenzen ihrer unmittelbaren Resonanz und Wirkungskraft gebunden ist. Überschreitet sie diese Grenze, so bekommt ihre Stimme, abgesehen natürlich von den grossen Ausnahmefällen, unvermeidlich einen gewissen patinahaften Klang, der sie der Gegenwart entfremdet! Denn ich gestehe, dass ich nicht so hochmütig bin, mein Schaffen unter einen anderen Maßstab zu setzen als den seiner Gegenwartswürdigkeit.«*

In einer handschriftlichen Notiz vom Dezember 1959 gab er diesen Überlegungen unter der Überschrift *Zu den letzten künstlerischen Entwicklungserscheinungen* noch einmal Nachdruck: *»Mein unmittelbares Verständnis und damit meine unmittelbare Kompetenz der Beurteilungsfähigkeit ist diesen Schöpfungen gegenüber zweifellos zu Ende! Aber es warnt mich etwas davor, die Grenze meines Verstehenkönnens zu Grenzen der versteh- und bewertbaren Kunstentwicklung überhaupt zu machen, d.h. zu verabsolutieren. Deshalb wage ich es, in ihr Verstehen nur auf dem Wege eines immerhin indirekten Beziehungssuchens einzudringen. Wohl weiss ich, das das mea res agitur endgültig zu Ende gegangen ist, aber ich verspüre doch wenigstens den guten Willen zu fragen: cuius res agitur?«*

Kein Zweifel: W.W. hatte mit der *Welt*-Kunstgeschichte Schluß gemacht. Es kam hinzu, daß er – anläßlich der Frage einer Neuauflage der *Formprobleme der Gotik* – eine ihn mental beunruhigende Abneigung verspürte, erklären zu müssen, warum seine hier (und auch noch später) verwendete Begrifflichkeit (Rasse, Volk, Blut) nichts, aber auch gar nichts mit völkischer Ideologie und NS-Rassismus zu tun hatte, sondern sich aus anderen Quellen europäischer Geistesgeschichte des 19. Jahrhunderts speiste, von denen eifrige Aufarbeitungswissenschaftler keine Ahnung zu haben schienen, war doch für W.W. das Ziel einer rangerhöhenden Entwicklung eben nicht die Rassenreinheit, sondern vielmehr die Rassendurchmischung.

Nur noch einmal hat sich W.W. aus seiner geistigen Klausur herausbegeben, als er sich 1959 indirekt mit Herbert Kühn in der Neuausgabe von *Abstraktion und Einfühlung* im *Schlußwort nach fünfzig Jahren* über die Bewertung der eiszeitlichen Höhlenkunst auseinandersetzte.

Der Abschied von der Kunstgeschichte bedeutete jedoch nicht, daß W.W. aufgehört hätte zu denken oder besser zu fragen und gegenzufragen. Im Gegenteil: jetzt waren es Fragen der Literaturwissenschaften, mit denen er ja sein intellektuelles Leben begonnen hatte und die ihn nun erneut fesselten. Über Thomas Manns Feier Schillers als Heilungsmittel für den »*heillos erkrankten Zeitgeist*« konnte er sich 1955 in einer Replik auf dessen Festrede auf der Stuttgarter Schiller-Feier heftig aufregen und gegen die »*Goethe-Verleugnung*« protestieren. In dem unveröffentlichten 11seitigen Manuskript im Nachlaß heißt es dazu:

»*Wir wissen ja alle, wie unser Nachkriegsdeutschland im Begriffe ist, durch das immer widerstandslosere Überwiegen rein restaurativer Tendenzen die Chancen einer wirklich zukunftsträchtigen Erneuerung zu verpassen und zu verspielen. Und da kann eben die Frage nicht ganz unterdrückt werden: Stellt die spezielle Art, in der Schiller Anno 1955 gefeiert worden ist, nicht zum Teil (und zu diesem Teil muß ich auch Thomas Manns Rede rechnen) eine unbewusste und selbstverständlich unbeabsichtigte Förderung gerade dieser Tendenzen dar? Will zu dieser Besorgnis nicht eine Erinnerung von gestern passen, die Erinnerung nämlich daran, dass Betrachtungen eines Unpolitischen zu einer Zeit, in der Deutschland in einer gleichbedeutungsvollen Kreuzwegstelle seiner nationalen Entwicklung stand, sich mit derselben idealen Edelherzigkeit und Wohlgemeintheit für eine Richtungsweisung entschieden, die ihn erst später in bitterer Erfahrung darüber belehrt hat, welchen Kräften er damit letzten Endes ungeahnt den Weg zu ihren Zielen erleichtert hat. Vestigia terrent!*«

Neben Goethe, den er zeitweise fast ausschließlich las, kam er Kafka auf die Spur, und es »*juckte*« ihn, wie er im Juni 1956 dem grenzenlosen Goethe-Verehrer Nauhaus mitteilte, über das Thema »*Goethe und Kafka zu schreiben*«. Auch Gottfried Benn faszinierte ihn zunehmend, nicht in einem apologetischen Sinn, im Gegenteil: Benns Apotheosierung der Kunst als einzige Instanz, den Nihilismus zu überwinden, forderte W.W. zu einer kritischen Zurückweisung heraus: »*Diesem neuen Vergottungsversuch der Kunst stehe ich mit einer Entschiedenheit der Abwehr gegenüber, die ihrer guten Gründe wohl bewußt ist!!*«

Der, dem er dies im März 1960 schrieb, hieß Hans Schwerte. Die Worringers wußten spätestens seit November 1955, wer dies war: der Bruder der Frau, also der Schwager von Erich Fidder. Schwerte war Hans Ernst Schneider und er war dabei, sich unter seinem neuen Namen einen guten akademischen Ruf zu erwerben. Beide Worringers schauderte zwar vor der Vorstellung, daß womöglich eine Unzahl von SS-Leuten unter falschem Namen unter den Deutschen lebten; aber sie sahen keine Veranlassung, ihr Wissen um die Existenz von Schneider als nunmehr Schwerte zu verbreiten. Dabei hatte gerade M.W. strenge Maßstäbe in dieser Hinsicht und war geneigt, bereits, wie W.W. sich einmal beklagte, hinter jedem Ritterkreuzträger einen Nazi-Verbrecher zu vermuten. Nun war es gerade Schneider/Schwerte, der 1957 W.W.s *Fragen und Gegenfragen* mit viel Einfühlungsvermögen bedachte – übrigens ein Text, der es damals anderen Kundigen hätte leicht machen können, die wahre Identität von Schwerte zu entschlüsseln, wenn man es denn gewollt hätte. In der Rezension hieß es:

»*In der großen Pause* (zwischen dem Anfang der 30er Jahre und 1945. H.G.) *lagen seine Königsberger Professorenjahre und lagen die politischen ›Unzeiten‹, die ihn, ohne laute Geste, sich aus der Öffentlichkeit zurückzuziehen hießen. Wer aber seine Königsberger Vorlesungen, Seminare und abendlichen Runden miterlebt hat, weiß, wie sehr Worringer damals seine ganze wissenschaftliche Kraft und menschliche Sorge in diese stillere Erziehungsarbeit gelegt hatte, die, auf dem Boden seines Faches, doch immer über das Fachliche hinauszielte, dorthin, wo die Erkenntnis und ihr Vermögen selbst befragt wurde. Wer in diesen fünfzehn Königsberger Jahren durch seine ›Schule‹ gegangen ist, wird ein Leben lang, und immer voller Dank, die Methode seines Fragens und unaufhörlichen Gegenfragens, sein vorsichtiges und doch vorurteilsloses Ausschreiten jedes scheinbar noch so vertrauten Komplexes nach allen Richtungen hin, niemals vergessen könnnen. Dieses kritische Durchfragen alles historisch Überkommenen oder des gegenwärtigen Gebärdens, sich nie Beruhigen bei ›einer‹ Ansicht des untersuchten Phänomens, sondern immer die Gegenseite mitsehen wollen und müssen, das Zerstören also jeder nur traditionell oder ideologisch bedingten Optik, die uns den Zugang zum ursprünglichen Ausdruck des Kunstwerks verstellt, statt ihn zu erhellen, dies war und ist nicht wissenschaftlicher Skeptizismus, vielmehr die Einsicht in die Unhaltbarkeit jeder ›idealistisch‹ vorbestimmten Definition eines künstlerischen oder historischen Tatbestandes.*«

Aus der weiteren sporadischen Korrespondenz, meist im Anschluß an die Übersendung von Schwertes Veröffentlichungen, zeigt sich W.W. sehr beeindruckt von der »*Ranghöhe*« von dessen »*wissenschaftlicher Produktivität*«, die er, W.W., »*zu schätzen gelernt*« habe (so am 2.12.1960). 1958 holte W.W. noch einmal die Königsberger Vergangenheit ein, als ihm nämlich Gerhard Strauß am 30. März mitteilte, er habe »*gestern die Berufung als ordentlicher Professor an die Humboldt-Universität entgegengenommen*« und dieses Ereignis so kommentierte: »*Es ist wohl nicht zufällig, daß gerade einer Ihrer Schüler herangezogen wird in dem Augen-*

blick, in welchem die Arbeiterbewegung bemüht ist, auch der Kunstwissenschaft zu neuen Impulsen zu verhelfen. Die Verpflichtung, neue Fragen zustellen, Kunsttheorie und Kunstgeschichte als Einheit zu begreifen, wachen sozialen Gewissens zu sein – diese und andere Merkmale der Worringer-Schule sind unerläßlich, um die Aufgabe zu sehen und ihre Lösung zu beginnen.« Worringer antwortete kühl und formell. Übrigens trat ein Hallenser Schüler, der letzte Hilfsassistent von W.W., Peter H. Feist, 1967 die Nachfolge von Strauß an.

Am 11. Mai 1957 feierten die Worringers ihre Goldene Hochzeit – es war so schön, bemerkte W.W. in einem Brief an Nauhaus – wie damals im Mai. Aber dann brach Anfang Juli bei W.W. eine Kette von Krankheiten aus, die zu einem fast dreimonatigen Klinikaufenthalt führten und eine lange Rekonvaleszenz zur Folge hatten. Zudem quälte ihn wie bereits in den Vorjahren eine Trigeminus-Neuralgie. M.W. kennzeichnete W.W.s Zustand treffend mit wenigen Worten in einem Brief an Gertrud Philipp von Anfang November: »*Lesen kann er kaum, sprechen will er nur wenig; er ist ohne jeden Mut, ohne alle Initiative.*« Er selbst sprach in einem Brief an Werner Philipp zur gleichen Zeit von »*trister Realität*«, mit der man noch zufrieden sein müsse. Als Renate Schad die Mutter vor dem Geburtstag im Januar 1958 nach den Wünschen des Vaters fragte, sah das Tableau von Frage und Antwort so aus:

»*Kann man dem Vater irgend etwas zu Essen schenken? Nein Kaviar? Viel zu teuer, brachte Lukas manchmal, Glas zu 10 M.; der Vater nahm einen Löffel u. schluckte alles in 2 Bissen herunter – was mich ärgerte. Piccolo-Sekt? nein; stehen noch die Fläschchen von M.M. ungebraucht da. Raffinierte Konserven? nein – danke. Marmeladen? bisher ass er noch keine. Seifen? ja, gerne Eau de Cologne? ja, gerne. Französ. Rotwein? danke nein; trinkt noch keinen Tropfen Alkohol. Süßweine? danke nein. Stärkungsmittel wie Ovomaltine oder sowas? Vielleicht. Warme Pantoffeln? danke nein; schon seine Lederpantoffeln sind ihm zu warm! Wegen Gummistrümpfe. Wollshawl? (Kaschmir, ganz weich für den Kopf) aus dem gleichen Grund: danke nein. Pyjama? Danke nein; bekam doch 2 neue in der Klinikzeit. Hat er nicht nach irgend etwas eine Gier?? ja: jung und gesund zu sein.*«

Alle Tristheit wurde noch einmal dadurch verstärkt, daß Lucinde und Fritz Sternberg am 9. Februar 1958 für vierzehn Monate nach New York aufbrachen; Sternberg mußte wieder einmal als naturalisierter US-Bürger seiner Residenzpflicht nachkommen. Dies war notwendig, damit er nicht seinen Paß verlor – für einen ehemaligen, von den Nationalsozialisten staatenlos gemachten Emigranten eine traumatisch belastete Vor-

**Goldene Hochzeit 11. Mai 1957,
Hauseingang Heidelberger Platz,
links Lucinde, rechts Renate**

stellung! Nun waren die beiden Alten in München allein ohne Rückendeckung bei der jüngeren Generation. Der fast tägliche Austausch von Briefen gab W.W. wenigstens eine sinnvolle Beschäftigung und lenkte ihn von seiner Misere ab. M.W. dagegen mußte nun »*die Tapfere*« spielen, »*eine Rolle, die mir so gar nicht die ganz natürliche ist*« und oft nur aus »*vorgetäuschter Kraft*« bestand, wie sie Ilse Curtius im März 1958 verriet. Aber beide Eltern teilten die Freude, die Lucinde daran hatte, sich *Amerika zu erobern*. Genugtuung brachte auch die Umwandlung des Pensionärs-Status in den eines Emeritus der Universität Erlangen – das brachte monatlich 400,- DM mehr.

Als im Mai 1958 wieder ein Trigeminus-Neuralgie-Rückfall W.W. zu schaffen machte, gingen beide zu Tochter und Schwiegersohn nach Königstein i.T.; W.W. suchte für fünf Wochen ein Sanatorium auf, und die – wie W.W. einräumte – überstrapazierte Baucis konnte endlich wieder einmal *Landschaft atmen*. W.W. ließ seine Freunde Kahler und Nauhaus wissen, daß »*der Pegelstand meines Lebensgefühls und Lebenswillens*« tief herabgesunken war; neben allen Krankheiten hätten ihn vornehmlich die »*scheußlichen Trigeminusneuralgien*«, eine »*Quälerei ohne Gleichen*«, »*völlig auf den Hund gebracht*«. Der Status quo ante würde nicht wieder erreicht werden. Der Tod von Guido Kaschnitz und Walter F. Otto im September 1958 ließ beide Worringers »*den Tod auf tausend Füßen kommen* sehen. Erst Ende des Jahres konnten bei W.W. »*Heilungsfortschritte*« registriert werden, die beide Worringers homöopathischen Behandlungsmethoden zuschrieben. Wie auch immer: »*der Mann ohne Mitte*« erlebte noch einmal einen, den letzten Auftrieb; das lebenslängliche einigermaßen verlässliche »*Sich Abwarten*« sollte sich noch einmal lohnen.

M.W. hatte sich 1957/58 fast ausschließlich auf W.W.s »*Heilung*« konzentriert, wenig gelesen, fast nichts gezeichnet und gestickt. Aber das Nachdenken über den Tod hatte sie wieder sehr beschäftigt. Sie fand immer noch kein anderes Verhältnis zu ihm als das der Abwehr und des Schreckens. In diesem Sinne schrieb sie Ilse Curtius im Januar 1957: »*Ihr Suchen nach einem Standpunkt dem Tod gegenüber. Fast zögere ich jetzt, Ihnen die Wahrheit zu sagen: dass ich nach diesem Standpunkt seit mehr wie 20 Jahren – seit dem Tod unserer Brigitte – suche und suche; und dass ich jetzt, mit meinen 76 Jahren, doch selbst an der Schwelle des Todes stehend (was ich keinen Tag vergesse), mir ratloser wie damals vorkomme, als der Schmerz in mir alle Möglichkeiten geöffnet hatte.*«

Zwei Jahre später erläuterte sie ihre Standpunktsuche noch einmal gegenüber der jüngeren Freundin: »*Mir ergeht es seltsam. Je mehr die Zeit drängt und mein Bedürfnis nach Klärung und Abrundung wächst, umso fragmentarischer erscheint mir alles, was ich tat und dachte; was ich tue und denke. Und statt der Klärung nur unruhiges Schwanken. Aber das soll kein Klagen sein. Es ist nur eine Erfahrung, wie sie wahrscheinlich viele alte Menschen machen: man stößt auf eine Grenze – ohne die Möglichkeiten des zurückgelegten Weges begriffen oder gar erschöpft zu haben. –«*

Die Kirchenbesuche wurden unregelmäßiger, hörten auch schon mal phasenweise durchaus nicht nur krankheitsbedingt ganz auf. Die Kirche und ihre Rituale galten ihr immer deutlicher »*als Notbehelf*«, fast als »*technischer Bezirk des religiösen Lebens*«; auch die jahrelang (bereits in Bonn) geliebten Vorlesungen von Guardini besuchte sie nicht mehr. Am Sonntag der Bundestagswahl im September 1957 verließ sie beim Verlesen des Hirtenbriefs der Bischöfe zur Wahl von CDU/CSU demonstrativ die Kirche und ging in das Wahllokal, um SPD zu wählen. Sie fühlte sich immer mehr im Ungewissen lebend; es blieb ihr die Angst vor dem Sterben, und ihr Bedürfnis nach Trost blieb ungestillt. Sie suchte und suchte weiter, obwohl sie wußte, daß sie dazu nicht mehr viel Zeit haben würde, und sie empfand dies als ihr Versagen. Nur bei Karl Jaspers und hier und da bei Martin Buber schien sie bei ihrem Suchen »*Genüge gefunden*« zu haben.

Im Januar 1959 arbeitete W.W. das *Schlußwort nach fünfzig Jahren* für die neue Ausgabe von *Abstraktion und Einfühlung* aus. Für seine Frau war dies fast ein Wunder: daß W.W. sich noch einmal *so* erholen konnte! Daß er am Schreibtisch saß und produktiv war, wenn auch unter Mühen und unterbrochen von zwei Schwächeanfällen. Und natürlich gab es wieder von W.W. die Klagen: daß alles Mist war, unverständlich, unerträglich. Aber das kannte sie ja seit einem halben Jahrhundert. Aber auch W.W. war schließlich ganz glücklich, wie man seinem Brief an Paul Westheim vom 23. August 1959 entnehmen kann. Zwar beklagte er seine beschränkte körperliche Beweglichkeit, mit der man sich wohl abfinden müsse. »*Und dankbar dafür bleiben, daß die geistige Beweglichkeit mir wieder geschenkt worden ist und mir hoffentlich noch etwas bleibt. Der wirklich durchschlagende Erfolg der Neuausgabe von ›Abstraktion und Einfühlung‹ ist eine revitalisierende Kampferspritze gewesen! Durch den ganzen deutschen Blätterwald rauschte es mit den höchsten Tönen. Wie am ersten Tag! Nein, viel, viel mehr. Die Schrift ist eben erst jetzt wirklich aktuell geworden.«* –

Bleibt noch anzumerken, daß auch M.W. gegen Ende des Jahres 1958, wie ihr Werkverzeichnis zeigt, wieder mit ihrer Arbeit begonnen hatte, und das Zeichnen und Sticken bis zum Lebensende nicht aufgab.

Anmerkungen zum 12. Kapitel

- Die Fundorte der Briefe von W.W. und M.W. an Ernst Robert Curtius, Ilse Curtius, Wilhelm und Nora Nauhaus, Erich von Kahler, Werner Philipp, Gertrud Philipp, Paul Westheim, Hans Schwerte s. Quellenverzeichnis.
- *Für und wider den Formalismus* (1952), jetzt in: Schriften, S. 1121–1134; *Fragen und Gegenfragen* (1956), jetzt in: Schriften, S. 833–909; *Schlußwort nach fünfzig Jahren*, jetzt in: Schriften, S. 55–64, (ausführlicher der 15 Schreibmaschinenseiten umfassende Brief an Herbert Kühn von Ende Mai 1959 (Kopie) in NL W. u. M. Worringer.
- Die ungedruckten Manuskripte: *Radio-Essay* (1956); *Zu den letzten künstlerischen Entwicklungserscheinungen* (1959); *Zur Stuttgarter Schiller-Feier* (1955); *Über Gottfried Benn* (1960): alle in NL W. u. M. Worringer.
- Die Rezension von Hans Schwerte erschien unter der Überschrift *Gedanken zur Kunst* in: Zeitwende. Die neue Furche 28. Jg. 1957, S. 134–135.
- Marie Luise Kaschnitz, Tage, Tage, Orte, S. 17; dies. Tagebücher Bd. 1, S. 371.

Epilog: »Komm mit« – die letzten Lebensjahre 1960–1965

Krankheit und Tod beherrschten die letzten Lebensjahre der beiden Worringers. Er litt monatelang in jedem Jahr unter den rasenden Trigeminus-Neuralgie-Schmerzen, mehrfach an schlaganfallartigen Gehirndurchblutungsstörungen, kämpfte gegen eine langwierige schmerzhafte Blasenentzündung. Sie plagten schwere fiebrige Erkältungen mehrmals im Jahr, die schon ein-, zweimal in kleine Lungenentzündungen übergingen, nervöse Erschöpfungszustände wurden mehrfach festgestellt, hinzu kamen chronische Gelenkschmerzen (das Skoliose-gekrümmte Rückgrat belastete das Hüftgelenk) und Zahngeschichten. Über den Krankheiten waren beide nach eigenem Eingeständnis recht alt geworden.

W.W. hielt nur noch einen eingeschränkten Briefwechsel mit Wilhelm Nauhaus und Maruschka Jenisch aufrecht; er brauchte diese Korrespondenz, so schwer sie ihm fiel, »*um mich überhaupt klar zu schreiben*«. Schreiben mochte er lieber als sprechen; vor jedem Besuch, der sich angemeldet oder den man gebeten hatte, stiegen bei ihm die Ängste, sich nicht ausdrücken zu können, nicht mehr sagen zu können, was er noch denken konnte. Immer öfter wurden Besuche abgesagt. W.W. dämmerte Stunden vor sich hin, manchmal schlief er den ganzen Tag; war er mal draußen (allein auf die Straße zu gehen, mochte er schon lange nicht mehr), ging er eigentlich nicht, sondern wurde von der Begleitperson, oft sein Schwiegersohn Fritz Sternberg, regelrecht geschleppt. Schließlich konnte oder wollte er auch nicht mehr schreiben, und sprechen wollte er schon gar nicht. Als ihn Mitte März Erich von Kahler besuchte, sagte er kein einziges Wort, und von Maruschka verabschiedete er sich im Oktober 1964 mit den Zeilen: »*Heiss' mich nicht reden (und schreiben!), heiss' mich schweigen...und lass mich auch herzlich schweigend bleiben dein alter W.W.*« Eine tiefe Altersdepression meist – wie er sagte – »*defaitistischer Tonart*« hatte sich auf ihn gelegt.

M.W. mußte nicht die Rolle der Tapferen spielen: sie war tapfer. Sie wußte: nie mehr würden sie reisen können (noch nicht einmal mehr nach Königstein), die Sommer würden ohne Landschaft, ohne frische Luft sein, im Haushalt würde es keine Atempause geben. Dennoch: sie entdeckte den französischen Paläontologen, Geologen und Jesuiten Teilhard de Chardin, mit dem sie sich monatelang auseinandersetzte: »*Seinen Optimismus kann ich zwar nicht teilen; aber trotzdem bleibt mir genug Beglückendes von ihm*«, ließ sie Maruschka wissen. Sie las Karl Jaspers, und – sie stickte und zeichnete. In einer kurzen Notiz vom 31. August 1963 an ihre Erben fragte sie: »*Was soll mit diesen meinen Zeich-*

nungen nach meinem Tod geschehen? Ich schlage vor, sie alle zu vernichten. Ihren Zweck haben sie erfüllt durch die Freude, die ich <u>während des Arbeitens</u> empfand. Die war nämlich nicht gering. Also Ma und Mu –«Tief traurig aber war sie über W.W.s Traurigsein.

Im Juni 1964 meldete sie Maruschka: »*Es ist ja auch so schwer, WW's Befinden, seinen jetzigen Zustand, richtig zu beschreiben. Grob gesagt: es geht ihm nicht gut – ohne dass etwas Schwerwiegendes hinzugekommen ist. Aber das, was an Verminderungen da ist: sein schlechtes Sehen, sein schlechtes Hören, sein immer schlechter werdendes Sprechen, sein allgemeiner Kräfteverfall – nun, das genügt natürlich, um seine Stimmung dauernd auf dem Nullpunkt zu halten. Trotz alledem: ich sehe nirgends eine direkte Gefahr. Und da ja von jeher WW ein Mensch der Widersprüche war, so gibt es auch jetzt in seinem Zustand tolle Widersprüche: es kann mal eine halbe Stunde (oder mehr) geben, wo er wieder ganz ›da‹ ist: sprechen, hören und sehen kann. Also. Ein klares Bild ist nicht zu geben.*« Und am 23. November nochmals: »*Ja, wenn der arme WW lesen könnte! Aber zur Zeit reicht es nicht mal für die Zeitung. (...) Ja, er hat ein sehr schweres Alter. Mich beunruhigt am meisten seine allgemeine Hinfälligkeit; seine wachsende Schwäche. Zwar war das schon manchmal so, dass man denken musste: das kann nicht mehr anders werden; und doch war er eines Tages wieder da. Also: Hoffen, Prinzip Hoffnung. Wenn er doch auch hoffen würde.*«

Natürlich gab es auch einige Aufmunterungen in jenen letzten Lebensjahren. Dazu gehörten die Mittagstische mit den Sternbergs (so diese in München waren) in einer der umliegenden Gaststätten, da Sternberg so anregend und flammend zu reden wußte. Wenn es ging, besuchten sie auch Sternbergs große Vorträge vor allem vor der Arbeitsgemeinschaft <u>Sozialdemokratischer Akademiker</u> in München. Unvergeßbare Erinnerungen auch für die Schreiberin dieser Zeilen! Der 80. Geburtstag der beiden Worringers am 13. und 16. Januar 1961 wurde im gewohnten Stil üppig gefeiert, jedenfalls der von W.W. Sie bekamen beide ein Kollektivgeschenk von Verwandten und Freunden: einen »<u>Sehfunk</u>«, einen Fernsehapparat, für den W.W. sofort Feuer und Flamme war; während sie als erstes die Sorge hatte, ob sie wohl lernen würde, ihn abzustellen; er stand ja im Wohnzimmer, das auch ihr Schlafzimmer war! Dennoch konnte sie W.W.s Begeisterung nachvollziehen: daß er »*wo er dem* ›*Leben*‹ *nicht mehr entgegengehen kann, es sich wünscht, daß es zu ihm kommt – verbunden mit dem Vorteil, dass, wenn es ihm nicht passt, ihm zuviel wird, er es abstellen kann. Mit welchem Besuch kann man das so radikal machen.*« So teilte sie es Maruschka Jenisch mit.

Die Begeisterung über das Fernsehen veranlaßte W.W. sogar zu einer Art Medien-Theorie, die er Nauhaus Ende Januar 1961 unterbreitete: »*Ist es für die Art, mit der heute geistesgeschichtliche Vorgänge durchschaut werden, noch so, dass wir bei der Erfindung der Buchdruckerkunst gleich in das übliche Triumphgeschrei ausbrechen? Keineswegs! Es gibt doch inzwischen ein besseres und tieferes Wissen, das weiss, wieviel damit unwiderruflich unterging. Das einsah, dass diese immense Verbreiterung der ›Bildungsbasis‹ dazu geführt hat, dass nun der Anfang damit gemacht war, dass die Welt und das Leben nur noch durch Gedrucktes und Gelesenes, also durch Bücher angesehen wurden. Und das ist nun im Laufe der weiteren Jahrhunderte erziehungsmäßig so in Fleisch und Blut – nein, nur in die geistige Rechtgläubigkeit der gebildeten Welt über- und eingegangen, dass Jahrhunderte später, als durch die technische Wundererfindung des photographischen Reproduktionswesens eine neue Welt von unmittelbarer Anschaulichkeit in die Bücher eindringen wollte, die Antwort der Gebildeten nur ein empörtes und entrüstetes Abwehrgeschrei sein konnte. Spottete ihrer selbst und wußte nicht wie! Wehe dem, der ein Heft der ›Woche‹ oder der ersten Illustrierten zu öffnen wagte! Die Verachtung der Öffentlichkeit war ihm sicher. Nur ganz langsam setzte sich – wir haben es alle erlebt, die Gegenbewegung durch. Immer mehr wurde die nur gelesene Wortwelt (von dem Sonderkapitel der künstlerischen Illustration sehe ich im Augenblick ab) durch Einschiebsel photographischer Unmittelbarkeit durchlöchert; ein Prozeß, der dann durch die neue Grossmacht des Fernsehens zu seinem Höhepunkt gebracht wurde. Im Guten und im Bösen. Im Nützlichen und im Schädlichen. Aber diese zwei Seiten haben ja schließlich alle Entwicklungsvorgänge, mit denen wir uns auseinanderzusetzen haben. Also wegen dieser Zweiseitigkeit soll man doch (nicht) hochmütig einseitige Steine auf das Neue werfen. So einfach sind die Dinge nicht. Also sprach Zaratustra wieder einmal in einem seiner üblichen Königskoller: Und setzte sich mit wiedergewonnener Anschauungsnaivität gelassen vor seinen Bildschirm. Ein ›Bildungs‹ketzer und Nonkonformist auch in dieser Beziehung. Wissend, dass es verschiedene Arten von Atheismus gibt und dass auch diese Nichtgläubigkeit an dem allein selig machenden ›Geist‹ und ›Gott‹ des Humanismus und Klassizismus einer dieser bekennungswerten (sic) Arten ist.*«

M.W. lernte nicht nur das Fernsehen abzustellen, sie fand zunehmend Gefallen an diesem Instrument, das auch sie mit der Welt verband. Und so saßen denn die Philemon und Baucis des 20. Jahrhunderts vor dem Bildschirm und nicht mehr wie noch bei Goethe im Faust II unter dunklen Linden, erlebten die Inauguration von John F. Kennedy und verfolgten die Ergebnisse der Bundestagswahl im September 1961 bis morgens um 1/2 3 Uhr. Noch einmal, Ende 1961, ließ sich W.W. von einem ehemaligen Hallenser Schüler, Klaus Geitel, zu einer Art lebensgeschichtlichen Interview in Kurzfassung überreden, und dies auch nur, weil Werner Philipp seiner Bitte entsprach, den Königsberger Kreis zu skizzieren. W.W. hatte ihm vorgeschlagen, »*vielleicht auch zu erwähnen, dass der ›Meister‹ auch eine Frau (zweimal unterstrichen) hatte*«. Eben: Philemon und Baucis!

Auf die letzten Lebensjahre beider fielen die schweren Schatten des Sterbens und des Todes ihnen eng verbundener Menschen: Im Januar 1960 starb der jüngere Bruder Adolf Worringer, im Juli 1961 die Schwester Emmy Worringer. Groteskerweise dachten viele, da W.W. auf der Todesanzeige den Heidelberger Platz als Traueradresse angegeben hatte, M.W. wäre gestorben und schickten W.W. Beileidsschreiben, die zu lesen W.W. auch seine Frau aufforderte. Die war ob ihres vorweggenommenen Todes verständlicherweise recht erschrocken, und beide mußten viel Zeit und Kraft darauf verwenden, den Irrtum zu berichten. Anfang Mai 1962 erlag der Schwiegersohn Hans Schad im Alter von 63 Jahren einem plötzlichen Herzversagen, und die Tochter Renate wurde nun das Sorgenkind der Eltern. Anfang Januar 1963 starb nach langer Krankheit Alfred Forell. Im gleichen Jahr wurde auch Lucinde wieder das Sorgenkind der Eltern: am Morgen des 18. Oktober um 3 Uhr starb Fritz Sternberg im Alter von 68 Jahren an einer Lungenembolie.

Die Eltern litten mit der zutiefst unglücklichen, traurig-trostlosen Tochter, und W.W. schaffte es noch einmal, gegenüber Lucinde die von ihm gewohnten tief mitfühlenden Worte zu finden. In seinem übrigens letzten jedenfalls überlieferten Brief an Wilhelm Nauhaus vom 18. Dezember 1963 kommt dies zum Ausdruck: »*...von mir kann ich nur sagen, dass es mir nicht besser geht....aber der stärkste Schatten fällt auf unser Weihnachten (wir feiern es gar nicht!) durch Lucinde, für die sich der Tod ihres Mannes als eine Amputation herausgestellt hat, bei der man um die Nochlebensfähigkeit des Übrigbleibenden wirklich fürchten muß. Sie bringt nur eine trostlose Verzweiflung auf und wir armen Eltern stehen ebenso verzweiflungsvoll und hoffnungslos hilflos daneben. So, als ob die Axt die Lebenswurzel unheilbar durchgeschnitten hätte und als ob sie uns unter den Händen hinsterben würde. Ein solches Maass von intensiver Lebensverbundenheit hatten wir vorher kaum geahnt.*«

Auch M.W. fand sich unglücklich hilflos gegenüber dem Leid ihrer Tochter, wie aus ihrem Brief an Maruschka Ende Januar 1964 hervorgeht: »*W.W. hat Schmerzen, oder zittert vor den kommenden, oder ver-*

sinkt in seine Traurigkeiten. Und der arme Lukas – das mag ich kaum schildern. Sie ist zur Zeit die größere Sorge; mehr Kraft, um sie halten, muss ich an sie wenden. Da geht mir manchmal der Atem aus – nicht die Geduld. Da gibt es einige, die sagen: aber sie müsste doch...aber man *muss doch – – – Nein, nach solchem Verlust, nach solcher Amputation, die den Lebensnerv berührt hat, kann man nicht nach so kurzer Zeit mit Forderungen kommen. (Kann man es je?) Vielleicht bin ich kein guter Umgang für sie, weil ich sie zu gut verstehe; weil ich mit ihr fühle, dass sie durch eine Hölle hindurch muss. Und WW geht es ähnlich: sie anzusehen, zerreisst ihm das Herz.«*

Ende 1964 gewann Lucinde Sternberg wieder Boden unter den Füßen, lernte sie, um im Bild ihres Vaters zu bleiben, mit seelischen Krücken die Amputation zu überstehen, jedenfalls dem äußeren Scheine nach. Es war die Zeit, in der M.W. noch immer nicht, aller Vernunft zum Trotz, alle Hoffnung aufgeben wollte, »*dass es noch nochmal ganz anders mit ihm (W.W.) werden kann...Fast wie ehedem.*« Dies schrieb sie Weihnachten 1964 an Erich von Kahler. Ihre Hoffnung erfüllte sich nicht.

Am 16. März 1965 um 7.30 Uhr rief M.W. ihre Tochter Lucinde an, sie habe den Vater bewußtlos hinter dem Klo eingeklemmt aufgefunden. Ein Schlaganfall hatte ihn getroffen; aber er lebte noch – bis zum 29. März 19.30 Uhr. M.W. und ihre Töchter hatten sich entschlossen, unterstützt von Ärzten und Pflegern, W.W. nicht in ein Krankenhaus bringen zu lassen – er sollte zu Hause sterben. Einmal in den 14 Tagen zwischen Leben und Tod sagte W.W. (wie M.W. im April Wilhelm Nauhaus mitteilte) »*mir ganz leise: Komm mit. Philemon und Baucis!*« Aber, so fügte sie hinzu, »*die Götter haben mir wohl ein Überlebenmüssen zugedacht. –*«

Am 2. April fand im Krematorium des Münchener Ostfriedhofs die Trauerfeier statt. Es sprach der Münchener Anglist Wolfgang Clemen, der W.W. seit seiner Kindheit kannte. Er verwies darauf, daß W.W. zu jenen gehört hatte, »*die unter der nationalsozialistischen Ära unendlich gelitten haben, mit klarer Bewußtheit das Verhängnis sich nahen sahen und durch den Verrat am Geiste bis ins innerste Mark hinein getroffen wurden – ein Vorrecht, das viele Leute heute für sich in Anspruch nehmen, das aber nur wenigen zusteht.*« Clemen erinnerte aber auch an den besonders menschlichen Zug von W.W., Kinder als kleine Menschen wahrzunehmen und sie so zu behandeln: Die Clemenschen Kinder hatten sich in den zwanziger Jahren immer auf einen Besuch von W.W. gefreut, »*weil die übliche Schranke zwischen Erwachsenen und Kindern hier nicht bestand und hier sogar jemand war, der uns zuhörte, unsere kleinen Sor-*

gen und Anliegen ganz Ernst nahm und uns eine Sympathie entgegenbrachte, die aus der Fähigkeit entsprang, sich in den anderen Menschen hineinzuversetzen.«

Dann folgte der Königsberger Assistent Erich Fidder, der an W.W.s Lehrweise erinnerte, die »*gespannte Motorik, Inbrunst und Mäßigung, Kühle und Innervation zugleich*« besessen hatte: »*sie brachte das Weiteste in lichte Bezüge und vernachlässigte nicht das einzelne Phänomen. Die Diktion war in Wortgewalt und Nuancenreichtum überzeugend. Sie zog weitgespannte Bögen, ohne sich in Weitschweifigkeit zu ergehen. Das noch so Problemvolle erhielt Profiliertheit, weil nichts mit Phrasen überdeckt wurde. Im Heuristischen waltete nicht das Ungefähre, sondern der Ansporn zur Entschiedenheit…*«

Danach nahm der Osteuropa-Historiker Werner Philipp das Wort. Für ihn war W.W. nicht nur der Kollege in Königsberg gewesen, sondern auch – wie für die ganze Familie – ein väterlicher Freund geworden, nannten doch die Philipps die Worringers ihre Wahleltern. Werner Philipps Resümee lautete: »*Er hat seiner Zeit gedient, immer im Hinblick auf den Menschen, der in ihr lebte, und immer auch im Hinblick auf das Humane, das in ihr zu verwirklichen war; er hat ihr gedient in Mut und Verantwortung, mit Verstehen und Urteil, dabei sein Wissen in Weisheit verwandelnd.*«

Schließlich hatte der von W.W. immer geachtete Widersacher das Wort: Hans Sedlmayr. Er meinte, daß es »*auf der ganzen Welt*« keine kunsthistorische Institution gegeben habe, die bei der Nachricht vom Tod von W.W. nicht seiner gedacht hätte. Dann nannte er W.W.s Werk, was im allgemeinen in der Kunstgeschichte selten vorkomme, daß man sagen könne: »*genial*«: »*Ein Kennzeichen genialen Forschens ist es wohl, unter Überspringung von Zwischenerkenntnissen…auf eine entscheidende Erkenntnis mit unfehlbarer Sicherheit vorzugreifen.*« In fast jedem Buch W.W.s fänden sich solche »*divinatorischen Vorgriffe*«. »*Ein anderes nahezu unfehlbares Kennzeichen des Genialen ist es, dass seinem Ruhm auch eklatante Irrtümer keinen Abbruch tun.*« W.W. habe in seiner Wissenschaft einen »*außerordentlichen Rang*« eingenommen, aber die deutsche Kunstwissenschaft habe ihn, »*das merken wir heute mit Schrecken, mit äußeren Ehren nicht genug bedacht*«. Sedlmayr schloß mit den Worten: »*In der Erinnerung erscheint mir seine Gestalt als etwas Respekt-Einflößendes, Ehrfurcht-Gebietendes und zugleich als etwas ungemein Liebenswürdiges, Liebenswertes. Für unsere Wissenschaft aber sollte die Erinnerung an sein Werk die Mahnung erwecken, etwas zu wagen: Allez en avant et la foi vous viendra.*«

M.W. starb am 27. Oktober 1965 im Münchener Schwabinger Krankenhaus an plötzlichen Herzversagen; die Diagnose Lungenkrebs kannte sie nicht. Nach W.W.s Tod fand sie sich »*im Leeren stehend*«, betrachtete sich als »*Radikal-Amputierte*«, hatte Angst, seine Stimme nicht mehr hören zu können, das innere Bild von ihm zu verlieren, tröstete die Freunde Kahler und Nauhaus, daß sie ihren vielleicht besten Freund verloren hatten, fühlte sich selbst »*unendlich einsam*«, fand ihr Leben »*ziel- und zwecklos*« geworden. Sie verordnete sich, die 700 Seiten Goethe-Biographie von Richard Friedenthal zu lesen, die W.W. vor Jahren mit »*temperamentvollen Anstrichen versehen hatte*«: »*Diesen Strichen nachzugehen, reizte mich nun*«, schrieb sie an Nauhaus. Sie zeichnete ein wenig, wollte sich aber nicht ablenken lassen, sondern sich ihrer Einsamkeit ausliefern.

Anfang Juli 1965 brach die Krankheit aus: Schwäche, hohes Fieber, Atemnot, zwischendurch leichte Besserungen. Das Ergebnis der Bundestagswahl am 19. September, die sie aufmerksam verfolgte, kommentierte sie mit den Worten: »*...also erlebe ich nie mehr einen SPD-Sieg...*« In den letzten Lebenswochen schwankte sie bei ihrer Lektüre zwischen Bachofens *Mutterrecht* (1861 erschienen) und Grass' *Blechtrommel* (1959). Sie schlug damit einen Jahrhundertbogen – es war ihr Jahrhundert.

Bei der Trauerfeier sprach – nach den üblichen kirchlichen Ritualen – Leo Kugelmeier, der einst hilflose Arzt von Brigitte Worringer, vielleicht etwas pathetisch, aber tief empfunden und erfahren:

»*Klarheit und Reinheit waren so wesentliche, ihr persönliches Verhalten bestimmende und ihre Freunde am stärksten beeindruckende Eigenschaften. Neben ihrer scharfen und kritischen Intelligenz war es vor allem der hohe ethische Anspruch der Ma, der sich niemals mit ›kleiner Münze‹ zufrieden geben wollte: bei unnachsichtiger Anforderung an sich selbst durfte sie von allen, die ihr lieb waren und vertraut bleiben wollten, Gleiches erwarten. Sie fühlte von Jahr zu Jahr mehr das Gebot der Liebe, wurde toleranter, weil wissender. Ihr Glaube an das Gute im Menschen konnte auch nicht erschüttert werden durch die Erfahrung des Dämonischen im gleichen Wesen. Aus der oft als streng und geistig hochmütig gefürchteten Ma wurde eine liebende, von allen, die ihr begegneten, geliebte und verehrte Frau, begnadet mit einem höchst differenzierten Einfühlungsvermögen.*«

Die klarsten und schnörkellosesten Worte fand Lucinde zwei Jahre später in ihrem Brief an Erich von Kahler:

»*Allen, für die Mutters Tod ein Verlust war, habe ich nur sagen können, dass es nach meiner Meinung für sie so gut war: ihr Leben war so sehr verwachsen mit dem des Vaters, aus diesem Miteinander- und oft auch Gegeneinandersein bezog sie ihre ganze Kraft, mit der diese von früh auf kränkelnde Frau bewundernswert viel geleistet hat; als er nicht mehr da war, lohnte es sich für sie nicht mehr – und selbst Bereiche, die sie sich durch Jahrzehnte in Opposition zum Vater aufgebaut und verteidigt hatte, waren mit seinem Ende für sie gegenstandslos geworden. Das hat mich sehr ergriffen, und quälen tut es mich heute noch, darüber nicht mit dem Vater sprechen zu können. Ich bin sehr vorsichtig mit dem Wort ›sinnvoll‹; aber hier scheint es mir angebracht: die beiden wurden – nur 3 Tage auseinander – im selben Jahr geboren und starben auch im gleichen Jahr. Doch die Mutter, ihr Leben lang auf Leiden (als eine Qualität) eingestellt und vorbereitet, starb dann ahnungslos und leicht, während der arme Vater, so ganz anders angelegt, sich ja wissend so schrecklich quälen mußte.«*

Renate Schad-Worringer starb am 23. April 1996, Lucinde Sternberg-Worringer am 26. Juli 1998.

Anmerkungen zum Epilog

- *Philemon und Baucis* sind Gestalten der Griechischen Mythologie. Das friedliche, heitere alte Ehepaar bewirtet trotz eigener Armut die als Wanderer verkleideten Götter Zeus und Hermes, die zuvor vergeblich an viele Türen geklopft haben. Als Zeus Philemon fragt, was er sich wünsche, bittet dieser darum, gemeinsam mit seiner Frau sterben zu dürfen, damit keiner um den anderen trauern muß.
- Die Fundorte der Briefe von W.W. und M.W. an Wilhelm Nauhaus und Martha (Maruschka) Jenisch, Erich von Kahler, Ilse Curtius s. Quellenverzeichnis.
- Notiz von M.W. für die Erben (1963); Manuskripte der Reden auf der Trauerfeier für W.W.; Rede von Leo Kugelmeier auf der Trauerfeier für M.W. in: NL W. u. M. Worringer.
- Der Brief von Lucinde Sternberg an Erich von Kahler, in: NL Lucinde Sternberg.

Schlußwort der Autorin

Wilhelm und Marta Worringer wurden in den vorausgegangenen Kapiteln vorgestellt nicht als ein bloßer Fall, sondern als Beispiel für Bildungsbürgerlichkeit in Deutschland; es waren gewiß nicht viele, die unter diesem Dach versammelt werden können, aber doch eine ganze Reihe von Individuen, Paaren, Ehepaaren, freundschaftlich verbundenen kleinen Gruppen und last not least Familien. Einige von ihnen tauchten als Partner der Worringers in dem einen oder anderen Sinne in der Darstellung auf. Alle kennzeichnete eine typische, bei allen tendenziell ähnliche Lebensführung, ein eigenständiger kultureller Stil u.U. gegen den Zeittrend oder ihn nach eigenem Verständnis umbiegend, sich durch die Zeiten durchhaltende Wertorientierungen, Konventionen, Lebensweisen.

Die herausdestillierten Eigenschaften und Verhaltensweisen lagen eingebettet in einen historischen Rahmen, der vom Beginn des 20. Jahrhunderts bis in dessen letztes Drittel reichte und markiert wurde durch den Auftakt der kulturellen Moderne in ihrem Kontrast zum Entwicklungsstillstand des Wilhelminismus in Politik und Gesellschaft. Diesem Auftakt folgten der Erste Weltkrieg, die Zeit der unvollendeten Revolution, die Inflation, Ruhrkampf, die wenigen Jahre nur vermeintlicher Stabilität der ersten deutschen Republik mit dem Schein der *Goldenen Zwanziger*, die Weltwirtschaftskrise, die politischen Krisen, die sich zur Staatskrise auswuchsen, die Machtübergabe an die Nationalsozialisten, die Errichtung der nationalsozialistischen Terrorherrschaft erst in Deutschland, dann während des Zweiten Weltkriegs über große Teile Europas, der Holocaust, die Nachkriegszeit mit der Teilung Deutschlands, der restaurative Wiederaufbau und im Wiederaufbau die Anfänge der politisch-gesellschaftlichen Modernisierung in Westdeutschland.

Die große Zeit, *ihre* Zeit lag für diese Menschen, denen ihre Bildungsbürgerlichkeit den Lebenssinn gab, am Beginn des 20. Jahrhunderts, als der Begriff Bildungsbürgertum fast als eine Tautologie gelten konnte. Bürger sein hieß gebildet zu sein; jedenfalls war Bildung zu besitzen konstitutiver als Besitz zu haben, was den aufstiegsbewußten Neu-Wirtschaftsbürger in den Provinzecken dann doch manchmal erschrecken ließ. Im Nachhinein zeigt es sich allerdings, daß die um 1880 Geborenen bereits Nachzügler gewesen sind, daß sie seit dem Ersten Weltkrieg erst langsam aus der Geschichte abberufen, dann mit Brachialgewalt ins »*gesellschaftliche Randgebirge*«, um einem Ausdruck Worringers zu folgen, verdrängt wurden. Der Nationalsozialismus bzw. das Jahr 1933 bedeutete für diese bewußt gelebte Bildungsbürgerlichkeit einen irreparablen Bruch in ihrer Prägekraft, es war ein Bruch, für den große Teile des sich zu den Gebildeten der Nation Zählenden selbst Verantwortung trugen, da sie ihre humanistischen Ursprünge für kompatibel mit dem Nationalsozialismus hielten und sie damit verrieten. Dies nicht getan zu haben macht die Worringers dann doch beinahe zu einem Sonderfall. Das Faszinierende an ihrer Form der Bildungsbürgerlichkeit war, daß sie bis zum Ende ihres 20. Jahrhunderts anziehungsfähig und in gewissen Grundzügen sogar wirkungsmächtig bleiben konnte.

Dies alles sind Behauptungen, die fraglich bleiben müßten, füllte man sie nicht mit Inhalten. Was also waren die konkreten Merkmale jener Bildungsbürgerlichkeit, die Lebenssinn zu stiften vermochte?

Man legte Wert darauf, großzügig zu wohnen, und hatte Personal; im Essen gerierte man sich eher zurückhaltend in Menge und Qualität; aber ausgelassen wurde dann doch eigentlich nichts; weder fehlten französischer Cognac noch heimischer rheinischer Wein noch die Zigarre oder Schweizer Edelbitter-Schokolade. Man kleidete sich zwar sparsam und schlicht, fast ein wenig sogar unter dem Niveau der Schicht, der man angehörte, aber immer stilsicher.

Dauerhaft und eigentlich ununterbrochen befand man sich im intensiven Wahrnehmen von Literatur, Philosophie, Theater, Kunst; Neues nahm man neugierig auf, Altes las oder hörte man wiederholt genüßlich. Der Austausch untereinander gehörte zum selbstverständlichen Ritual. Zögernd und eher pflichtschuldig als engagiert ließen sich die Worringers auf die kommentierende Begleitung politischer Tagesereignisse ein; der Erste Weltkrieg, Krieg überhaupt, war dafür das auslösende Moment.

Geselligkeit – lieber in kleinen Kreisen als in größerer Menge – war und blieb ein unbedingtes Bedürfnis; die Diskursfähigkeit hatte einen hohen Stellenwert. Der kommunikative Austausch in Briefform war eine Selbstverständlichkeit; das Telefon blieb ein technisches Instrument notwendig werdender Kurzverständigung.

Reisen in Europa, nach Rom, Florenz, Italien überhaupt, Paris, Südfrankreich, Madrid, London begriff man als ein selbstverständliches, möglichst regelmäßig zu betreibendes Bildungstraining – bis ins hohe Alter. Erholungsreisen waren jedoch keineswegs verpönt. Stundenlange, manchmal tagelange Fahrtzeiten, oft über Nacht, wurden ohne lautes Klagen hingenommen.

Stil haben, Würde bewahren, Ansprüche stellen und behalten, selbst wenn sie sich vorübergehend oder endgültig als unlösbar erwiesen, machten immer Sinn. Dabei verhielt sich die aus einem wohlhabenden Haus stammende Marta Worringer, deren Vater zwar einst auch ein Aufsteiger gewesen war, konsequenter in der Mäßigung der Begehrlichkeiten als ihr Mann, ein Aufsteiger der ersten Generation, der öfter über die Stränge schlug. Dabei war namentlich nach dem Ersten Weltkrieg die wirtschaftliche Situation der intellektuellen Elite in Deutschland blamabel gemessen an ihrem gesellschaftlichen Rang und moralisch geradezu niederdrückend für die Betroffenen.

Die Ehen, nicht mehr und nicht weniger gefährdet als eh und je und oft genug scheiternd, näherten sich, von männlicher Dominanz weg, hin zu gegenseitig partnerschaftlichem Verhalten, langsam, aber immerhin. Es war noch gar nicht selbstverständlich, daß Frauen *ihre* Arbeit tun konnten, aber es wurde im Horizont der Bildungsbürgerlichkeit immer häufiger. Männer akzeptierten zwar seit Beginn des 20. Jahrhunderts die Arbeit ihrer Frauen zunehmend; aber diese Akzeptanz blieb für den Alltag fast immer ohne Konsequenzen. Folglich wuchsen die Lasten der Frauen, die Ehefrau, Mutter, oft von mehreren Kindern, Organisatorin des Haushalts, Gestalterin des geselligen Lebens sein mußten und sein wollten und ihre eigene Arbeit nicht vernachlässigen mochten. Für die eigene Arbeit mußten sie sich die Zeit stehlen; es war überwiegend Mehrarbeit – ein hoher Preis für die Emanzipation.

Die Töchter, so zeigte unser Beispiel, konnten selbstverständlich eine Berufsausbildung nach freier Wahl absolvieren, selbst wenn die Wahl der Töchter nicht unbedingt begrüßt wurde. Der Erziehungsstil war von Konsequenz und Liberalität gleichermaßen gekennzeichnet, immer im Rahmen der generell geltenden Werthorizonte. Dabei wurde die Distanz zur nächsten Generation, der *Drei-Groschen-Oper-Generation*, teilweise sehr schmerzlich empfunden, aber toleriert und schon gar nicht kaschiert.

Das Jahr 1933 leitete, wie bereits gesagt wurde, den Zusammenbruch der Welt der Bildungsbürgerlichkeit ein. Während viele Bildungsbürger ihrem Selbstverständnis nach sich anpaßten, ja ihre Werte verrieten, haben einige, darunter die Worringers, begriffen, daß der Nationalsozialismus ihre Wertewelt zerstörte. So schwieg man öffentlich, man schwieg gewissermaßen laut, um den zerstörenden Kräften Paroli zu bieten. Man war folglich nach 1945 darüber erstaunt, daß diese alte Welt eine zeit- und teilweise Renaissance erfuhr, erkannte aber bald, daß dies nur unter Verzicht auf Erinnerung und Verdrängung von Wahrheit aus der Zeit zwischen 1933 und 1945 geschehen und von keiner Dauer sein konnte.

Daß der Protest gegen solche Vergessenheit nicht sehr laut wurde, war gewiß auch ihrem Alter geschuldet. Kompensatorisch drückte er sich bis zum Tod in der ungebrochenen Wahrnehmung der ihnen eigentlichen Bildungsbürgerlichkeit aus.

Die Kenntnisnahme des politischen Geschehens war vom Anfang der Selbstreflexion an in Grenzen eine Selbstverständlichkeit gewesen; durch die Zeitumstände bewirkt erfuhr sie sogar eine Zunahme an Breite und Tiefe. Nach Hitler erschien das Interesse für das politische Geschehen und die Stellungnahme zu ihm, manchmal widerwillig, als eine unabdingbare Notwendigkeit. Auch diese Lektion war gelernt.

Wozu, so wird vielleicht der eine oder der andere Leser fragen, soll man heute wissen, was diese Form der Bildungsbürgerlichkeit, wie sie mit der Doppelbiographie von Wilhelm und Marta Worringer vorgestellt wurde, inhaltlich bedeutet hat und nicht mehr bedeutet, ja, nicht mehr bedeuten kann? Erinnerungskulturelles Bemühen mag im Spiele sein, das Bedürfnis, denen, die es nicht mehr gibt, eine Stimme zu leihen, gewiss auch. Aber ändern an der Wirklichkeit kann man durch diese Wiedererinnerung wenig, wenn nicht sogar nichts. Aber vielleicht ist es ja möglich, gedanklich vorwegzunehmen, was an Wirklichkeit noch auf uns zukommen mag, und dann zu begreifen, welche kulturellen Horizonte Menschen in ihrem Leben sich zu eröffnen wußten, und solche Einsichten dann auch zu nutzen. Historische Spuren schrecken nämlich nicht nur, sie können auch anleiten, Leben in menschlicher Würde zu gestalten und zu bewältigen.

Quellen- und Literaturverzeichnis

Archivalien

Vorbemerkung: Der schriftliche Nachlaß von Wilhelm und Marta Worringer befindet sich im Archiv für Bildende Kunst des Germanischen Nationalmuseums Nürnberg. Die Fundstelle wird im folgenden abgekürzt: NL W. u. M. Worringer, ABK/GNM Nürnberg. Da der Nachlaß durch die Lebensumstände der Worringers (Flucht aus Königsberg, Flucht aus Halle) stark reduziert erscheint, wurden ihm die Kopien der Briefe von Wilhelm und Marta Worringer zugeordnet, die in anderen Überlieferungen gefunden werden konnten. Im Verzeichnis der Quellen sind jedoch die Original-Fundorte angegeben.

1. Archivalien zu Leben und Werk von Wilhelm Worringer

Wilhelm Worringer, Notizbuch mit Gedanken und Gedichten aus den Jahren 1897–1899. NL W. u. M. Worringer, ABK/GNM Nürnberg
Wilhelm Worringer, Aufzeichnung 1959 über die erste Begegnung mit Marta Schmitz und Agnes Oster im Januar 1905. Rededisposition zur Goldenen Hochzeit von Agnes und Alfred Forell. NL W. u. M. Worringer, ABK/GNM Nürnberg
Wilhelm Worringer, Handschriftliches Tagebuch 1.1.1944–28.4.1946. NL W. u. M. Worringer, ABK/GNM Nürnberg
Manuskripte, ungedruckt: Für und wider den Formalismus (1952), jetzt in: Schriften, S. 1121–1134; Fragen und Gegenfragen (1956), jetzt in: Schriften, S. 833–909; Schlußwort nach fünfzig Jahren, jetzt in: Schriften, S. 55–64, ausführlicher der 15 Schreibmaschinenseiten umfassende Brief an Herbert Kühn vom Ende Mai 1959 (Kopie). NL W. u. M. Worringer, ABK/GNM Nürnberg
Tagebuch Kurt Gehlhoff 6.5.1945–27.7.1945. NL Kurt Gehlhoff. Privatarchiv Dr. Walter Gehlhoff, Bonn
Reden anläßlich der Trauerfeier für Wilhelm Worringer, Krematorium Ostfriedhof München am 2.4.1965 von Prof. Dr. Wolfgang Clemen, München; Dr. Erich Fidder, Stuttgart; Prof. Dr. Werner Philipp, Berlin; Prof. Dr. Hans Sedlmayr, München; NL W. u. M. Worringer, ABK/GNM Nürnberg

Wilhelm Worringer als Hochschullehrer:
Personalakte Wilhelm Worringer, Nr. 624, Hochschulakten BB III b. Staatsarchiv des Kanton Bern
Fakultätsakte Wilhelm Worringer PA 600. Universitätsarchiv Bonn
Berufungsakten Albertus-Universität Königsberg (1927/28). Schreiben des Kurators der Universität Königsberg an den zuständigen Minister 19. Juni 1933. Beide in: Geheimes Staatsarchiv Preußischer Kulturbesitz. Berlin (Dahlem) (6 St A PK) Aktensignaturen: I HA Rep. 76 Va Sekt. 3 Tit. IV Nr. 45 Bd. 11 Blätter 140–144, Nr. 55 Bd. 7, Blätter 334–336, 338, Nr. 55 Bd. 10 Blatt 481. I HA Rep. 76 Va Sekt. 11

Tit. IV Nr. 21 Bd. 32 Blätter 97, 97v. I HA 76 Va Sekt. 11 Tit. IV Nr. 21 Bd. 32 Blätter 158–165, 223–230v. und I HA Rep. 76 Va Sek. 11 Tit. IV Nr. 21 Bd. 34 Blätter 297, 297v, 303. Weitere Akten der Universität Königsberg Wilhelm Worringer betreffend wurden nicht aufgefunden; diese Bemerkung bezieht sich auch auf das Archivum Państwowe w Olsztynie, das noch Bestandsgruppen der Universität Königsberg aufbewahrt.

Personalakte Nr. 17291 Wilhelm Worringer. Universitätsarchiv Halle

Wilhelm Worringer an die Oberfinanzdirektion München 27.6.1951 (betr. Gesetz Art. 131). NL W. u. M. Worringer, ABK/GNM Nürnberg

2. Archivalien zu Leben und Werk von Marta Worringer

Marta Worringer, Tagebuch 18.3.1933–16.5.1933; 31.12.1942–31.12.1949. Originale (handschriftlich). NL W. u. M. Worringer, ABK/GNM Nürnberg. Das Tagebuch wurde von Lucinde Sternberg und Helga Grebing transkribiert.

Marta Worringer, Kalender-Tagebücher vom 31.12.1949 bis 16.10.1965. NL W. u. M. Worringer, ABK/GNM Nürnberg. Die Tagebücher sind in Vollstreckung des Wunsches der beiden Erbinnen Renate Schad und Lucinde Sternberg noch bis 2050 gesperrt.

Marta Worringer, Gedichte (13). 1915; 1934–1936. NL W. u. M. Worringer, ABK/GNM Nürnberg

Marta Worringer. Eine Studie. Verfasser unbekannt, o.J., Ms., 11 Seiten. NL W. u. M. Worringer, ABK/GNM Nürnberg

Marta Worringer, Aufzeichnung 1958 über W. W.. NL W. u. M. Worringer, ABK/GNM Nürnberg

Marta Worringer, Aufzeichnung v. 31.8.1963 (betr. Zeichnungen). NL W. u. M. Worringer, ABK/GNM Nürnberg

Marta Worringer, Aufzeichnung o. Datum: Hausrat, Mobiliar der 7 Zimmer Pr. str. 6 IV. NL W. u. M. Worringer, ABK/GNM Nürnberg

L. M. Kugelmeier, Gedenkworte zur Totenfeier für Frau Marta Worringer, 30.10.1965 in München. Ms., 2 Seiten. NL W. u. M. Worringer, ABK/GNM Nürnberg

3. Personendaten, Meldebögen, Hinweise auf Aufenthalte etc.

Diese Hinweise verdankt die Autorin den Archiven der Landeshauptstädte, Städte, Gemeinden und Verbandsgemeindeverwaltungen Bern, Dachau, Bonn, Düsseldorf, Köln, Maifeld, München, Thorley, Trier und Zürich; ferner Arbeitskreis Kettwiger Geschichte der VHS Essen (Michael Wehner), sowie dem Nordrhein-Westfälischen Hauptstaatsarchiv, Zweigstelle Schloß Kalkum.

4. Briefe von und an Wilhelm und Marta Worringer 1903–1965

Wilhelm Worringer an *Cuno Amiet* (1911–1919). Nachlaß Cuno Amiet. Schweizerisches Literaturarchiv, Bern

Wilhelm Worringer an *Carl Heinrich Becker* (1918–1925). Nachlaß Becker Nr. 5194. Geheimes Staatsarchiv Preußischer Kulturbesitz, Berlin (Dahlem) (G St A PK) VI HA Familienarchive und Nachlässe

Martin Buber an Wilhelm Worringer 2.8.1959; an Marta Worringer 25.4.1965. NL W. u. M. Worringer, ABK/GNM Nürnberg

Wilhelm Worringer an *Ernst Robert Curtius* (1921–1946). Nachlaß E. R. Curtius, hier: Briefnachlaß. Universitäts- und Landesbibliothek Bonn. Abteilung Handschriften und Rara

Wilhelm Worringer an *Ernst Robert Curtius*. Briefentwurf von W. W. 1950. NL W. u. M. Worringer, ABK/GNM Nürnberg

Wilhelm Worringer an *Louise Dumont* (1908–1931). Dumont-Lindemann-Archiv im Theatermuseum der Landeshauptstadt Düsseldorf

Wilhelm Worringer an *Victor (und Eva) Ehrenberg* (1933–1938). NL W. u. M. Worringer, ABK/GNM Nürnberg

Wilhelm Worringer, Briefwechsel mit *Arnold Gehlen* (1958). NL W. u. M. Worringer, ABK/GNM Nürnberg

Wilhelm Worringer an *Kurt Gehlhoff*/Kopie (1951). NL Lucinde Sternberg, geb. Worringer, Privatarchiv Helga Grebing, Göttingen

Wilhelm Worringer, Marta Worringer, Lucinde Worringer an *Sigfried Giedion* und *Carola Giedion-Welcker* (1922–1965). NL/Privatarchiv Prof. Dr. Andres Giedion, Zürich

Wilhelm Worringer an *Martha (Maruschka) Jenisch*, geb. Wegener (1944, 1961–1963). NL M. Jenisch. Das Kempowski Archiv, Nartum, Archiv-Nr. 4720

Wilhelm Worringer an *Erich von Kahler* (1947–1963). Erich von Kahler Papers. University at Albany Libraries. M. E. Grenander Department of Special Collections and Archives. German Intellectual Émigré Collection (GER-048)

Wilhelm Worringer an *Wassily Kandinsky* (1911/12). Gabriele Münter- u. Johannes Eichner-Stiftung München

Wilhelm Worringer, Briefwechsel mit *Gabriele Münter* (1951/52). NL W. u. M. Worringer, ABK/GNM Nürnberg

Wilhelm Worringer, Briefentwurf an *Marie Luise Kaschnitz* (1958). NL W. u. M. Worringer, ABK/GNM Nürnberg

Wilhelm Worringer an den *Kurator der Universität Göttingen* am 28.2.1946. NL Ludwig Raiser, Bundesarchiv Koblenz N 1287, Nr. 44/d.

Wilhelm Worringer an *Heinrich Mann* (1903, 1907, 1911). Heinrich-Mann-Archiv, Stiftung Archiv der Akademie der Künste Berlin

Wilhelm Worringer an *Wilhelm (Kilian) und Nora (Nori) Nauhaus* (1948–1955)

Wilhelm Worringer an *Wilhelm Nauhaus* (1955–1965). NL W. u. M. Worringer, ABK/GNM Nürnberg (Dauerleihgabe der Familie)

Wilhelm Worringer an *Walter F. Otto* (1946); Marta Worringer an Frau Otto (1945). NL Walter Friedrich Otto. Schiller-Nationalmuseum/Deutsches Literaturarchiv Marbach

Wilhelm Worringer an *Werner Philipp* (1949–1964). NL W. u. M. Worringer, ABK/GNM Nürnberg (übergeben von der Familie Philipp)

Wilhelm Worringer an *Reinhard Piper* (1907–1950). Depositum Piper Verlag. Schiller-Nationalmuseum/Deutsches Literaturarchiv Marbach

Wilhelm Worringer, Briefwechsel mit *Hans Pyritz* (1942, 1945). NL Pyritz. Schiller-Nationalmuseum/Deutsches Literaturarchiv Marbach

Wilhelm Worringer an *Hans Schwerte* (1957–1960). NL Hans Schwerte. Schiller-Nationalmuseum/Deutsches Literaturarchiv Marbach

Wilhelm und Marta Worringer an *Samuel Singer* (1912–1946). NL Samuel Singer. Burgerbibliothek Bern (Bibliothèque de la Bourgeoisie de Bern)

Gerhard Strauß an Wilhelm Worringer (1958). NL W. u. M. Worringer, ABK/GNM Nürnberg. S. auch Personalakte Gerhard Strauß. Archiv der Humboldt-Universität Berlin

Wilhelm Worringer, Briefwechsel mit *Paul Westheim* (1948–1963). Paul-Westheim-Archiv, Stiftung Archiv der Akademie der Künste, Berlin

Wilhelm Worringer an *Renate Worringer* (1935). NL W. u. M. Worringer, ABK/GNM Nürnberg

Wilhelm Worringer an *Lucinde Worringer* (1942). NL W. u. M. Worringer, ABK/GNM Nürnberg

Wilhelm Worringer an *»Liebe Döchters«* (1944). NL W. u. M. Worringer, ABK/GNM Nürnberg

Wilhelm Worringer an *Kurt Sippel*. Entwurf eines Briefes vom 8.1.1960. NL W. u. M. Worringer, ABK/GNM Nürnberg

Marta Worringer an *Cuno Amiet* (1911–1919). Nachlaß Cuno Amiet. Schweizerisches Literaturarchiv, Bern

Marta Worringer an *Ernst Robert Curtius* (19.4.1940). Nachlaß E. R. Curtius, hier: Briefnachlaß. Universitäts- und Landesbibliothek Bonn. Abteilung Handschriften und Rara

Marta Worringer an *Ilse Curtius* (1939–1965). Teilnachlaß von I. Curtius. Archiv des August-Macke-Hauses Bonn

Marta Worringer an *Louise Dumont* (1921–1932). Dumont-Lindemann-Archiv im Theatermuseum der Landeshauptstadt Düsseldorf

Louise Dumont an Marta Worringer vom 4.3.1921 handschriftl. NL W. u. M. Worringer, ABK/GNM Nürnberg

Louise Dumont an Marta (Dimah) Worringer (1921–1932). Dumont-Lindemann-Archiv im Theatermuseum der Landeshauptstadt Düsseldorf

Marta Worringer an *Paul Hankamer* (1940–1945), sowie Tagebuch von P. H. Nachlaß Paul Hankamer. Privatarchiv Dr. E. W. Hankamer, Bonn

Marta Worringer an *Martha (Maruschka) Jenisch* (1961, 1964). NL M. Jenisch. Das Kempowski Archiv, Nartum, Archiv-Nr. 4720

Marta Worringer an *Erich von Kahler* (1964/1965). Erich von Kahler Papers. University at Albany Libraries. M. E. Grenander Department of Special Collections and Archives. German Intellectual Émigré Collection (GER-048)

Marta Worringer an *Wilhelm Nauhaus* (1965). NL W. u. M. Worringer, ABK/GNM Nürnberg (Dauerleihgabe der Familie)

Marta Worringer an *Gertrud Philipp* (1947–1967). NL W. u. M. Worringer, ABK/

GNM Nürnberg (übergeben von der Familie Philipp)

Bertha Worringer an Marta Worringer. Rosenmontag 1935. NL W. u. M. Worringer, ABK/GNM Nürnberg

Brigitte Worringer an Marta Worringer 11.2.1934, 30.3.1934, Himmelfahrt 1934. NL W. u. M. Worringer, ABK/GNM Nürnberg

Else Court an Marta Worringer. August 1944-April 1945 aus dem KZ Ravensbrück; an Marta Worringer vom 15.1.1946. NL W. u. M. Worringer, ABK/GNM Nürnberg

Else Zieseniss, geb. Harms aus Güstrow an Marta Worringer vom März 1946 über den Tod von *Else Court*. NL W. u. M. Worringer, ABK/GNM Nürnberg

Lonja Stehelin-Holzing (geb. Freiin von Holzing-Berstett), Gedichte für Wilhelm und Marta Worringer. NL L. Stehelin-Holzing, Schiller-Nationalmuseum/Deutsches Literaturarchiv Marbach

5. Archivalien zu Lucinde Sternberg und Renate Schad (geb. Worringer)

Lucinde Worringer, Taschenkalender 1942, 1945, 1946, 1947, 1948, 1949, 1950, 1953, 1954. NL Lucinde Sternberg, geb. Worringer, Privatarchiv Helga Grebing, Göttingen (später: Archiv der sozialen Demokratie, Bonn). Im Folgenden: NL Lucinde Sternberg, PA Grebing/AdsD

Lucinde Worringer »Hammelgeschichte«. Ms. Weihnachten 1946. NL Lucinde Sternberg, PA Grebing/AdsD

Renate Schad, Vom Geierpfad gesehen..., Berlin-Frohnau April/Mai 1945. Aufzeichnung vom 16.4.–25.4.1945. Maschinenschriftlich (transkribiert von R. Schad), in einer Kopie im NL W. u. M. Worringer, ABK/GNM Nürnberg

Lucinde Worringer an *Renate Worringer*, Königsberg, 25.8. und 29.9.1934. NL Lucinde Sternberg, PA Grebing/AdsD

Brigitte Worringer an Lucinde Worringer Ostern 1930–26.5.1931; 28.3.1933–26.4.1934. NL Lucinde Sternberg, PA Grebing/AdsD

Brief von »*Anny*« (an Renate Worringer) 16.10.1934. NL W. u. M. Worringer, ABK/GNM Nürnberg

Adolf (Adi) Gerlach an Lucinde Worringer 1944/45; *Maria Sand* (geb. Gerlach), 25.6.1949. NL Lucinde Sternberg. PA Grebing/AdsD

Heinz Litten (und *Irmgard Litten*) an Lucinde Worringer 4.6.1934–Frühjahr 1938; 6.9.1946–7.2.1947. NL Lucinde Sternberg, PA Grebing/AdsD

Susanne Kerckhoff an Lucinde Worringer 6.3.1945–18.3.1948. NL Lucinde Sternberg, PA Grebing/AdsD

Renate Worringer an Hans Schad, Nidden 9.7.1936. Abschrift in: NL Lucinde Sternberg, PA Grebing/AdsD

Lucinde Sternberg an *Erich von Kahler,* o. D. (1967). NL Lucinde Sternberg, PA Grebing/AdsD

Lucinde Sternberg, Lebensgeschichtliches Interview mit Christl Wickert und Stefanie Schüler-Springorum. 7 Kassetten bzw. CD-Rom, 13.–15.9.1997, Göttingen u. 7.11.1997, Berlin. NL Lucinde Sternberg, PA Grebing/AdsD

Schüler-Springorum, Stefanie und Wickert, Christl: »Man darf sich nur nicht ent-
mutigen lassen«. *Lucinde Sternberg* 1918–1998. Als Ms. gedruckt
Video des Vortrags von *Lucinde Sternberg* am 3.6.1998 an der Hochschule für
Bildende Künste Braunschweig (90 min.). NL Lucinde Sternberg, PA Grebing/
AdsD
Transskript des Gesprächs mit Helga Grebing und *Lucinde Sternberg* am 19.10.1995.
Gesprächsführung Heike Meyer-Schoppa und Karin Gille. PA Grebing/AdsD
Alle in: NL Lucinde Sternberg, PA Grebing/Ads

Gedruckte Quellen

Worringer, Wilhelm: *Schriften*, hrsg. von Hannes Böhringer, Helga Grebing, Beate
Söntgen. Bd. 1 u. 2. München 2004, 1501 S., 331 Abb. und als Anlage 1 CD-ROM.
Worringer, Wilhelm: *Vision* (1903), jetzt in: ders., Schriften, S. 38
Worringer, Wilhelm: *Frank Wedekind. Ein Essay*, in: *München Almanach. Ein Sam-
melbuch neuer deutscher Dichtung*, hrsg. von Karl Schloss, München/Leipzig
1905, S. 55–64
Worringer, Wilhelm: *Lukas Cranach* (Klassische Illustratoren 3, hrsg. von Kurt Ber-
tels). München/Leipzig 1908, 128 S.
Worringer, Wilhelm: *Die Kathedrale in Reims*, in: *Kunst und Künstler. Illustrierte
Monatsschrift für Kunst und Kunstgewerbe* 13/1915, S. 85–90
Worringer, Wilhelm: (ohne Titel), in: *Zeit-Echo. Ein Kriegs-Tagebuch der Künstler 1*,
1914/15, S. 20–22
Worringer, Wilhelm: *Künstlerische Zukunftsfragen*, in: Frankfurter Zeitung, 25.12.
1915; gek. Wiederabdruck in: *Kunst und Künstler 14*, 1916, S. 259–264
Worringer, Wilhelm: *Kritische Gedanken zur neuen Kunst* (1919), in: Schriften, S.
883–894
Worringer, Wilhelm: *Künstlerische Zeitfragen* (1921), in Schriften, S. 895–909
Worringer, Wilhelm: *Käthe Kollwitz. Bilderhefte des deutschen Ostens*, hrsg. von
Heinrich Wolff. H. 10, 1931
Wilhelm Worringer an Martin Buber 1959, in: *Martin Buber. Briefwechsel aus sie-
ben Jahrzehnten Bd. 3: 1938–1965*, hrsg. von Grete Schaeder, Heidelberg 1975
Wilhelm Worringer an Carl Enders (1919), in: *Christina Horstmann: Die Literarhi-
storische Gesellschaft Bonn im ersten Drittel des 20. Jahrhunderts. Dargestellt am
Briefnachlaß von Carl Enders*, Bonn 1987
Wilhelm Worringer an Reinhard Piper, in: ders., *Briefwechsel mit Autoren und
Künstlern 1903–1953*, hrsg. von Ulrike Buergel-Goodwin u. Wolfgang Göbel,
München 1979
Howoldt, Jenns E.: *Krise des Expressionismus. Anmerkungen zu vier Briefen Wil-
helm Worringers an Carl Georg Heise*, in: *Idea. Jahrbuch der Hamburger Kunst-
halle Bd. VIII*, 1989, S. 159–173
Marta Worringer, »*meiner Arbeit mehr denn je verfallen.*« Katalog zur Ausstellung,
hrsg. vom Verein August Macke Haus e.V., Bonn 2001

Der Blaue Reiter, hrsg. von Wassily Kandinsky und Franz Marc (1912). Dokumentarische Neuausgabe von Klaus Lankheit. München 1965

August Macke – Franz Marc, Briefwechsel, hrsg. von. Wolfgang Macke, Köln 1964

Kaschnitz, Marie Luise: *Tagebücher aus den Jahren 1936-1966*, hrsg. Von Christian Büttrich, Marianne Büttrich und Iris Schnebel-Kaschnitz, 2 Bde., Frankfurt a. M. 2000

Dies.: *Tage, Tage, Jahre. Aufzeichnungen*. 1. Aufl., Frankfurt a. M. 1968

Dies.: *Orte. Aufzeichnungen*. 1. Aufl., Frankfurt a. M. 1973

Thomas Mann. *Tagebücher 1933-1934*, hrsg. von Peter de Mendelssohn. Frankfurt a. M. 1977

Die Ausstellungskataloge des Königsberger Kunstvereins (20. Jahrhundert), bearbeitet und hrsg. von Rudolf Meyer-Bremen. Köln, Weimar, Wien 1993

Vorlesungsverzeichnisse 1927/28–1944 der Albertus-Universität zu Königsberg i. P.

Vorlesungsverzeichnisse 1946–1950 der Martin-Luther-Universität Halle-Wittenberg

Literatur

Arnheim, Rudolf: *Wilhelm Worringer über Abstraktion und Einfühlung* (1967), in: ders.: Neue Beiträge. Köln 1991, S. 75–90

Bauer, Franz J.: *Bürgerwege und Bürgerwelten. Familienbiographische Untersuchungen zum deutschen Bürgertum im 19. Jahrhundert*. Göttingen 1991

Böhringer, Hannes; Söntgen, Beate (Hrsg.): *Wilhelm Worringers Kunstgeschichte*. München 2002

Brüning, Ute; Dolgner, Angela: *Walter Funkat: Vom Bauhaus zur Burg Giebichenstein*. Dessau 1996

Invisible Cathedrals. The Expressionist Art History of Wilhelm Worringer. Edited by Neil H. Donahue. Pensylvania State University/USA 1995

Erdmann-Macke, Elisabeth: *Erinnerung an August Macke*. Stuttgart 1962, Zitat S. 220f.

Fechter, Paul: *An der Wende der Zeit*. Berlin, Hamburg 1950, Zitat S. 205

Ders.: *Menschen auf meinen Wegen. Begegnungen gestern und heute*. Gütersloh 1955, S. 291–307

Feist, Peter H.: *Wilhelm Worringer*, in: Peter Betthausen, Peter H. Feist, Christiane Fork (Hrsg.): *Metzler-Kunsthistorikerlexikon*. Stuttgart, Weimar 1999, S. 493–495, Zitat S. 494f.

Fidder, Erich (Hrsg.): *Neue Beiträge deutscher Forschung. Wilhelm Worringer zum 60. Geburtstag*. Königsberg 1943

Flügge, Thomas: *»Zeitdienst«. Eine Chronik*. Berlin 1996

Gause, Fritz: *Die Geschichte der Stadt Königsberg in Preußen* Bd.3. Köln, Weimar, Wien 1996

Gay, Peter: *Freud, Juden und andere Deutsche. Herren und Opfer in der modernen Kultur*. Hamburg 1986, Zitat S. 181

Der Gereonsklub 1911-1913. Europas Avantgarde im Rheinland. Katalog zur Ausstellung, hrsg. vom Verein August Macke Haus e.V. Bonn 1993

Grebing, Helga: »*München leuchtete*«. Anmerkungen zu den Aufenthalten von Marta Schmitz und Wilhelm Worringer in München 1905–1907, in: *Marta Worringer, »meiner Arbeit mehr denn je verfallen.«* Katalog zur Ausstellung, hrsg. vom Verein August Macke Haus e.V. Bonn 2001

Haffner, Herbert: *Furtwängler.* Berlin 2003, Zitat S. 41

Held, Jutta; Papenbrock, Martin (Hrsg.): *Kunstgeschichte an den Universitäten im Nationalsozialismus.* Jahrbuch der Guernica-Gesellschaft 5/2003. Göttingen 2003

Hübinger, Gangolf; Mommsen, Wolfgang J. (Hrsg.): *Intellektuelle im Deutschen Kaiserreich.* Frankfurt a. M. 1993

Kleinertz, Everhard: *Konrad Adenauer als Beigeordneter der Stadt Köln (1906–1917)*, in: *Konrad Adenauer. Oberbürgermeister von Köln. Festgabe der Stadt Köln zum 100. Geburtstag ihres Ehrenbürgers am 5. Januar 1976*, hrsg. von Hugo Stehkämper. Köln 1976

Kocka, Jürgen (Hrsg.): *Bürger und Bürgerlichkeit im 19. Jahrhundert.* Göttingen 1987

Köln der Frauen. Ein Stadtwanderungs- und Lesebuch, hrsg. Von Irene Franken und Christiane Kling-Mathei. Köln 1992, s. hier den Beitrag von Hildegard Reinhardt über Olga Oppenheimer und Emmy Worringer

Kunigk, Helmut: *Paul Hankamer in Königsberg (1932-1936)*, in: *Zeitschrift für die Geschichte und Altertumskunde Ermlands* Bd. 48, 1996, S. 166–204

Lang, Siegfried K.: *Wilhelm Worringers Abstraktion und Einfühlung. Entstehung und Bedeutung*, in: Böhringer; Söntgen (Hrsg.): *Wilhelm Worringers Kunstgeschichte.* München 2002, S. 81–117

Liese, Wolf: *Louise Dumont. Ein Leben für das Theater.* Hamburg 1971

Lundgreen, Peter (Hrsg.): *Sozial- und Kulturgeschichte des Bürgertums.* Göttingen 2000

Mann, Thomas: *Mein Sommerhaus* (Vortrag vor dem Rotary Klub in München am 1. Dezember 1932), in: ders: *Über mich selbst. Autobiographische Schriften.* Frankfurt a. M. 1983, Taschenbuchausgabe 1994

Thomas Mann in Nidden. Marbacher Magazin Nr. 89 (Sonderheft), 2000

Marc, Franz: *Die Konstruktiven Ideen der neueren Malerei*, in: Pan, 2. Jh., 1. Halbj. Okt. 1911/März 1912, S. 527–531

Nauhaus, Wilhelm: *Die Burg Giebichenstein. Geschichte einer deutschen Kunstschule 1915–1933.* Leipzig 1981

Niethammer, Lutz u.a.: *Bürgerliche Gesellschaft in Deutschland.* Frankfurt a. M. 1990

Neumark, Fritz: *Zuflucht am Bosporus. Deutsche Gelehrte, Politiker und Künstler in der Emigration 1933-1953.* Frankfurt a. M. 1980, Zitat S. 103f.

Öhlschläger, Claudia: »*Abstraktionsdrang*«. *Die Erzeugung des Unsichtbaren in Ästhetik und Poetik der Moderne (1888-1938).* Habilitationsschrift München 2002

Papenbrock, Martin: »*Entartete Kunst*«. *Exilkunst, Widerstandskunst in westdeutschen Ausstellungen nach 1945. Eine kommentierte Bibliographie.* Weimar 1996

Piper, Reinhard: *Mein Leben als Verleger. Vormittag (1947), Nachmittag (1950).* Neuausgabe München 1991

Rave, Paul Ortwin: *Kunstdiktatur im Dritten Reich (1949)*, hrsg. Von Uwe M. Schneede. Berlin o. J. (1987)

Rheinische Expressionistinnen. Katalog zur Ausstellung, hrsg. vom Verein August Macke Haus e.V.. Bonn 2001; hier: Anke Münster über Marta Worringer und Hildegard Reinhardt über Olga Oppenheimer.

Ross, Werner: *Bohemiens und Belle Epoque: Als München leuchtete.* Berlin 1997

Schüler-Springorum, Stefanie: *Die jüdische Minderheit in Königsberg/Preußen, 1871–1945.* Göttingen 1996

Schulz, Paul: *Gespräch mit Professor Wilhelm Worringer*, in: Das Ostpreußenblatt, 12. Jg., 7.1.1961, S. 9

Schulze, Ingrid: *Wilhelm Worringer und die bürgerliche Opposition gegen den großdeutschen Nationalismus auf dem Gebiet der Kunstgeschichtsschreibung*, in: Wissenschaftliche Zeitschrift der Universität Halle, 18. Jg. 1969, H. 1, S. 75

Schwarz, Hans-Peter: *Adenauer. Der Aufstieg: 1876–1952.* Stuttgart 1986, Zitat S. 142

Sedlmayr, Hans: *Verlust der Mitte. Die bildende Kunst des 19. und 20. Jahrhunderts als Symbole der Zeit.* 1. Aufl. Salzburg 1948

Hans Christoph von Tavel, *Der Lehrstuhl für Kunstgeschichte an der Universität Bern von den Anfängen bis zum Zweiten Weltkrieg*, in: Jahrbuch 1972/73 des Schweizerischen Instituts für Kunstwissenschaft. Zürich 1976

Thape, Ernst: *Von Rot zu Schwarz-Rot-Gold. Lebensweg eines Sozialdemokraten.* Hannover 1969

Wedderkop, H. v.: *Was nicht im »Baedeker« steht.* München 1928, Zitat S. 208

Wehler, Hans-Ulrich: *Deutsches Bürgertum nach 1945: Exitus oder Phönix aus der Asche.* Bochum 2001

Wolter, Christine: *Die Zimmer der Erinnerung. Roman einer Auflösung.* Berlin 1996

Dies.: *Das Herz, diese rastlose Zuneigungs- und Abneigungsmaschine.* Berlin 2000

Persönliche Informationen erhielt die Autorin von: Rolf und Erika Bengs, Kreuzberg/Ahr; Dr. Walter Gehlhoff †, Bonn; Prof. Dr. med. Andres Giedion, Zürich; Dr. Ernst W. Hankamer, Bonn; Jakob Jenisch, Essen; Eberhard Kayser, München; Prof. Dr. Fritz Kayser, Benglen/CH; Dr. Eva Kochen, München; Prof. Dr. Hanna Koenigs-Philipp, München; Dr. Gerda von Lipski, München; Barbara Nauhaus †, Halle; Kilian Nauhaus, Berlin; Dr. Thomas Schad, Lübeck.

Glossar

Berufsbeamtengesetz: Das Gesetz zur Wiederherstellung des Berufsbeamtentums, kurz Berufsbeamtengesetz, wurde am 07.04.1933 verkündet. Dieses Gesetz ermöglichte es den Nationalsozialisten, alle ihnen unerwünschten Beamten aus dem Staatsdienst zu entfernen. Unter die aus politischen Gründen zu entfernenden Beamten fielen zunächst alle Mitglieder von kommunistischen Organisationen, später auch Sozialdemokraten. Der sogenannte *Arierparagraph* betraf alle Beamten, die mindestens ein jüdisches Großelternteil besaßen. Schätzungen zufolge sind etwa 2% der ca. 1,5 Millionen Beamten des Deutschen Reiches aufgrund des Berufsbeamtengesetzes entlassen oder in den Ruhestand versetzt worden. Vgl. Lexikon Nationalsozialismus, Begriffe Organisationen und Institutionen. Reinbek 1999, S. 40f.

Generalgouvernement: Nach dem deutschen Überfall auf Polen und der polnischen Kapitulation wurden die besetzten Teile Zentralpolens, die nicht in das Deutsche Reich eingegliedert worden waren, in Distrikte eingeteilt und durch einen Erlaß Adolf Hitlers zum Generalgouvernement erklärt. Der deutsche Generalgouverneur Dr. Hans Frank war Adolf Hitler direkt unterstellt. Viele Polen aus dem Reichsgebiet wurden ins Generalgouvernement umgesiedelt. Ab November 1942 gab es auch für das Generalgouvernement Germanisierungspläne, was zu Zwangsaussiedlungen, Abtransport der arbeitsfähigen Bevölkerung zur Zwangsarbeit ins Deutsche Reich und zu Deportationen bes. ins Konzentrationslager *Auschwitz* führte. Vgl. Enzyklopädie des Nationalsozialismus. Stuttgart 1997, S. 438–485 und Lexikon Nationalsozialismus, Begriffe Organisationen und Institutionen. Reinbek 1999, S. 92–94

Privatdozent: Durch eine Habilitation erwirbt ein Wissenschaftler die Lehrberechtigung, die *venia legendi*. Mit der Lehrberechtigung erhält er den Titel Privatdozent.

Das historische Hochschullehrerrecht, inzwischen völlig verändert, ordnete den habilitierten Lehrkörper seit dem 19. Jahrhundert: Ordentlicher Professor (o. P.), auch ordentlicher öffentlicher Professor oder Ordinarius war, wer auf eine Planstelle (ein Ordinariat) berufen wurde. Daneben gab es außerordentliche Professoren (a. o. P.) und außerplanmäßige Professoren (apl. P.), die keinen im Haushalt verankerten Lehrstuhl besetzten. Außerordentliche Lehrstühle wurden durch Universitätsmittel geschaffen. Privatdozenten konnten zu apl. Professoren ernannt werden, wenn sie (i.d.R.) sechs Jahre in Forschung und Lehre beschäftigt waren, was nicht hieß, daß sie damit eine besoldete Stelle erhielten.

Ruhrkampf: Ab dem 11. Januar 1923 besetzten französische und belgische Truppen das gesamte Ruhrgebiet und übernahmen die Kontrolle über Industriebetriebe und Behörden. Damit sollte sichergestellt werden, daß Deutschland den im Vertrag von Versailles vereinbarten Reparationsverpflichtungen nachkam. Konkreter Anlaß war ein Rückstand in der deutschen Holz- und Kohlelieferung an Frankreich. Die Reichsregierung rief daraufhin mit Zustimmung des Reichstages und der Gewerkschaften zum Generalstreik und zu passivem Widerstand auf. Es kam immer wieder zu Zusammenstößen zwischen französischen Soldaten und deutschen Zivilisten, sowie zu Sabotageakten durch ehemalige Freikorpsmitglieder. Da die streikenden Arbeiter versorgt werden mußten, dagegen keine Steuereinnahmen aus den besetzten Gebieten mehr kamen und die ausbleibenden Kohlelieferungen aus dem Ruhrgebiet auch die Wirtschaft im übrigen Deutschen Reich schädigte, kam es zu einer schweren Wirtschaftskrise und zur galoppierenden Inflation. Das Papiergeld, das seinen Wert schneller verlor, als es gedruckt werden konnte, wurde von Händlern und Bauern oft nicht mehr akzeptiert, die Nahrungsmittelversorgung der städtischen Bevölkerung wurde immer schwieriger. Am 26.09.1923 brach der neue Reichskanzler Stresemann den passiven Widerstand ab. Die französisch-belgische Besetzung endete erst im August 1925.

Terrorangriff: Unter Terrorangriff wurden im Zweiten Weltkrieg Luftangriffe verstanden, mit denen auch oder vor allem gegen die Zivilbevölkerung vorgegangen wurde, um Moral, Arbeitskräftepotential und zivile Infrastruktur des Gegners zu zerstören. Ab 1942 bombardierten alliierte Luftstreitkräfte massiv deutsche Städte, was zu vielen Opfern unter der Zivilbevölkerung führte.

Totaler Krieg: Der Totale Krieg wurde von Joseph Goebbels am 18.02.1943 auf einer Großkundgebung im Berliner Sportpalast mit der Frage: *Wollt ihr den Totalen Krieg?* verkündet. Für die Bevölkerung bedeutete das die Ausrichtung aller Lebensbereiche auf die Kriegsführung. Alle Männer vom 16. bis zum 65. Lebensjahr, die nicht der Wehrmacht angehörten, und mit Ausnahmen alle Frauen vom 17. bis 45. Lebensjahr wurden zu Aufgaben der Reichsverteidigung dienstverpflichtet. Die Arbeitszeit in den Rüstungsbetrieben stieg auf 12 bis 14 Stunden täglich. Das Reichswirtschaftsministerium ordnete an, alle nicht kriegswichtigen Betriebe zu schließen. Sämtliche Theater wurden geschlossen. Vgl. Lexikon Nationalsozialismus, Begriffe Organisationen und Institutionen. Reinbek 1999, S. 250f.

Venia legendi: s. Privatdozent

Warschauer Getto-Aufstand April/Mai 1943: Im Getto von Warschau, das seit November 1940 existierte und von einer Mauer umgeben war, lebten anfangs 500 000 Menschen auf engstem Raum. Eine katastrophale Nahrungsversorgung führte zu einer hohen Sterblichkeit. Ab Juli 1942 wurden die verbliebenen Bewohner des Gettos in mehreren Wellen in das Vernichtungslager Treblinka deportiert. Angesichts dieser Bedrohung formierte sich unter Mordechai Anielowicz eine jüdische Kampforganisation, Żydowska Organizacja Bojowa, der es gelang, einige wenige Waffen in das Getto zu schleusen und ein unterirdisches Bunkernetz aufzubauen. Als am 19.04.1943 die letzten noch verbliebenen Bewohner abtransportiert werden sollten, brach ein Aufstand aus. Ohne Hilfe von außen und mit sehr wenigen Waffen leisteten die Aufständischen erbitterten Widerstand gegen die deutschen Einheiten, waren aber letztlich zum Scheitern verurteilt. Vgl. Lexikon des Holocaust. München 2002, S. 246f.

Personenverzeichnis

Die Seitenzahlen zu Wilhelm Worringer und Marta Worringer werden aufgrund der häufigen Nennungen nicht angegeben.

Ackermann, Lilly 155
Adenauer, Emma 10
Adenauer, Konrad 10, *15*, 20, 45, 103
Albers, Hans 255
Altheim, Franz 226
Amiet, Cuno 32f, *35*, 40f, 50
Arnheim, Rudolf 27
Aronson, Familie 108, 132
Augstein, Rudolf 177, 196

Baethgen, Friedrich 133, 217
Baumgarten, Eduard 218, *221*
Becker, Carl Heinrich *49*, 81f, 86
Beckmann, Max 273
Benn, Gottfried 265, 267, 277, 283
Bense, Max 219
Berdjajew, Nikolaj 236
Bernus, Alexander von 35
Birkenbihl, Fred 245
Bischoff, Constanze (Konstanze) 187, *197*
Bischoff, Karl (Carl) 187, *197*
Blode, Gustav 191
Blode, Hermann 113
Böhe, Susanne 249
Böhme, Jakob 51
Borrmann, Martin 123
Brachert, Hermann 113, *127*, 170, 190
Brachert, Mia 113, 115, *127*, 170, 190
Brausewetter, Christel (Kill), später Jäger 235
Brücher, Hildegard, später Hamm-Brücher 249
Buber, Martin 49, 72, 75, 79, *83*, 85, 90, 265, 272–274, 282
Burmann, Annette 115, *127*
Burmann, Fritz 113, 115, *127*, 131

Clausen, Claus 131, 136, 138
Clemen, Barbara 48
Clemen, Lilli 48–*50*, 53, 55–57, 62f, 100, 165, 233, 274
Clemen, Paul 37f, 48–*50*, 53, 103, 165, 169, 219, 288
Clemen, Petra 48
Clemen, Wolfgang 48, 288
Cohn, Fritz (Friedrich) und Frau Hedwig, geb. Bouvier 48, 77, 165, 267
Court, Else, geb. Schmitz s. Schmitz, Else
Court, Else 121, 143, 171, 183, *187–189*, 196, *167*, *212f*, *215f*
Court, Emil 215
Court, Eugen 21
Curtius, Ernst Ludwig 117, 269
Curtius, Ernst Robert 48, *50*, 73f, 117, 165, 169f, 187, 189, 191, 193, 219, 223, 242, 263f, 267, 274, 283
Curtius, Ilse 48, *51*, 165f, 169, 172, 174f, 177, 181, 184, 189, 193, 203, 267, 269, 272, 281, 283, 291

Debschitz, Wilhelm von 17, 35
Distel, Barbara 249
Dohna-Tolksdorf, Heirich Graf zu 196
Dohna-Tolksdorf, Marie Agnes Gräfin zu 171, 188, 196, 213
Dülberg, Franz 24
Dumont, Louise 49, 51, 53f, 56f, 59–64, 67–69, 72–74, 76–80, *82f*, 85f, 89–91, 97, 99, 100f, 107, 109, 111, 116–119, 121–123, 125, 177

Ehrenberg, Victor 132–135, 138, 146, 151f, 161, *162*, 274
Erdmann-Macke, Elisabeth 19
Ernst, Max 49, 51, 54, 77
Ernst, Paul 23, 25
Esser, Peter 177

Eulenberg, Herbert 217
Eynern, Margarete von 223

Fechter, Paul 34
Feist, Peter H. 152, 225, *242*, 279
Felixmüller, Conrad 83
Fidder, Erich 154, 167, *194*, 277, 289
Flechtheim, Alfred 47
Flechtheim, Antonie (Toni) 85, *101*, 111
Flechtheim, Julius 85, *101*
Flügge, Rufus 170, 173, *194*
Flügge-Oeri, Marianne (Mani) 170, 173, *195*, 239, 265
Forell, Alfred und Agnes 10f, 13f, 20, 56f, 74, 79, 86, 122, 165, 187, 231, 233, 249, 263, 268, 271, 287
Franck, Walter 160
Frey, Dagobert 104
Friedenthal, Richard 259, 290
Friedrich, Hanskarl 177
Furtwängler, Adolf 23
Furtwängler, Wilhelm 19

Gehlen, Arnold 26
Gehlhoff, Kurt 212, 258, 260f
Geitel, Klaus 287
George, Stefan 24, 212
Gerlach, Adolf (Adi) 250, 255
Giedion, Sigfried 26, 49, *51*, 67, 75, 109, 115, 219, 223f, 227, 230, 239, 246, 252
Giedion-Welcker, Carola 49, *51*, 75, 109, 115, 219, 223f, 226f, 229, 236, 240, 246, 252-254, 260
Glasenapp, Helmuth von 113, *128*, 170f, 190
Grauthoff, Otto 33
Groll, Gunter 249
Groll, Hanna 249
Grünberg, H. B. von 171
Gründgens, Gustaf 61
Guardini, Romano 49, 71, 189, 238, 264f, 272, 282

Gundolf, Friedrich 24, 35, 51, 67, 71
Haendcke, Berthold 103f, 126
Hamann, Richard 103, 126, 154, *163*, 169
Hankamer, Ernst Wolfram 51
Hankamer, Paul 49, *51*, 113, 117, 123, 131-133, 143, 149, 152, 161, 166, 169f, 173f, 183, 188, 192f, 203, 205, 213, *214*, 215, 233
Hankamer, Peter 51
Hankamer-Tille, Edda 49, *51*, 113
Harich, Walter 220
Harich, Wolfgang 177, *196*, 220
Harich-Schneider, Eta 220
Hartmann, Paul 181
Heidegger, Martin 133, 267
Heimsoeth, Heinz 104, 169
Heise, Carl Georg 83
Hensel, Albert 132, 162
Herking, Ursula 247, 252
Heyse, Hans 133f, 162
Hilgers, Emma, geb. Schmitz s. Schmitz, Emma
Hilgers, Otto 11, 21
Hilpert, Heinz 61
Hodler, Ferdinand 35, 40
Hoffmann, Friedrich 104, 134, 153
Holthusen, Hans Egon 239, 242, 249, 271
Hopp, Hanns 113, 115-117, *127*, 170, 190, 217, 226

Jank, Angelo 17, 32, *35*
Jansen, Franz Matthias 33
Jantzen, Hans 154
Jenisch, Christoph 112, *128*, 157
Jenisch, Erich 115, *128*, 177, 268
Jenisch, Jakob 112, *128*, 157f
Jenisch, Martha (Maruschka) 115, *128*, 177, 168, 193, 268, 284f, 287, 291
Jessner, Fritz 115, 121, *128*, 131, 136
Jessner, Leopold 139
Jessner, Lucie 115, 121, *128*, 131, 141
Jung, Lina 115, *128*, 170, 173, 180

Kahler, Erich von 49, *51*, 171, 227, 230, 237f, 274, 281, 283f, 288, 290f
Kahler, Josefine (Fine) von 51
Kandinsky, Wassily 25f, 31, 35, 65
Kantorowicz, Alfred 48, 51
Kaschnitz, Guido, d. i. Freiherr Kaschnitz von Weinberg 113, *128*, 169, 268f, 281
Kaschnitz, Marie Luise 115, *128*, 151, 154, 157, 162, 263, 265, 268, 274
Kästner, Erich 142, 247, 249
Kayser, Barbara 170, 173, *196*, 265
Kayser, Hermann 171, *196*
Kerckhoff, Hermann 177, 183, 205f, 213, 220, *221*, 245, 255, 257
Kerckhoff, Susanne 177, 183, 205f, *220*, 245, 250, 252, 254, *257*, 261
Kisling, Richard 33
Klages, Ludwig 35
Koch, Herbert 226
Kochen, Eva 157, 214, 245f, 249, 255, 257
Kochen, Franziska (Bätzi), später Delius 245, 249, 255, 257
Koenigs-Philipp, Hanna s. Phillip, Hanna
Kofler, Leo 226
Köhler, Wilhelm 104
Kollwitz, Käthe 17, 35, 116, 118, 236
Koppenhöfer, Maria 160
Kramer, Ferdinand 97
Küchler, Georg von 170f, 190, *195*, 204
Küchler, Lisa (Elisabeth) von 170f, 173, 188, 190, 192, *195*, 204, 265
Kugelmeier, Leo 290f
Kühn, Herbert 241, 276, 283

Lamprecht, Karl 23
Landauer, Gustav 72
Landsberg, Anna *51*, 54
Landsberg, Ernst 48, *51*, 54
Landsberg, Paul Ludwig 51
Lang, Emil 104

Lange, Horst 249
Liebenthal, Robert 113, *128*, 171
Liebenthal, Susanne 113, *128*, 171
Lindemann, Gustav 49, 59, 62 79f, 83, 85, 101, 160f
Linfert, Carl 217
Lipps, Theodor 23
Lipski, Gerda von 8, 126, 142, 144, 157, 214, 245f, 255, 257
Litten, Fritz *139*, *161*
Litten, Hans *139*, 158, *161f*, 162, 187f
Litten, Heinz Wolfgang 137–*139*, 141, 147, 158–160, *161f*, 193, 235, 250–252, 260, 275
Litten, Irmgard *139*, 141, *161*
Litten, Rainer *139*, *161*
Lorenz, Konrad 221
Lukács, Georg 113
Lützeler, Heinrich 219

Macke, August 25f, 31, 33, 41
Mann, Elisabeth 113
Mann, Erika 274
Mann, Heinrich 10, 23f, 31, 35, 47, 113
Mann, Katia 274
Mann, Klaus 113, 265
Mann, Thomas 48, 51, 111, 113, 127, 137, 237, 257, 265, 274f, 277
Mannheimer, Fritzi (Elfriede) 260f
Mannheimer, Max 260f
Marc, Franz 25f, 31f, 35, 41
Marc, Maria 17
Marcks, Gerhard 127
Markow, Walter 226
Masaryk, Tomas 131, 212
Mense, Carlo 33
Meyer, Friedel 125
Miller, Oscar 33
Mosbacher, Peter 250
Müller, Gerda 75, 108, *129*
Müller-Blattau, Josef 104
Münter, Gabriele 17, 25, 35, 265
Nadler, Josef 104, 117, 132
Nauhaus, Barbara 243

Nauhaus, Wilhelm und Nora (Nori) 226, 238, 243, 263, 265, 269, 275, 283, 288
Nauhaus, Wilhelm *243*, 277, 281, 284, 286f, 290f
Nelken, Franz 178

Obrist, Hermann 35
Oppenheimer, Olga, später Worringer 10, 11, *21*, 31, 33, *185*
Ortega y Gasset, José 267
Oster, Agnes, später Forell s. Forell, Alfred und Agnes
Otto, Walter F. (Friedrich) 169, 171, 196, 200–202, 212, 218, 265, 281
Overhoff, Ilde 177

Panofsky, Erwin 104
Partikel, Alfred 113, *127*, 190, 204
Partikel, Dorothea (Dorle) 113, *128*, 157, 171, 202
Pempelfort, Karl 171, 196
Philipp, Familie 190, 241, 267, 289
Philipp, Gertrud 171, *196*, 199, 225, 229, 238, 255, 260, 263–265, 268f, 271–273, 279, 283
Philipp, Hanna 8, 199
Philipp, Thomas 199
Philipp, Werner 171, *196*, 241, 265, 283, 289
Pinder, Wilhelm 154, 217
Pintschovius, Karl 184
Piper, Reinhard 14, 25, 31, 40f, 50, 105, 137, 151, 166, 193, 199, 220
Poelchau, Dorothee 173
Poelchau, Harald 174, *196*, 204, 239, 265
Przybyllok, Erich 104
Pyritz, Hans 218

Rave, Paul Ortwin 169
Read, Herbert 100, 231, 267
Redslob, Erwin 217
Reidemeister, Kurt 104, 115, 132, 162

Reinecker, Herbert 181
Reventlow, Franziska Gräfin 13, 35
Riegl, Alois 23
Rinser, Luise 249
Ritzki, Claire 115, 128, 170, 173
Rothfels, Hans 104f, 111, 117, *127*, 132f
Rowinski, Alfons 167, 194
Rowinski, Gertrud 194

Sarter, Eberhard 115, 129, 157, 171, 175, 190
Schad, Hans 155, 157f, 161, 174, 204, 209, 213f, 220, 233, 237, 240f, 263, 287
Schad, Renate s. Worringer, Renate
Schad, Susanne 157, 174, 209
Schad, Thomas 157, 174, 209, 211
Schadendorf, Wulf 225, *243*
Schaeder, Hans Heinrich 104
Schaeffer, Albert 85
Schäfer, Oda 249
Scheler, Max 67, 71, 77, 196, 239
Schellwien, Traute 115, *129*, 171, 173, 190, 233
Scherchen, Hermann 108, 129
Schloss, Karl 24
Schloßmann, Arthur 121
Schmarsow, August 21
Schmitz, Anton 14
Schmitz, Else, geb. Esser 10, 14, 21, 45, 55, 109
Schmitz, Else, später Court 10, 11, 21, 83, 109
Schmitz, Emma, später Hilgers 10, 11, 21, 83, 109
Schmitz, (Philipp) Emil 10, 14f, 17, 21, 34, 44f, 55
Schmitz, Eugen 15
Schmitz, Marta s. Worringer, Marta
Schmitz, Oskar A.H. 24
Schneider, Hans Ernst s. auch Schwerte, Hans 167, *194*, 278
Schneider-Didam, Alice Dora 49, 239

Schneider-Didam, Wilhelm 49, 51
Schöffler, Herbert 218
Schulz, Paul 167f
Schulze, Ingrid 225
Schwerte, Hans 167, *194*, 277f, 283
Sedlmayr, Hans 239, 243, 289
Seehaus, Paul A. 48
Siewert, Robert 223f
Simmel, Georg 23, 25
Singer, Samuel 31–*35*, 37, 39, 41, 43, 45, 47, 50, 109, 115, 118
Spatz, Wilhelm 15, 32, 35
Spengler, Oswald 67, 212
Spitzer, Leo 49, 77, 225, 274
Stehelin-Holzing, Lonja 274
Stern, Paul 24
Sternberg, Fritz 7, 260f, 270, 274, 279, 284f, 287
Sternberg, Lucinde s. Worringer, Lucinde
Strauß, Gerhard 167, *194*, 217, 221, 240, 278

Taut, Bruno 45
Thape, Ernst 226, 243
Tiefensee, Bertl und Kurt 151, 171, 190, 233

Violet, Franziska 249

Waetzoldt, Wilhelm 170, 219, 223
Wedekind, Frank 24
Weese, Artur 13, *21*, 23, 29, 31, 33
Wegener, Paul 160, 181, 183
Weisgerber, Albert 41
Westheim, Paul 227, 231, 282f
Wölfflin, Heinrich 23, 38, 163
Wolfskehl, Karl 24, 35
Worringer, Adolf 10, 19, 21, 56, 74, 99, 159, 161, 185, 214, 268, 287

Worringer, Bertha 10, 17, 19, 34, 185
Worringer, Brigitte (Has) 28–30, 39, 47f, 58, 67, 73–75, 77, 90f, 96f, 99f, 106, 121–123, 125, 131, 137–143, 146, 151, 159, 161, 174f, 185, 188, 203, 235, 281, 290
Worringer, Emmy 10f, 19, *21*, 31, 43, 75, 79, 86, 185, 233, 268, 287
Worringer, Friedrich Wilhelm 17
Worringer, Gustav 10, 17, 19, 21
Worringer, Johann Wilhelm 17
Worringer, Lucinde (Lukas) 7f, 11, 43, 45, 47f, 58, 61, 63f, 67f, 74–76, 80, 87, 90, 95–97, 99f, 103, 109, 111–113, 122f, 125f, 128, 132, 135, 137–139, 141–147, 150f, 155–161, 165, 174–181, 183–185, 187, 190, 192f, 199, 201f, 204–207, 213f, 220, 233, 235–237, 245–247, 249f, 252–255, 257–261, 269, 273–275, 279–281, 287f, 290f
Worringer, Marta (Ma, Dimah) s. Vorbemerkung
Worringer, Olga s. Oppenheimer, Olga
Worringer, Peter Gustav 17
Worringer, Peter Paul 11, 25, 21
Worringer, Renate 30f, 39, 47f, 58, 67, 73–75, 80, 85, 90, 96f, 99, 121–123, 125, 131, 136f, 142, 147, 151, 155, 157, 161, 174f, 190, 199, 201, 207, 210, 212, 220, 223, 234, 236f, 240f, 257, 259f, 279f, 287, 291
Worringer, Robert 21, 185, 213, 268
Worringer, Ulrich 21, 185, 213, 233, 268
Worringer, (Robert) Wilhelm (Will, Pankratius) s. Vorbemerkung
Wundt, Wilhelm 23

Ziesemer, Walther 104
Zülch, Helga 250, 255

Verzeichnis der Abbildungen

S. 28: Peter Thalmann, Herzogenbuchsee (Schweiz)
S. 46: Das Plakat, Zeitschrift des Vereins der Plakatfreunde e.V., 10. Jahrgang, September 1919, Berlin-Charlottenburg.
S. 66: Erschienen im Hyperion-Verlag, München, 15,5 x 12 cm, hier abgebildet S. 67, August Macke Haus, Nachlass Lucinde Sternberg-Worringer.
S. 70: Seidengarn auf Seide, 79,5–80,5 x 58,5–61 cm, August Macke Haus, Nachlass Lucinde Sternberg-Worringer
S. 92: Aufgenommen von Marie Laué, Nachlass Lucinde Sternberg-Worringer
S. 98: Tempera, 47,7 x 35,9 cm, Kunstmuseum Bonn
S. 124: Theatermuseum der Landeshauptstadt Düsseldorf
S. 182: Seidengarn auf Leinen, 88–92 x 61–65 cm, August Macke Haus, Nachlass Lucinde Sternberg-Worringer
S. 186: Kohle, 45,2–45,9 x 37,2 cm, August Macke Haus, Nachlass Lucinde Sternberg-Worringer
S. 208: Öl/Holz, 36 x 44,5 cm, Dr. Thomas Schad, Lübeck
S. 232 links: Kohle, ca. 34,5 x 24,5 cm, Dr. Thomas Schad, Lübeck
S. 232 rechts: Kohle, ca. 36,5 x 30,5 cm, Dr. Thomas Schad, Lübeck
S. 248: Stiftung Stadtmuseum Berlin
S. 256: Seidengarn auf Seide, 79,5–80,5 x 58,5–61 cm, August Macke Haus, Nachlass Lucinde Sternberg-Worringer.

Alle übrigen Abbildungen stammen aus dem Nachlass Lucinde Sternberg-Worringer. Die Bildrechte für sämtliche Werke Marta Worringers befinden sich im Eigentum von Prof. Dr. Helga Grebing und Dr. Thomas Schad.

Nicht in allen Fällen war es möglich, die Rechteinhaber der Abbildungen ausfindig zu machen. Der Parthas Verlag ist dankbar für Hinweise auf nicht identifizierte Urheber.

Danksagung

Eine Biographie dieses Umfangs verlangt besondere Sorgfalt, wenn sie hoch angesetzten Ansprüchen genügen soll. Dafür haben Sibylle Euchner und Ute Gröhe-Schulze bei der technischen Erstellung des Manuskriptes besondere Sorge getragen. Sibylle Euchner hat überdies das Personenregister und Glossar erstellt und Recherchen zu einzelnen Informationen durchgeführt. Die Autorin dankt beiden ausdrücklich. Mein Dank gilt auch dem Verlag, der in vielen Korrekturgängen – gemeinsam mit dem Grafiker Gaston Isoz – für eine mich ästhetisch überzeugende Lösung gesorgt hat. Für die Hilfe bei den Abbildungen danke ich dem August Macke Haus.

Satz in: Franklin Antiqua, Regular und Medium sowie der Franklin Gothic Bold mit Adobe InDesign. Papiere: Inhalt und Überzug der Deckel 120 gm^2 Design Offset; Vorsatz Caribic 120 gm^2 beide von IGEPA.